JN437063

憲政史의 研究方法論

-21세기의 도전과 개헌의 필요성을 포함하여-

이승우 저

도서출판 두남

머리말

학문하는 사람 가운데 자기 전공분야의 역사와 철학에 대하여 관심을 가지지 않은 사람은 없다고 생각한다. 필자의 경우도 박사과정을 통하여 연구생활을 시작하면서 법철학, 법제사, 국가론, 헌정사 등의 기초학문분야에 관심을 자연스럽게 가지게 되었고, 그 결과 헌법학의 시각에서 가장 가깝고 관련이 깊은 국가론의 문제를 박사학위논문으로 제출하게 되었음은 최근 재편하여 출간된 「국가론」의 서문을 통하여 밝힌 바 있다. 또한 박사과정에서 한국헌정사를 수강한 이후 헌정사에 관한 관심이 사라진 적이 없었고, 언젠가 시간이 되면 한국헌정사에 관한 연구를 본격적으로 하리라 마음먹었다.

그러나 박사학위를 마치고 본격적인 학문생활을 시작한 1988년 이후 모든 연구방향과 내용이 필자의 계획대로 정해지지 않았다. 무엇보다도 새로운 헌법규범이 효력을 발한 직후여서 그에 대한 해석의 요구가 많았고, 또한 헌법재판소의 출범에 따라 여러 결정에 대한 평석 등의 요구가 쏟아졌으며, 민주화의 열기가 높아 각종 사회문제가 봇물처럼 터져 나오면서 헌법적 가치판단이 요구되는 시기였기 때문에 독자적 연구방향과 내용을 정하고 전개할 수 없었다. 특히 필자의 저서 「헌법학」의 서문에서 이미 밝힌 것처럼 학문하는 자세에 있어서 국가와 사회의 현실개선에 이바지하기 위한 과제를 안고 있다고 하였기 때문에, 눈앞에 전개되는 현실문제를 외면할 수 없어 연구방향과 내용을 정함에 있어서 필자가 가졌던 초기의 마음가짐대로만 될 수 없었다. 따라서 주어진 상황 때문에 10여년의 필자의 연구내용이 일정한 방향성을 가지지 못하고 그때그때 주어진 것을 맡아 수행하는 것에 그치게 되었다.

그런데 학문생활 10년이 지난 1998년 필자의 연구생활에 중대한 전환점이 왔다. 그것은 1998년은 건국 50주년에 해당하는 해였고, 이를 기념하기 위하여 많은 선배학자들이 우리 헌정 50주년을 기념하여 많은 연구결과를 발표했지만, 마음 한구석에 무엇인가 부족하다는 느낌을 받기 시작하면서 헌정사연구는 필자의 연구분야의 하나로 확실하게 자리매김하게 되었다. 즉 앞에서 소개한 국가론의 분야, 한약분쟁 이후 계속하여 연구하고 있던 직업의 자유와 관련된 분야, 그리고 한국헌정사에 관한 분야를 3가지 주요 연구분야로 하기로 결심하게 되었다. 특히 당시 헌정사연구를 주요 연구분야로 택한 이유는 헌정 40주년을 기념할 당시에 발표된 내용들과 달라진 것이 없다는 것과 무엇보다도 헌정사를 연구함에 있어서 일정한 틀, 다시 말해서 연구방법론이 제시되지 않은 결과 체계적인 연구가 되지 못하고 있다는 것을 인식하게 되었기 때문이었다. 즉 헌정사의 개념이 헌법사와 구별되지 못하고 있는 점, 헌정사의 시대구분이 중요함을 인식하지 못하고 헌법이론적 토대를 근거로 하는 시대구분을 포기하거나 터무니없는 시대구분의 기준을 제시하고 있는 점, 그리고 가장 문제가 되는 평가의 문제에 있어서 무엇을 어떤 기준으로 평가할 것인가의 문제가 제시되지 않은 점 등이 필자를 자극하였다. 그리고 이러한 느낌은 곧 흥분으로 바뀌면서 "한국헌정 50년을 어떻게 시대구분하고 평가할 것인가?"라는 주제의 연구를 하여 발표하였다. 나름대로 헌정사의 연구방법을 정리하여 발표하며 헌정사연구를 시작한 것이다.

한편 필자는 헌정사의 연구방법론을 토대로 하여 한국헌정사를 시대구분하고 연구를 시작하는 가운데 새로운 의문에 직면하였다. 헌정사연구에 있어서 건국헌법 이전의 한국헌정사를 어떻게 평가할 것인가를 전제해야 한다고 보아 이에 대한 연구를 마쳤으나, 건국헌법제정의 정당성에 관한 연구를 진행하면서 새로운 의문점에 직면하게 되었다. 상기한 연구방법론에 관한 내용과 실제 한국헌정사의 내용을 하나의 저서로 묶는 것이 바람직하지 않다는 것이었다. 그리하여 한국헌정사를 연구하기 위한 기초자료로서 「헌정사의 연구방법론」이라는 저서를 먼저 출간하기로 하였고, 그에 토대한 연구결과물인 한국헌정사의 내용은 시간을 두고 정리해 나가야 한다는 것으로 방향을 새로이 정했다.

결국 헌정사의 연구를 위한 연구방법론을 정리하다보니 최근까지의 자료를 보완하였지만 단행본으로 편집하기에는 분량이 충분하지 않았다. 그리하여 이러한 연구방법론을 적용하여 우리 헌정사에 대한 개괄적인 평가를 하는 것이 필요하다고 보았고, 또한 2011년 1월부터 다시금 우리 실제헌정에 있어서 핵심쟁점으로 등장하고 있는 헌법개정의 문제를 다루는 것이 필요하다고 보아 포함시켰다. 헌정사연구는 지나간 헌정사에 대한 연구와 평가도 중요하지만, 마지막 핵심과제는 헌법규범과 실제헌정의 괴리현상을 토대로 헌법개정의 필요성 유무와 내용을 찾아내는 것이 과제라고 평가하고 있기 때문이다.

언젠가 헌정사의 주제와 내용으로 박사학위를 받은 후배교수로부터 헌정사를 연구하면 할수록 평가의 문제가 중요하다는 것은 인식하면서도 어떤 기준으로 평가할 것인지 도무지 감이 잡히지 않는다는 질문을 받았다. 해방후 건국헌법의 제정에 이르는 과정에 대한 연구를 주제로 주로 연구하고 있는 그의 입장에서 그러한 의문이 제기되었던 것은 당연한 것인지도 모른다. 해방전후의 역사적 사료를 찾아 당시의 헌정에 대한 객관적 사실관계를 규명하고 정리하려는 입장을 견지하는 한, 한국헌정사 전체를 아우르는 시각에 있어서의 연구방법론이 논의될 여지가 없을 것이라고 보는 것이다. 따라서 이 저서는 이미 10여년 전에 연구하여 발표한 내용을 보완하여 선배교수로서 후배교수에게 주는 답변이기도 하다.

어느 학문분야이든 그 학문분야에 대한 연구방법론을 처음으로 제기한다는 것은 대단한 용기가 필요하다고 생각한다. 그것이 혹시 오류에 기인한 것은 아닌가 계속 의심하며 확신하기가 쉽지 않기 때문이다. 또한 수많은 관련학자들이 어떻게 평가할까를 고려하지 않을 수 없기 때문에 그야말로 진땀이 난다. 그렇지만 학문하는 사람으로서 새로운 영역을 개척하고 방법론을 제시하는 것이야말로 크나큰 기쁨이 아닐 수 없다. 그리고 그것이 대다수 학자들에 의하여 오류 내지 잘못된 이론에 근거한 것이 아니라는 평가와 함께 앞으로의 헌정사 연구에 도움이 될 것이라는 평가를 받게 된다면 그 기쁨은 학문하는 사람으로서 더할나위 없는 기쁨일 것이다.

이 저서를 낼 수 있도록 지혜를 주신 하나님께 감사드리며, 헌정사연구에 관심을 가지고 있는 후배교수들의 비판을 통해 더욱 정교하게 다듬어진 연구방법론이 되었으면 한다.

2011년 5월 5일

잠실동의 장막에서

이승우

차 례

제 1 편

憲政史의 研究方法論

모든 학문분야와 마찬가지로 헌법학의 분야에서도 역사의 연구가 뒤따른다. 헌정사라고 부르는 헌법학의 분야가 그것이다. 그런데 헌법학의 관점에서 바라보는 역사는 헌법 자체의 변화의 역사도 연구의 대상이 되지만 헌법이 구체적으로 적용되어 이루어지는 실제헌정의 역사도 연구의 대상이 된다. 전자가 헌법학의 분야에서 연구해야 할 대상으로서의 헌법사의 문제라면, 후자는 헌법변천사를 포함하여 그 헌법이 실제헌정에서 어떻게 운용되었는가를 연구하는 헌정사의 문제이다.

그런데 지금까지 우리나라에서는 헌법사의 관점에서는 물론이고 헌정사의 관점에서 연구가 많이 되어 있지 않다. 현행헌법이 효력을 발한 이후에야 비로소 「한국헌법사」라는 저서가 출판되었고, 그 명칭에 있어서도 헌정사가 아니라 헌법사에 그치고 있는 것을 주목할 필요가 있다. 그리고 그 내용들을 살펴보면 헌법사와 헌정사의 개념상의 구별도 분명하지 않았고, 또한 그 내용을 보더라도 헌법사 내지 헌법변천사에 해당함을 알 수 있다. 그것은 헌법사와 헌정사에 대한 개념상의 오해에서 비롯된 것일 수도 있으나, 헌정사연구가 제대로 이루어지지 않은 근본적 이유는 헌정사를 연구한다는 것은 권위주의통치에 대한 도전을 전제하지 않고는 이루어질 수 없었다는 점에 있었다. 입헌주의를 토대로 하면서도 실제헌정이 헌법규범에 근거하고 있는가를 평가하는 헌정사연구는 독재정권으로부터 탄압을 받을 수밖에 없는 것이었기 때문에, 헌정사연구가 사실상 헌법사연구로 축소되어 제한적으로 이루어진 것이다.

아무튼 우리의 헌정사연구는 개념정립에서부터 시작하여 전반적인 방법론이 제시되지 않고서는 앞으로 계속하여 전개될 수 없다는 결론에 도달하여 이에 대한 연구를 시작하였다. 특히 권위주의통치가 극복된 오늘날 헌정사의 올바른 전개로 인하여 신변의 위협을 받을 가능성이 사라졌다는 점에서도 객관적으로 연구할 수 있는 풍토가 되었다고 생각한다. 헌정사의 굴곡이 우리 헌정사연구의 왜곡과 발전의 저해를 낳았다고 보기 때문에 더욱 그렇다. 또한 비록 민주화가 이루어져 헌정사에 대한 자유로운 평가가 이루어졌다 하더라도 미래의 헌법학의 발전을 위하여 보다 체계적인 헌정사의 연구방법론을 제시하는 것이 학문적으로 매우 중요하다고 생각했기 때문이다.

결국 여기서는 우리 헌법학계에서 헌정사연구의 시발점을 통하여 헌정사의 연구방법론을 전개하게 된 계기를 살펴본다. 그리고 헌정사연구에 있어서 혼동을 일으키고 있는 헌법사라는 개념과의 비교검토를 통하여 헌정사라는 개념의 중요성을 강조하고자 한다. 또한 헌정사연구는 일정한 시대구분을 전제하지 않을 수 없다는 의미에서 시대구분의 필요성과 공화국의 개념을 찾아본다. 마지막으로 헌정사연구의 핵심은 헌법규범을 토대로 국가통치에 대한 평가의 문제로 귀결되기 때문에 그 평가도구에 해당하는 정당성이론을 살펴보고, 그러한 평가를 토대로 우리가 얻고자 하는 가치가 무엇인가를 찾기로 한다.

제 1 장

憲政史의 研究方法論 序說

I. 憲法學界와 憲政史研究의 始發點

1998년 8월 15일을 전후하여 우리 헌정 50년을 기념하기 위한 논의와 작업이 학계는 물론이고 정부 차원에서도 활발하게 이루어졌다. 헌법학적 관점에서도 한국헌법 50년에 대한 평가작업을 여러 관련학회가 주관하여 시도하였다. 한국헌법학회가 1998년 6월 5일 "대한민국 헌법제정 50주년 기념세미나"를 통하여 한국헌법사를 영역별 · 주제별로 다루었고,[1] 한국공법학회도 1998년 6월 26일 "헌정 50년의 공법의 평가와 국가정보화의 활성화를 위한 공법적 과제"라는 대주제하에 "헌법 50년의 평가"라는 논의의 기회를 가졌다.[2] 또한 아세아 · 태평양 공법학회도 1998년 7월 14일 "헌정 50년과 2000년의 과제"라는 대주제하에 기본권과 통치구조의 변화를 되돌아보는 기회를 가졌다.

물론 우리 헌정 50주년 이전에도 헌정사에 관한 연구가 전혀 없었던 것은

---

1) 위 발표문은 헌법학연구(제4집 제1호, 1998. 6)에 게재되었으며, 그 발표자와 내용을 소개하면 다음과 같다. 권영설, "한국헌법 50년의 발자취", 7면 이하; 양건, "기본권 일반이론 50년: 회고와 전망", 29면 이하; 안경환, "평등권 50년: 자유에서 평등의 논쟁으로", 44면 이하; 한병호, "사회적 기본권 50년", 106면 이하; 문광삼, "정부형태의 변천: 그 헌법사적 고찰", 138면 이하; 이병훈, "한국의 의회민주주의: 그 희망과 좌절", 165면 이하; 정종섭, "한국 법원제도의 변천과 과제", 188면 이하; 정재황, "헌법재판·헌법판례연구의 방법론과 과제", 220면 이하; 장명봉, "북한헌법 50년: 변화와 지속", 256면 이하.

2) 권영성, "헌법 50년의 평가와 정보화시대의 헌법적 과제", 세미나자료, 1998. 6. 26; 서원우, "행정법 50년의 평가와 정보화시대의 행정법적 과제", 세미나자료, 1998. 6. 26.

아니다. 김영수교수에 의하여 「大韓民國 臨時政府憲法論」이 1980년 출판되었고,[3)] 1988년 김철수교수는 헌정사에 대한 체계적인 집필은 아니지만 우리 헌정 40주년을 기념하여 헌정사에 대한 여러 논문을 모아 「韓國憲法史」라는 저서를 출간하였으며,[4)] 한국정신문화원은 1989년 헌정사에 관한 여러 헌법학자들의 글을 모아 「韓國憲法史(상)」에 이어 1992년 「韓國憲法史(하)」를 출간하였다.[5)] 다만 이들의 저서는 헌정사에 관한 연구임을 분명히 하면서도 저서의 제목을 헌법사로 붙이고 있음을 주목하지 않을 수 없다. 헌정사의 의의와 그에 대한 연구방법을 전제함이 없이 우리 헌법의 변천사를 중심으로 연구하다보니 '한국헌정사'란 제목을 붙이기 어려웠던 것으로 보인다. 특히 한태연은 입헌국가에서의 憲政史를 政治史로 단정하면서 헌정사는 헌법질서의 정치적 발전에 관한 정치사이기 때문에 결코 憲法史가 아니라고 하고 있는 점에서 그 이유를 찾을 수 있다.[6)]

아무튼 한국헌정 50주년을 맞이하여 가지게 된 기념행사는 한국공법학회와 한국헌법학회의 많은 학자들의 관심을 사게 되었고, 그것은 2000년을 전후하여 많은 헌법학자들이 헌정사연구에 관심을 가지게 하는 기폭제가 되었다. 즉 한국헌정사 50주년 이전에도 헌정사에 관한 연구가 앞에서 지적한 저서와 함께 없었던 것은 아니지만,[7)] 젊은 헌법학자들은 해방 이후의 건국헌법의 제정과 관련된 헌정사를 집중하여 연구하기 시작했다.[8)] 건국헌법의 제정에 이르는

---

3) 김영수, 대한민국 임시정부헌법론, 삼영사, 1980.

4) 김철수, 한국헌법사, 대학출판사, 1988.

5) 한태연 외 4인 공저, 한국헌법사(상), 정신문화연구원, 1989; 한태연 외 3인 공저, 한국헌법사(하), 정신문화연구원, 1992.

6) 한태연, "한국헌법사 서설", 한국헌법사(상), 정신문화연구원, 1989, 13면.

7) 홍기태, 해방후의 헌법구상과 1948년 헌법성립에 관한 연구, 서울대 대학원 석사학위논문, 1986; 홍기태, "해방후의 헌법구상과 1948년 헌법성립에 관한 연구", 법과사회 창간호, 1989. 8; 김창록, "일본제국주의의 헌법사상과 식민지 조선", 법사학연구(제14호, 1993. 12), 137면 이하; 안경환, "미국헌법이 한국헌법에 미친 영향", 미국학(제16권, 1993. 12), 1면 이하; 이상돈, "미국의 헌법제도가 우리나라의 헌법발전에 미친 영향", 공법연구(제14집, 1986), 49면 이하; 한태연, "제헌헌법의 신화 : 이상과 타협과 착각의 심포니", 동아법학(제6권, 1988. 6), 33면 이하;

8) 박사학위논문을 이에 대하여 쓴 대표적 학자를 소개하면 다음과 같다. 이영록, 유진오 헌법사상의 형성과 전개, 서울대 대학원 박사학위논문, 2000. 8; 서희경, 대한민국 건국

준비과정에 관한 연구에서 출발하여,[9] 건국헌법의 제정에 영향을 미친 각 정치세력에 관한 연구,[10] 건국헌법의 제정에 영향을 미친 미군정의 역할,[11] 건국헌법의 제정과정에서 논의된 정부형태의 문제와 기타의 문제,[12] 제헌국회의 헌법제정에 관한 논란과 타협,[13] 그리고 건국헌법의 주요 내용에 관한 연구[14] 등이 그것이다.

그런데 필자는 우리 헌정사에 관한 헌법학계의 연구에 한계가 있음을 발견

기의 정부형태와 정부운영에 관한 논쟁 연구:제헌국회의 특별회기를 중심으로, 서울대 대학원 박사학위논문, 2001. 2; 정상우, 미군정기 중간파의 헌정구상에 관한 연구, 서울대 대학원 박사학위논문, 2007. 2; 김수용, 해방후 헌법논의와 1948년 헌법제정에 관한 연구, 서울대 대학원 박사학위논문, 2007. 2; 신용옥, 대한민국 헌법상 경제질서의 기원과 전개(1945-54년):헌법 제·개정 과정과 국가자본 운영을 중심으로, 고려대 대학원 박사학위논문, 2007.

9) 서희경, "시민사회의 헌법구상과 건국헌법에의 영향", 동양정치사상(제6권 제2호, 2007), 27면 이하; 신우철, "해방기 헌법초안의 헌법사적 기원: 임시정부 헌법문서의 영향력 분석을 통한 '유진오 결정론' 비판", 공법연구(제36집 제4호, 2008. 6), 389면 이하; 이경주, "미군정기 과도입법의원과 조선임시약헌", 법사학연구(제23호, 2001. 4), 138면 이하; 이경주, "건국헌법의 제정과정 -미군정사료 등을 중심으로-", 헌법학연구(제4집 제3호, 1999), 148면 이하; 이영록, "권승렬안에 관한 연구", 법과 사회(제24호, 2003), 135면 이하; 전광석, "해방후 3년간의 헌법구상", 헌법판례연구(제5권, 2003), 307면 이하; 전광석, "제헌의회의 헌법구상", 법학연구(연세대 법학연구소, 제15권 제4호, 2005. 12), 1면 이하; 홍기태, "해방후의 헌법구상과 1948년 헌법성립에 관한 연구", 법과 사회(창간호, 1989), 171면 이하.

10) 이영록, "'헌법 및 정부조직법 기초위원회'의 정치적·사상적 역학관계에 관한 분석", 헌법학연구(제7권 제4호, 2001. 12), 32면 이하; 정상우, 미군정기 중간파의 헌정구상에 관한 연구, 서울대학교 박사학위논문, 2007.

11) 이경주, "미군정사료와 헌정사", 공법연구(제31집 제4호, 2003. 6), 1면 이하; 최경옥, "제헌국회의 성립사 -미군정 법령과 관련하여-", 공법연구(제31집 제5호, 2003. 6), 91면 이하.

12) 서희경, "대한민국 건국헌법의 기초와 수정 -정부형태에 관한 논의를 중심으로-", 공법연구(제31집 제4호, 2003. 6), 27면 이하; 이영록, "제헌과정에서의 권력구조 논의에 나타난 대립의 전개과정과 결과에 관한 연구", 법사학연구(제28호, 2003. 10), 185면 이하.

13) 이영록, "제헌국회의 '헌법 및 정부조직법 기초위원회'에 관한 사실적 연구", 법사학연구(제25호, 2002. 4), 81면 이하; 황승흠, "제헌헌법상의 근로자의 이익균점권의 헌법화 과정에 관한 연구", 공법연구(제31집 제2호, 2002. 12), 299면 이하.

14) 전광석, "유진오와 대한민국 헌법", 고려법학(제48호, 2007. 4), 437면 이하; 정상우, "대한민국임시정부 헌법과 1948년헌법", 법과 사회(제00권, 0000), 185면 이하; 정종섭, "1948년 국회의 법적 성격에 관한 연구", 법학(서울대, 제45권 제2호, 2004. 6), 156면 이하.

하게 되었다. 한국헌정 50주년 이전의 대부분의 연구내용이 한국헌법의 변천사에 국한되고 있다는 것이 그것이고, 또한 한국헌정 50주년 이후의 연구내용의 대부분은 건국헌법의 제정을 전후한 헌정사연구에 집중되고 있다는 사실이다. 물론 건국헌법 이후 유신헌법의 문제점이 워낙 많은 문제점을 가지고 있었기 때문에 그에 대한 연구가 일부 존재하지만,[15] 전체적으로 한국헌정사에 관한 연구가 편협되게 이루어져 온 것을 알 수 있다. 뿐만 아니라 지금까지의 대부분의 연구물들은 헌법제정 또는 헌법개정이라는 역사적 사실관계를 설명하는데 급급하였지 그 사실관계를 바탕으로 우리 헌정사에 대한 평가를 제대로 하지 못하고 있다. 따라서 필자는 우리 헌정사에 관한 연구에 있어서 다음과 같은 관점에서 한계를 보이고 있는 점을 전제하며 연구를 시도한다. 즉 우리 헌정사에 대한 연구가 한계를 보이고 있는 것은 헌정사에 대한 올바른 이해와 연구방법에 관한 인식의 부족 때문이라고 생각한다. 이에 대한 보다 자세한 내용은 헌정사의 연구방법론의 태동에서 살펴보기로 한다.

II. 政治學界와 憲政史硏究의 始發點

헌정사연구가 한태연의 주장처럼 정치사를 의미한다면 정치학계에서 헌정사연구는 많이 축적되어 있어야 마땅하다. 그러나 헌법학계와 마찬가지로 정치학계의 헌정사연구도 일천한 것으로 보인다. 그 이유는 헌법학계와 마찬가지로 정치학계의 경우도 정치권력으로부터의 핍박을 고려하지 않을 수 없었고 또한 정치학이라는 학문의 토대를 마련하는데 급급했던 것이 사실이기 때문이다. 즉 헌법학이나 역사학과의 연계를 토대로 헌정사를 논해야 한다는 것을 고려한다면, 자기 학문분야도 제대로 정립되지 않은 상황에서 연계학문에 눈을 돌릴 학자가 없을 수밖에 없는 빈약한 학문풍토였다는 것이다.

아무튼 정치학계의 헌정사연구에 관한 평가를 보면 다음과 같다. 1960년대

---

15) 성낙인, “프랑스 제5공화국헌법과 유신헌법상 대통령의 국가긴급권에 관한 비교연구”, 공법연구(제28집 제4-2호, 2000. 6), 151-172면; 양건, “제4공화국 및 제5공화국 헌법사의 개관”, 공법연구(제17집, 1989), 양건, 헌법연구, 법문사, 1995, 54-80 재수록.

初까지의 한국의 정치학은 헌법학 및 역사학과의 관계가 그렇게 소원한 관계에 있지 않았지만, 1960년대부터 미국의 '과학적 정치학'이 직수입되면서 행태주의로 통칭되는 미국의 정치학에 빠진 결과 제도와 그것의 집합체인 국가에 대한 관심이 사라지게 되었으며, 그 결과 한국정치학은 국가학 내지 공법학과의 접점을 잃어버리고 헌정사연구의 중요성을 망각하게 되었다고 한다. 즉 1960년 초까지의 한국정치학은 일본의 정치학의 영향을 받아 구미의 정치제도와 관련된 법적·제도적 문제에 관심이 있었고, 또한 서구의 민주주의전통을 이해하기 위한 정치사 내지 정치사상사에 관심이 컸으며, 그리하여 제1세대 한국정치학자들은 독일의 국가학적 전통을 이어받아 법적·제도적 문제에 관심을 가진 결과 그것을 토대로 헌법학과의 유대를 최소한 유지했지만, 1960년대 이후 미국의 정치학을 받아들인 정치학자들은 보편적인 정치시스템과 그것의 기능, 역할, 행태 등의 과학적 개념에 몰두하여 헌정사연구의 중요성을 망각하게 되었다는 것이다.[16]

그런데 1980년대에 들어서 미국의 '행태주의 정치학'이 쇠퇴하면서 1980년대 중반부터 정치경제학적 연구전통이 되살아났고, 이러한 정치경제학적 연구는 역사적 연구를 자극하여 해방전후사를 중심으로 폭발적으로 늘어나게 되었다고 한다. 그 결과 지난 30여년간 한국의 정치학이 그렇게도 잊으려고 노력했던 제도와 역사가 다시 정치학의 주요 관심사로 복귀하게 되었으나, 그러나 이 경우에도 한국의 정치학은 헌법이나 헌정사에 대해서는 관심 밖에 있었다고 한다.[17] 그리하여 한국정치외교사학회에서는 2000년 2월 12일 '한국헌정사'를 주제로 학술심포지엄을 개최하였고, 이 심포지엄을 토대로 정치학과 헌법학 및 역사학을 포괄한 학제간 연구를 토대로 포괄적인 헌정사연구를 시도하였으며, 그 결과물로 1년여의 시간을 들여 「한국정치와 헌정사」라는 책이 2001년 출판되었음을 밝히고 있다.[18]

결국 정치학계가 헌정사연구에 관심을 보이기 시작했으나 여전히 정치학계에서도 정치사에 관한 저서는 보이지만 헌정사에 관한 본격적 연구서는 앞에

16) 김일영, 한국정치와 헌정사, 한울, 2001, 서문 4면 이하.
17) 김일영, 한국정치와 헌정사, 서문 5면 이하.
18) 김일영, 한국정치와 헌정사, 서문 1면.

서 지적한 것을 제외하고 보이지 않는다.[19] 특히 정치사 가운데서도 해방전후를 중심으로 하는 정치사에 관한 연구서가 대부분이다.[20] 이것은 제대로 된 헌정사의 연구가 정치권의 탄압을 전제하지 않고 기술될 수 없었다는 과거의 우리 정치현실과 무관하지 않다고 본다.

III. 憲政史研究의 再促發과 8.15의 意味論爭

1998년 헌정 50주년을 기념하며 헌정사연구가 본격적으로 시도된 것과 더불어, 2008년 헌정 60주년을 맞이하면서 새로운 전환점을 맞이하게 되었다. 2008년 8월 15일을 전후하여 헌법학계와 정치학계의 기념세미나가 다양하게 있었지만, 그보다도 중요한 문제제기는 건국60주년을 기념함에 있어서 두개의 기념식이 열렸다는 점이다. 정부가 주도한 '광복63주년 및 대한민국 건국60주년 기념식'이 하나이고, 다른 하나는 제1야당인 민주당을 비롯한 야3당이 정부주도의 기념식에 불참하고 백범 김구선생의 묘역을 참배하는 것으로 63주년 광복절 기념행사를 한 것이 그것이다. 그 발단은 2003년 뉴라이트 계열의 보수세력이 8월 15일을 광복절이 아닌 건국절로 기념하자는 주장을 하였고, 이에 부응하여 이명박정부가 '건국60주년 기념사업회'를 만들면서 논란이 가열되었으며, 급기야 '건국절 제정'에 대한 논란을 야당이 제기하면서 불참하게 된 것이다. 즉 1948년 8월 15일을 건국일로 하는 '건국절 제정'에 반대하는 진보세력은 우리 헌법이 임시정부의 법통을 계승한다고 규정하고 있기 때문에 대한민국은 1919년 임시정부의 수립을 건국일로 보아야 한다는 것을 전제하며, 보수세력에 의하여 주장된 '건국절 제정'은 헌법을 위반하여 정부수립 이전의 모든 친일행위 등을 정당화하려는 음모가 숨어 있다고 주장한다. 보수세력과 진보세력 사이에 8월 15일을 기념함에 있어서 심각한 역사인식의 차이를 보이고 있는 것이다.

---

19) 송남헌, 한국현대정치사, 성문각, 1986; 김영명, 한국 현대 정치사, 을유문화사, 1999.

20) 송남헌, 해방3년사I, 까치, 1985; 송남헌, 해방3년사II, 까치, 1985; 브루스 커밍스 외, 분단전후의 현대사, 일월서각, 1998; 천관우, 대한민국 건국사, 지식산업사, 2007.

결국 8.15를 맞이할 때마다 과거의 헌정사를 돌아보는 계기는 되지만, 뚜렷한 성과를 논리적으로나 이론적으로 내놓지 못하고 기념식을 하는 것으로 그친다는 점에서 아쉬움이 남는다. 1998년 8월에 맞이했던 헌정 50주년은 물론이고 2008년 8월에 맞이했던 헌정 60주년의 경우도 다를 바가 없었다. 반만년 역사를 자랑하는 우리 한민족이지만, 입헌민주국가가 실현된 이후 겨우 50년 내지 60년 만에 그야말로 획기적이며 상상을 초월하는 발전이 이루어진 시기임에도 불구하고, 우리 헌정사에 대한 올바른 평가가 이루어지고 있지 못하다는 생각을 떨쳐버릴 수 없다. 특히 인류역사가 '국민주권실현의 역사' 또는 '인권신장의 역사'라고 보는 한, 지난 60년의 헌정사는 반만년을 훌쩍 뛰어넘는 급변의 역사였고, 많은 우여곡절을 거쳤지만 서구 선진국에 못지않은 규범적 헌법국가로 발전하는 헌정이었음에도 이에 대한 평가가 제대로 이루어지고 있지 못하다는 평가를 할 수밖에 없다.

IV. 憲政史의 硏究方法論의 胎動

아무튼 헌정 50주년을 맞이하여 많은 논문발표와 토론이 있었음에도 불구하고 과연 헌정 50년에 대한 올바른 평가가 이뤄졌는가에 대해 의문이 제기되었다. 그것은 다음에 보듯이 여러 가지 이유가 있기 때문이라고 생각하지만, 무엇보다도 그것은 헌정사를 평가하는 '이론적 도구' 내지 '연구방법론'이 우리 헌법학계에 아직까지 확실하게 제시되지 않았던 까닭이라고 필자는 생각한다. 헌정사를 논의하면서 그것을 어떤 '도구'와 '이론적 틀'을 가지고 평가할 것인가를 생각하지 않고 단지 감상적인 소감을 피력하는데 그쳤기 때문이라는 것이다. 즉 헌정사의 문제는 헌법규범과 실제헌정의 관계를 역사적인 관점에서 규명하는 헌법학의 중요한 학문영역임에도 불구하고, 우리의 헌법학은 헌정사를 이론적으로나 역사적인 관점에서 다루지 않았기 때문이다. 다시 말해서 우리의 헌법학은 헌법학을 뒷받침하는 국가론, 헌정사, 헌법정책학 등을 도외시하고 헌법해석학적인 연구에 국한시켜 왔다. 특히 실제헌정을 헌법규범적인 관점에서 평가하는 헌정사에 관한 연구는 불가피하게 장기간 계속되어 온 권위주의통치에 대한 도전을 의미하는 것이었기 때문에 헌법학자들이 의도적으로 회피하고 헌법해석학에 안주해 온 까닭이라고 본다.

한편 헌정사의 연구방법론의 태동을 늦어지게 한 이유로 다음과 같은 주장도 생각할 수 있다. 즉 헌정사와 헌법사에 관한 한태연의 오해는 사실상 헌정사연구의 토대를 망각하게 했다는 것이다. 헌법학은 규범학문이기 때문에 헌법학자들은 헌법사의 연구에 국한해야 한다는 뉘앙스를 가지고 그가 '헌법사 서설'이라는 논문을 쓰고 있는 것이 그것을 증명한다.[21] 憲政이라는 용어 자체가 헌법규범을 토대로 하는 정치현실을 내포하고 있음에도 불구하고, 그것을 정치사의 내용으로 치부하면서 헌법학자들로 하여금 그에 대하여 접근하는 것을 기피하게 만들었다는 것이다. 즉 헌법학적 헌정사연구는 단순한 규범학문으로 그칠 수 없고, 헌법규범을 토대로 실제헌정이 어떻게 이루어지고 있는가를 평가하는 현실적 학문이어야 하기 때문에, 헌정사연구는 헌법학과 정치학을 교차하는 학문영역이어야 한다는 점을 그는 무시한 것이다. 따라서 헌정사연구를 헌법사연구에 국한시키면서 헌법변천사를 연구하는 것으로 그치고 있는 것이 헌정사연구를 가로막았다고도 볼 수 있다.

그리하여 필자는 50년의 헌정이 진행되었음에도 불구하고 헌정을 평가하는 '도구'와 '이론적 틀', 다시 말해서 '헌정사의 연구방법론'을 우리 헌법학계가 제시하지 못한 것에 대해 반성하면서 헌정사연구를 위한 이론적 도구를 제시하려고 연구하였다.[22] 그리고 여기서 이 논문의 내용을 중심으로 헌정사의 연구방법론이 전개되고 있는 것이 사실이다. 그런데 연구결과 내린 결론은 헌정사를 평가하는 이론적 도구는 새삼스러운 것이 아니라는 것이었다. 즉 헌정사와 결부시키지 못하고 산발적으로 논의되고 있는 헌법이론들을 헌정사를 평가하는 이론적 도구로 받아들이면 된다는 것이었다. 헌법학이 단순히 헌법해석학에 그치지 않고 헌법이론에 바탕을 두고 헌법해석이 이루어지도록 하는 경우, 헌법이론에 입각한 헌법해석학적 관점에서 실제헌정을 평가하는 것이 곧 헌정사에 대한 평가가 된다는 것이었다. 현재 우리 헌법학에서 논란의 여지없

21) 한태연, "헌법사 서설", 11면 이하.

22) 이승우, "한국헌정 50년을 어떻게 시대구분하고 평가할 것인가?", 공법연구(제27집 제1호, 1998), 39면 이하.

이 정리되어 있는 헌법이론이 많지 않지만 나름대로 설득력이 확립된 경우 그 헌법이론을 바탕으로 하여 실제헌정을 평가하는 도구로 삼으면 된다는 것이다. 예컨대 헌정사의 연구방법과 관련된 헌법이론을 보면, 오래전부터 정리되어 있는 헌법제정권력이론과 헌법의 분류에서 실제헌정을 평가하여 규범적 헌법국가 · 명목적 헌법국가 · 장식적 헌법국가로 구분하는 헌법국가의 분류이론, 최근에 국가구조에 관한 헌법이론으로 등장한 정당성이론, 즉 국가구조의 민주적 정당성 · 절차적 정당성 · 목적적 정당성에 관한 논의는 헌정사에 대한 평가도구가 되는 것이었다. 다만 헌정사의 연구방법론으로 적용될 헌법이론이 위와 같이 정리되어 있었음에도 불구하고 그것들을 헌정사연구의 방법론으로 연계하여 정립하지 못한 안타까움이 있었던 것이다.

그리고 역사를 연구함에 있어서 다양한 시각의 차이가 있음을 전제해야 한다고 생각하였다. 인류학적 관점에서부터 시작하여 정치사적 관점을 넘어 문화사적 관점에 이르기까지 다양한 스펙트럼이 존재한다는 것이다. 그러나 가장 중요한 역사 연구는 정치적 통일체로서의 국가를 중심으로 이루어지는 정치사 내지 국가통치의 역사에 해당하는 것이라고 보았다. 물론 그 국가통치의 역사 속에 민족사와 같은 것도 포함될 것이지만, 단일민족이 단일한 국가를 계속 유지하는 것이란 기대할 수 없기 때문에 민족사 자체가 오늘날 큰 의미를 가지기 어렵다는 것을 인식했기 때문이다. 따라서 우리 한민족이 한반도를 중심으로 5천년의 역사를 형성하고 유지하여 온 것에 대하여 부인할 필요는 없지만, 한반도 내의 정치질서로서의 국가통치의 역사가 무엇보다도 중요한 의미를 가진다는 것이며, 특히 헌정사를 연구함에 있어서는 헌법과 국가의 상호관계를 고려하여 헌법을 통한 국가통치를 중심으로 연구하지 않을 수 없다는 것을 의미한다.

결론적으로 필자는 헌정사를 연구하기 위한 이론적 도구로서 다음과 같은 내용이 전제되어야 한다고 생각했다. 첫째, 헌정사란 무엇인가를 전제해야 한다. 지금까지 발표된 논문들에 따르면 개념적으로 헌법사와 헌정사라는 개념의 차이가 설명되고 있지 않다는 점에서 그러하다. 둘째, 우리의 50년 내지 60년의 헌정사를 한마디로 평가하는 것은 무의미하기 때문에 무엇보다도 시대구분을 전제해야 한다고 보았다. 그리하여 시대구분의 필요성을 살펴보고, 그 시대구분에 사용되는 명칭인 공화국의 의미를 살펴보아야 하며, 헌정사를 시대구분하는 이론적 도구를 찾아 60년 헌정을 시대구분해야 한다고 보았다. 여기서 헌정사를 시대구분하는 이론적 도구가 헌법제정권력이론임을 알 수 있었다. 셋째, 구체적 시대구분이 이루어진 것을 바탕으로 각 헌정시기에 대한 평가를 함에 있어서 평가의 틀이 요구됨을 알았다. 그리고 그 헌정시기에 대한 평가도구는 정당성이론이며, 최종적 판단은 칼 뢰븐쉬타인의 헌법국가의 분류이론에 따라 평가되어야 함을 알 수 있었다. 즉 민주적 정당성 · 절차적 정당성 · 목적적 정당성의 관점에서 각 헌정시기를 평가한 다음, 결론적으로 그 헌정시기를 규범적 헌법국가 · 명목적 헌법국가 · 장식적 헌법국가 중의 하나로 평가해야 한다는 것이었다.

제 2 장

憲政史의 意義와 研究目的

I. 憲政史의 意義

헌정사의 개념이 복잡다기한 것이 아님에도 불구하고 우리 헌법학계에서 명확하게 정리되고 있지 않음에 대해서는 앞에서 지적했다. 헌법사의 개념은 그 의미와 내용이 좁기 때문에 어느 정도 정리되고 있음에 비하여, 헌정사의 개념은 그에 비하여 명확하게 정의가 이루어지고 있지 않다는 것이다. 헌정사가 헌법사와 마찬가지로 헌법을 매개로 하는 학문분야임은 분명하나, 헌법변개[23) 내지 헌법변천의 의미와 내용을 연구하는 헌법사와 달리, 헌정사는 헌법사를 포함하여 실제헌정의 역사를 연구하는 학문분야인 점이 분명하게 제시되지 못하고 있다는 것이다. 따라서 이제 헌법사와의 관계를 통하여 헌정사의 의의를

---

23) 여기서 헌법변개 내지 헌법변천이란 용어는 건국헌법 이후로 우리의 헌법규범에 대한 변화와 그 변화의 과정을 모두 포괄하는 개념으로 사용한다. 물론 대부분의 헌법학자는 물론이고 정치권에서는 그러한 의미를 갖는 개념으로 헌법개정이란 용어를 사용하고 있다. 즉 지금까지 우리 헌정사에서는 헌법제정의 경우를 포함하여 9차례의 헌법개정이 있었다고 설명하는 것이 그것이다. 그러나 그와 같은 용어사용을 전제로 하는 경우 헌법개정과 다른 개념들을 구별할 수 없게 됨은 물론이고 헌법개정의 한계가 불분명하게 되어 헌정사의 시대구분이 불가능해진다. 따라서 필자는 헌법제정과 헌법개정의 개념을 가능한 한 좁은 의미로 한정해서 사용하고, 헌정사에 있어서 헌법제정과 같은 의미와 효력을 가지는 '헌법개혁'과 '헌법제거' 등을 '헌법제정에 준하는 개념'으로 이해하며, 헌법변개와 헌법변천이란 개념은 헌법제정과 헌법개정을 포함하여 헌법규범에 대한 명시적 변경이 가해진 모든 경우를 포괄하는 개념으로 사용하기로 한다. 이승우, 헌법학, 두남, 2009, 66면 이하.

찾아보기로 한다.

1. 憲政史와 憲法史에 대한 學者들의 見解

헌정사와 헌법사의 의미와 내용을 분명하게 구별하고 사용한 국내의 헌법학자는 거의 없다. 다만 이를 나름대로 구별하고 체계적인 설명을 시도한 최초의 학자는 한태연이기 때문에 먼저 그의 견해를 정리한 다음 이후의 학자들의 견해를 살펴보기로 한다.

(1) 한태연의 見解

한태연은 현대의 입헌국가에서 정치현상은 바로 헌법적 현상을 의미하기 때문에 그러한 의미에서 입헌국가에서의 정치사는 바로 헌정사를 의미하지 않을 수 없다고 한다. 그러나 그는 헌정사는 바로 헌법사를 의미하지 않는다고 한다. 왜냐하면 그의 입장에서는 비록 동일한 정치적 현상이라 할지라도 헌정사는 정치사의 입장에서 그 대상을 하나의 존재로 인식하는 데 대하여, 헌법사의 경우에는 그것을 당위의 입장에서 인식하기 때문이라고 한다. 즉 동일한 정치적 현상에 있어서도 정치사의 경우에는 그것을 정신과학적 입장에서 그 원인과 결과를 분석하고 일정한 가치기준에 따라 그것을 전체와의 관계에서 평가하는 데 비하여, 헌법사의 경우에는 헌법질서의 입장에서 그것을 분석하고 헌법적 기능에로 통합하게 하는 것을 원칙으로 하기 때문에, 그러한 의미에서 헌정사는 헌법질서의 정치적 발전에 관한 정치사이지 결코 헌법사는 아니라고 한다.[24]

한편 한태연은 R. Smend의 헌법개념에 입각하여 헌법이 규범만이 아닌 현실이라고 한 점과 현대의 입헌국가에서 '규범의 사실화'가 진행되고 있다고 하면서, "헌법사와 헌정사는 결국 하나의 헌법 일체의 관계가 아닐 수 없다. 즉 헌법사와 헌정사는 불가분의 관계에 있다"고 하기도 한다.[25] 뿐만 아니라 그에 따르면 헌법사는 필연적으로 정치사상사를 그 전제로 하지 않을 수 없고,

24) 한태연, "한국헌법사 서설", 13면.

25) 한태연, "한국헌법사 서설", 13면 이하.

이데올로기화한 정치사상만이 직접적으로 헌법사에 있어서의 정치적 행동의 추진력으로 기능할 수 있다고도 한다.[26] 또한 그는 헌법사는 헌법적 현실을 그 대상으로 하는 까닭에, 그 대상은 또한 헌법의 개념 여하에 따라 그것이 달라지게 된다고 하며,[27] 다만 헌법개념이 헌법사의 대상이 될 때에는 그 대상은 헌법의 규정의 총체만이 아닌 그 헌법과 관련된 전체적인 정치적·사회적인 역사적 상황이 아닐 수 없다고 한다. 그리하여 그는 Ernst Rudolf Huber가 쓴 「독일헌법사」에서 밝힌 것과 같이 헌법사의 대상은 실질적 의미의 헌법이지 결코 형식적 의미의 헌법이 아니라고 하고, 결국 헌법사의 대상으로서의 그 헌법은 한 국민이 국가로서 발전하는데 있어서의 기본질서를 의미한다고 한다.[28] 즉 헌법사의 대상은 한 국가사회를 지배하는 최고의 가치를 의미하는 실질적 의미의 헌법이 아닐 수 없다고 한다.

(2) 憲政史와 憲法史의 區別을 무시하는 권영성의 見解

한태연이 명확하지는 않지만 헌법사와 헌정사를 개념상 구별하고 그 차이점을 논술하려고 하였음에도 불구하고, 대표적 헌법학자인 권영성은 그에 대한 고찰에 있어서 명백한 평가도 하지 않고 양개념을 혼동하여 사용하고 있다. 권영성은 한국공법학회 정기학술대회(1998. 6. 26)에서 발표한 "헌법 50년의 평가와 정보화시대의 헌법적 과제"라는 논문에서 헌법사와 관련된 폭넓은 언급을 하고 있다. 여기서 그는 헌법사와 헌정사의 개념을 자주 사용하면서도 양개념을 어떻게 구별하고 있는지와 그 개념들을 어떤 범주에서 사용하고 있는지를 밝히지 않고 무분별하게 사용하고 있다.[29] 즉 권영성은 "一國의 헌법사를 서술함에 있어서는 어떠한 헌법적 현상들을, 어떤 관점에서 서술할 것인가, 서술범위를 어디까지로 할 것인가, 그리고 헌정사의 시대구분을 어떻게 할 것인가 등의 기본문제로 제기된다"고 하면서도,[30] 한국헌법사의 서술의 방법

26) 한태연, "한국헌법사 서설", 15면 이하.
27) 한태연, "한국헌법사 서설", 16면.
28) 한태연, "한국헌법사 서설", 19면.
29) 권영성, "헌법 50년의 평가와 정보화시대의 헌법적 과제", 12-15면.
30) 권영성, "헌법 50년의 평가와 정보화시대의 헌법적 과제", 12면.

론에 관한 논의의 범위를 설명함에 있어서는 헌정사를 포괄하는 것과 같은 설명을 하고 있다. 또한 '한국헌법사의 시대구분'이라는 주제아래 헌법사의 시대구분은 여러 가지 방법이 있다고 하면서도, 내용에 있어서는 한국헌정사의 시대구분을 위하여 공화국이라는 명칭을 사용하여야 한다면 민주헌정출범기(문민정부시대), 민주헌정수난기(군사정부시대), 민주헌정부활기(문민정부부활시대)로 구분하는 것이 합리적일 것이라고 한다. 헌법사와 헌정사의 개념상의 차이가 존재하는지에 대한 평가가 전혀 없이 그야말로 혼란스럽게 양개념을 사용하고 있다.

(3) 憲政史와 憲法史의 區別을 인정하는 허영과 권영설의 見解

허영과 권영설은 명백하지는 않지만 헌법사와 헌정사의 개념을 원칙적으로 구별하면서 논의하고 있다. 먼저 허영은 헌법사는 정태적인 개념이고 또한 한 나라의 헌법의 개정사 내지 변천사라고 보고, 헌정사는 헌법규범과 헌법현실의 유기적이고 역동적인 상호기능관계를 포괄적으로 표현하는 하나의 동태적인 개념이라고 한다.[31] 다음으로 권영설은 양개념을 원칙적으로 구별해야 한다고 하면서도 편의상 양개념을 혼합하여 다루고 있다. 그는 한국헌법학회 학술대회(1998. 6. 5)에서 한태연의 주장을 받아들이면서 "굳이 따지고 볼 때 헌정사가 곧 헌법사를 의미하는 것은 물론 아니다. 비록 양자의 인식대상이 같은 정치현상을 가리키기는 하지만, 후자는 대체로 규범적 내지는 헌법질서의 차원에서 가늠하기 때문이다. 이같은 방법론상의 차이에도 불구하고 그 인식대상의 중복성에 비추어 이 글에서는 편의상 이를 혼합하여 다루기로 한다"고 하고 있다.[32]

2. 憲政史와 憲法史에 대한 學者들의 見解의 問題點과 批判

한태연이 헌법사와 헌정사를 구별하고 상호관련성을 지적한 것은 매우 타당한 것이었다. 오히려 이후의 헌법학자들이 그러한 주장을 토대로 하여 헌정사

31) 허영, "헌정사의 시대구분", 자치행정(1993. 1), 108면.

32) 권영설, "한국헌법 50년의 발자취", 헌법학연구(제4집 제1호, 1998. 6), 8면.

와 헌법사의 語義상의 차이를 밝힘과 동시에 양자의 탐구대상도 다르다는 것을 보다 분명하게 제시하지 못한 안타까움이 있다. 아무튼 각 학자들의 주장 논거와 견해에 대하여 다음과 같은 문제점이 있음을 지적하지 않을 수 없다.

(1) 한태연의 견해와 문제점

한태연의 주장은 I. Kant의 방법이원론에 지나치게 의존한 결과 문제점을 안고 있다. 한태연이 헌정사를 정치사와 거의 같은 것으로 보면서 존재론적 시각에서 연구되어야 하는 것으로 보았음에 비하여, 헌법사는 당위론의 문제로 다루어져야 하는 것으로 평가한 것이 그것이다. 즉 헌정사와 헌법사의 어의에 지나치게 집착한 나머지 헌정사는 존재적·사실적 문제를, 그리고 헌법사는 당위적 문제를 다루는 것으로 단정하고 있다.

그러나 한태연이 주장한 것처럼, 헌법사는 규범에 관한 학문이기 때문에 당위론의 문제이고, 그에 반하여 헌정사는 단순히 존재론적 관점에서 정치현상을 연구하는 것이라는 주장은 문제점이 많다. 앞에서도 간단히 언급하였고 또한 뒤에서 자세히 고찰하겠지만, 헌정사는 헌법사를 포함하여 실제헌정이 헌법규범적 관점에서 어떻게 이루어지고 있는가를 평가하는 것이라고 보기 때문이다. 즉 헌정사는 헌법사에서 다루는 헌법변천사는 물론이고 헌법규범과 실제헌정 사이의 괴리현상을 탐구하고 그 괴리현상을 헌법규범의 관점에서 평가하는 것이라고 할 수 있기 때문이다. 또한 헌정사가 헌법규범과 실제헌정 사이의 괴리현상을 탐구하고 평가하는 것이라면, 그것은 한태연의 주장처럼 존재론적 연구로 그칠 수 없고 당연히 당위적 측면의 연구가 뒷받침되어야 한다는 점에서도 문제점이 드러난다. 결국 한태연의 주장은 헌정사를 헌법규범에 대한 이해와 무관하게 이루어지는 정치사와 같은 것으로 평가하는 오류를 범하고 있다. 그리고 이러한 인식상의 오류는 헌정사와 헌법사의 탐구대상을 분명하게 구별하지 못하게 하였고, 특히 헌정사의 탐구대상을 순수한 정치현상으로 축소시키는 결과를 낳았으며, 이러한 주장이 헌법학계의 헌정사연구를 막는 결과를 가져왔다고 본 것이다.

(2) 권영성의 견해와 문제점

한태연의 주장을 토대로 이미 헌정사와 헌법사라는 개념이 헌법학에서 개념상 구별하여 사용할 것이 요구되었다면, 권영성은 그에 대한 평가를 전제하고 헌정사와 헌법사의 문제를 다루었어야 한다. 왜냐하면 학문하는데 있어서 사용되는 개념은 가장 중요한 학문의 도구이기 때문이며, 학문상의 개념에 대한 명백한 정의 없이 그것을 분별없이 사용한다는 것은 매우 위험한 학문적 태도이기 때문이다. 적어도 논의 자체가 불필요한 것이라면 몰라도 학문적으로 제기된 개념을 구별하는 의미와 필요성이 조금이라도 있다면 학자로서 그에 대한 평가는 불가결한 것이었다. 결국 권영성이 헌정사와 헌법사를 구별하지 않고 무분별하게 사용하는 것은 사물의 법칙을 탐구해야 할 학문을 오히려 혼돈에 빠뜨리는 결과를 가져올 것이었기 때문에 문제점이 크다.

(3) 허영 및 권영설의 견해와 문제점

앞에서 살펴본 내용에 따르면 허영은 헌정사의 시대구분에 대한 논술을 주로 하는 관계로 양개념의 차이점을 보다 분명하게 설명하지 않는 아쉬움이 있다. 그리고 권영설의 경우도 헌법사와 헌정사의 구별의 필요성을 인정하면서도 같은 인식대상에 대한 인식방법론상의 차이만을 인정하고 더 이상 논급을 피한 것은 아쉬움으로 남는다. 특히 권영설의 경우 비록 편의상 양자를 혼합하여 다룬다고 하였지만, 구체적 내용에 있어서는 헌법사 부분을 주로 논의하면서 헌정사 부분을 많은 점에서 언급하고 있음을 알 수 있다. 이것은 한태연에 있어서와 같이 헌법사와 헌정사에 대한 구별의 필요성은 인정하였지만, 각 개념이 갖는 의미와 내용에 대하여 그가 명백히 이해하지 못한 때문이라고 생각한다.

3. 憲法史와 憲政史의 意義

(1) 憲法史의 意義

앞에서 검토한 헌정사와 헌법사에 대한 혼란을 종식시키기 위해 먼저 헌법사란 무엇이고 무엇을 연구대상으로 하는가를 살펴볼 필요가 있다. 한태연이 지적한 바를 바탕으로 정의한다면,[33] 헌법사는 "헌법의 생성과 변개 및 그 소멸과 같은 헌법발전의 역사적 과정을 그 대상으로 하는 학문분야"라고 할 수 있다. 즉 헌법사는 특정한 국가의 헌법이 어떠한 정치적 배경을 가지고 제정되었으며, 또한 제정된 헌법이 어떠한 정치적 도전을 받아 어떠한 이유로 어떤 내용으로 개정되어 오늘에 이르게 되었는가를 연구하는 것이다. 다시 말해서 헌법사는 헌법변개의 내용과 의미가 무엇인가를 다루는 헌법학의 분야인 헌법변개사 내지 헌법변천사 그 자체이다.[34] 따라서 헌법사는 한태연의 지적처럼 정치사 및 정치사상사와 밀접한 연관관계가 있음은 물론이지만 헌법학의 한 분야이다. 그것은 헌법사가 순수한 정치현상을 대상으로 연구하는 것이 아니라 예측가능하고 통제가능한 정치질서를 규율하는 규범으로서의 헌법현상을 연구대상으로 하기 때문이다. 그리고 헌법사를 다루는 憲法史學은 헌법학의 가장 중심분야인 헌법해석학 및 헌법정책학과 다르다. 다만 헌법해석학의 경우도 단순히 그 헌법을 논리적으로 해석하고 적용하는 것에 그치지 않고, 특정한 헌법규범을 해석하고 적용함에 있어서 역사적 고찰이 필요한 것이기 때문에 헌법사의 인식이 전제되는 점에서 밀접한 연관관계에 있다.

아무튼 헌법사는 한태연의 주장처럼 헌법의 개념에 따라 탐구대상이 달라질 수 있다. 헌법사에서 다뤄져야 할 내용이 성문헌법의 변개에 국한되는 것이 아니라 실질적 의미의 헌법에 대한 변개와 변천이 논의되어야 한다. 헌법사는 성문헌법을 중심으로 하면서도 실질적 의미의 헌법에 대한 변개를 요구한 정치상황과 이유들을 전제로 어떤 결과물이 만들어졌는가를 서술하는 것이라고 보아야 하기 때문이다. 즉 헌법사의 대상이 성문헌법에 국한되는 것이 아니라 실질적 의미의 헌법으로 이해해야 한다는 것은 너무나 자명한 것이다.

---

33) 한태연, "한국헌법사 서설", 11면.

34) 많은 헌법학자들이 우리말의 헌법변천이란 개념을 독일어의 Verfassungswandlung을 번역하는 데 사용하고 있다. 그러나 Verfassungswandlung의 독일어상의 의미는 헌법규범이 외형상의 변화 없이 헌법제정 당시와 다른 내용으로 기능하는 것과 같이 질적인 점에서 변화가 이루어진 것을 의미한다는 점에서 문제가 있다. 따라서 Verfassungswandlung의 우리말로는 허영이 주장한 것처럼 헌법변질로 번역하고, 헌법변천은 필자의 주장과 같이 헌법변개와 같은 의미로 사용하는 것이 우리말의 어법에 맞다고 본다.

(2) 憲政史의 意義

"헌정사는 무엇이고 무엇을 탐구대상으로 하는가?"에 대하여 세밀한 고찰을 한 글은 필자의 글을 제외하고 찾아보기 어렵다. 앞에서 살펴본 것처럼 헌법사의 경우가 한태연에 의하여 나름대로 정리되고 있는 것에 비하여, 헌정사에 대한 정의는 명확하지 않은 상태로 남겨져 있거나 헌법사와 구별하지 않고 혼용하는 경우가 대부분이었다.[35] 다만 헌법사와 마찬가지로 헌정사도 헌법을 매개로 하는 학문영역임은 분명하나, 헌법변개 내지 헌법변천의 내용과 의미를 연구하는 헌법사와 달리, 헌정사는 그와 더불어 실제헌정의 역사를 연구하는 학문분야인 점에서 차이점을 찾을 수 있다. 즉 헌정사는 헌법사와 달라서 정태적인 개념이 아니고 헌법규범과 헌법현실의 유기적이고 역동적인 상호기능관계를 포괄적으로 표현하는 하나의 동태적인 개념인 것이다.[36]

그러면 여기서 헌정사가 실제헌정에 관한 역사를 연구하는 학문분야라고 할 때, 실제헌정이란 무엇인가를 살펴보아야 한다. 실제헌정이란 헌법규범이 어떠한 상황에서 제정되거나 개정되어 정치현실에서 어떻게 운용되고 기속력을 발휘하고 있는가를 연구하는 것이다. 즉 헌법규범의 생성배경은 물론이고 그 헌법규범의 기속력이 정치현실에서 어떻게 살아 움직이고 있는가를 역사적인 관점에서 연구하는 것이 헌정사이다.[37] 동일한 정치현상을 탐구대상으로 하면서도 정치사가 정신과학적 입장에서 정치현상에 대한 원인과 결과를 분석하고 일정한 가치기준에 따라 그것을 전체와의 관계에서 평가하려는 것임에 반하여, 헌정사는 헌법규범을 기초로 하여 그 운용실태를 역사적인 관점에서 연구하는 점에서 서로 다르다. 권영성이 헌법사의 서술대상의 문제로 ① 헌법전에 수용된 헌법규범의 구조와 체계와 내용, ② 갖가지 헌법현상, 즉 정당제도·선거제도·정부제도·군사제도 등 기본적인 헌법제도의 내용과 운용실태, ③ 헌법규범과 헌법현실의 합치 내지 괴리 여부, ④ 국민의 헌법규범과 헌법제도에

---

35) 대표적인 경우로는 권영성, "헌법 50년의 평가와 정보화시대의 헌법적 과제", 12면 이하.

36) 허영, "헌정사의 시대구분", 108면.

37) 허영이 한국헌법론에서 '한국헌법의 성립 및 제정과 개정'이라는 주제아래 헌법의 제정과 개정의 경과와 성격 및 내용을 소개함은 물론이고 각 공화국별로 헌정의 실제를 논하고 있는 것이 그것이다. 허영, 한국헌법론, 박영사, 2006, 99-132면.

대한 인지도와 헌정문제에 대한 국민의 의식구조 등을 제시하고 있는 것이 그 예다.[38] 따라서 헌정사는 헌법해석학을 통하여 확립된 헌법규범의 의미와 헌법이론을 바탕으로 하여 그 운용실태를 연구대상으로 하는 것으로서, 헌정의 구체적 운용실태에 대한 헌법규범과 헌법현실 사이의 괴리(갭)현상을 탐구하고, 또한 장기적인 관점에서 헌법변질(Verfassungswandlung)의 인정여부의 문제를 고찰하여 헌법규범이 살아 움직이도록 생명력을 불어넣으며, 궁극적으로 헌법개정의 필요성이 요구되고 있는가를 평가하여 보다 나은 헌법질서가 만들어지도록 연구하는 학문분야이다.

그러므로 헌정사를 연구함에 있어서는 항상 칼 뢰븐슈타인의 헌법분류를 염두에 두어야 한다. 즉 헌법규범과 헌법현실 사이의 갭의 정도에 따라 헌법을 규범적 헌법, 명목적 헌법, 그리고 장식적 헌법으로 분류했던 것과 같이 실제 헌정을 그와 같은 관점에서 평가할 수 있어야 한다. 따라서 다음에 살펴볼 헌정사의 연구방법과 내용에 관한 부분에서 지적하겠지만, 소위 6월항쟁과 같은 구체적 사건을 평가하는 것도 헌정사의 연구테마가 되고, 또한 일정한 헌정시기에 대한 평가도 헌정사의 연구테마가 되며, 최종적 평가는 특정한 헌정시기가 칼 뢰븐슈타인의 분류에 따를 경우 어느 헌법국가에 해당한다는 형태로 결론이 내려져야 한다. 그리고 이러한 발전과정 속에서 헌법규범의 의미가 헌법제정 당시와 달리 헌법현실에 맞게 해석·적용되어야 한다는 의미에서의 헌법변질이 이뤄지고 있는 것은 아닌가의 문제가 탐구되어야 하며, 헌법변질이론을 통하여 헌법규범과 헌법현실 사이의 괴리를 해결할 수 없다고 보는 경우 명시적인 헌법개정의 필요성을 제기하는 것을 목표로 하여야 한다.

결국 헌정사는 특정한 헌법규범을 바탕으로 실제헌정을 연구하는 학문분야이다. 특히 헌정사는 단순히 헌법의 변천사를 연구하는 헌법사와 달리 헌법의 변천사를 포함하여 헌법규범과 헌법현실의 유기적이고 역동적인 상호기능관계를 포괄적으로 연구하는 학문이다. 헌법규범의 규범력이 정치현실에서 어떻게 살아 움직이고 있는가를 역사적인 관점에서 연구하는 것이 헌정사이다. 따라서 헌정사는 헌법변천사를 바탕으로 헌정을 시대구분한 다음, 그 특정한 헌법

---

38) 권영성, "헌법 50년의 평가와 정보화시대의 헌법적 과제", 13면. 따라서 이러한 권영성의 주장은 헌법사에 관한 것이 아니라 헌정사에 관한 것이었다고 보아야 한다.

규범이 실제 헌정에서 헌법규범과 헌법현실 사이에 괴리현상이 나타나고 있는 것은 아닌가를 탐구하여 평가하고, 또한 장기적인 관점에서 헌법변질 여부를 고찰한 다음, 필요한 경우 헌법개정의 필요성을 찾아 제시하는 헌법학의 한 분야이다.

4. 憲政史와 憲法史의 相互關係

헌정사와 헌법사를 위와 같이 이해하는 경우 양자의 상호관계를 살펴보는 것이 중요하다. 헌법을 매개로 하는 학문영역에 속한다는 점에서는 동일하나 헌정사와 헌법사는 연구방법에 있어서는 물론이고 구체적 탐구대상이 다르다는 점을 알 수 있다.

먼저 허영이 지적한 것처럼 연구방법과 관련하여 헌법사가 정태적인 현상을 탐구함에 반하여 헌정사는 동태적인 현상을 탐구하는 점에서 구별된다. 헌법철학적인 관점에서 보더라도 해석법학적 방법론을 중시한 헌법학자들은 정태적인 관점에서 헌법사를 중시하여 왔다. 반면에 헌법학에서 기능적 접근방법이나 경험적 접근방법을 중시한 헌법학자들은 헌법의 기능과 목적을 중시한 결과, 그들은 헌법변개 내지 헌법변천의 목적과 취지가 무엇이며, 그리고 그 헌법의 운영실태가 어떠한지를 동태적인 관점에서 고찰하는 헌정사에 관한 연구를 중시하여 왔다.

그런데 이러한 헌법을 매개로 한 정태적 탐구와 동태적 탐구의 경우 탐구대상을 달리하게 됨을 알 수 있다. 탐구대상에 있어서 동태적 개념인 헌정사가 정태적 개념인 헌법사를 포괄할 수 있다는 점이 그것이다. 앞에서 지적한 것처럼 헌법사가 헌법변개의 내용과 의미가 무엇인가를 다루는 헌법변천사라고 한다면, 헌정사는 그러한 헌법변천사를 포함하면서 그때그때의 헌법의 운영실태까지를 고찰하는 것을 그 탐구대상으로 하기 때문이다. 따라서 독일의 Huber가 쓴 Deutcshe Verfassugsgeschichte는 한태연이 번역한 것과 달리 「독일헌법사」가 아니라 「독일헌정사」로 해석되어야 한다. 왜냐하면 Huber는 단순히 독일헌법사를 기술하고 있는 것이 아니라 독일의 헌정의 실제를 동태적인 관점에서 기술하고 있기 때문이다. 그리고 그 구체적인 내용은 한태연이 지적한 것처럼 헌법사에서 탐구대상이 되는 "헌법이란 오히려 정신적 운동, 사회적 대립과 정치적 질서요소의 전체적 구조, 즉 그 투쟁에 있어서, 그 조정에 있어서, 그 교호적인 관용에 있어서 그것을 그 시대의 헌법실현의 전체에로 결합케 하는 이념과 이익과 제도의 총체를 의미한다"고 설명하고 있는 점에서 그러하다.[39)]

아무튼 헌정사를 헌법변천사를 의미하는 헌법사를 포함하여 구체적인 헌법의 운영실태를 포함하는 것으로 평가한다 하더라도 양자를 구별하여 이해하는 것이 필요하다. 다만 헌법변개가 이루어지는 역사적인 시점에서 헌법사와 헌정사에 관한 기술이 구별되기 어려운 것이 사실이다. 헌법변개를 요구하는 정치적 이유와 상황 등은 헌정사의 기술내용이면서 동시에 헌법사의 기술내용도 될 수 있을 것이기 때문이다. 이것은 결국 헌정사는 헌법사를 바탕으로 하여 기술되어야 한다는 것을 알 수 있는데, 그 이유는 헌정사는 특정한 헌법규범을 전제로 연구되어야 하는 것이기 때문이다.

한편 헌정사가 헌법사를 토대로 연구되어야 한다 하더라도 구체적 탐구내용을 정함에 있어서 차이가 있다. 즉 헌법사는 모든 헌법변개를 탐구내용으로 하여 헌정시기와 관계없이 연구됨에 비하여, 헌정사는 일정한 시대구분을 전제로 헌정시기별로 실제헌정을 평가하는 점에서 차이가 있다. 헌법사는 모든 헌법변개의 원인과 이유 및 그것을 추진하는 동력이 무엇이었는가를 주로 설명하는 것에 그치지만, 헌정사는 그에 더하여 그 헌법규범의 규범적 효력이 어떠했는가를 경험적으로 평가하는 것을 주요 탐구내용으로 하기 때문에 헌정의 시대구분이 중요한 의미를 갖는다. 특히 헌정사는 모든 헌법변개에 따라 항상 새롭게 헌정시기가 전개되는 것으로 볼 수 없기 때문에, 적어도 기존의 헌법의 동일성이 심하게 훼손되는 경우 또는 새로운 헌법이 제정되는 경우에 새로운 헌정사의 출발이 있다고 보고, 그 헌법규범의 생성과 변개 및 운영에 이르는 모든 점들을 평가의 대상으로 한다. 따라서 헌법사는 별도의 헌정에 대한 시대구분을 전제하지 않지만, 헌정사는 헌법의 동일성이 유지되는 일정한 헌정시기를 토대로 시대구분을 한 다음에 그 헌정시기의 헌법규범의 운용

---

39) 한태연, "한국헌법사 서설", 19면.

실태를 탐구대상으로 한다.

II. 憲政史의 研究目的

이미 지적하였듯이 2011년 1월 현재 우리 헌정도 이제 60주년을 지났기 때문에 그렇게 짧은 역사라고만 할 수 없다. 서유럽국가들이 100여년 전부터 입헌민주국가를 실현한 것에 비추어 보면 아직 짧은 역사라고 할 수도 있지만, 그동안 수많은 질곡을 통하여 단련을 받고 응축된 헌정이었기 때문에 지금은 미성숙한 모습에서 벗어났다고 할 수 있다. 특히 지난 노무현정권을 거치면서 세계 각국에서 발전하고 있는 민주화의 속도나 시민의식에 비추어 우리 헌정사는 이미 상당한 정도의 성숙기에 접어들었다고 할 수 있다.[40] 그럼에도 불구하고 우리 헌법학계는 필자가 논문으로 주장하기 전까지 헌정사연구에 대한 '理論的 道具(틀)' 내지 '研究方法論'도 갖추지 못하고 있었고, 논문이 발표된 이후로도 해방전후에 대한 구체적 연구를 제외하고 헌정사연구에 필요한 이론적 도구에 대한 별다른 연구물이 나오고 있지 않다. 그것은 우리 헌법학계가 아직도 헌법학의 토대인 국가론은 물론이고 인접학문과의 연계성을 고려하지 못한 결과이기도 하다. 또한 헌정사의 연구는 곧바로 지난 김대중정권에 이르기까지 진행된 권위주의통치에 대한 도전을 의미하기 때문에 이를 의도적으로 회피하고 헌법해석학에 안주해 온 까닭이라는 것은 전술했다.

아무튼 헌정사의 연구목적은 우리 헌정사를 지배했던 최고의 가치가 무엇이었는가를 찾아내고자 하는 학문영역이다. 특히 헌정사 연구는 과거의 헌정경험을 토대로 헌법정책학적인 관점에서 오늘에 필요한 중요한 교훈을 얻고자 하는 학문영역이다. 즉 각 헌정시기별로 헌법 자체는 물론이고 그 운용실태는 시대에 따라 달랐기 때문에 그 헌정시기별로 평가함으로써 제도개선에 필요한 교훈을 얻고자 함이 헌정사연구의 목적이다. 예컨대 역사학과 관련된 모든 학

---

40) 2010년 말 영국의 시사주간지 이코노미스트가 발표한 167개 국가의 민주주의지수에 따르면 완전한 민주주의국가와 결함이 있는 민주주의국가 및 권위주의국가로 구분한 가운데서 우리나라는 20위에 해당하는 완전한 민주주의국가에 속하며 일본은 22위로 되어 있다. 조선일보, 2011. 1. 1. A24면 참조.

문영역에서와 마찬가지로 헌정사를 연구하는 목적은 그 시대를 지배한 가치가 오늘날에도 타당하고 가치 있는 것인가를 배우려는 것이기 때문에 과거의 당시를 지배한 실제적 가치를 탐구하는 것이다. 즉 당시를 지배한 헌법규범이 당시의 가치체계이기 때문에 마땅히 존중되고 준수되어야 하는 것이었지만, 당시의 모든 헌법규범이 가치체계로서 항상 준수되는 것은 아니라는 점에서 운용실태를 연구하는 것이다. 특히 헌정사연구는 당시의 헌법규범을 무시하고 어떤 가치체계가 사실상 당시를 지배한 최고의 가치였는가를 찾아냄으로써 교훈을 얻고자 하는 것이며, 대개 헌법규범의 경우 대부분의 규정이 국가권력을 담당하는 통치권자를 기속하고자 하는 규범이기 때문에 통치권자에 의해서 그 헌법규범이 침해되기 쉽다는 점에서 헌정사의 연구가 이루어진다. 통치권자에 의하여 헌법규범이 침해되는 경우 이미 그 시대를 지배하는 가치는 헌법적 가치가 아니게 되며, 이러한 경우는 헌법규범을 실제헌정이 가치적인 면에서 대체하게 되면서 실제헌정을 지배하고 있다고 보아야 한다. 따라서 헌정사를 연구하는 목적은 당시에 효력을 발하던 헌법규범을 전제하면서도 실제헌정을 지배한 최고의 가치가 무엇이었는가를 탐구하는 것을 목적으로 한다.

한편 헌정사의 연구목적이 특정한 헌정시기를 지배한 최고의 가치를 찾는 것이기는 하지만 그것에 그치지 않는다. 모든 역사연구의 목적이 그러하듯이 오늘의 문제를 해결하기 위하여 헌정사도 연구되는 것이기 때문이다. 즉 헌정사의 연구는 과거의 헌법규범이 오늘날과 어떻게 다른가를 찾는데 그치지 않고 과거의 헌법규범과 실제헌정이 일치하지 않았던 경우 그 이유를 찾아 시정함으로써 오늘날 그러한 불일치가 반복되지 않게 하려는데 목적이 있기 때문이다. 오늘날의 헌법규범과 실제헌정이 일치될 수 있도록 제도개선에 필요한 교훈을 얻고자 하는 것이 헌정사연구의 목적이다. 그리고 만약 헌법규범이 실제헌정을 따라갈 수 없을 정도로 규범과 현실 사이에 갭이 생긴 경우 헌법개정의 필요성을 도출하기 위한 의미에서도 헌정사에 대한 연구와 평가는 이루어진다.

제 3 장

憲政史의 時代區分

헌정사가 특정한 헌법규범을 바탕으로 실제헌정을 연구하는 학문분야이고, 또한 헌정사가 헌법의 변천사를 포함하여 헌법규범과 헌법현실의 유기적이고 역동적인 상호기능관계를 포괄적으로 연구하는 학문이라면, 헌정사는 헌법변천사를 바탕으로 헌정을 시대구분한 다음 전개되어야 한다. 특히 헌정사가 실제헌정에서 헌법규범과 헌법현실 사이에 괴리현상이 나타나고 있는 것은 아닌가를 탐구하여 평가하고 또한 장기적인 관점에서 헌법변질 여부를 고찰하는 헌법학의 한 분야라고 하는 경우 특정한 헌정시기를 전제로 연구되어야 하기 때문이다. 아무튼 여기서는 앞에서 소개한 필자의 "한국헌정 50년을 어떻게 시대구분하고 평가할 것인가?"라는 논문을 중심으로 헌정사의 시대구분의 필요성과 그 시대구분에 사용되는 공화국의 의미 및 시대구분에 사용되는 이론적 도구인 헌법제정권력이론을 살펴보기로 한다.

I. 憲政史 時代區分의 必要性

1. 憲政史 時代區分의 必要性 概觀

헌정사가 특정한 헌법규범을 전제로 그 운용실태(실제헌정)를 역사적인 관점에서 연구하는 것이라고 할 때, 이것은 동일성이 유지되는 헌법규범을 전제로 그 운용실태를 연구하는 것이 원칙이어야 한다. 즉 헌정사는 헌법변천사도 중요하지만 일단 새로운 헌정시기가 시작되고 그 헌법규범의 동일성이 유지되는 가운데 그 규범력이 제대로 유지되고 있는가를 평가하는 학문분야이기 때문에 일정한 헌정시기를 토대로 연구된다.[41] 따라서 헌정사의 연구는 반드시 헌정에 대한 시대구분을 전제로 이루어져야 한다.

그런데 헌정사를 연구함에 있어서 반드시 헌정에 대한 시대구분을 하지 않으면 안 된다고 하는 이유는 어디에 있는가를 지적하지 않을 수 없다. 그것은 다음과 같은 설명을 통하여 그 해답을 얻을 수 있다. 예컨대 만약 한국헌정 60년을 한 마디로 평가하라고 한다면, 우리 헌정사도 인류의 보편적 역사와 다를 바가 없기 때문에 '자유확대의 역사' 내지 '기본권신장을 통한 민주화의 역사' 등으로 평가할 수밖에 없게 된다.[42] 즉 비록 군사통치와 같은 암흑시대를 거쳤다고 하더라도, 결론에 있어서는 미국 등의 다른 선진국의 헌정에 대한 평가와 같이 평가가 이루어지지 않을 수 없는 것이다. 그렇게 평가된다면 헌정사의 연구를 통한 새로운 역사적 교훈은 사실상 얻기 어렵기 때문에 무의미한 연구가 된다. 따라서 한국헌정 60년을 일정한 기준에 따라 시대구분하고 각각에 대한 평가를 통해 우리 헌정의 발전과정을 살펴보는 것이 의미 있는

---

41) 이와 같은 관점에서 기본권 일반이론에 대한 학설사적 시대구분의 가능성을 제시한 학자로는 양건이 있다. 그는 "헌법규범과 헌법현실 사이의 괴리 여하라는 관점에서 헌정사를 시대구분하고 이에 따른 기본권이론사의 시기구분이 가능할 것인가를 생각해 볼 수 있다"고 하면서, 헌법의 규범력의 관점에서 우리 헌정사를 3시기로 구분하고 있다. 즉 제1공화국에서 제3공화국까지는 전반적으로 입헌주의원리를 벗어나지 않는 헌법규범에도 불구하고 헌법현실은 이에 못미치는 심한 괴리를 드러낸 시기이고, 제4공화국에서 제5공화국까지는 헌법현실 이전에 헌법규범 자체가 이미 입헌주의원리에 위배된 권위주의의 시기이며, 제6공화국 이후 현재까지는 헌법규범이 입헌주의원리를 회복하기 시작하고 나아가 헌법현실도 이에 접근해가는 시기라고 보는 것이 그것이다. 그러면서도 양건은 한편으로 이같은 헌정사적 시기구분에 따라 기본권이론사의 시기구분이 가능한지 의문이라고 하면서 기본권이론사를 일정한 기준에 따라 시기구분하는 것을 포기하고 논의를 하고 있다. 양건, "기본권 일반이론 50년 : 회고와 전망", 헌법학연구 제4집 제1호(1998. 6), 30면 이하. 그러나 이것은 양건이 기본권 일반이론의 발전과정을 헌정사 자체의 시대구분의 문제로 보지 않고 별도의 기준에서 찾은 오류에 기인한다고 본다.

42) 마찬가지의 취지에서 우리 헌법의 발전사가 "인간해방의 역사였고, 인간의 존엄과 가치의 발전사"였다고 말하기도 한다. 황도수, "헌법의 위상" 시민과 변호사(1998. 7), 59면.

것이 된다.

2. 憲政史 時代區分의 多元化

헌정사의 연구를 위하여 헌정에 대한 시대구분이 전제되어야 하는 경우에도 문제는 또 있다. 헌정의 시대구분이 일정한 헌법규범을 전제하기 때문에 헌법변개가 중요한 시대구분의 방법이 되지만, 헌법변개는 사소한 헌법개정은 물론이고 전면적 헌법개정(헌법제정에 준하는 헌법변개)까지 다양하게 있을 수 있기 때문이다. 즉 헌정사의 시대구분은 모든 헌법변개를 전제로 할 것인가 아니면 헌법규범의 동일성이 유지되는 전체 헌정시기를 토대로 할 것인가의 문제가 제기된다. 이와 관련하여 필자는 헌정사의 시대구분은 원칙적으로 동일성이 유지되는 헌법규범을 토대로 이루어지는 실제헌정을 중심으로 논의되어야 한다고 본다. 우리 헌정사에서 공화국의 명칭이 부여된 것이 이에 해당한다.

그런데 동일성이 유지되는 헌정기간이 장기간으로 길어지는 경우 또 다른 시대구분의 방법이 요구된다. 특정한 헌정기가 장기간에 걸쳐 진행되는 경우 그 헌정의 실제에 대한 평가는 역사발전의 단계에 따른 거시적인 평가를 제외하고 제대로 이뤄질 수 없는 것은 마찬가지이기 때문이다. 예컨대 미국의 경우 건국 이후 200년이 지나도록 헌법의 동일성이 유지되고 있고, 유럽의 많은 국가들과 일본의 경우도 제2차 세계대전 이후로 매우 오랫동안 헌법규범의 동일성이 유지되고 있기 때문에, 전체 헌정시기에 대한 평가는 무의미한 상기와 같은 동일한 대답만을 듣지 않을 수 없다. 따라서 헌정사를 연구함에 있어서 원칙적인 시대구분은 헌법의 동일성이 유지되는 헌정시기를 바탕으로 하여야 하지만, 그 헌정시기가 장기화되는 경우 세부적인 시대구분이 요구됨을 알 수 있다.

그리하여 미국의 경우는 물론이고 유럽의 국가들에서 나타나고 있는 것과 마찬가지로 가장 짧게는 大統領期가 그것이고, 그보다 조금 길게 구분하여 대통령이나 수상을 배출한 집권정당의 성향에 따라 政權期(보수당 정권기 또는 사회당 내지 노동당 정권기)를 달리 부르고 있는 경우가 그것이다. 특히 보수

정당이 집권한 경우와 개혁정당이 집권한 경우의 실제헌정에 대한 평가는 매우 다르기 때문에 중요한 헌정연구의 대상이 되며, 그 정권기를 기준으로 하는 시대구분은 헌정사의 연구를 위하여 중요한 의미를 가지게 된다.

3. 우리 憲政史에 있어서 時代區分의 重要性

위와 같은 헌정사의 시대구분의 방법은 우리나라와 같이 헌법의 변개가 자주 있었던 경우에는 매우 유용한 것이 됨을 알 수 있다. 먼저 우리 헌정사는 건국헌법 이후의 헌정사를 의미하는 것으로 보는 것이 일반적인 경향이고 타당한 것이지만, 우리 한민족의 반만년의 역사와 관련하여, 특히 조선시대 말에 나타난 대한제국의 國制 등의 경우는 물론이고 일제 식민통치 하의 대한민국 임시정부의 憲章 등을 어떻게 평가할 것인가의 문제가 제기된다.[43] 또한 건국헌법 이후에도 단순한 헌법개정에서부터 헌법제정에 준하는 헌법변개가 여러 차례 이루어졌기 때문에 어떤 기준으로 헌정을 시대구분하고 평가할 것인지가 중요한 의미를 갖는다. 뿐만 아니라 소위 제6공화국헌법이 효력을 발한 이후로 20년이 지나도록 헌법변개가 이루어지지 않았기 때문에 헌정사의 평가에 어려움이 발생한다. 즉 그 20년의 헌정시기를 전체적으로 평가할 수도 있으나, 그 사이에 평화적 정권교체 등이 있어서 전체로서는 물론이고 각 정권별로 헌정을 평가하는 것이 불가피해지고 있다. 따라서 우리 헌정사를 평가함에 있어서는 현행헌법인 소위 제6공화국헌법까지의 헌정사의 시대구분과 함께 제6공화국헌법 내에서는 각 대통령기별로 평가하는 것이 중요해지고 있는 것을 알 수 있다.

결국 헌정사가 특정한 헌법규범을 전제로 그 운용실태(실제헌정)를 역사적인 관점에서 연구하는 것이라고 할 때, 헌정사연구는 시대구분을 전제하지 않으면 이루어질 수 없다는 것을 알았다. 특히 헌정사연구는 무엇보다도 동일성이 유지되는 헌법규범을 전제하지 않으면 안 된다는 것이며, 또한 동일성이 유지되는 헌법규범이 장기간 유지된 경우에는 그 헌정기를 구분하는 또 다른

43) 이에 대한 연구로는 이승우, "건국헌법 이전의 한국헌정사", 헌법학연구(제13권 제2호, 2007), 151면 이하.

세부기준이 있지 않으면 의미 없는 연구가 된다는 것을 알 수 있다. 세대를 넘어 장기간 계속되는 헌정에 대한 연구는 역사연구의 내용처럼 '자유신장의 역사' 또는 '기본권신장의 역사'라는 동일한 평가 이외의 결론이 내려질 수 없기 때문이다.

II. 憲政史의 時代區分에 사용되는 共和國의 意味

지금까지 우리의 헌정사를 시대구분하는 개념으로 공화국이라는 용어가 일반적으로 사용되어 왔다. 그러나 군사쿠데타를 통하여 집권한 군사독재정권들이 스스로를 정당화하기 위한 목적 하에 제3공화국 내지 제5공화국이라는 개념을 사용하게 되자, 그에 대한 회의가 있었음도 부인할 수 없다. 그리하여 가칭 공화국모독죄라도 신설하여 헌정질서를 바로잡자는 주장도 있고,[44] 그와 같이 주권자의 개입이 국민적 정당성을 뒷받침할 수 없는 강압적 분위기에서 처리되었던 것을 고려할 때, 그 주장과 비판에 대하여 불가피하게 수용하여야 할 측면이 있음을 인정하기도 한다.[45]

사실 공화국 내지 공화정이라는 개념이 처음 사용될 당시에는 군주국에 대비되는 개념으로 사용되었으며, 이것은 군주에 의한 절대적 통치권력을 배제한다는 의미를 내포하고 있었다. 뿐만 아니라 공화국이란 개념은 근대의 시민혁명에 의하여 특수한 의미가 각인된 고도의 실천적 개념이었음을 부인할 수 없다.[46] 특히 대혁명을 통해 확립된 프랑스에서의 공화정의 개념은 절대군주제를 배제하고자 하는 변혁의 꿈과 향수가 깃든 격정의 대명사였고, 또한 그것은 자유·평등·박애를 실현하고자 하는 이데올로기의 또 다른 이름이며, 그것은 사실상 민주주의 그 자체를 의미했다.[47] 즉 공화국의 의미는 군주국에

---

44) 국순옥, "공화국의 정치적 상품화와 순차결정의 과학적 기준", 한국공법학회 세미나자료(1993. 2. 20), 31면.

45) 성낙인, "韓國憲法史에 있어서 共和國의 順次(序數)", 고시연구(1998. 11), 70면.

46) 프랑스에서 공화국의 개념은 절대군주제가 입헌군주제 내지 공화제로 바뀌면서 사용되기 시작한 것이고, 그 후 왕정복고가 이루어졌다가 다시 공화정으로 회복되면서 제2·제3공화국으로 불리어졌던 개념이다. 허영, "헌정사의 시대구분", 109면 참조.

대칭되는 소극적 개념에 머무를 수는 없으며, 공화국의 적극적 의미는 자유·평등·복지의 원리에 입각한 국민주권주의국가를 의미한다고도 한다.[48] 따라서 이러한 공화국의 개념을 군사독재정권을 지칭하는 용어로 사용하는 것은 역사와 진실에 대한 중대한 도전이 된다고 평가할 수도 있다.[49]

그러나 오늘날 공화국의 의미는 프랑스대혁명 이후의 실천적 가치개념으로만 사용되는 것은 아니다.[50] 오히려 오늘날 공화국의 의미는 특정한 가치개념이 아니라 하나의 공동체(das gemein Wesen)를 지칭하는 의미로 사용되고 있다. 즉 공화국이란 프랑스 헌정사를 통해서 알 수 있는 것과 같은 특정한 가치개념을 내포한 것이어서 그러한 가치개념을 충족시킬 수 없는 국가나 정권이라면 사용할 수 없는 개념이라기보다는 하나의 정치공동체인 헌법국가가 헌정을 시대구분하는 데 유용하게 널리 사용하고 있는 개념인 것이다. 다만 그렇게 특정한 가치개념으로 공화국의 개념을 사용하지 않는다고 하더라도 오늘날도 공화국의 개념은 최소한의 가치는 포함하는 것으로 보아야 한다. 즉 공화국의 개념은 군주국에서와 같이 권력보유자의 자의만이 지배하는 절대전제주의국가가 아니라 국민주권의 이념에 바탕을 둔 자유민주주의국가를 자칭하는 것으로 사용되어야 한다는 것이 그것이다. 따라서 공화국이란 개념은 오늘날에 있어서도 국가권력이 원칙적으로 무제한한 것이 아니라 제한적인 것이라는 것을 제시하는 개념이고, 또한 그 개념은 오늘날의 국가가 헌법에 앞서 이미 주어진 것으로서 이해되는 것이 아니라 공동체를 구성하고 있는 구성원들에

---

47) Michel-Henry Fabre, Principes republicains de droit constitutionel, troisieme edition, Paris, 1977, 5쪽 이하; 국순옥, "공화국의 정치적 상품화와 순차결정의 과학적 기준", 30면 재인용. 국내의 보다 자세한 논의로는 한태연, 헌법학, 법문사, 1983, 102면 이하 참조.

48) 성낙인, "韓國憲法史에 있어서 共和國의 順次(序數)", 63면.

49) 이러한 의미에서 공화국이란 개념의 사용을 포기한 학자로는 권영성이 있다. 권영성, 헌법학원론, 2006, 94면 이하. 그러나 이렇게 공화국의 개념을 포기하고 헌정사를 설명한 결과, 그는 헌법사의 시각에서 헌법변개의 과정과 내용에 대해서만 언급할 뿐 헌법개정의 법적 성격 조차도 논의하지 않게 되고, 이것은 결국 헌정에 대한 평가를 포기하는 결과를 낳고 있음을 알 수 있다.

50) 이러한 의미에서 독일의 경우 공화국이란 용어를 사용한 시대구분의 예가 나타나고 있다고 할 수 있다. 바이마르공화국을 제1공화국이라 하고, Bonn기본법시대인 지금을 제2공화국이라고 칭하는 것이 그것이다. 물론 여기서 나치정권의 시대를 빼고 있다는 점을 주목한다면 프랑스적인 관점에서 헌정사를 시대구분하고 있다고 할 수 있다.

의하여 계속적으로 새로이 창조되어 나가는 것으로 이해되어야 하는 개념임을 부인할 수 없다.[51)]

결국 공화국이라는 개념은 헌정사를 시대구분하는 개념으로 일반적으로 사용되고 있다. 또한 오늘날 공화국이란 개념은 군주국에 대비되는 개념으로 사용되고 있을 뿐, 프랑스에서와 같이 근대 시민혁명에 의하여 특별한 의미가 각인된 고도의 실천적 가치개념으로 이해할 필요는 없다. 따라서 공화국의 개념은 군주국에 대비되는 단순한 政治共同體를 의미하는 것으로 보면서, 하나의 정치공동체인 憲法國家가 憲政을 時代區分하는 道具概念으로 사용하면 된다. 즉 오늘날은 국민주권이 확립되어 있기 때문에, 국민주권원리에 입각하여 국가권력은 제한적일 수밖에 없다는 것을 공화국이란 개념이 내포하고 있는 것으로 보아야 한다.

III. 憲政史 時代區分의 理論的 道具

1. 지금까지 憲政史 時代區分에 사용된 理論的 道具

(1) 共和國 名稱使用이 問題가 된 理由

헌정사란 헌법규범의 의미와 내용이 무엇인가를 전제로 헌법규범이 정치현실에서 어떻게 운용되고 기속력을 발휘하고 있는가를 연구하는 것이며, 또한 헌법규범의 규범력이 정치현실에서 어떻게 살아 움직이고 있는가를 역사적인 관점에서 연구하는 것이기 때문에, 헌정사를 논함에 있어서 기준이 되는 것은 헌법규범이어야 한다. 그리고 헌정사를 시대구분함에 있어서 가장 기초가 되어야 하는 것은 적용되는 헌법규범의 성격과 내용이 문제가 되므로 헌법변개가 기준이 되지 않을 수 없다. 다만 모든 헌법변개가 헌정사를 시대구분하는 기준이 되는 것이 아니라 일반적 헌법개정의 수준을 넘은 경우, 즉 헌법의 동일성이 침해되는 경우가 헌정사의 시대구분을 요하는 기준점이 된다. 헌정사를 연구함에 있어서 헌법의 동일성이 유지되고 있느냐에 따라 헌정을 시대구

---

51) 이승우, “한국헌정 50년을 어떻게 시대구분하고 평가할 것인가?”, 50면.

분하는 것이 무엇보다도 전제되어야 한다는 것이다. 특히 헌법규범의 근본적 변개가 있음에도 불구하고 적용되는 헌법의 성격과 동일성 여부를 고려하지 아니하는 것은 이론적으로나 명분에 있어서 인정하기 어렵다.[52)]

아무튼 헌정사를 시대구분하는 위와 같은 원칙들을 이해하고 있었는가를 떠나서 1988년 노태우정권이 출범하기 전까지는 어느 정도 위 원칙이 지켜졌다.[53)] 즉 전통적으로 구분하던 공화국의 개념이 제5공화국까지 헌법이론적인 관점에서 반론이나 무리 없이 붙여졌고, 또한 모든 헌법교과서도 그에 따랐다. 그런데 문제는 노태우정권의 출범과 함께 제기되었다. 노태우정권의 순차를 어떻게 할 것이냐를 놓고 정치권과 헌법학계가 고민을 하게 되었다. 헌법개정이 있기는 했으나 평화적인 정권교체가 이뤄졌기 때문에 제5공화국의 연장이라고 보는 측면과 전두환정권과의 단절을 갈망하는 집권층의 주장이 받아들여져 제6공화국으로 불려야 한다는 것이 그것이었다. 일부 학자들의 반대에도 불구하고[54)] 결국 제6공화국으로 불리는 것이 대세로 되었음은 물론이었다.[55)]

그런데 김영삼정부의 출범과 동시에 헌정사의 시대구분과 관련하여 보다 근본적인 문제점이 제기되었다. 김영삼정부는 군사정권에 대한 차별화를 위해

---

52) 이승우, "한국헌정 50년을 어떻게 시대구분하고 평가할 것인가?", 50면 이하. 권영성의 전게논문의 내용이나 교과서의 설명이 이 관점에서 문제가 있음은 전술했다.

53) 허영은 우리 헌정사의 시대구분은 명확하고 일관된 기준도 없이 그저 즉흥적으로 때로는 역사변혁적인 사건중심으로 또 통치자중심으로 이루어지고 있으나, 제5공화국까지는 그런대로 시대구분에 어떠한 통일된 기준이 적용된 것이라고 보고 있다. 허영, "헌정사의 시대구분", 112면.

54) 대표적 학자는 허영이었다. 그는 1998년 현재의 교과서에서도 제5공화국 내의 제1기와 제2기 또는 '전두환대통령시대'와 '노태우대통령시대'로 부른다. 다만 그는 '제6공화국'이라는 칭호를 사용한다면 3당통합 후의 달라진 정치적 상황을 가리키는 의미로 한정해서 이해하는 노력이 필요하다고 한다. 허영, 한국헌법론, 2008, 124면.

55) 노태우정권의 출범을 제6공화국으로 보는 대표적 학자는 김철수이다. 즉 그는 제9차 헌법개정은 형식적으로는 '헌법의 개정'이라고 할 수 있지만, 실질적으로는 새로운 '헌법의 제정'이라고 한다. 그 이유는 6월항쟁을 전후한 국민적 저항과 6.29선언이 명예혁명이었고, 여야합의로 대통령직선제, 국회의 복권 등을 통하여 권위주의적인 정부형태가 민주화되었으며, 정권의 교체가능성이 부여되었기 때문이라고 한다. 김철수, 헌법학개론, 2007, 127면 이하. 그러나 1987년의 6월항쟁이 직선제개헌을 가능케 한 위대한 민주화투쟁이었지만, 그것이 헌법이론적인 관점에서 새 공화국의 탄생을 가능하게 한 것으로 볼 수 없다는 허영의 주장을 음미할 필요가 있다. 허영, 한국헌법론, 2008, 124면.

새로운 공화국의 명칭을 붙이고 싶었지만 제7공화국으로 불리기에는 모든 여건이 갖춰지지 않았기 때문이다. 헌법개정 조차도 없었고, 평화적인 정권교체였으며, 하물며 3당합당을 통해 군사정권에 뿌리를 두고 정권연장선상에서 출범했기 때문에 도저히 제7공화국을 표방할 수 없었다. 그렇다고 오랜 군사통치를 끝내고 문민대통령이라는 것을 강조하고자했던 그로서는 군사정권의 상징인 제6공화국을 계승할 수는 더더욱 없었다. 이러한 이유 때문에 김영삼대통령은 공화국이라는 명칭을 정권의 상징으로 표방하는 것을 포기하고 김영삼정부는 '문민정부'임을 자임하고 나섰다.[56] 그리고 결국 이러한 김영삼정부의 한계 때문에 정치권에서는 물론이고 헌법교과서에서 공화국의 명칭이 사라지기도 하였다.

결국 위와 같은 헌정사의 시대구분을 둘러싼 혼란은 헌법이론적인 관점에서 앞에서 제시한 근본원칙이 도외시되어 왔기 때문이다. 즉 헌정사의 시대구분은 큰 틀에서는 적어도 헌법변개와 함께 그 헌법변개가 단순한 헌법개정이 아니라 헌법의 동일성이 인정될 수 없는 헌법제정에 준하는 헌법변개를 전제로 새로운 공화국의 명칭이 붙여져야 한다는 원칙이 성립되지 못한 상태에 있었기 때문에 나타난 현상이다.

(2) 憲政史의 時代區分에 대한 代表的 學說

한국헌정 50년을 기념하여 헌정을 평가하면서 헌정사의 시대구분에 대한 연구발표가 있었다. 앞에서 살펴본 일반적 흐름에 따라 시대구분을 포기하는 학자도 나타났지만,[57] 주목할만한 2가지 논문이 발표되었다. 하나는 현재의 정권에 대해 공화국의 명칭을 붙일 수 없다고 판단하여 공화국 명칭 대신에 헌법변개의 년도에 따라 헌법의 명칭을 붙이는 것과 같이 공화국 구분을 포기했으면서도[58] 새로운 시도를 한 권영성의 "헌법 50년의 평가와 정보화시대의 헌법적 과제"라는 논문이다. 다른 하나는 "공화국의 정치적 상품화와 순차결정의 과학적 기준"이라는 한국공법학회 세미나자료(1993. 2. 20)에 나타난 국순옥의

---

56) 이승우, "한국헌정 50년을 어떻게 시대구분하고 평가할 것인가?", 52면.

57) 양건, "기본권 일반이론 50년: 회고와 전망", 31면.

58) 권영성, 헌법학원론, 1998, 90-99면 참조.

주장이다. 그리고 그러한 한국 헌정 50주년을 기념하는 가운데서도 헌정사의 시대구분이 미해결의 장으로 넘어가고 있다고 보고 공화국의 순차에 대하여 논문을 쓴 성낙인의 글이 있다.[59)]

1) 권영성의 견해

권영성은 헌법사의 시대구분은 국가체제 중심의 시대구분, 헌법전 중심의 시대구분, 정권(집권자) 중심의 시대구분, 이데올로기 중심의 시대구분 등 여러 가지가 있을 수 있다고 하였다. 그리고 우리나라는 프랑스에서 공화정이 중단되었다가 부활할 때마다 새로운 공화정을 붙였던 것을 모방하여 제6공화국까지 명칭을 붙여왔지만, 학문상의 명칭을 따르자면 1948년 이후의 정치체제가 공화정으로 일관하였기 때문에 그러한 구분은 무의미한 것이라고 한다. 또한 유신체제나 제5공화국시대를 공화정시대라 할 수 없기 때문에 공화국이라는 명칭과 구분을 그 시대에 사용하는 것은 부적절하다고 한다. 그리하여 그는 전통적인 제1공화국에서 제5 또는 제6공화국까지로 구분하던 관례를 벗어나, 굳이 한국헌정사의 시대구분을 위하여 공화국이라는 호칭을 사용하려 한다면, 시대구분의 기준을 정권을 담당하는 자가 군출신이냐 아니면 민간출신이냐에서 찾아야 한다고 본다. 문민정권의 시대 또는 군사정부의 시대 등으로 나누는 것이 그것이다. 즉 그는 문민정부시대(민주헌정출범기: 1948.7~1961.5 까지의 제1 · 제2공화국), 군사정부시대(민주헌정수난기: 1961.5~1988.2 까지의 제3 · 제4 · 제5공화국), 새로운 문민정부시대(민주헌정부활기: 1988.3~1998.6 현재까지의 노태우 · 김영삼 · 김대중정부) 등으로 구분하고 있다.[60)]

2) 국순옥의 견해

김영삼정부의 출범과 함께 "김영삼정부의 공화국순차를 어떻게 정해야 하나"라는 시각에서 논문을 발표한 국순옥은 공화국의 순차를 國家形態 수준의 문제로 규정할 수도 있으나, 공화국의 순차를 결정하는데 있어서 가장 합리적

---

59) 성낙인, "한국헌법사에 있어서 공화국의 순차(서수)", 61면 이하. 성교수의 이러한 취지는 필자가 "한국헌정 50년을 어떻게 시대구분하고 평가할 것인가?"라는 글을 쓰게 된 것과 같다고 할 수 있다.

60) 권영성, "헌법 50년의 평가와 정보화시대의 헌법적 과제", 14면 이하.

인 기준은 통치방식이어야 한다고 주장한다. 예컨대 그는 공화국의 순차를 국가형태에 따를 경우 김영삼정부는 제2공화국 제5기 정부라고 한다. 국가형태의 시각에서 평가할 때, 박정희가 군사쿠데타를 통하여 집권하여 국가재건최고회의에 의하여 통치하던 군사정권의 시기를 공화국에서 제외해야 하기 때문에 민정이양이 이루어진 이후 제2공화국이 시작되었고, 김영삼정부는 유신이전의 박정희정권·박정희의 유신정권·전두환정권·노태우정권에 이어 제5기 정권이라는 것이다.[61] 한편 그는 신대통령제나 반대통령제가 국가형태 수준의 문제가 아니라 정부형태 수준의 문제임을 전제하면서도 고전적 대통령제의 한계를 넘어서는 것이라는 보나파티즘체제로 볼 수 있다는 점을 고려한다면, 김영삼정부는 노태우정부에 이어 제3공화국 제2기 정부라고도 한다.[62] 그러나 공화국 순차결정에 있어서 가장 중요한 것은 헌법현실에 기초하는 것, 즉 통치방식에 의한 것이며, 그에 따를 경우 제1공화국과 제2공화국은 전통적 분류기준이 같고, 박정희군사정권이 사이에 있으며, 유신 이전의 박정희정권은 제3공화국이라 하며, 박정희 유신정권 이후를 유신1기, 전두환정권을 유신2기, 노태우정권을 유신3기라 부를 수 있다고 한다. 그리고 그는 김영삼정권의 경우 전임정권과 같이 폭력적 통치방식을 따르면 유신4기 정권이 되고, 군사정권과의 단절과 함께 새로운 장을 열면 제4공화국을 건설하는 것이 된다고 한다.[63]

3) 성낙인의 견해

한국 헌정 50주년을 기념하는 여러 행사를 바라보며 성낙인은 공화국 순차매김에 대하여 "자유·평등·복지의 원리에 입각한 국민주권주의국가가 본질적인 변화의 소용돌이를 겪은 후에 주권자인 국민의 새로운 주권적 개입에 의하여 새로운 헌법의 제정을 동반하는 것이 원칙이다"는 주장을 하고 있다.[64] 즉 프랑스에서의 공화국의 순차매김을 토대로 "주권자인 국민의 헌법제정권력

61) 국순옥, "공화국의 정치적 상품화와 순차결정의 과학적 기준", 35면.

62) 국순옥, "공화국의 정치적 상품화와 순차결정의 과학적 기준", 36면.

63) 국순옥, "공화국의 정치적 상품화와 순차결정의 과학적 기준", 39면 이하. 박정희유신정권과 전두환정권 및 노태우정권은 폭력적 통치방식 때문에 공화국 명칭을 붙일 수 없다는 의미이다.

64) 성낙인, "한국헌법사에 있어서 공화국의 순차(서수)", 63면.

의 발동을 통하여 새로운 국민적 정당성을 가진 공화국헌법의 제정으로 나아갔다는 데에 중점을 두고 평가하여야 할 것"이라고 하며, 그것을 토대로 "공화국의 순차매김은 헌법전문의 개정이라는 표현에도 불구하고 헌정중단을 야기시킬 정도의 헌정사적 변혁의 와중에서 주권자인 국민들의 직접적인 개입을 통하여 새로운 헌법을 탄생시켰다면, 그것은 새로운 공화국으로 순차매김하여도 별 무리가 없을 것이다"고 한다.[65] 따라서 성낙인은 다수설이 주장하는 바와 같이 제6공화국에 이르는 공화국순차에 문제가 없다는 전제 하에 헌법사를 구별하고 있다.[66]

(3) 憲政史 時代區分에 대한 代表的 學者들의 見解에 대한 評價

이미 지적되었지만 헌정사를 시대구분함에 있어서 권영성이 문민정부냐 아니면 군사정부냐에 따라 구분하는 것이나 국순옥과 같이 통치방식에 따라 구분하는 것은 문제가 있다. 앞에서 살펴본 것처럼 그것은 헌법규범을 전제로 하지 않음은 물론이고 헌법이론적인 관점에서 구체적 논거가 없기 때문이다.[67] 즉 헌정을 시대구분하고 있음에도 불구하고 헌법의 변개를 고려하지 않고 있음은 물론이고 그 시대에 적용되는 헌법의 성격과 내용에 따른 평가가 전혀 전제되어 있지 않기 때문이다. 따라서 이들의 주장은 정치사의 측면에서는 의미가 있을지 모르나 헌정사의 시각에서는 납득할 수 없는 주장이다. 헌정을 논의하면서 헌법을 매개로 하지 않은 시대구분은 헌정사에 대한 논의가 될 수 없기 때문이다.[68] 그리고 이러한 주장에 대하여 거의 동시에 논문을 발표한 성낙인의 주장이 필자의 주장과 일치하고 있음을 알 수 있으나, 다음에 보듯이 헌법제정의 경우와 헌법제정에 준하는 헌법제거와 헌법개혁을 구별하지 않고 있음에 대하여 차이가 있음을 알 수 있다.

---

65) 성낙인, "한국헌법사에 있어서 공화국의 순차(서수)", 70면.

66) 성낙인, 헌법학, 법문사, 2009, 70-80면.

67) 국순옥이 주장한 헌정운영의 결과가 폭력적이면 공화국의 명칭을 붙일 수 없다는 시대구분의 방법은 특히 문제가 많다. 그의 통치방식에 따른 시대구분의 주장은 앞뒤가 바뀐 논리, 즉 시대구분과 그에 따른 평가가 아니라 평가 후 시대구분이라는 논리이기 때문에 받아들이기 어렵다.

68) 이승우, "한국헌정 50년을 어떻게 시대구분하고 평가할 것인가?", 53면.

2. 憲法制定權力理論에 의한 憲政史 時代區分의 必要性

(1) 憲法制定權力理論이 憲政史 時代區分의 道具가 되는 理由

헌정사의 시대구분은 일정한 헌법규범을 전제로 함은 물론 그것을 구분하는 헌법이론적인 관점에서 논의되어야 한다. 앞에서 지적했듯이 모든 헌법변개가 이뤄질 때마다 새로운 헌정사의 출발이라고 할 수 없기 때문에 적어도 새로운 헌정사의 출발이 있다고 하기 위해서는 단순히 헌법개정이 있었던 경우를 제외하고 기존의 헌법의 동일성이 심하게 훼손되거나 새로운 헌법이 제정되는 경우에 해당해야 한다.[69] 따라서 헌정사의 시대구분은 헌법이론 가운데서 헌법제정권력이론이 그 이론적 근거가 되어야 한다. 즉 단순한 헌법개정이 아니라 헌법제정권력이 발동되는 것과 유사한 경우에만 새로운 헌정이 출발하는 것으로 보아야 한다는 것이다.[70] 왜냐하면 헌법개정은 본질상 헌법해석의 문제이나, 헌법제정은 그 본질이 사실상의 힘이라는 권력적 측면과 헌법을 제정하고 그에 정당성을 부여하는 권능이라는 규범적 측면을 동시에 가지는 '규범을 창설하는 힘'에 해당하기 때문이다.[71] 특히 J. Isensee의 주장처럼 "국민의 헌법제정권력은 민주적 헌법질서와 법질서의 發端의 시기에 존재한다. 이러한 헌법제정권력은 규범으로부터 추론될 수 없고 규범에 의존할 수 없다. 따라서 헌법제정권력은 보통 '사실의 규범적 효력'을 참조하게 된다. 그리고 헌법제정권력이론은 헌법효력의 초헌법적 근거에 관한 논리의 확립에 있지, 그의 법적 내용과 관련되는 것이 아니다. 따라서 그것은 헌법이론적 중요성은 가지나 헌법규범적 중요성은 갖지 않는다"는 점에서도, 헌법제정권력이론이 헌정사 시대구분의 핵심이론임을 알 수 있다.[72] 그러므로 헌정사의 시대구분은 헌법변개가 있을 경우에 그것이 헌법제정권력의 행사로 볼 것인가 아니면 단순한 헌

---

69) 공화국의 순차매김이 헌법의 제정이냐 개정이냐의 잣대에 의한다면 여전히 제1공화국이라고 보아야 한다고 본다는 성낙인의 주장을 고려할 필요가 있다. 성낙인, "한국헌법사에 있어서 공화국의 순차(서수)", 65면.

70) 이승우, "한국헌정 50년을 어떻게 시대구분하고 평가할 것인가?", 53면.

71) 이승우, "헌법제정권력이론에 관한 연구", 사회과학연구(경원대, 제12집, 2006), 139면.

72) 헌법제정권력의 본질 및 헌법제정권력과 헌법개정권력의 구별기준 등에 대해서는 이승우, "헌법제정권력이론에 관한 연구", 136면 이하 및 이승우, 헌법학, 53면 참조.

법개정권력의 행사에 해당한다고 볼 것인가에 따라 시대구분 여부가 평가되어야 한다.

(2) 憲法制定權力과 憲法改正權力의 區別

그러면 이제 논의되어야 할 것은 헌정사 시대구분의 핵심이론인 헌법제정권력이론을 살펴보는 것이다. 과연 일반적인 헌법개정권력의 발동과 달리 새로운 헌정사를 여는 헌법제정권력의 발동을 어떻게 구별할 것인가의 문제가 제기되는 것이다. 지금까지 헌법제정권력과 헌법개정권력을 구별하는 이론적 근거를 명시적으로 제시하고 있는 글은 많지 않다. 허영이 “헌법개정과 헌법제정을 구별하는 기준은 실제로 어떤 절차와 형식을 밟았느냐의 형식에서 찾을 것이 아니고, 그것을 추진하는 중심세력의 힘과 의지 그리고 그것을 뒷받침하는 역사적인 환경과 국민적 Konsens의 질에서 찾아야 한다”고 한 주장이 거의 유일한 것이다.[73] 특히 양자가 다르다는 점에 대해서는 학자들 사이에 이론이 없었기 때문에, 오직 양자의 차이점을 설명하려는 데에 노력을 집중해 왔다. 즉 칼 슈미트의 주장을 근거로 헌법제정권력은 시원성, 자율성, 불가분성, 항구성 등의 성질을 가진 창조적 권력임에 비추어, 헌법개정권력은 헌법에 의하여 제도화된 제헌권이기 때문에 헌법제정권력에 비하여 하위에 있으며, 비록 국민이라는 같은 주체에 의하여 행사된다 하더라도 국민이 비상시에 제헌권을 발동하여 헌법을 제정하는 경우와 국민이 국가기관으로서 헌법을 개정하는 경우는 전혀 다르다는 주장이 그 대표적인 예이다.[74]

(3) 憲法制定權力과 憲法改正權力의 區別基準

헌법제정권력과 헌법개정권력을 구별하는 기준을 찾으려고 노력하는 한편으로 헌법제정(Verfassungsgebung)과 헌법개정(Verfassungsänderung)이라는 개념만으로 설명이 불가능한 새로운 역사적 현상들이 나타나기 시작했다. 예컨대 헌법개혁(Ver- fassungsreform, Totalrevision),[75] 헌법제거(Verfassungsbeseitigung),[76]

73) 허영, 한국헌법론, 1998, 121면.

74) 김철수, 헌법학개론, 1998, 37~40면.

75) 헌법개혁은 비혁명적 방법에 의해 새로운 헌법을 제정하는 것과 같은 정도로 헌법전

헌법폐지(Verfass ungsvernichtung), 헌법변질(Verfassungswandlung), 헌법침식(Verfassungsdur chbrechung), 헌법정지(Verfassungssuspension) 등 헌법제정 또는 헌법개정과 구별을 요하는 유사개념들이 현실적으로 문제가 되었기 때문이다.[77)]

여기서 헌정사 시대구분과 관련하여 다음과 같은 점을 주목해야 한다. 헌법변개를 전제로 하지 않는 헌법변질 · 헌법침식 · 헌법정지의 경우는 헌정사의 시대구분과 무관하다는 점이고, 헌법변개를 전제로 하는 헌법개혁 · 헌법제거 · 헌법폐지 등이 헌정사의 시대구분과 관련된다는 점이다. 또한 후자의 경우는 단순한 헌법개정의 차원을 넘어 동일성이 침해되거나 정상적인 헌법개정절차를 밟지 않았기 때문에 헌법개정과 구분해야 한다는 점에서 문제점이 지적된다. 우리나라의 건국헌법이 제정되는 경우와 같이 새로운 국가창설의 경우에 헌법제정권력이론이 타당한 것은 말할 필요도 없으나, 동일한 국가 내에서도 국가성의 성격을 근본으로 변화시키는 헌법의 변개가 있다는 것이고, 그 예로 헌법개혁과 헌법제거 등이 그에 속한다는 것이다.[78)] 따라서 헌법개혁과 헌법제거의 경우 단순한 헌법개정으로 볼 여지가 없기 때문에 헌정사의 시대구분에 있어서 새로운 헌법제정에 준하는 것으로 볼 필요가 있고, 바로 그러한 헌법의 변개를 전제로 헌정사를 시대구분하는 것이 타당하다는 것이다.[79)] 그리고

의 거의 전부에 대해 전면적 개정을 시도한 경우를 말한다. 제2공화국헌법이 이에 해당한다.

76) 헌법제거란 헌법제정권력에 대한 변동은 없으나, 혁명적 방법에 의해 기존의 헌법의 존재형식을 제거하고 전혀 새로운 헌법으로 대체하는 것을 말한다. 제3공화국헌법이 이렇게 탄생했다.

77) 이 유사개념에 대한 우리말 번역이 학자마다 다르기 때문에 주의를 요한다. 그리고 이 유사개념과 헌법개정의 차이점을 인정하지 않으면 헌법개정의 한계를 인정할 수 없게 된다는 점도 인식해야 한다.

78) 이승우, "한국헌정 50년을 어떻게 시대구분하고 평가할 것인가?", 54면. 여기서 헌법폐지를 제외시킨 의미를 알아야 한다. 헌법폐지는 헌법제정권력과 헌법의 존재형식을 동시에 제거하는 경우를 가리키는 개념이기 때문에, 국민주권이 확립된 오늘날 헌법폐지현상이 나타날 가능성이 없다는 점에서 그러하다. 또한 만약 그러한 경우가 발생한다면 오히려 전형적인 헌법제정권력의 발동으로 설명되어야 할 것이다.

79) 이승우, "한국헌정 50년을 어떻게 시대구분하고 평가할 것인가?", 54면. 물론 이러한 논의가 헌정사를 시대구분하는 필요성과 이론적 근거의 제시 때문에 주장되는 것이지만, 이 논거가 현실적으로 불법한 쿠데타 등을 정당화하는 도구가 될 수 있음을 부인

헌법제정권력이론이 헌정사를 시대구분하는 이론적 도구가 되어야 한다는 명백한 의견제시나 설명은 없지만, 이러한 논리에 따라 헌정사를 시대구분하는 학자들이 있고, 이것이 타당한 것임은 말할 필요도 없다.[80)]

그러면 이제 단순한 헌법개정의 차원을 넘어 새로운 헌정사의 출발을 의미하는 헌법제정 또는 헌법제정에 준하는 헌법변개가 있다고 보기 위해서는 구체적으로 어떤 기준과 징표가 요구되는지가 문제이다. 즉 새로운 헌정사의 출발로 볼 수 있는 조건으로 어떤 것이 요구되는가를 살펴보아야 한다. 절대적인 기준이라고 할 수 없겠지만 여기에는 적어도 다음과 같은 3가지의 조건에 따라 논의될 수 있다고 본다. 첫째, 헌정의 중단이 있어야 한다. 기존의 헌법적 가치질서를 전면적으로 부인하는 혁명과 같은 분위기는 아니라 하더라도 헌법규범 중 일부의 효력이나마 일시적으로 중단시키고 실력에 의한 통치가 이루어져야 한다. 둘째, 헌정의 중단과 함께 구헌법을 새로운 헌법으로 대체하는 조치가 있어야 한다. 여기서 새로운 헌법으로의 대체란 정상적인 헌법개정절차를 밟아 개정된 것이 아닌 경우와 헌법개정절차를 밟은 경우라 하더라도 내용에 있어서 기존의 헌법과 동일성이 유지되지 않은 경우 모두를 포함하는 개념이다. 즉 정상적인 헌법개정의 절차와 방법 및 한계 내에서 이뤄진 것이 아니면 모두 새로운 헌법으로의 대체에 해당한다. 셋째, 위와 같은 헌정의 중단과 헌법의 대체를 주도하는 새로운 정치세력의 등장이 있어야 한다. 그리고 이에 대하여 수동적이고 암묵적이긴 하더라도 국민의 지지가 뒤따라야 한다. 새로운 정치세력의 등장이 요구되므로 통치권자의 교체가 뒤따르는 것이 보통이지만, 이것은 절대적인 것은 아니다. 헌법적 시각에서 정당화될 수 없는 것

할 수 없다.

80) 김철수와 허영이 이에 해당한다. 반면 권영성은 "1962년 헌법, 1972년 헌법, 1980년 헌법은 칼 슈미트의 견해에 따를 때 헌법의 제정에도 개정에도 해당하지 아니한다고 보지만, v. Beyme의 견해를 따른다면 전면개정=헌법제정이므로 헌법제정의 범주에 속한다고 볼 수 있다. 아무튼 이들 헌법의 경우는 헌법제정권력의 소재에는 변동이 없고, 집권세력간에 수평적 권력이동이 있었을 뿐이며, 헌법에 규정된 개정절차에 따라 개정된 것이 아니란 점에서 헌법의 개정에도 해당하지 아니한다. 결국 이들 헌법은 헌법의 개편 또는 '구헌법의 폐제에 따른 헌법전의 신편성 내지 헌법전의 교체'에 해당하는 것으로 볼 수밖에 없다"고 한다. 권영성, 헌법학원론, 1988, 51면. 결국 권영성의 이러한 주장도 따지고 보면 이들 현상은 헌법개정이 아니기 때문에 헌법제정에 준하는 것으로 보고 헌정사를 시대구분하더라도 된다는 것을 암시하고 있다.

이지만 혁명이나 쿠데타를 통해 집권을 하는 것도 전제하는 것이기 때문에 국민의 입장에서는 적극적 지지는 물론이고 불가피하게 받아들일 수밖에 없는 경우이어야 한다.[81)]

(4) 憲政史 時代區分의 道具에 대한 結論

헌법제정권력이론은 憲法規範의 超法的 根據에 관한 理論의 確立에 있다는 점을 부인할 수는 없다. 그리고 헌법제정권력이론은 헌법적 중요성보다는 憲法理論的 관점에서 憲法의 正當性을 뒷받침하는 理論으로 기능하는 것이라고 보아야 한다. 뿐만 아니라 헌법제정권력이론은 단순히 헌정사의 출발을 알리거나 그 정당성을 입증하기 위한 근거제시만으로 그 기능과 역할을 다한 것으로 평가할 수 없다. 결국 헌정사의 진행과정에서 단순히 헌법개정으로 설명할 수 없는 헌법변개가 이루어진 경우를 설명하기 위하여 헌법제정이란 개념이 필요하다는 것을 알 수 있으며, 그 경우는 이전의 헌법질서와 동일성이 인정될 수 없다는 의미에서 새로운 헌법제정으로 평가함과 동시에 새로운 공화국을 붙일 수 있다는 것이다. 헌법제정권력이론은 헌정사를 시대구분하는 중요한 도구요 수단이라는 것을 새롭게 인식하게 된 것이다.[82)]

---

81) 이승우, "한국헌정 50년을 어떻게 시대구분하고 평가할 것인가?", 55면 이하.

82) 헌법제정권력이론이 헌법의 정당성은 물론이고 헌정사 시대구분의 도구로 사용되는 유용한 헌법이론임을 주장한 본인의 위와 같은 견해와 달리, 2009년 11월 서울에서 열린 세계헌법학자대회에서 중대한 이론이 제기되었다. 일본 동경대학의 하세베(Yasuo HASEBE)교수는 "헌법제정권력 개념의 무의미성"이란 논문을 통해, 헌법제정이 논의될 수 있는 것은 각 국가의 최초의 헌법을 제정하는 경우에 논의될 수 있는 개념에 불과하고, 헌법의 정당성이란 문제는 헌법제정권력이란 개념을 통해서 설명될 수 있는 것이 아니라 그 헌법이 초법적 만국공통의 정치도덕성(인권보장, 세계평화, 민주주의의 공고화)을 내포하고 있는 한 당연히 인정되는 것으로 보고 있다. Yasuo HASEBE, "On the Dispensability of the Concept of Constituent Power", in: Globalization and Costitutionalism, 2009(서울), p.304. 그러나 그의 주장에 대하여 본인은 토론자로서 국민주권주의와 입헌주의가 일찍 정착된 일본의 헌정상황을 토대로 주장된 것일 수 있으나, 쿠데타 등으로 헌법의 동일성이 심각하게 침해되었던 국가의 경우 받아들여지기 어려운 주장이라는 점과, 헌법의 정당성의 문제는 헌법의 내용의 정당성은 물론이고 민주적 정당성과 절차적 정당성이 갖추어질 때 그 정당성이 인정될 수 있음을 간과한 주장이라고 논박한바 있다. 물론 우리나라의 경우도 과거의 불안정한 헌정사를 논의하는 것이 아니라 미래의 헌정을 논의하는 경우라면 그의 주장이 설득력이 없는 것은 아니다. 우리나라의 경우 안정적 헌법국가로 접어든 이상 헌법개정권력이론

결국 헌정사를 시대구분하는 데 있어서 핵심이 되는 헌법이론은 헌법제정권력이론임을 알았다. 헌법제정권력이론에 입각한 새로운 헌법제정 또는 이에 준하는 헌법변개가 있을 때 헌정이 출발한다는 점에 대해서는 이제 이론이 있을 수 없게 되었다. 특히 현행헌법이 효력을 발하게 되기 전까지는 우리나라의 헌정사를 시대구분함에 있어서 누구도 반대함이 없이 헌법개혁과 헌법제거의 경우도 새로운 헌법의 제정으로 인식하고 공화국의 명칭을 부여하였다는 점도 살펴보았다. 또한 공화국이란 명칭을 전제로 헌정구분을 하지 않을 뿐 모든 학자들이 지금도 위와 같은 정상적인 헌법개정이 아닌 헌법제정에 준하는 헌법변개의 경우 구별하여 성격규명을 하고 있다. 이것은 헌법제정권력이론과 헌법개정권력이론이 헌정사를 시대구분하는 이론적 도구가 되어야 한다는 것을 적극적으로 이론구성하고 있지 못했을 뿐 사실상 그것을 인정하고 있었다는 것을 의미한다. 즉 정상적인 헌법개정이 아닌 헌법제정에 준하는 헌법변개가 있고 또한 위에서 지적한 나머지 징표들이 나타나는 경우 새로운 헌정사가 출발한다는 것을 의미한다.[83)]

3. 憲法制定權力理論 이외의 憲政史 時代區分의 理論的 道具

헌정사의 연구가 헌법을 토대로 하는 것이고, 헌법을 토대로 하면서도 헌정의 시대구분은 동일성을 유지하고 있지 않은 헌법을 토대로 하며, 이것은 결국 단순히 헌법개정권력이론으로 설명할 수 없는 경우에만 새로운 헌정시대로 부르면서 공화국의 명칭을 달리하여 부를 수 있다는 것을 의미한다고 하였다. 그런데 세계 각국의 헌정이 민주화와 더불어 안정되면서 헌법제정권력의 발동은 물론이고 헌법제정권력에 준하는 혁명적 헌법제정은 앞으로 기대하기 어려운 상황에 이르고 있다. 쿠데타가 빈번했던 남미와 아시아 각국의 경우도 2000년대에 접어들면서 안정적 헌정으로 접어들고 있기 때문이다. 이것은 어느 의미에서는 일본의 하세베교수가 지적했듯이 오늘날 헌법제정권력이론의

은 앞으로 계속 논의될 것이지만 더 이상 헌법제정권력이론이 동원될 가능성은 통일헌법을 제정하는 경우가 아니라면 거의 없어졌다고 할 수 있기 때문이다.

83) 이승우, “한국헌정 50년을 어떻게 시대구분하고 평가할 것인가?”, 56면.

무의미성을 의미하게 될지도 모른다.[84] 그러나 헌법의 동일성이 오랫동안 지속된다고 하여 헌정사의 시대구분이 불필요한 것으로 되는 것은 아니다. 오히려 동일성이 유지되는 헌법을 토대로 하면서도 실제헌정에 대한 연구는 지속되어야 하는 것이기 때문에 헌법제정권력이론에 의한 헌정사의 시대구분을 제외하고 보다 세부적인 시대구분의 필요성이 제기되는 것이다.

(1) 大統領期와 首相期 및 政權期

우리나라를 비롯하여 2000년 이후의 헌정사를 연구함에 있어서 시대구분의 문제는 헌법제정권력이론에 토대를 둔 공화국의 명칭부여와는 관계없이 이루어져야 한다. 헌정의 안정이 이루어진 현대국가에 있어서 헌정사의 시대구분은 헌법의 변개와 관계없이 이루어질 수밖에 없다고 보기 때문이다. 미국의 경우는 물론이고 유럽의 국가들에서 나타나고 있는 것과 마찬가지로 가장 짧게는 대통령기가 그것이며, 의원내각제에서 나타나는 수상기의 경우가 그것이다. 즉 보수 또는 진보적 색채를 띤 어느 정당을 토대로 어느 대통령이 통치한 기간 또는 수상이 집권한 기간을 중심으로 헌정사의 연구가 이루어져야 한다. 물론 의원내각제 국가의 경우 임기가 일정하지 않을 뿐만 아니라 총리의 연임이 당연시되기 때문에 계속집권이 이루어진 수상을 중심으로 헌정을 연구할 수 있을 것이다. 그리고 대통령제의 경우 대통령을 배출한 집권정당의 성향에 따라 정권기(보수당 정권기 또는 사회당 내지 노동당 정권기)를 달리하여 부를 수 있을 것이다. 특히 보수정당이 집권한 경우와 개혁정당이 집권한 경우의 실제헌정에 대한 평가는 매우 다르기 때문에 대통령제의 경우는 물론이고 의원내각제의 경우에도 정권의 성향에 따른 시대구분을 전제로 헌정을 연구하는 것도 의미가 있을 것이기 때문이다.

(2) 憲政史의 時代區分에 있어서 憲法改正의 問題

헌정사의 연구에 있어서 동일성이 유지되는 헌법을 토대로 연구하면서도 고려해야 할 문제가 있다. 헌법제정 또는 헌법제정에 준하는 경우와 달리 순수

84) Yasuo HASEBE, “On the Dispensability of the Concept of Constituent Power”, Globalization and Constitutionalism, Korean Association of IACL, 2009, pp. 304.

한 헌법개정이 이루어진 경우 헌정사의 시대구분을 어떻게 할 것인가의 문제가 제기된다. 특히 그 헌법개정이 특정한 대통령 또는 수상에 의하여 임기진행 중에 이루어진 경우, 그 헌법개정 전후로 이어지는 헌정을 어떻게 구별할 것인가의 문제가 제기되는 것이다.

헌법개정은 헌법변질과 같은 방법으로 해결할 수 없는 헌법규범과 헌법현실 사이의 갭을 좁히기 위한 목적으로 추진된다. 이것은 헌법개정의 내용이 그리 많지 않는 경우에도 헌정의 실제에 큰 영향을 미칠 수 있음을 전제하는 것이기노 하다. 헌법재판의 결과가 헌정생활에 영향을 미치는 것보다도 헌법개정은 헌정생활에 훨씬 큰 영향을 미친다는 것을 의미할 뿐만 아니라 국정운영의 틀이 바뀔 수도 있다는 것을 의미한다. 따라서 동일한 집권세력 또는 집권자에 의하여 헌정이 계속되는 경우에도 헌법개정이 이루어지면 헌정사에 큰 변화가 초래된 것으로 평가하고 그를 토대로 헌정사의 연구가 이루어져야 한다.

그러나 헌법개정을 통하여 헌정생활에 큰 변화가 이루어지는 것은 분명하지만, 그것을 헌정사의 시대구분의 기준으로 삼기는 어렵다. 그 헌법개정을 추진한 집권세력 또는 집권자에 의한 통치의 경우에도 헌법개정 이전과 이후가 어떻게 달라지는가를 평가하는 것이 중요하고, 헌법개정을 전후한 그 집권자의 국가통치에 대한 평가가 헌정사의 연구에서 중요하기 때문이다. 따라서 헌법개정이 헌정사의 연구에 있어서 중요한 문제임은 분명하지만, 그 헌법개정이 헌정사를 시대구분하는 계기는 되지 않는다고 보는 것이 필요하다.

제 4 장

憲政史의 評價道具로서의 正當性理論

오늘날 모든 국가의 국가권력은 여러 가지 측면에서의 정당성의 위기를 맞고 있다.[85] 하나의 정권이 출범하는 경우 어떠한 정당성원리나 혁명원리에 근거하고 있는가의 문제에 따라 민주적 정당성의 문제와 절차적 정당성의 문제가 제기된다. 즉 정권출범을 뒷받침하는 헌법의 정당성이 먼저 문제로 제기된다. 또한 일단 승인된 정권의 경우도 국가권력을 행사함에 있어서 국민의 기본권 실현이라는 목적적 정당성을 완수하고 있는지가 항상 제기된다. 즉 실제 헌정의 정당성이 문제로 된다. 결국 이것은 정권의 변화와 관련해서는 물론이고 국가권력이 존재하는 한 모든 국가권력은 그때그때 정당화되어야 한다는 것을 의미하며,[86] 이것은 또한 헌법국가로 존재하는 한 헌정사 연구에 있어서 정당성이론이 헌정사평가의 도구가 됨을 의미한다.

대체로 정당성이론은 올바른 인간상호간 내지 인간과 국가의 관계를 설명할 목적으로 논의되었다. 또한 정당성이론은 현존하는 또는 장래 창립될 국가통치(정치지배체제)를 정당화할 목적으로 탐구되었다. 정당성이론은 인간공동생활의 일반적 원리를 공식화하거나 또는 항상 새로운 정치구조를 위한 기본초안을 설계하는 탐구도구로 인식되고 있는 것이다.[87] 즉 인간이 사회적으로 존

85) J. Habermas, Legitimationsprobleme im Spätkapitalismus, Suhrkamp Verlag, 1979, S.66ff.

86) 허영, “통치구조의 근본이념과 기본원리”, 고시연구(1985. 3), 51-55면. 여기서 특히 허영은 목적적 정당성을 확보하기 위하여 국가권력의 행사에 있어서 ‘방법의 정당성’과 ‘과정의 정당성’이 뒷받침되어야 한다고 강조한다.

립하기 위해서는 타인에 대해 구속력 있게 결단할 수 있는 가능성으로서의 제도화된 국가통치를 요구하고 있고, 이러한 국가통치는 첫째, 국가사회 전체적으로 구속력을 요구할 수 있는 결단의 통일체로서의 조건들을 확립하고, 둘째, 그러한 결단이 원칙적으로 구속력을 가지고 실현되도록 권력의 통일체로서 기능할 것을 요구한다. 이러한 측면에서 오늘날의 헌법국가에 있어서 국가권력은 정당성이 없는 한 안정된 그리고 논쟁의 여지가 없는 헌정을 이끌어 갈 수 없고, 거꾸로 모든 국가권력은 안정적 헌정운영을 위하여 끊임없이 새로운 정당성이론을 찾아 주장해야 한다.

아무튼 오늘날의 헌법국가에서 헌정사를 평가하기 위한 도구로 정당성이론이 요구되고 있다. 따라서 여기서는 헌정사를 평가하기 위한 정당성이론의 일반적 내용을 살펴보고, 현대국가의 정당성이론으로 등장하고 있는 3가지 정당성 유형을 살펴보려고 한다.

I. 憲政史의 評價道具인 正當性理論의 槪觀

1. 正當性理論과 代議民主主義

헌정사의 평가는 대의민주주의를 전제로 한다. 오늘날의 모든 국가에서는 국민투표를 통하여 주권자인 국민이 직접 일정한 국가정책결정을 내리는 경우를 제외하고는 국가권력의 행사가 모두 대의기관에 의하여 이뤄지고 있기 때문에, 이 헌법국가에서 국가권력의 행사가 국민의 뜻에 합치되고 또한 그 과제적 한계 내에서 행사되고 있는가에 대한 가치판단의 문제가 헌정사의 평가이기 때문이다. 이렇게 헌정사의 평가가 대의민주주의를 전제하는 것과 마찬가지로 대의민주주의를 지향할 수밖에 없는 현대국가는 정당화원리를 전제하고 있음을 알 수 있다. 국민주권의 이념을 헌법의 근본이념으로 받아들이면서도 오늘날의 헌법국가는 대의민주주의를 실현할 수밖에 없기 때문에 정당화원

87) Rudolf Steininger, "Thesen Zur formalen Legitimität", in: Politische Vierteljahresschrift, 3/1980, S.276.

리를 헌법원리로 받아들여야 하는 것이다. 그것은 인간이 국가생활을 시작함과 동시에 치자와 피치자의 구분이 생겼고, 국민주권의 이념을 강조하여 치자와 피치자 사이의 견해가 일치하기를 바랐지만, 결국 치자와 피치자의 견해는 일치하지 않았기 때문에 국가통치의 정당화원리가 헌법원리가 된 것이다. 따라서 헌정사의 평가문제는 국가권력 내지 국가통치의 정당성의 확보 여부의 문제로 귀결되고 있는 것이다.

물론 국가통치의 정당성에 관한 논의는 전통적으로 권력찬탈(usurpation), 쿠데타(coup d'état), 혁명(revolution)과 같은 경우에 신정권에 대한 국민에 의한 승인여부의 문제로 다루어져 왔다.[88] 그러나 오늘날의 국가기능론의 입장에서는 일단 승인된 국가권력도 주어진 기간동안 무제약적으로 그 권능행사가 방임된다고 볼 수 없는 점에서 정당성의 문제는 끊임없이 제기된다. 국가통치의 정당성에 관한 문제는 정권의 변화와 관련해서는 물론이고, 국가가 존재하고 기능하는 한 항구적으로 문제되는 논제인 것이다.[89] 즉 국가통치의 정당성문제는 국민주권이 확립된 근대에서 뿐만이 아니라 언제 어디서나 제기되는 문제이고, 현대의 헌법국가의 본질과 가치에 관련된 우리의 여러 관심 가운데서 정당성이론은 헌정사의 평가도구로서 핵심적 위치를 차지한다.[90]

결국 헌정사의 평가는 국가권력 내지 국가통치의 정당성의 문제이기 때문에 대의민주주의 내지 간접민주주의를 전제하고 있음을 알 수 있다. 주권자인 국민의 자기지배형태로 이해하는 직접민주주의에 따르면 자기정당화가 가능하므로 그에 대한 가치판단은 무의미한 것이기 때문이다. 따라서 헌정사의 평가는 주권자인 국민의 위임을 받은 대의기관들이 통치권 내지 국가권력을 국민의 뜻에 합치되게 행사하고 있는가에 대한 가치판단인 것이고, 여기서 가치판단의 문제란 옳고 그름의 문제 내지 선악의 문제이며, 이러한 가치판단의 문제를 논하는 개념으로는 정당성이란 개념이 헌정사의 평가에 있어서 사용되고 있음을 알 수 있다.[91]

---

88) Dolf Sternberger, “Legitimacy”, in: International Encyclopedia of the Social Sciences, Vol.9., Macmillan and Free Press, 1974, p.244.

89) Ibib.

90) J. G. Merquior, Rousseau and Weber, Routledge & Kegan Paul, 1980, p.1.

2. 正當性理論의 機能

헌법국가에 있어서 국가권력의 정당성에 관한 논의는 정치적 권위나 국가적 힘의 행사가, 즉 국가통치가 전체국민의 눈에 정당하게 비치는 지에 관하여 목표가 주어지게 된다.[92] 이러한 이유로 국가통치의 정당성에 관한 논의는 정당성의 개념과 이념을 탐구하며, 그러한 탐구는 정당성이론이 갖는 기능적 관계를 통하여 설명되지 않으면 안 된다. 즉 국가통치의 정당성에 관한 문제는 헌법국가에서의 국가구조 내지 통치구조의 적법성에 관한 문제로 압축되기도 하지만, 국민 개개인의 시각에서도 정당성이론이 가지는 기능이 있음을 부인할 수 없고, 따라서 이러한 주제를 상세히 설명하기 위해서는 하나의 국가통치에서 정당성이론이 어떠한 기능을 하는지를 명백히 하는 것이 필요하게 된다.[93]

무엇보다도 정당성이론은 국민 개개인의 측면에서의 기능과 국가권력의 시각에서의 기능이 다르게 나타난다. 전자의 문제가 국민 개개인의 시각에서 정당성이론이 양심상의 갈등을 겪지 않고 자발적으로 국가통치에 복종하게 하는 기능이 있지만, 후자의 문제는 국가권력의 시각에서 국가통치를 정당화하는 기능을 가지고, 사회 내에서 새롭게 제기되는 다른 정당성이론과 투쟁하는 기능을 가지며, 국가권력을 스스로 억제하는 기능을 가지는 등 다양한 기능을 가지고 있다.[94] 다만 여기서 헌정사의 평가와 관련된 것은 순수한 국민 개개인의 입장에서 제기되는 정당성이론의 기능과 관련된 것이 아니다. 즉 후자의 입장에 해당하는 국가통치의 정당화를 위한 정당성이론의 기능을 중심으로 논의되는 것이다.

그리고 헌정사의 평가도구인 정당성이론은 주권자인 국민의 측면과 국가권력의 담당자의 측면에서 각각 다른 목적으로 주장됨을 알 수 있다.[95] 국가권

91) 이승우, “한국헌정 50년을 어떻게 시대구분하고 평가할 것인가?”, 59면 이하.

92) Tomas. Würtenberger, “Legitimationsmuster von Herrschaft im Laufe der Geschichte”, in: JuS, 5/1986, S.344.

93) Peter Graf Kielmansegg, “Legitimität als analystische Kategorie”, in: Politische Vierteljahresschrift, 12/1971, S.371.

94) 이에 대한 자세한 설명은 이승우, 국가론, 두남, 2010, 145-149면 참조.

95) 이승우, 국가론, 두남, 2010, 145-149면 참조.

력의 담당자의 측면에서는 자신의 통치를 정당화하려고 하고, 반면에 국민의 시각에서는 그 국가통치가 정당화될 수 있는가를 평가한 다음 그렇지 못한 경우 다음의 선거를 통해 심판하는 방법으로 국가통치의 정당성을 확보하려고 하는 것이 그것이다. 따라서 헌정사 연구에 있어서 정당성이론을 적용하는 것은 국가통치를 담당한 통치자의 정당화기도를 고려하면서 국민적 시각에서 최종적으로 정당성평가를 하는 것이라는 점을 전제해야 한다.

결국 정당성이론이 국민 개개인의 시각에서는 양심상의 갈등을 겪지 않고 자발적으로 국가통치에 복종하게 하는 기능이 있지만, 헌정사의 평가도구로서의 정당성이론은 국가권력의 측면에서 국가통치를 정당화하기 위한 목적으로 제기되는 것을 전제한다. 즉 헌정사의 평가도구로서의 정당성이론의 기능은 통치권자들의 시각에서 국가통치를 정당화하기 위하여 여러 정당성이론을 동원한다 하더라도 그에 대한 국민적 평가가 다르게 나타날 수 있다는 것을 전제하는 것이다. 따라서 아무리 통치권자의 시각에서 여러 정당성이론을 통하여 자기정당화가 추구된다 하더라도, 헌정사의 평가에 있어서는 그에 대한 국민의 인식이 어떠한가를 평가하는 것이 무엇보다도 중요하며, 바로 이 때문에 정당성이론이 헌정사 평가도구의 핵심이 되는 것이다. 즉 정당성이론은 국가권력의 측면에서 국가통치를 정당화하고, 새롭게 제기되는 사회의 정당성이론에 대하여 투쟁하며, 그 결과 공통의 가치관에 근거한 자율적 권력통제를 통하여 국가통치를 정당화하려는 것에 대하여, 국민 개개인의 시각에서 국가통치의 정당성을 인정할 수 있는가의 문제가 헌정사의 평가문제라는 것이다.

3. 國家統治에 있어서 正當性類型의 發展

정당성이론이 국가통치에 대한 헌정사를 평가하는 기준이요 도구로 평가되는 경우에도 그것이 일정하게 변함없는 기준으로 존재하는 것은 아니다. 이미 지적했듯이 정당성의 문제는 가치판단의 문제이고, 그 가치판단의 문제는 시대변화와 더불어 끊임없이 발전하여 왔기 때문이다. 이것은 결국 그때그때의 가치관의 변화와 함께 정당성이론이 발전하였고, 특히 그 가치관의 변화를 담고 있는 것이 그 시대를 반영하는 정당성유형의 변화로 나타났음을 알 수 있다. 즉 정당성유형이 그 시대의 국가통치를 평가하는 헌정사의 평가기준이 된 것이다.

아무튼 정당성유형의 역사적인 발전과정을 보면 정당성에 관한 가치판단기준이 끊임없이 변화하고 있고, 정당성에 관한 가치판단이 그때그때의 지배적 국가이념과 관련되어 있음을 알 수 있다. 즉 국가이념의 변천은 정당화하는 가치들의 위계질서의 결정적 변화로 나타난다.[96] 뿐만 아니라 국가권력의 정당성에 관한 가치판단기준은 다양한 존재영역과 경험영역으로부터 시대정신에 상응하여 이끌어져 왔기 때문에 국가통치를 정당화할 수 있는 정당성의 원천은 다양함을 알 수 있다.[97] 즉 정당성의 원리는 일정한 시점에서 창조되는 것이고, 따라서 절대적인 것이 아니라 일정한 시점에서 파악되어져야 하는 것이며, 모든 인간적인 것이 그러하듯이 시간을 통하여 수정되어야만 하는 것이다.[98] 그리하여 18세기에 이르기까지 기나긴 인류의 역사에서 국가권력의 정당성에 관한 논점이 '군주주권적 정당성'과 '국민주권적 정당성'의 문제였고, 18세기말 이후 19세기를 거치는 동안 '경찰국가적 정당성'과 '야경국가적 정당성'의 대립이 있었다면, 20세기의 정당성 논의는 국민주권이 확립되는 과정이라고 볼 수 있기 때문에 '전통적 정당성'과 '합리적 정당성'의 문제에 주안점이 주어졌다.[99]

그런데 20세기 후반부터 21세기에 접어든 오늘날까지 국가권력의 정당성에 관한 논의를 살펴보면 관점의 변화가 이루어졌음을 알 수 있다. 20세기가 대체로 국민주권이 관철되어 가는 과정에 있었기 때문에 전통적 정당성과 합리적 정당성의 갈등이 대립되었음에 비하여, 20세기 후반 이후는 이미 국민주권이 확립되고 그것을 바탕으로 국가의사의 형성과정과 절차를 중심으로 국가의 기능과 과제가 논의의 핵심으로 등장하였기 때문이다. 즉 현대에 있어서 국가권력의 정당성의 문제는 입헌국가 내지 헌법국가를 전제하면서도 국가의사결정의 과정과 절차에 대하여 헌법이 부여하고 있는 기능과 과제를 국가권력이 제대로 구현하고 있는가를 평가하는 것이 핵심으로 등장한다. 특히 오늘날의

96) T. Würtenberger, Die Legitimität staatlicher Herrschaft, S.20.

97) Jochim Heidorn, Legitimität und Regierbarkeit, Duncker & Humbolt, 1982, S.10.

98) A.a.O.

99) 이에 대한 자세한 내용은 이승우, 국가론, 150-165면 참조.

국가권력은 선재하는 것이 아니라 헌법에 의하여 비로소 창설된 것을 의미하기 때문에 항상 헌법에 기속되어야 하고, 헌법이 추구하는 최고의 가치인 인간의 존엄과 가치를 바탕으로 하는 기본권보장을 통하여 국가권력은 사회정의를 실현하는 것이 과제이며, 그러한 과제달성을 위하여 국가권력의 창설에 있어서는 물론이고 그 행사과정에 있어서 남용 내지 악용이 불가능하도록 권능에 대한 합리적이고 효율적인 통제수단을 마련함으로써 그 행사가 방법과 과정의 측면에서도 정당화되지 않으면 안 된다고 본 것이다.[100)]

결국 현대의 헌법국가 내에서 국가권력은 다음과 같은 정당성의 요청이 핵심으로 등장했음을 인정하고 또한 그것을 정당화원리로 받아들이지 않으면 안 된다. 즉 국가권력은 국민주권을 실현시킨다는 점에서 '민주적 정당성'이 요구되고 있고, 국가권력은 기본권적 가치를 실현시키기 위한 수단적 존재라는 의미에서 '목적적 정당성'이 확보되어야 하며, 또한 민주적 정당성과 목적적 정당성이 추구하는 절차와 방법에 있어서 합리적일 것을 요구하는 '절차적 정당성'이 국가권력에게 요구되고 있다.[101)] 따라서 헌정사의 평가에 있어서 이 정당성이론이 헌정사를 평가하는 기준과 도구가 됨을 알 수 있다.

다만 베버의 유형에서 주장된 '전통적 정당성'과 '카리스마적 정당성'의 요청이 현대국가에서도 완전히 무시될 수 없음을 전제해야 한다. 먼저 오늘날도 논쟁의 여지없이 정치적으로 계속성이 유지되는 한 그 국가통치는 정당한 것으로 받아들여져야 한다는 점에서 전통적 정당성의 의미는 살아있다고 할 수 있고, 이 경우 합리적 정당성의 원리에 의하여 끊임없이 도전이 이루어지고 있음을 전제해야 한다.[102)] 또한 정치지도자의 인격적 질의 문제는 아니라 하더라도 각 국가기관이 그들의 사물관할에 대한 정치적 권위를 획득하고 있는 경우 카리스마적 정당성의 관점에서 정당화가 이루어지고 있다고 할 수 있다.[103)]

---

100) 이승우, "국가권력 내지 통치구조의 정당화원리", 공법연구(제35집 제1호, 2006), 424면.

101) 허영, 헌법이론과 헌법, 2008, 838면. 권영성교수도 '통치구조와 통치작용의 기본과제'라는 주제로 간략히 언급하고 있다. 권영성, 헌법학원론, 법문사, 2005, 714면 이하.

102) T. Würtenberger, "Legitimationsmuster von Herrschaft im Laufe der Geschichte", S.347.

103) 이러한 경우의 대표적 예는 영국의 의회, 독일의 헌법재판소, 미국의 연방대법원을 들 수 있다. 특히 미국의 연방대법원이 헌법재판과 관련하여 정당성에 관한 신뢰를

아무튼 앞에서 지적한 민주적 정당성, 목적적 정당성, 절차적 정당성의 문제가 현대국가의 정당화원리 내지 통치구조의 정당화원리로 평가되는 한, 그것은 헌법국가를 지향하는 모든 국가에서 국가구조와 관련된 헌법해석에 있어서 그 지침이 되지 않을 수 없다. 헌법에 근거하여 구성되는 국가구조이기 때문에 그 국가구조의 구성과 작용에 대한 헌법해석에 있어서 정당화원리가 그 토대가 되는 것은 너무나 당연한 일이다. 따라서 다음에서는 현대국가의 정당화원리로 평가되는 3가지 유형에 대하여 자세히 살펴보면서, 그것이 헌법해석의 지침으로 삼아야 할 구체적 경우를 제시함으로써 정당화원리의 중요성을 검토하고 헌정사의 평가도구가 되도록 하고자 한다.

4. 憲政史의 評價道具로서의 正當性類型 : 憲法(制定)의 正當性과 實際憲政의 正當性

오늘날 정당성이란 개념을 가지고 헌정사를 평가하는 경우에도 다음과 같은 2가지 측면이 있음을 주목하고 별도로 논의해야 한다. 첫째는 새로운 헌정시대를 열게 하는 헌법제정 또는 이에 준하는 헌법변개가 있을 경우에 그 헌법에 대한 정당성의 문제이고, 둘째는 헌법제정의 정당성에 관한 문제가 해결된 이후에 새로운 헌정을 전개하게 된 그 헌법규범에 따른 실제헌정에 대한 평가의 문제로서의 정당성의 문제가 그것이다.

먼저 憲法의 正當性의 문제는 순수한 헌법제정이 아닌 헌법제정에 준하는 헌법변개 내지 헌법개정의 한계를 벗어난 헌법개정이 이루어진 경우에 국민들이 저항하는 경우에 발생한다. 다만 이 경우 사실상의 힘에 의한 헌법변개를 전제하기 때문에 '사실의 규범적 효력'이론에 따라 받아들이거나 아니면 국민적 저항을 통하여 철회시키는 방법이 있을 수 있다. 우리 헌정사에 있어서 제3공화국헌법에서부터 제5공화국헌법의 제정에 이르기까지의 경우가 이러한 예에 속한다고 할 수 있다. 특히 유신헌법의 경우 절차상의 문제는 물론이고 내

얻고 있는 점에 대한 자세한 예는 다음 문헌을 참조바람. Archibald Cox, The Role of the Supreme Court in American Government, 양승두·최양수 역, 미국의 법원과 정치, 학연사, 1983, 138-153면.

용상으로 정상적인 선진국의 헌법과 너무나 거리가 있었기 때문에 처음부터 국민적 저항을 받았다. 즉 비록 유신정권에 의하여 그 '사실의 규범적 효력이론'에 따라 유신헌법의 규범적 효력이 강제적으로 발휘되었지만, 국민 대다수의 시각에서는 그 정당성을 인정할 수 없는 헌법이었다. 그리하여 유신헌법의 정당성을 인정하지 않고 그 철폐를 위한 국민적 투쟁이 끊임없이 계속된 것이라고 보아야 한다.

한편 實際憲政의 正當性은 헌법의 정당성이 원칙적으로 받아들여진 경우에 그 헌법규범에 근거한 헌법규범의 운용실태가 실제적으로 정당하게 이루어지고 있는가를 평가하는 문제이다. 정당성의 문제가 국가권력의 계승의 문제를 평가하는 것으로 그치는 것이 아니라 국가권력이 존재하고 기능하는 한 끊임없이 제기되는 문제라고 보는 이유가 여기에 있다. 즉 합헌적이고 정당하게 출범한 국가권력의 경우도 권력을 행사하는 과정에서 남용하거나 악용하는 경우 헌법을 침해하게 되고, 그 헌법침해는 국가권력의 정당화원리를 위반한 것으로서 정당성을 상실하는 것이 된다. 따라서 헌정사 연구에 있어서 이 실제헌정에 대한 정당성 평가의 문제는 중요한 내용이 되지 않을 수 없다.

결국 헌정사의 연구와 관련하여 그 평가도구로서 정당성이론을 적용함에 있어서는 헌법제정의 정당성과 실제헌정의 정당성을 구별하고 평가해야 한다. 전자의 내용이 주로 헌법사의 시각에서 논의되는 것이라면, 후자를 포함하여 전체를 연구하는 것이 헌정사인 것이기 때문이다. 따라서 다음에서는 현대국가의 정당성이론에 따라 민주적 정당성, 절차적 정당성, 목적적 정당성의 문제를 논의하기로 하되, 그 각각에 대하여 헌법제정의 정당성의 문제와 실제헌정의 정당성의 문제로 나누어 살펴보기로 한다.

II. 國家統治와 民主的 正當性

1. 民主的 正當性의 意義

베버의 정당성유형을 비롯한 대부분의 정당성유형이 전통적 정당성을 중요한 내용으로 내세우는 것은 국가권력을 선재하는 것으로 평가한 것에서 기인한다. 그러나 국민주권이 확립된 오늘날 국가통치의 정당성에 관한 판단의 출발점은 주권자인 국민이 국가권력을 창설함은 물론이고 그 국가권력을 통하여 국민의 의사를 실현해 나간다는데 있다. 특히 대의민주주의를 택할 수밖에 없는 오늘날 국가통치를 담당하는 국가권력은 주권자의 신임을 바탕으로 창설되고 존립해 나갈 수밖에 없다.[104] 따라서 민주적 정당성의 문제는 현대국가에 있어서 최우선적으로 논의되어야 할 정당화원리임과 동시에 헌정사 평가의 도구가 됨을 알 수 있다.

민주적 정당성의 요청이란 국가권력의 창설은 물론이고 국가 내에서 행사되는 모든 권능이 언제나 주권자인 국민의 Konsens에 바탕을 두어야 한다는 것을 말한다.[105] 즉 민주적 정당성의 문제는 국가통치를 담당하는 각종의 국가기관들이 주권자인 국민들로부터 어떻게 정당성을 확보하면서 창설되었는가를 평가하는 것이며, 또한 그 국가권력의 창설이 정당성을 인정받을 수 있었다 하더라도 그 존속을 위하여 계속적인 국민적 지지가 뒷받침되어야 한다는 것을 의미한다. 또한 민주적 정당성의 요청에 따르면 모든 국가기관들은 대의민주주의원리를 받아들여 선거를 통해 선출될 뿐만 아니라 주기적으로 정당성에 대한 재신임을 계속적으로 받아야 하며, 만약 선거결과 국민의 절대적 지지를 얻지 못하면 정당성을 상실한 것으로서 새로운 정권으로 대체될 수밖에 없게 된다. 즉 자유민주주의국가의 국가구조 내지 국가권력은 민주적 정당성을 국가권력의 창설과 존속을 위한 당위적 전제조건으로 하고 있어야 한다.[106]

---

104) 이승우, "국가권력 내지 통치구조의 정당화원리", 426면.

105) 허영, 한국헌법론, 2006, 623면.

106) 이승우, "국가권력 내지 통치구조의 정당화원리", 426면.

2. 民主的 正當性의 土臺

민주적 정당성의 요청은 '합리성을 통한 정당화'에 토대를 두고 있다. 즉 민주적 정당성의 요청은 국민의 합리적 대의기관의 선거와 대의기관의 합리적 국가의사결정을 전제하는 것이기 때문에 합리성을 통한 정당화를 바탕으로 한다. 이에 대하여 헷세는 민주주의는 정치적 의사형성을 위한 고유한 절차와 이 절차의 공개에 의하여 합리성을 만들어 낸다고 하면서, 이러한 정치과정에서의 절차와 공개가 정치과정을 투시·개관·이해를 가능하게 하며, 또한 그것이 활발한 참여를 비로소 가능하게 하여 국가권력의 정당성의 기초인 실질적 합리성을 제공하는 것으로 보고 있다.[107)] 물론 현대의 헌법국가에 있어서 정치적 의사형성의 절차를 공개하는 목적은 국민주권론자들도 인정하듯이 결정과정에 직접적으로 참여하는데 있는 것이 아니다. 그것은 오히려 결정과정의 투명성을 매개로 하는 대표원리의 확보에 있다. 즉 공개를 통하여 비로소 대의제가 요구하는 공직원리가 준수되고 있는가를 감시할 수 있으며, 결정과정이 투명화 됨으로써 결정이유에 대한 설명이 불가피해지고, 그 결과 상식이 통할 수 있는 가능성이 제고된다는 것이다. 뿐만 아니라 결정과정의 투명성을 통한 합리성의 제고는 국가의사결정에 있어서 민주적 정당성을 확고히 해주며 결정사항의 해석에 중요한 역할을 담당하게 한다.[108)] 따라서 민주적 정당성의 요청은 그 바탕에 정치적 이성의 발로인 합리성을 통한 정당화가 있으며, 그 실질적 합리성은 국가권력의 창설은 물론이고 국가의사결정 과정을 공개함으로써 모든 국민의 궁금증을 풀어주고 국민들이 언제든지 이에 대해 의견을 제시할 수 있도록 하는 것에서 출발함을 알 수 있다.

3. 憲法制定과 民主的 正當性

헌법제정의 정당성과 관련하여 논의되는 민주적 정당성의 문제는 국민주권이념이 올바로 실현되었는가를 평가하는 것이다. 즉 헌법을 제정함에 있어서

---

107) K. Hesse, Grundzüge des Verfassungsrechts der Bundesrepublik Deutschland, C. F. Müller Juristischer Verlag, 1982, S.54.

108) M. Kriele, 국순옥 역, 민주적 헌정국가의 역사적 전개, 231면.

주권자인 국민이 헌법제정의 주체로서 어떻게 참여하였는가를 평가하는 것으로서, 국민주권이념의 실현원리인 민주주의원리의 실현 여부에 대한 평가의 문제이다. 특히 대의민주주의원리에 따라 대표성을 가진 대의기관인 제헌회의 또는 제헌국회로 하여금 헌법제정을 하게 하면서도, 주권자인 국민이 이에 대하여 어떠한 형식으로 참여하였는가를 평가하는 것으로서 헌법제정의 토대를 살펴보는 것이 민주적 정당성의 문제이다. 만약 헌법제정을 주도하는 제헌회의의 구성에 주권자인 국민의 참여가 보장되지 않았거나 국민의 의사가 수렴되는 제도적 장치가 없었을 경우 그 헌법제정의 정당성을 인정할 수 없다는 것이 민주적 정당성의 문제이다. 따라서 헌법제정의 민주적 정당성의 문제는 헌정사를 평가함에 있어서 가장 기초가 되는 정당성의 문제이다.

(1) 主權行使의 方法과 民主的 正當性

헌법제정의 민주적 정당성의 문제는 주권자인 국민의 주권행사와 관련된 것이기 때문에 주권행사의 방법이 문제된다. 국민이 헌법제정권자로서 주권을 행사하는 방법으로는 두 가지가 있다. 하나는 헌법안을 기초하고 의결할 제헌회의를 구성하는 선거에 참여함에 그치는 주권행사의 경우이다. 이 경우는 간접민주주의원리를 적용한 것으로서 주권자인 국민의 신임을 바탕으로 국민의 대의기관인 제헌회의가 헌법안을 기초하고 의결하여 헌법안을 확정시키도록 하는 주권행사의 방법이다. 다른 하나는 국민이 제헌회의를 소집하기 위하여 선거하는 것은 같지만, 그 제헌회의가 기초하고 의결한 헌법안에 대하여 주권자인 국민이 직접 국민투표를 통하여 확정시키는 방법이다. 이 경우는 직접민주주의원리에 따라 주권자인 국민이 직접 헌법제정이라는 주권행사에도 참여하는 방법이다.[109] 아무튼 헌법제정의 정당성을 평가함에 있어서 간접적 주권행사의 방법을 택하든 아니면 직접적 주권행사의 방법을 택하든 문제는 없지만, 주권자인 국민의 참여가 실질적으로 확보되었느냐가 민주적 정당성에 대한 평가의 주요 관점이 된다.

---

109) 여기서 유신헌법이 제정될 당시의 비상국무회의와 같이 제헌위원회로 하여금 헌법안을 기초하고 국민투표로 확정하는 방법을 제외시키고 있는 이유는 제헌위원회의 국민대표성을 인정할 수 없다고 보기 때문이다.

(2) 制憲會議의 構成과 民主的 正當性

헌법제정의 민주적 정당성의 문제는 헌법제정을 담당하는 제헌회의가 국민의 대표성을 갖추도록 하는데 맞추어져야 한다. 국민주권이념과 그 실현원리인 민주주의원리에 있어서 민주적 정당성의 문세는 간접민주주의원리 내지 대의민주주의원리에 따르는 것을 전제하고 있고, 그것은 또한 주권자인 국민을 대신하여 헌법제정이라는 주권행사를 대의기관인 제헌회의로 하여금 행사하게 하는 것이기 때문이다. 만약 직접민주주의원리에 따라 주권자인 국민이 직접 헌법을 제정하는 것으로 본다면, 헌법제정의 민주적 정당성의 문제는 논의할 여지조차 없이 당연히 인정되는 것임을 알 수 있다. 따라서 대의제원리에 따라 제헌회의를 구성하는 것이야말로 민주적 정당성을 갖게 하는 중요한 것임을 알 수 있고, 제헌회의를 구성하기 위한 선거제도가 보통·평등·직접·비밀·자유선거라는 원칙에 합치되게 마련되어야 하는 이유가 여기에 있다. 합리적 선거제도와 투표제도가 갖추어지지 않고 또한 자유로운 선거와 투표가 보장되지 않은 가운데 구성된 제헌회의는 민주적 정당성을 가진 제헌회의라고 할 수 없음은 말할 필요도 없다.

(3) 民主的 正當性의 土臺와 國民의 支持率

헌법제정의 민주적 정당성의 문제는 주권자인 국민의 다수의 지지와 신임을 전제한다. 강요된 선거와 투표가 아니라 자유로운 참여를 바탕으로 다수국민의 지지와 신임이 있어야 헌법제정은 민주적 정당성을 인정받게 된다. 헌법제정을 위한 선거와 투표의 의미가 주권행사와 관련된 것으로서 주권자인 국민의 적극적 참여를 바탕으로 합리적 헌법제정이 이루어지는 것을 바라는 것으로서 '합리성을 통한 정당화'에 그 토대가 있다. 특히 헌법제정의 민주적 정당성의 문제는 국민의 직접적인 참여보다는 헌법제정 과정의 투명성을 매개로 대표원리를 확보하는데 있다. 즉 공개를 통하여 비로소 대표라는 공직원리가 준수되고 있는가를 감시할 수 있으며, 결정과정이 투명화 됨으로써 결정이유에 대한 설명이 불가피해지고, 그 결과 상식이 통할 수 있는 가능성이 제고되면서 주권자인 국민의 의사가 존중된다는 것을 전제한다. 이렇게 제헌회의의 결정과정의 투명성을 통한 합리성의 제고는 국가의사결정의 핵심내용에 해당하는 헌법제정에 있어서 국민의 신임을 바탕으로 민주적 정당성을 확고히 해주며 결정사항의 해석에 중요한 역할을 담당하게 한다.110)

그리고 헌법제정에 있어서의 민주적 정당성의 크기는 주권자인 국민의 참여와 지지율에 의하여 평가된다. 헌법제정의 민주적 정당성의 문제는 주권자인 국민의 참여가 먼저 제헌회의를 구성하는 선거에의 참여율로 나타나고, 다음으로 국민투표를 통하여 확정하는 경우 국민투표의 참여율과 찬성률로 나타난다. 제헌회의의 구성에의 참여율이 지나치게 낮거나 국민투표의 찬성률이 지나치게 낮은 경우 그 헌법제정은 민주적 정당성을 가진다고 할 수 없다. 따라서 헌법제정은 전체국민 가운데서 절대다수국민의 지지를 얻는 것이 바람직하지만, 적어도 과반수 지지를 얻지 못하면 민주적 정당성을 인정할 수 없을 뿐만 아니라 헌법제정의 정당성 자체를 인정받을 수 없다는 것을 고려해야 한다.

4. 實際憲政과 民主的 正當性

앞에서 지적했듯이 민주적 정당성의 문제는 국가통치를 평가하는 가장 기초적 평가기준이 된다. 헌법제정에 준하는 형태로 새로운 헌정을 시작하는 경우는 물론이고 기존의 헌법규범을 토대로 하는 경우에도 국민의 신임을 전제로 정권이 출범하지 않을 수 없고, 그 경우에 정권출범의 민주적 정당성의 문제가 요구되는 것이다. 물론 의원내각제 정부형태의 국가에서는 국회와 정부구성을 위한 총선거가 있고, 그 총선거를 통하여 국회의 다수당의 당수를 중심으로 행정부가 구성되기 때문에 정부구성에 있어서 민주적 정당성의 확보문제는 발생하지 않는다. 그러나 대통령제 정부형태의 국가에서는 대통령선거 및 국회의원선거가 별도로 치러지고, 특히 대통령선거에서 상대다수대표제도를 택하고 있는 경우 과반수의 지지를 얻지 못한 대통령이 선출될 가능성이 크기 때문에, 그 경우에 정부구성에 있어서 민주적 정당성을 확보하고 있는가의 여부가 문제로 발생한다.

---

110) M. Kriele, 국순옥 역, 민주적 헌정국가의 역사적 전개, 1983, 231면.

아무튼 민주적 정당성이 확보되지 않은 가운데 출범한 국가통치는 정당성시비를 내포하게 되어 정권타도를 비롯한 끊임없는 정국불안정에 휩싸이게 된다. 우리 헌정사에서 예를 살펴볼 수 있듯이, 쿠데타로 정권을 탈취한 경우는 물론이고 부정신거를 통하여 정권을 장악한 경우마다 정권퇴진 투쟁이 끊임없이 제기되었던 것이 그것이다. 특히 민주적 정당성이 없는 국가통치는 스스로 권위를 인정받을 수 없기 때문에 강요된 권위창출을 위해 권위주의통치로 나아가게 되고, 이것은 결국 헌법의 규범력을 약화시키고 '힘에 의한 통치'로 나아가게 하는 원인이 되었던 것을 알 수 있다. 물론 21세기에 접어들어 우리나라가 민주화가 이루어져 민주적 정당성을 인정받지 못한 정권의 출범을 우려할 필요가 줄어든 것은 사실이지만, 정권출범 이후에 국민적 지지를 잃어 민주적 정당성의 위기를 맞는 정권이 출현하고 있는 점을 고려할 때,[111] 민주적 정당성의 확보방법은 물론이고 정권이 민주적 정당성을 잃을 경우에 대비한 다각적인 대비책이 마련되어야 할 것이다.

결국 실제헌정에 있어서 민주적 정당성의 문제는 대통령제 정부형태를 가지고 있는 국가의 경우 무엇보다도 대통령선거가 민주적 정당성의 시각에서 문제는 없는가를 살펴보는 것으로부터 출발해야 한다. 대통령선거가 부정선거로 평가되는가의 여부가 우선적으로 고려되어야 하며, 공정한 선거로 평가되는 경우에도 과반수 이상의 국민의 지지를 받고 있는가의 문제가 민주적 정당성의 크기로 평가되어야 한다. 만약 과반수 이상의 지지를 받지 못한 대통령의 경우 비록 당선은 되었다 하더라도 자신을 지지하지 않은 국민을 상대로 신임을 얻기 위해 부단히 노력하지 않으면 안 된다는 것을 의미하며, 오히려 취임 이후에 국민의 지지율이 급격히 내려간 경우 정당성의 위기로 평가하고 대책을 마련하지 않으면 안 된다. 다만 여기서는 위와 같은 정부구성의 민주적 정당성의 문제를 전제하면서, 실제헌정에 있어서 민주적 정당성의 평가와 관련되어 논의되는 것으로서 헌법을 해석하고 적용함에 있어서 고려하지 않으면 아니 될 분야를 살펴보려고 한다.[112]

---

111) 이승우, "불신임정국과 정부형태에 관한 연구", 인권과 정의(2005. 9), 123면 이하 참조.
112) 이승우, "국가권력 내지 통치구조의 정당화원리", 427면 이하.

(1) 選擧制度와 관련하여

민주적 정당성의 요청은 다수 국민의 지지와 참여를 바탕으로 한다. 그런데 현대의 민주주의국가에서 참여민주주의가 강조되고 있지만 선거제도와 관련하여 국민들의 선거에의 참여율이 점차 낮아지고 있음으로 인하여 민주적 정당성의 관점에서 문제점이 나타나고 있다. 오늘날 우리나라에 국한된 문제는 아니지만 세계적인 신자유주의경향에 맞물려 국민들이 정치에의 관심을 보이기보다는 경제적인 문제에 민감하게 반응하고 있는 것이 그 이유이다.[113] 따라서 국민의 경제생활에 여유가 사라짐으로 인하여 정치생활에 관심이 적어진 것을 인정하면서도, 민주적 정당성의 관점에서 국민적 참여를 이끌어 들이는 노력이 필요함을 알 수 있다.

아무튼 우리나라의 경우 가장 중요한 대의기관인 대통령의 선출을 위한 선거에서 절대다수의 국민의 지지를 토대로 하지 않을 경우 안정적 기능을 발휘할 수 없기 때문에 민주적 정당성의 관점에서 다수 국민의 지지를 토대로 대의기관이 구성되도록 선거제도의 마련이 시급하다. 또한 국민의 선거참여율이 낮아지고 있는 것도 문제이지만 후보자가 무분별하게 난립하여 당선자의 지지율이 낮아 다수 국민의 지지를 받지 못하는 것은 더욱 문제가 되기 때문에 민주적 정당성의 관점에서 기탁금제도가 운영되고 있다.[114] 따라서 민주적 정당성의 제고를 위해서는 상대다수선거제도를 절대다수선거제도로 바꾸는 것도 고려해야 한다.[115] 국민의 과반수의 지지를 받지 못하는 대통령의 경우 민주적 정당성이 허약하여 일관성 있는 과감한 정책수행을 할 수 없기 때문이다.

그리고 국회의원선거제도와 관련하여 민주적 정당성의 관점에서 지역정당의 폐해를 완화할 대책이 필요하다. 분명히 다른 정당을 지지하는 국민이 많이 있음에도 불구하고 소선거구제를 기본으로 채택하고 있는 결과 다른 정당을 지지하는 후보가 지역별로 당선되지 못하는 경향이 두드러지고 있다. 따라

113) 이계수, “참여민주주의의 공법적 결산”, 한국공법학회 발표자료(2006. 10. 14.), 1면 이하.

114) 헌재결 1996. 8. 29. 95헌마108, 헌재판 8-2, 167(176).

115) 선거에 의한 지지도의 문제는 국회의원선거에서보다도 대통령선거에서 더욱 문제가 된다. 국회의원선거에서는 전체 국회구성원의 한사람에 그치지만 대통령은 행정수반으로서 집행부를 이끌어야 하는 국정운영의 책임자라는 점에서 특히 민주적 정당성의 크기가 문제로 된다.

서 지금과 같이 지역별로 싹쓸이 결과가 나오는 것을 막기 위하여 국회의원선거제도를 중대선거구제로 바꾸는 것을 고려할 필요가 있다. 또한 비례대표선거제도를 광역자치단체별(또는 수도권, 경기권, 강원권, 충청권, 영남권, 호남권 등의 권역별)로 배분하는 등의 방법으로 지역정당구조 속에서도 지역별 소수자의 이해관계를 대변할 수 있는 최소한의 대표가 선출될 수 있도록 대책을 강구하는 것도 요구된다. 특히 광역자치단체별 내지 권역별로 배분된 비례대표의원을 최소득표율(5% 내지 10% 이상)을 감안하여 1명을 우선하여 배분하는 방법 등이 고려될 수 있다. 그리고 비례대표선거제도를 광역자치단체별 내지 권역별로 배분하지 못할 경우 여성에 대한 배려와 같이 출신지역별로 소수보호의 관점에서 강제적 배려가 되도록 입법적 조치가 있어야 한다.

(2) 國會의 勢力分布와 관련하여

대의기관 내에서 국민의 민주적 정당성의 크기를 가장 잘 대변하고 있는 입법권자의 여야간의 세력분포는 그 자체로서 존중되고 유지되어야 한다. 선거제도의 내용에 따라 여야간에 유리하고 불리한 측면이 있는 것이지만, 일단 선거결과에 따라 나타난 여야간의 세력분포는 국민이 선택한 민주적 정당성의 크기로 평가되어야 한다. 따라서 과거 여소야대의 현상을 인위적으로 바꾸기 위하여 자행되었던 3당합당의 경우는 물론이고 당적바꾸기 또는 의원꾸어주기 등의 현상은 입법권자의 민주적 정당성을 침해하는 것이라고 보아야 한다. 그리고 이러한 민주적 정당성의 크기를 왜곡시키는 현상은 주로 대통령제 정부형태에서 나타난다는 점을 주목해야 한다.

아무튼 국회의 여야관계를 인위적으로 개편하는 것을 막기 위하여 비례대표국회의원의 당적이탈시 국회의원직을 잃도록 하는 것은 현재의 국민정서상 타당성이 인정되고 있다고 본다. 그러나 자유위임관계를 바탕으로 하는 대의제도의 본질에 비추어 문제점이 있다고 할 수 있으므로 보다 근본적인 문제해결책이 찾아져야 한다. 즉 여야관계의 인위적 개편이 있는 경우 국회를 해산하고 총선거를 다시 실시하는 제도를 채택하여야 하며, 여야관계의 인위적 개편이 있을 시 총선거를 통하여 국민의 심판을 받도록 하는 것만이 민주적 정당성의 원리에 합치된다고 보기 때문이다. 이러한 현상에 대하여 의원내각제 정부형태의 경우 당연한 것으로 평가되고 있다.

(3) 國會의 任命動議制度와 관련하여

중요한 모든 국가기관을 국민이 직접 선거를 통하여 구성할 수 없기 때문에 대부분의 국가기관은 대통령이 임명하되 그 임명권이 남용되지 않도록 국회의 임명동의를 얻도록 하고 있다. 그런데 최근 전효숙 헌법재판소장의 임명동의 절차에서 보여준 바와 같이 이 임명동의절차를 의례적인 것으로 보아 문제를 일으키는 일이 자주 있었다. 그러나 국회의 임명동의절차는 대통령의 임명권에 대한 단순한 견제수단에 그치는 것이 아니라, 헌법기관의 구성에 있어서 주권자인 국민을 대신한 민주적 정당성의 간접적 확보방법으로 기능하고 있음을 주목해야 한다.[116] 그리고 그 간접적 민주적 정당성의 확보방법이 중요하다고 판단하여 헌법규정상의 대상이 되는 임명동의권자 외에도 많은 주요 국가기관 구성원을 국회의 인사청문회를 거치도록 하고 있다. 따라서 과거 국회의 임명동의를 거치기 전에 '署理'를 임명하여 국정을 운영하게 한 것은 국회의 인사기능을 침해함은 물론이고 국가기관이 갖추어야 하는 민주적 정당성을 갖추지 못한 것이기 때문에 오늘날 인정되기 어렵다. 국회의 임명동의절차는 국민에 의하여 직접 선거되는 대통령과 국회는 물론이고 대법원과 헌법재판소 등의 경우도 간접적이나마 민주적 정당성을 확보하도록 하여 국가통치를 정당화하는 중요한 제도인 것이다.[117]

5. 民主的 正當性의 관점에서의 憲政史의 評價

자유민주주의국가의 국가구조 내지 국가권력은 민주적 정당성을 국가권력의 창설과 존속을 위한 당위적 전제조건으로 하고 있다고 하였다. 그리고 주권자인 국민의 신임을 토대로 합리적으로 국민의 대의기관들이 선출되고, 그들이 공개성과 투명성이 확보된 가운데 국민의 여론을 바탕으로 국가의사를 결정하고 있는가의 문제가 민주적 정당성의 문제임을 알았다. 따라서 이 민주

116) 허영, 한국헌법론, 2006, 915면.

117) 방승주, "참여와 민주적 정당성", 공법연구(제32집 제2호, 2003), 12면 이하.

적 정당성의 문제는 특정한 국가통치(정권)의 출발점임과 동시에 국가통치의 퇴진여부와 관련된 중요한 문제이기 때문에 헌정사 평가에 있어서 가장 중요한 기초적 평가의 대상이 된다고 하였다.

아무튼 헌정사의 평가에 있어서 민수적 정당성의 문제는 국가통치를 담당하는 각종의 국가기관들이 국민들로부터 어떻게 정당성을 확보하면서 창설되었는가를 평가하는 것이다. 먼저 새로운 헌법제정을 주도한 정치세력의 경우에는 우선적으로 국가권력을 담당하는 국가기관의 헌법적 권능을 그 기관이 바탕으로 하는 민주적 정당성의 크기에 따라 비례하는 균형관계가 유지되도록 하였는가에 대한 민주적 정당성에 대한 평가가 요구된다.[118] 다음으로 모든 국가기관들은 헌정의 실제에 있어서 대의민주주의원리에 따라 선거를 통해 주기적으로 정당성에 대한 재신임을 계속적으로 받아야 하는 것이기 때문에 선거과정에서 국민의 절대적 지지를 토대로 국정운영의 담당자가 되도록 하여 민주적 정당성이 확고한 정권출범이 되도록 하여야 한다. 따라서 실제헌정에 있어서 민주적 정당성의 문제는 대개 헌정을 시대구분하는 최소단위를 전제로 논의되며, 특히 새로운 정권의 출범이 확고한 민주적 정당성을 확보하며 출범하고 있는가를 평가하는 것이다.

결국 헌정사의 평가에 있어서 민주적 정당성의 문제는 가장 중요한 평가기준이 된다. 민주적 정당성이 확보되지 않은 국가통치는 정당성시비를 내포하게 되어 끊임없는 불안정에 휩싸이게 되고, 그것에 대한 반발은 권위주의통치로 나아가게 하는 원인이 되며, 이것은 결국 헌법의 규범력을 약화시키고 힘에 의한 통치로 나아가게 하기 때문이다. 즉 헌정사의 시각에서 민주적 정당성을 인정받을 수 없는 국가통치는 타도되어야 할 불법통치를 의미하게 된다. 따라서 민주적 정당성을 확보하지 못한 정권은 퇴진하여야 하고 민주적 정당성을 가진 새로운 정치세력에게 국가통치를 넘겨주어야 한다.

그리고 민주적 정당성과 관련하여 헌정사를 평가함에 있어서 마지막으로 평가해야 할 사항은 2가지가 있다. 먼저 민주적 정당성의 관점에서 국가통치가 국민의 의사에 반하는 새로운 헌법의 제정과 함께 이루어지는 경우 헌법의 정

118) 허영, 한국헌법론, 594면.

당성이 인정될 수 없게 될 것이고, 그 경우의 헌정사는 헌법내용의 정당성에 문제가 없는 예외적인 경우를 제외하고 대부분 장식적 헌법국가로 평가될 것이다. 반면에 헌법제정의 민주적 정당성이 인정된 가운데서 헌정이 이루어지면서 실제헌정에 있어서 민주적 정당성을 잃게 되면 그 국가통치는 명목적 헌법국가로 평가될 것이다.

III. 國家統治와 節次的 正當性

1. 節次的 正當性의 意義

현대국가의 국가통치가 정당화되기 위해서는 민주적 정당성을 가진 국가권력이 목적적 정당성을 합리적으로 추구하여야 한다는 것이다. 그런데 그 목적적 정당성의 문제는 자유·평등·정의와 같은 다양한 가치와 관련된다는 점을 인정한다 하더라도, 국민 개개인이 모두 다른 자주적 인간이기 때문에 각자의 개성신장이 가능하도록 최적조건을 국가가 보장한다는 것은 쉬운 일이 아니다. 그리하여 이 다양한 가치들은 정당성의 원천인 동시에 시대에 따라 변화하는 것이라는 점을 인정하면서, 현대의 모든 국가통치는 일정한 운영규칙에 의하여 수행될 것을 요구받는다.[119] 즉 국가통치에 있어서 모든 관계자에게 스스로 절차에 참여하여 사실진술을 행하게 하고, 법적 견해를 표명할 공평한 기회가 주어지며, 국가권력은 공평하게 행동하면서도 그 절차가 일반대중의 통제 하에 수행되도록 해야 한다. 정치적 통일체인 국가가 인간의 행위 속에서 비로소 실재적인 것이 되려면 국가 내의 갈등을 극복하고 정치적 통일을 형성하며 국가권력의 행사를 명백하고 통찰할 수 있게 하는 일정한 절차규범이 요구된다는 것이다.[120] 특히 정치적 통일체인 국가 내에는 끊임없는 권력투쟁이 존재하는데, 그 권력투쟁이 무질서한 우연성에 맡겨질 수 없으며, 그 때문에 계획적이고 의식적인 협동작용을 가능하게 하는 절차규범이 요구되는

119) R. Zippelius, 김형배 역, 법학입문, 삼영사, 1980, 157면.

120) K. Hesse, Grundzüge des Verfassungsrechts der Bundesrepublik Deutschland, S.13.

것이다.[121] 따라서 국가통치는 Konsens를 통하여 정당화되는 것이기 때문에 국가권력이 중요한 결단을 통하여 통치를 함에 있어서 합리성이 추구되어야 한다는 것이며, 그 합리성은 국가권력의 결단이 내려지는 절차와 과정을 통하여 발견된다는 점에서 '절차적 정당성'이 요구된다.[122]

2. 節次的 正當性의 土臺와 類型

절차적 정당성이 국가통치에 필요불가결한 것으로 평가되는 이유는 그것이 내용적으로 정당한 실질적 정당성을 가지기 때문인 것은 아니다. 절차적 정당성이 요청되는 근거는 절차가 중요한 관점들에 대하여 충분한 토의의 가능성을 제공하고 또한 그 결정의 합리성을 높여준다는데 있다. 즉 절차의 지속적인 제도화는 국가권력이 내린 결정이 과거에도 정당성을 가졌고 미래에도 정당성을 갖게 될 가능성을 제고시키며, 이 가능성이 국가권력의 결정을 이성적이고 정당하다는 신뢰를 갖게 한다는 것이다. 또한 절차는 합리적 논거와 합리적 반대논거가 자유롭게 개진되고 자웅을 겨루게 함으로써 진리발견의 가능성을 높이는 한편, 그 진리발견의 가능성과 관련할 때에만 다수결원리 및 다수결원리의 한계문제인 소수의 보호 등에 대한 평가를 가능하게 하여 국가통치를 정당화하는데 기여한다는 것이다.[123]

다만 절차적 정당성의 요청은 내용적으로 정당한 결정을 내리기 위한 과제에 이바지하는 것임을 전제해야 한다. 즉 목적적 정당성에 해당하는 실질적 정당성의 원천이 없다면 국가통치는 정당화될 수 없다. 따라서 아무리 훌륭한 절차도 정당한 결정이 내려지기 위한 필요조건은 되지만 그 자체만으로 충분한 조건은 되지 못한다.[124] 또한 절차적 정당성은 2가지 유형으로 분류할 수 있다. 국가통치에의 복종규칙으로서의 절차규칙과 국가기관 상호간의 권력통

---

121) 뿐만 아니라 위와 같은 점 때문에 현대국가에 있어서 조직과 절차는 변화된 인간의 자유의 조건에 적절히 대처할 수 있는 수단으로 평가되기도 한다. K. Hesse, Grundzüge des Verfassungsrechts der Bundesrepublik Deutschland, S.143.

122) 이승우, "국가권력 내지 통치구조의 장당화원리", 433면.

123) M. Kriele, 국순옥 역, 민주적 헌정국가의 역사적 전개, 31면.

124) R. Zippelius, 김형배 역, 법학입문, 157면 이하.

제규칙으로서의 절차규칙이 그것이다. 그리고 그 유형에 따라 헌법해석의 지침이 다름을 알 수 있다. 전자의 경우는 적법절차의 문제이고, 후자의 경우는 권력분립원리의 적용의 문제이며, 이에 대한 자세한 문제는 실제헌정과 절차적 정당성의 문제로 다음에서 살펴본다.

3. 憲法制定과 節次的 正當性

헌법제정의 정당성과 관련하여 논의되는 절차적 정당성의 문제도 국민주권이념의 실현원리와 관련된 평가의 문제이다. 즉 절차적 정당성의 문제는 헌법을 제정함에 있어서 국민주권이념의 실현원리인 민주주의원리는 물론이고 법치주의원리가 실현되고 있는가를 평가하는 문제이다. 특히 헌법제정의 절차적 정당성과 관련하여 슈미트는 시원성과 자율성을 토대로 헌법제정권력의 활동을 구속할 일정한 절차는 있을 수 없다고 하였지만,[125] 오늘날의 시각에서 일정한 제헌기구의 구성과 그 제헌기구의 활동방법과 절차에 관한 규칙이 없이 헌법제정이 이루어진다는 것은 상상할 수조차 없다. 만약 헌법제정을 위한 최소한의 절차규칙도 없이 헌법제정이 이루어진다고 가정할 경우, 그 헌법제정의 절차에서 소외된 정치세력은 그 헌법제정의 정당성을 부인하고 투쟁에 돌입할 것이 자명하기 때문이다. 따라서 국가통치의 전제에 해당하는 헌법제정에 있어서도 모든 국민에게 스스로 절차에 참여하여 공평한 의견진술의 기회를 가질 수 있도록 하는 경우에만 그 헌법제정에 대하여 정당성을 부여하며, 그 절차를 통하여 합리성이 추구될 경우에만 헌법제정의 정당성을 인정받게 된다. 특히 헌법제정에 있어서의 절차적 정당성은 그 자체가 실질적 정당성을 가지게 하는 것이 아니라 중요한 관점과 내용들에 대하여 충분한 토론의 가능성을 제공하고 진리발견의 가능성을 높여 합리성이 확보되게 하는 점에서 그 의미를 찾을 수 있다.[126]

---

125) C. Schmitt, Verfassungslehre, 6. Aufl., Dunker & Humblot, 1983, S.82.

126) 이승우, "국가권력 내지 통치구조의 정당화원리", 433면 이하.

(1) 憲法制定의 日程과 節次的 正當性

헌법제정의 절차적 정당성의 문제는 헌법제정의 절차와 방법에 관한 일정표의 제시로부터 시작된다. 헌법제정을 토대로 새로운 정부가 수립되는 것을 전제하므로 정부의 출범일자를 기준으로 역산하여 헌법제정의 절차와 방법이 정해진다. 물론 충분한 시간을 가지고 국민의 대표성을 가진 제헌회의를 선거를 통해 소집한 다음, 그 제헌회의로 하여금 헌법안을 마련하고 신중한 공개토론을 거쳐 의결하게 하는 것이 바람직한 것이겠지만, 헌법제정의 절차와 방법은 많은 경우 혁명적 상황과 관련되므로 정치상황에 따라 긴박하게 이루어지는 것이 보통이다. 그 때문에 헌법제정의 절차와 방법이 생략되거나 단축되는 일이 발생할 수 있다. 그러나 헌법제정의 절차와 방법에 대한 참여세력의 합의가 전제되지 않은 생략과 단축은 절차적 정당성을 상실시킬 가능성이 크기 때문에 신중하게 결정되어야 한다. 만약 헌법제정의 절차에 참여하고자 하는 일부 정치세력의 주장을 무시하고 기타의 정치세력에 의하여 헌법제정이 강행되는 경우, 그 일부의 정치세력에 의하여 헌법제정이 무산되게 되거나 그 헌법제정을 무효화하려고 하게 된다. 따라서 헌법제정의 절차적 정당성을 위하여 모든 정치세력이 헌법제정에 참여하고 협력할 수 있는 일정표를 제시하고 차질 없이 시행하는 것이 무엇보다도 중요하다.

(2) 制憲會議의 構成과 節次的 正當性

헌법제정의 절차적 정당성의 문제는 주권자인 국민의 참여방법과 관련되고 또한 그 참여방법의 합리성이 문제로 된다. 절차적 정당성의 문제도 '합리성을 통한 정당화'에 토대를 두고 있기 때문이다.[127] 여기서 헌법제정의 절차적 정당성의 문제는 제헌회의를 구성하는 선거제도가 보통·평등·직접·비밀·자유선거라는 원칙에 합치되게 마련되는 것으로 그치지 않는다. 헌법제정의 절차적 정당성의 문제와 관련하여 주목할 것은 제헌회의를 구성하고자 하는 의미가 어떠한 것인가를 명확히 알리고, 제헌회의의 구성원으로 가장 적합한 인물을 대표로 선임하여야 한다는 당위성을 알리며, 당파적 이해관계에 따라 제헌

---

127) 이승우, "국가권력 내지 통치구조의 정당화원리", 426면.

회의의 구성원이 선출되는 경우 어떠한 폐해가 나타날 수 있는가를 국민에게 알려야 한다. 특히 여러 정당의 이념과 목표를 분명히 알리고 국민의 활발한 찬반토론을 거쳐 자유로운 선택이 이루어지도록 하여야 한다. 그리고 이것은 단순히 국민대표를 선거하는 것에 그치는 것이 아니라 정치적 통일체로서의 국가의 이념을 선택하는 중요한 주권행사임을 알려야 한다.

(3) 制憲會議의 討論과 議決의 節次的 正當性

헌법제정의 절차적 정당성을 위하여 헌법제정의 절차와 방법에 있어서 충분한 공개토론과 의결과정의 적합성이 보장되어야 한다. 헌법제정의 일정이 충분한 경우란 있을 수 없는 것이지만, 시간에 쫓겨 헌법안을 마련하고 충분한 검토가 이루어지지 않는 경우, 헌법제정을 토대로 안정적인 국정운영을 바라던 모든 것이 수포로 돌아갈 수 있다. 헌법제정 그 자체를 입헌주의정신에 따라 국가의 백년대계를 구상하는 것이라고 본다면, 충분한 숙의를 거쳐 헌법제정이 이루어져야 끊임없는 권력투쟁을 막고 안정된 국가통치로 들어가게 되는 것이다. 즉 합리적 논거와 합리적 반대논거가 자유롭게 개진되고 자웅을 겨루게 함으로써 진리발견의 가능성을 높이는 한편, 궁극적으로 헌법제정안에 대하여 의결을 함에 있어서 불가결하게 다수결원리에 따르더라도 다수결원리의 한계문제인 소수보호의 문제가 자연스럽게 이루어져야 헌법제정의 정당성을 인정하는 계기가 된다.[128] 합리적 토론과정을 통하여 소수는 다수의 결정에 복종하고 극단적 투쟁을 철회할 것이기 때문이다. 따라서 헌법제정의 절차와 방법에 있어서 충분한 공개토론과 의결과정을 거치는 것이야말로 헌법제정의 절차적 정당성을 갖추게 하는 필수요소가 된다. 헌법제정의 절차적 정당성은 내용적으로 정당한 헌법을 제정하기 위한 과제에 이바지하는 것이기 때문이다.

4. 實際憲政과 節次的 正當性

헌법제정에 있어서의 절차적 정당성의 문제와 달리 실제헌정에 있어서의 절차적 정당성의 문제는 실정헌법을 토대로 함으로 헌법해석과 관련된다. 특히

128) M. Kriele, 국순옥역, 민주적 헌정국가의 역사적 전개, 31면.

절차적 정당성을 2가지 유형으로 분류한 것을 토대로 절차적 정당성을 논할 수 있다. 즉 명문의 헌법규정을 전제하지 않더라도 현대국가에서는 국가통치에의 복종규칙으로서의 절차규칙과 국가기관 상호간의 권력통제규칙으로서의 절차규칙이 요구되는 것이기 때문에 그것을 토대로 절차적 정당성이 논의된다. 다만 대부분의 헌법이 이러한 절차규칙을 헌법에 규정하고 있기 때문에 헌법해석의 문제로 다루는 것이다. 이에 대해서는 다음에 보듯이 전자의 경우로서의 적법절차의 문제와 후자의 경우로서의 권력분립원리의 적용의 문제가 있다.

(1) 適法節次와 節次的 正當性

국가통치의 절차적 정당성의 요청은 다수의 의사를 바탕으로 하는 국가권력의 결정을 소수가 받아들이도록 하는 복종규칙으로서 기여한다. 이미 지적했듯이 국가 내의 갈등과 권력투쟁의 결과 다수의 의사가 국가의사로 나타난 것이기 때문에, 소수가 인내심을 가지고 다수의 결단을 옳은 것으로 승인하기 위해서는 합리적 절차를 거쳐 정당화되어야 한다. 만약 이후에도 계속될 국가의사의 결정과정에서 다수로 되는 기회가 절차상 주어지지 않는다면 소수는 복종을 철회하고 극단적 투쟁을 할 것이기 때문이다. 따라서 국가통치가 국민의 Konsens를 통하여 정당화되어야 한다고 보는 한, 국민의 참여를 바탕으로 하는 입법절차·선거절차·행정절차·재판절차 등은 국가권력의 정당성을 높여 복종규칙으로 기능하게 하는데 결정적인 기여를 하게 된다. 이것은 적법절차가 국가통치를 위한 불가결의 규범임을 알 수 있고, 또한 헌법상의 적법절차규정을 해석하고 적용함에 있어서 그 기능이 보다 적극적으로 실현되도록 하여야 함을 알 수 있다.[129)]

---

129) 이 점에서 헌법재판소의 적법절차에 관한 결정은 문제점이 많다. 헌재결 1997. 7. 16. 96헌라2, 헌재판 9-2, 154. 이에 대하여 이승우, "노동관계법 및 안기부법 날치기통과의 위헌성", 법학논총(경원대, 1997), 20면 이하. 헌재결 2004. 5. 14. 2004헌나1, 헌재공보 제93호. 이에 대한 이승우, "노무현대통령에 대한 탄핵심판결정의 평석", 헌법판례연구(제6권, 2004), 269면 이하 참조.

(2) 權力分立原理와 節次的 正當性

국가통치의 절차적 정당성의 요청은 국가기관 상호간의 견제와 균형의 관계를 유지하게 하여 권력통제규칙으로 기능하게 한다. 즉 각 국가기관의 통치권이 최종적으로 행사되기 이전에 그 행사방법과 행사과정에 타 국가기관의 관여와 통제를 가능하게 하여 국가권력의 남용과 악용이 없도록 적절한 권력통제장치를 마련함으로써 국가통치의 정당성을 확보하여야 한다. 그리고 이 절차적 정당성은 국가권력을 분산시키고 분산된 권능 상호간에 견제와 균형의 관계가 유지되도록 하는 권력분립원리의 실현을 통하여 추진된다.[130] 절차적 정당성의 문제는 고전적 권력분립원리는 물론이고 현대의 기능적 권력분립원리에 따른 권력통제장치가 제대로 작동하여 국가권력의 기본권기속성이 유지되고 있는가를 평가하는 중요한 정당화원리로 오늘날 중요성이 증대되고 있음을 알 수 있다. 따라서 국가기관 상호간의 권한다툼을 해결하고 권력통제의 필요성이 등장할 때마다 절차적 정당성의 문제는 가장 중요한 헌법해석의 지침이 됨을 알 수 있다.

5. 節次的 正當性과 憲政史의 評價

국가통치에 대한 헌정사의 평가는 민주적 정당성의 평가로 그치지 않는다. 민주적 정당성을 가진 국가통치도 남용 내지 악용의 가능성이 있기 때문이다. 그리하여 국가통치의 남용과 악용을 방지하기 위하여 합리적이고 효율적인 권력통제수단을 모든 헌법은 마련하고 있고, 이 권력통제장치들이 작용하여 국가권력이 갖는 목적인 기본권기속성을 달성하고 있는가를 평가하는 것이 절차적 정당성의 문제라고 하였다. 그리고 절차적 정당성의 문제도 헌법제정의 절차적 정당성의 문제와 실제헌정의 절차적 정당성의 문제가 관점을 달리하고 있음을 전술했다.

그리고 국가통치의 전제에 해당하는 헌법제정에 있어서 모든 국민에게 스스로 절차에 참여하여 공평한 의견진술의 기회를 가질 수 있도록 하는 경우에만

130) 절차적 정당성의 문제를 이 권력통제의 측면에서만 평가하고 있는 예로는, 허영, 한국헌법론, 2006, 624면 이하 참조.

그 헌법제정에 대하여 정당성을 부여하며, 그 절차를 통하여 합리성이 추구될 경우에만 헌법제정의 정당성을 인정받게 된다고 하였다. 또한 헌법제정이 이루어진 이후에 헌법해석과 관련하여 절차적 정당성은 복종규칙으로서의 적법절차의 문제만이 아니라 국가권력을 분산시키고 분산된 권능 상호간에 견제와 균형의 관계가 유지되도록 하는 권력분립원리의 실현형태와 관련됨을 알았다.

그 결과 헌정사의 연구에 있어서 절차적 정당성의 문제는 명문화된 입헌규칙이 있을 수 없음을 전제하면서도 헌법제정절차가 합리적으로 이루어졌는가의 여부를 전제로 하며, 그 헌법제정의 정당성을 토대로 실제헌정이 적법절차를 지키며 국가권력 상호간에 권력통제가 실질적으로 이루어지고 있었는가를 평가하는 것임을 알 수 있다. 즉 국회가 적법절차를 준수하면서 행정부를 효과적으로 견제하고 있는가? 사법부는 사법권독립과 적법한 사법절차를 토대로 국회와 행정부를 적정한 범위 내에서 통제하고 있는가? 특히 권위주의통치의 여부를 판가름하는 집행부의 권력행사가 적법절차를 지킴은 물론이고 입법부와 사법부의 통제 하에 적절하게 행사되며, 집행부 내에서도 소위 대표적 권력기관으로 알려진 검찰, 경찰, 국정원, 국세청 등과 같은 행정기관들의 운영실태가 정상적으로 작동하고 있는가? 등에 관한 평가가 절차적 정당성의 문제임을 알 수 있다.

결국 민주적 정당성의 문제가 주로 정권의 출범에 국한된 평가라면, 이 절차적 정당성의 문제는 주로 일정한 헌정시기 전반에 대한 평가인 점에서 매우 중요한 위치를 차지한다. 특히 타 헌법기관의 통제를 사실상 받지 않고 행정부의 독주가 이루어지고 있는가를 평가하는 것이기 때문에 권위주의통치와 민주적 통치를 가름하는 중요한 기준이 된다. 특정한 헌법기관의 기능을 정지시키거나 무력화시키는 것과 같은 헌정중단 여부를 평가하는 것이기 때문에 헌법의 규범력의 침해정도를 알 수 있는 매우 중요한 평가이다. 따라서 절차적 정당성의 문제는 헌정사 평가에 있어서 명목적 헌법국가와 규범적 헌법국가를 구분하는 중요한 기준이 된다.

Ⅳ. 國家統治와 目的的 正當性

1. 目的的 正當性의 意義

현대의 국가통치는 그 국가권력의 존립 자체에 목적이 있는 것이 아니라 주권자인 국민을 위하여 존재하는 것이다. 특히 현대의 모든 국가는 '인간으로서의 존엄과 가치'의 실현을 가치적 핵으로 하는 '자주적 인간'의 '개성신장'을 이념과 목적으로 하기 때문에 그 목적에 따른 정당성이 요구된다. 이것을 국가통치의 '目的的 正當性'이라 하며, 그 목적이 헌법상 '인간의 존엄성'에 바탕을 둔 기본권보장으로 표현되고 있는 점에서 대체로 '基本權羈束性'이라고도 한다.[131] 또한 국가통치의 목적적 정당성의 요청은 국가권력이 인간의 존엄성을 인정하는 바탕 하에서 어떠한 정치적 급부(성취)를 제공하여야 정당화될 수 있는가를 제시하고자 하는 형식인 점에서 국가권력의 '實質的 正當性'이라고도 한다. 즉 국가통치의 정당화를 위한 구속적 근거로서 가치실현과 공공복리의 실현이라는 근거제시에 실패할 경우에 제시되는 국가권력의 '形式的 正當性'의 경우, 예컨대 카리스마적 정당성, 전통적 정당성, 절차적 정당성 등의 경우와 달리 국가권력에 의하여 실질적·정치적 급부가 제공되는 정당성을 목적적 정당성이라고 말한다.[132]

2. 目的的 正當性의 理論的 土臺

국가통치의 목적 내지 국가권력의 존립목적이 주권자인 국민의 기본권보장이 그 핵심이라는 점을 부인할 수 없다고 하더라도, 국가권력이 국민에게 제공하는 실질적인 정치적 급부의 시각에서 평가하면 보다 다양한 설명이 요구된다. 그 정치적 급부의 내용에 따라 다양한 목적적 정당성이 논의될 수 있는 것이기 때문이다.

무엇보다도 헌법제정을 함에 있어서 제헌회의를 민주적 정당성에 입각하여 구성하고 절차적 정당성을 확보하며 제정하게 했다 하더라도 목적적 정당성의

131) 이승우, "국가권력 내지 통치구조의 정당화원리", 430면.

132) T. Würtenberger, "Legitimationsmuster von Herrschaft im Laufe der Geschichte", S348f.

시각에서 헌법내용이 내용적으로 정당하지 못하면 의미가 없다. 헌법제정에 있어서 궁극적 목적인 목적적 정당성은 국민주권이념을 올바로 구현할 수 있는 헌법내용을 담아내는 것이고, 민주적 정당성의 요청과 절차적 정당성의 요청은 오히려 이 목적적 정당성을 실현하기 위한 수단에 불과하다고 보기 때문이다. 헌법 그 자체가 기능적·수단적 존재라고 보는 헌법학의 기능적 접근방법을 고려하는 경우,133) 헌법제정 그 자체도 헌법내용 속에 담겨져야 하는 인간의 궁극적 가치를 실현하기 위한 수단이 되는 것이다. 즉 우리 헌법이 규정하고 있는 것과 같이 '인간으로서의 존엄과 가치'라는 개념으로 표현되고 있는 국민주권이념을 구현하고자 하는 내용으로 헌법이 제정되지 않으면 헌법제정의 정당성은 인정될 수 없다.134) 이것이 헌법제정의 '내용적 정당성'을 의미하는 '목적적 정당성'의 문제이다.

한편 실제헌정에 있어서 목적적 정당성의 문제는 기본권보장을 위한 헌법해석의 문제로 귀착된다. 즉 국가통치의 목적 내지 국가권력의 존립목적이 주권자인 국민의 기본권을 보장하는데 그 핵심이 있음을 전제하면서, 국가가 헌법

---

133) 허영, 한국헌법론, 8면 이하; 이승우, 헌법총론, 두남, 2007, 22면 이하.

134) 헌법제정의 정당성의 문제를 민주적 정당성, 절차적 정당성, 목적적 정당성의 문제로 구별하여 설명하지 않은 지금까지의 우리 헌법학계의 논의에 있어서, 헌법제정권력의 정당성의 문제에 대하여 법적인 질의 문제가 아니라 이데올로기적 질의 문제라고 보는 견해(허영)와 헌법에 규정된 기본질서에 대한 국민적 합의에서 정당성을 찾아야 한다는 견해(계희열)를 토대로, 현재의 관점에서 그 제정주체의 정당성을 판단하여 제정주체의 권위를 부정할 수는 없는 것이나, 사실적 관계가 규범체계로 편입되는 규범내용의 정당성은 현재의 관점에서 판단할 수 있게 되며, 따라서 헌법제정권력의 정당성의 문제는 그 규범내용의 정당성의 문제, 즉 규범내용의 지속적인 생명력의 문제가 된다고 하는 주장이 있다. 정극원, "헌법의 정당성", 공법학연구(제7권 제4호), 37면 이하. 그런데 위 주장은 헌법제정의 내용적 정당성이 헌법제정 당시와 달리 현재에 있어서도 정당성을 가진 경우를 전제로 헌법내용의 정당성을 인정하고 헌법제정권력의 항구성을 주장하려는 것으로 보이나(39면), 헌법제정권력의 항구성의 문제는 앞의 논쟁에서 지적했듯이 헌법제정권력의 주체의 존립상태에 관한 문제이지 헌법내용에 관한 문제가 아님을 간과한 것으로 보인다. 특히 위 주장은 헌법제정의 정당성과 헌법개정의 정당성을 대비시키면서 헌법제정의 정당성의 문제는 규범내용의 문제임에 비하여, 헌법개정의 정당성의 문제는 주로 형식적 면의 문제로 구별하려고 하는 점에서 출발하고 있음을 알 수 있는데(44면 이하), 이것은 정당성의 문제와 합헌성의 차이점을 간과한 것으로서, 전자는 헌법외적 이론적 문제인 헌법제정의 정당성의 문제라는 점에서 문제가 없으나, 후자는 헌법내재적인 헌법해석에 따른 합헌성의 문제를 정당성의 문제로 오인하고 있음을 알 수 있다.

을 해석하여 적용하는 가운데서 기본권보장이 이루어질 것을 요구하는 것이기 때문이다. 특히 국가권력이 국민에게 제공하는 실질적인 정치적 급부의 시각에서 정치적 급부의 제공이 국가통치의 목적적 정당성을 확보하는 길이라는 관점에서 헌법해석의 지침이 되어야 한다는 것이다.[135)]

3. 憲法制定과 目的的 正當性

헌법제정의 목적적 정당성의 문제는 오늘날 헌법의 핵심내용인 '인간의 존엄성'을 실현할 수 있는 헌법질서를 만드는 것이고, 또한 그것은 '자주적 인간'의 '개성신장'을 가능케 하는 헌법질서를 창설하는 것이어야 한다. 다시 말해서 그것은 인간의 존엄성을 가치적 핵으로 하는 기본권을 보장하는 헌법질서를 의미하는 점에서 '기본권기속성'이라고도 한다. 그리고 헌법제정의 목적적 정당성의 문제는 주권자인 국민에게 실질적인 정치적 급부(성취)를 제공하여야 정당화되는 것을 의미하는 점에서 '실질적 정당성'이라고도 한다. 앞에서 살펴본 민주적 정당성과 절차적 정당성은 물론이고 '카리스마적 정당성'과 '전통적 정당성'의 경우는 헌법제정 이후에 국가권력이 실질적인 정치적 급부를 제공하지 못할 경우에 요청되는 '형식적 정당성'의 유형에 해당함에 비하여 비교되는 부분이다.[136)]

그리고 헌법제정의 목적적 정당성의 문제는 헌법제정의 내용에 관한 것이면서 또한 헌법제정의 한계문제와 관련된다. 헌법제정의 목적적 정당성의 문제는 헌법을 제정할 당시의 시대보편적인 이데올로기를 바탕으로 그 내용이 결정되는 점에서 일정한 한계를 가지고 있다는 것이다. 지금까지 인류역사를 돌이켜보면 적어도 '민주주의적 정당성' 또는 '사회주의적 정당성'의 요청 가운데 어느 하나를 채택하지 않을 수 없었다고 보는데,[137)] 우리 건국헌법은 '민주주의적 정당성'을 이데올로기로 선택하고 그에 입각한 헌법내용을 채워나간 것을 볼 수 있다.[138)] 따라서 헌법제정의 목적적 정당성의 문제는 헌법제정 당

135) 이승우, "국가권력 내지 통치구조의 정당화원리", 431면 이하.

136) T. Würtenberger, "Legitimationsmuster von Herrschaft im Laufe der Geschichte", S348f.

137) 이승우, 헌법학, 2009, 58면.

시를 지배하는 시대사상, 정치이념 및 생활감각에 맞는 이데올로기의 선택이 어떻게 이루어졌는가를 먼저 평가하여야 하고, 선택한 이데올로기에 합치되는 헌법내용이 채택되었는가를 다음으로 평가하여야 한다. 또한 미국연방헌법을 제외하고 대부분의 헌법제정은 다른 국가의 영향을 받아 헌법을 모방하여 제정되고 있기 때문에 체계정당성의 문제가 제기되는 것이 그것이다.

(1) 立憲主義精神에 입각한 國民主權理念과 目的的 正當性

헌법제정은 입헌주의의 실현을 목표로 하는 것이었기 때문에 입헌주의가 추구하는 내용을 담은 헌법제정이어야 그 목적적 정당성을 인정할 수 있다. 입헌주의는 국민주권이념을 토대로 국민의 기본권보장을 목적으로 하고, 그것을 효과적으로 실현하기 위한 권력분립원리와 법치주의 등을 요구한 것이었기 때문에,[139] 헌법제정의 목적적 정당성은 무엇보다도 입헌주의정신에 입각한 국민주권이념의 실현을 통하여 달성된다. 다만 앞에서 지적한 것처럼 국민주권이념의 실현방법과 관련된 헌법제정의 목적적 정당성은 '법적인 질'의 문제가 아니라 '이데올로기의 질'의 문제라고 보는 점에서 시작하여야 한다고 보았다.[140] 즉 헌법제정의 목적적 정당성은 헌법제정 당시를 지배하는 보편적인 정치이념·시대사상·생활감각과 일치하는 내용으로 채워지고 생활규범으로서 국민의 생활 속에 파고들어 그 생명력을 유지할 수 있어야 정당성을 인정받게 된다는 것을 전제하였다.[141] 그 결과 우리 건국헌법이 민주주의적 정당성을 전제하였다는 점도 지적했다.

그런데 헌법제정에 있어서 목적적 정당성을 전제하는 경우에도 민주주의라는 이데올로기의 이해에 있어서 매우 다양한 분화가 가능하다는 점이다. 미국

138) 물론 제헌헌법의 실질적 이념적 기초를 민족주의와 민주주의로 보면서, 해방 후 건국작업이 이루어진 과정에서 민족주의의 열망이 강했고, 남북분단과 함께 공산주의는 민족주의와 양립할 수 없는 것으로 인식되면서, 반공을 특징으로 하는 자유민주주의가 제헌이념으로 자리잡게 되었다는 주장도 있다. 이영록, "한국헌법의 역사적 이념적 기초와 헌법개혁", 헌법학연구(제12권 제3호, 2006. 9), 10면 이하.

139) 이승우, 헌법학, 2009, 7면 이하.

140) P. Badura, Art. "Verfassung", in: EvSt 1, Sp.271f.

141) 헌법제정의 이데올로기적 정당성이론에 대한 비판적 고찰은 다음 문헌 참조, 이명재, "헌법제정권력론에 대한 비판적 고찰", 공법연구(제27집 제1호, 1998. 9), 213면 이하.

의 헌법제정에서 볼 수 있듯이 자유민주주의를 토대로 하는 헌법제정이 있는 반면에, 자유·평등·박애를 바탕으로 하는 프랑스식의 사회민주주의적 헌법제정으로 나타날 수 있다. 그리고 우리 건국헌법의 제정과정에서 나타났듯이 민족주의적 관점이 크게 작용하면서도 그것이 자유민주주의와 결합하여 공동선과 책임을 바탕으로 하는, 즉 정치적 민주주의와 경제적·사회적 민주주의를 조화시킨 헌법제정으로 나타나기도 한다.[142)]

결국 입헌주의정신을 바탕으로 하면서도 국민주권이념을 실현하기 위한 이데올로기의 선택과 더불어 헌법제정의 목적적 정당성이 인정된다는 것은 부인하기 어렵다. 더군다나 그 이데올로기가 장구한 세월과 여러 세대를 거쳐 형성된 지배적인 이데올로기인 경우 현세대의 헌법제정권자가 이를 선택한 것을 부정할 수 없다. 그러나 헌법제정에 의하여 선택된 이데올로기가 항상 목적적 정당성을 가지고 지속되어야 하는 것은 아니다. 헌법제정권력의 본질에 따르면, 헌법제정은 헌법제정권력의 주체인 국민의 자유 내지 자율성을 전제하는 개념이고, 헌법제정권력은 헌법제정 이후에도 헌법 속에 잠재되어 있는 것이며,[143)] 새로운 내용의 헌법을 형성하는 것이 요청되는 경우 헌법제정권력은 언제든지 자유를 바탕으로 활동을 개시하는 것으로 보아야 하기 때문이다. 따라서 입헌주의정신에 따라 이데올로기의 선택과 더불어 나타나는 헌법제정의 목적적 정당성은 가변적임을 전제해야 하고, 선택된 이데올로기가 절대성을 인정받아 새로운 헌법제정을 제약하는 것은 용납될 수 없음을 의미한다.[144)]

(2) 基本權報障과 관련된 目的的 正當性

입헌주의정신이 국민주권이념과 기본권보장을 목적으로 하는 것이라고 보

---

142) 유진오, "대한민국헌법 제안이유 설명", 헌법의 기초이론, 일조각, 1950, 115면.

143) 이승우, 헌법학, 52면 이하. 같은 취지로 "만약에 헌법제정권력이 평상시에 존속하지 않는다고 한다면, 헌법 자체를 폐지하고 신헌법을 제정하여야 할 경우, 즉 위기가 발생한 경우에 평소에 존재하지 않던 헌법제정권력이 어떻게 다시 발생할 수 있는가? 자유를 본질로 하는 헌법제정권력은 인간에게 고유한 것으로서 항상적으로 존재한다고 본다. 헌법제정권력의 행사여부의 문제와 존부의 문제는 구별되어야 한다"는 글을 참조 바람. 이명재, "헌법제정권력론에 대한 비판적 고찰", 212면.

144) 동지, 이명재, "헌법제정권력론에 대한 비판적 고찰", 214면.

는 한, 헌법제정은 국민주권이념을 바탕으로 하는 기본권보장을 통하여 목적적 정당성이 실현된다. 국민주권이념 자체가 기본권보장이 그 핵심내용이요 전제조건을 의미하고, 기본권보장이란 '인간의 존엄과 가치'를 핵심으로 하는 자주적 인간의 개성신장을 의미하는 점에서,[145] 헌법제정은 이러한 기본권보장을 통하여 목적적 정당성이 실현된다.

다만 헌법제정에 있어서 기본권보장이라는 형식만 도입하는 것으로 목적적 정당성이 실현된 것으로 볼 수 없다. 국가의 목적과 과제의 시각에서 평가할 때, 헌법제정은 국가의 질서와 평화를 보장하는 것을 바탕으로 하여야 함과 동시에 인간의 자유와 평등 및 정의라는 핵심적 가치가 실현될 수 있는 기본권보장체계를 갖추어야 한다.[146] 만약 국가안전보장을 위하여 기본권보장을 희생시킬 수 있는 불안정한 기본권보장체계나, 정치적·법적 측면에서의 기본권보장에 치중할 뿐 물질적·실질적 측면에서의 자유와 평등이라는 정의의 문제를 소홀히 하는 기본권보장체계는 오늘날 목적적 정당성을 인정받을 수 없다.

결국 헌법제정에 있어서 기본권보장을 통하여 목적적 정당성을 실현하기 위해서는 '인간의 존엄과 가치'를 실현하는 기본권보장체계가 되어야 한다. 다른 말로 표현하면 헌법제정은 자주적 인간이 개성신장 내지 인격신장을 가능하게 하는 최적조건을 갖추도록 하여야 목적적 정당성이 인정된다. 국가에 의한 기본권의 제한과 규제가 필요한 것이긴 하지만, 이것이 조금만 지나쳐도 부당한 간섭이 되고 자연적 정의에 합치되지 않게 된다는 것을 명심해야 한다. 따라서 헌법제정에 있어서는 국가가 추구해야 할 목적과 과제라는 기본권보장과 관련하여 사적 자치를 최대한 보장하면서도 국가권력에 의한 보충을 통하여 자주적 인간의 개성신장을 가능케 하는 최적조건으로서의 기본권보장이 이루어지도록 하여야 목적적 정당성이 인정된다.[147]

(3) 國家構造의 體系正當性과 目的的 正當性

입헌주의정신에 비추어 헌법제정이 국민주권이념을 바탕으로 하고 기본권

145) 이승우, 헌법학, 222면 이하.

146) 이승우, 헌법학, 138면 이하.

147) 이승우, 헌법학, 141면.

보장을 그 목적으로 하는 경우에도, 그 기본권보장을 실현하기 위한 수단으로서의 국가구조를 적합하게 마련하지 않는 한 목적적 정당성이 갖추어졌다고 할 수 없다. 특히 헌법의 근본이념인 국민주권이념의 실현원리인 헌법의 기본원리가 단일한 것이 아니라 민주주의원리, 법치주의원리, 사회국가원리, 문화국가원리, 평화추구원리 등으로 나뉘어 실현되는 것이고, 또한 그것이 대의제원리, 권력분립원리, 정부형태와 같은 국가구조의 구성원리를 통하여 실현되는 점에서 국가구조의 체계정당성은 헌법제정의 목적적 정당성을 구현함에 있어서 매우 중요한 의미를 가지게 된다. 즉 각종의 국가기관 내지 국가기구를 설립함에 있어서 주권자인 국민의 직접선거를 통해 선출하여 민주적 정당성을 확보하고, 그 국가기관들에게 국민을 대신하여 국가의사를 결정하고 관철하는 권능을 부여함과 동시에, 그들 상호간에 견제와 균형의 관계가 유지되어 절차적 정당성이 확립되도록 하였다 하더라도, 그것을 바탕으로 국가권력의 목적적 정당성이 확보되도록 최선의 권능구조가 되도록 구성되어야 한다.[148)]

아무튼 국가구조의 체계정당성과 관련된 내용은 권력분립원리의 실현형태로서의 정부형태의 문제에 있어서 논란이 이루어진다. 전형적 정부형태인 미국의 대통령제와 영국을 중심으로 하는 의원내각제가 제도자체의 본질이 다르기 때문에 명백히 다른 논리가 적용되고 있음에도 불구하고 이를 무시한 절충이 이루어지고 있다.[149)] 물론 위와 같은 절충형 정부형태 가운데서 이원정부제가 오늘날 제3의 정부형태로 자리를 잡아가고 있지만, 대통령제와 의원내각제의 제도적 본질을 완전히 무시하여 갈등을 초래하는 정부형태가 많았다는 점을 주목해야 한다.[150)] 또한 국가구조의 체계정당성과 관련하여 고려할 것은 각 대의기관에게 그 민주적 정당성의 크기에 합당한 헌법적 권능이 주어질 것을 요구한다. 즉 원칙적으로 국민의 직접선거에 의하여 선출된 국가기관은 간접선거에 의하여 선출된 국가기관보다 민주적 정당성이 크다고 할 수 있기 때문에 보다 큰 권능이 주어져야 한다는 것이다.[151)] 따라서 국가구조 전체적인

---

148) 이승우, 헌법학, 859면.

149) 절충형 정부형태의 다양성과 유형 및 구별기준에 대해서는 다음을 참조 바람. 이승우, 헌법학, 903면.

150) 건국헌법의 경우가 대표적 예였다.

관점에서 체계정당성이 갖추어지지 않는 경우 국가통치의 목적에 해당하는 국민주권이념의 실현 또는 국민의 기본권보장이라는 목적을 달성할 수 없는 점에서 국가구조의 체계정당성의 문제가 헌법제정의 목적적 정당성의 내용이 된다.

4. 實際憲政과 目的的 正當性

국가통치의 목적 내지 국가권력의 존립목적이 주권자인 국민의 기본권보장이 그 핵심이라는 점은 부인할 수 없다. 그러나 국가권력이 국민에게 제공하는 실질적인 정치적 급부의 시각에서 평가하면 보다 다양한 설명이 요구된다. 아무튼 다음의 정치적 급부의 제공이 국가통치의 목적적 정당성을 확보하는 길이라는 관점에서 헌법해석의 지침이 되어야 한다.[152)]

(1) 平和와 秩序의 保障

인성학적 국가론에서 논의되고 있는 것처럼 인간의 생존과 안정에 대한 욕구에서 비롯되는 국가의 목적적 정당성이 평화와 질서의 보장이다. 즉 국가 내의 평화와 질서유지에서 국가권력의 정당성의 근거 내지 현대국가의 목적적 정당성을 찾을 수 있다. 물론 보다 궁극적인 근원을 찾아보면 국가가 평화와 질서를 유지한다는 과제는 그 자체에 목적이 있을 수 없다. 즉 국가가 평화와 질서를 유지하는 것은 인간 개개인의 자유와 개성신장을 위하여 필요한 기능적이고 수단적인 것이기 때문이다. 따라서 이것은 국가권력이 국민에게 평화와 질서유지라는 실질적 급부를 제공할 때에만 정당화될 수 있다는 것을 의미하지만, 이것은 다른 국가적 과제에 앞서 우선적으로 제공되어야 하는 일차적인 급부내용에 불과하다는 점을 고려하여 헌법해석이 이루어져야 한다.[153)]

---

151) 따라서 국민의 직접선거에 의하여 선출된 대통령에 비하여 간접선거로 선출된 대통령의 권한이 크고 많았던 과거 유신헌법 시절의 헌법규정은 체계정당성의 관점에서 문제점이 많았던 것으로 평가된다. 허영, 한국헌법론, 2006, 623면 이하.

152) 이승우, "국가권력 내지 통치구조의 정당화원리", 431면 이하.

153) 다만 여기서 국가의 평화와 질서유지라는 정당화원리는 일차적인 과제에 불과하기 때문에, 과거 우리나라에서 권위주의통치가 이루어질 때 안보우선의 논리를 내세웠던 것은 잘못된 것이었다.

(2) 政治的 내지 法的 觀點에서의 自由와 平等의 保障

인성학적 국가론에서 평가할 때, '인간으로서의 존엄과 가치'는 모든 가치질서의 원천으로서 더 이상 논증이 필요 없는 궁극적 정당성의 원천이라는 점에서 국가권력의 목적적 정당성의 내용이 된다. 그리고 인간의 존엄과 가치는 비록 한정된 것이기는 하지만 인간의 선택의 자유와 도덕적 자치능력에 그 근본이 있다고 할 수 있으므로,[154] 기본권 내지 인권의 실현에 있어서 자유로운 개성신장의 보장여부가 정당한 국가통치의 본질적 징표가 된다.[155] 즉 정치적으로나 법적으로 자유와 평등을 보장함으로써 자주적 인간의 개성신장 내지 인격신장을 가능하게 하는 최적조건을 보장하는데 국가권력의 궁극적 과제가 있는 것이며, 그러한 과제를 실현함으로써 국가권력은 정당화된다는 것이다.[156] 따라서 이것은 국가권력이 평화와 질서유지를 제공하는 것 이상으로 '인간으로서의 존엄과 가치'를 핵으로 하는 기본권보장을 실현하여야 정당화됨을 헌법해석시 고려하여야 한다.

(3) 實質的 觀點에서의 自由와 平等의 保障

인성학적 국가론의 전제가 되는 자유주의적인 입장을 전제하더라도 '인간으로서의 존엄과 가치'는 정치적으로나 법적인 자유와 평등의 보장만으로 실현되지 않는다는 것이 역사적으로 입증되었다. 따라서 현대의 사회적 법치국가는 '인간으로서의 존엄과 가치'를 실질적으로 보장하기 위하여 정치적·법적 측면에서는 물론이고 실질적·물질적 측면에서의 자유와 평등의 조건이 확보되도록 국가권력에게 과제를 부여하고 있다. 국가권력은 자유로운 개성신장을 가능하게 하고 또한 인간다운 생활을 위하여 필요한 실질적·물질적 급부를 제공함으로써, 즉 공공복리 내지 사회정의를 실현함으로써 정당성을 획득해야 한다는 점에서 헌법해석이 이루어져야 한다.

---

154) R. Zippelius, 김형배 역, 법학입문, 64면.

155) T. Würtenberger, "Legitimationsmuster von Herrschaft im Laufe der Geschichte", S.349.

156) R. Zippelius, Allgemeine Staatslehre, 6. Aufl., C.H.Becksche Verlagsbuchhandlung, 1978, S.314.

5. 目的的 正當性과 憲政史의 評價

국가통치의 목적적 정당성의 관점에서 헌정사를 평가하는 경우에는 민주적 정당성과 절차적 정당성에 대한 판단을 전제로 평가해야 한다. 민주적 정당성이 확보되고 있다는 것은 국민의 참정권이 잘 실현되고 있다는 것을 의미하고, 또한 절차적 정당성이 확보되고 있다는 것은 국가통치가 남용과 악용이 됨이 없이 기본권보장을 위한 권력통제의 메카니즘으로 잘 운영되고 있다는 것을 의미하기 때문이다. 따라서 국가통치의 목적적 정당성에 해당하는 기본권기속성의 문제에 대한 헌정사의 평가는 민주적 정당성의 문제와 절차적 정당성의 문제를 바탕으로 국가의 기능과 과제에 대한 종합적 평가를 의미하는 것이라고 보아야 한다.

또한 국가권력의 목적적 정당성과 관련된 헌정사 평가에 있어서 주의할 사항은 앞에서 지적한 3가지 내용을 포함하여 자주적 인간의 개성신장이 가능한 최적조건을 보장한다는 것은 쉬운 일이 아니라는 점을 전제해야 한다. 국가안보우선의 논리가 국민의 기본권유린의 이유가 되었던 것처럼, 지나친 공공복리작용은 자유로운 개성신장을 저해하면서 개인의 재능과 근면을 발휘하려는 의욕을 상실하게 할 것이기 때문이다. 따라서 현대의 국가권력은 평화와 질서유지는 물론이고 공공복리를 실현하되 국민 각자가 되도록이면 국가에 의존함이 없이 자기의 생활설계와 자기책임아래 자기의 생활감각에 맞게 생활할 수 있도록 여건을 마련해야만 정당성을 인정받을 수 있다고 보아야 한다. 즉 헌법해석에 있어서 다양한 국가적 기능과 과제를 함께 고려하여야 함은 물론이고 이를 토대로 헌정사가 평가되도록 하여야 하는 것이다.

그리고 헌정사의 평가에서 국가통치의 목적적 정당성의 실현여부를 평가함에 있어서 주의해야 할 사항은 개별적이고 구체적인 기본권침해사례 등의 평가가 중요한 것이 아니라는 점이다. 헌정사적인 관점에서 관심을 가지는 것은 개별적이고 구체적인 사례 보다는 일반적인 관점에서 기본권보장에 관한 국민일반의 인식수준을 평가하는 것이다. 즉 아무리 규범적 헌법국가를 실현하는 정권의 경우도 간혹 심각한 기본권침해사례가 있을 수 있다는 점에서 논의되어야 한다. 따라서 국민의 생활영역별로 개별적이고 구체적인 기본권의 보장실태를 전제로 하면서 국가 전체적으로 그 기본권의 보장실태와 수준을 과거의 헌정사에 비추어 어떻게 달라지고 있는가를 통해서 평가되어야 한다.

결국 헌정사 평가에 있어서 목적적 정당성의 문제는 대체로 헌법의 정당성은 물론이고 실제헌정에 있어서 국가권력의 기본권기속성이 잘 실현되고 있는가를 평가하는 것이다. 즉 헌법제정의 정당성과 관련하여 헌법이 장식적 헌법은 아닌가를 먼저 평가해야 하고, 그리고 장식적 헌법국가가 아니라고 판단하는 경우, 즉 헌법의 정당성을 바탕으로 그 헌법규범이 규정하고 있는 목적적 정당성이 실현되고 있는가의 여부에 따라 명목적 헌법국가 또는 규범적 헌법국가의 문제로 평가되어야 할 것이다.

V. 憲政史의 評價基準과 抵抗權의 關係

헌정사의 평가와 관련하여 헌정사의 시대구분을 전제로 헌정에 대한 구체적인 평가도구로 정당성이론이 활용되어야 한다는 것을 살펴보았다. 그런데 이 내용들이 전혀 우리에게 생소한 것이 아니라 이미 헌법이론으로 잘 정리되고 있는 것들임을 알 수 있다. 다만 이 헌법이론들이 헌정사를 연구하는 '이론적 틀'로 제시되지 못한 이유는 헌정사를 본격적으로 연구하지 못하게 막은 우리의 실제헌정 때문이었음을 다시 상기할 수 있다. 매우 위험한 반체제 헌법학자가 되지 않으면 정권출범을 합리화시켜주는 어용학자가 될 수밖에 없었다고 본 이유가 여기에 있다.

그러나 새로운 밀레니엄시대에 접어들어 우리 국가사회는 아주 많은 부분에서 민주화가 정착되었다. 이제 헌정사연구에 장애가 될 사유는 발견되지 않는다. 따라서 헌정사의 연구방법론을 이론적 관점에서 정리하고 구체적인 헌정사에 대한 평가에 들어가야 한다.[157] 우리 헌정사를 왜곡시키고 변질시켰던 구체적인 개별사건에서부터 헌정시대에 맞추어 개별적으로 평가하는 작업만이 남아있다. 그리고 그 헌정사에 대한 평가를 바탕으로 오늘에 필요한 교훈을

157) 김영삼정부에서 시작된 역사바로세우기의 문제와 노무현정권에서 새로이 시작된 '과거사 재평가작업'이 헌정사평가의 중요한 내용이 된다.

얻고 아직도 문제점이 있다면 시급히 고치고 개선해 나가야 한다. 그리하여 진정한 헌법국가, 즉 칼 뢰븐슈타인이 분류한 규범적 헌법국가로 진입해야 할 것이다.

그런데 국가통치가 상기한 정당성유형에 맞추어 정당화를 추구하는 경우에도 한계는 있게 마련이다. 일정한 정당성유형과 아울러 다양한 정당성원천에 근거하여 정당화되고 있던 국가통치도 영구히 정당화가 되는 것은 아니기 때문이다. 정당성이론이 갖는 기능에서 살펴보았듯이 국가통치를 정당화시키는 가치는 변화하고 순환하는 것이기 때문에, 국가통치는 새로운 정당성원천에 근거한 도전을 극복하고 계속적으로 정당성을 확보하도록 하지 않으면 안 된다. 아울러 정당성이론이 피치자의 자발적 복종을 유도하는 기능을 가지도록 하려면 객관적인 정당성원천이 요구되는 것이고, 특히 오늘날처럼 대의민주주의국가에서는 국가권력도 객관적인 정당성원천에 따름으로써 자의적이고 주관적인 권력행사가 이루어지지 않도록 해야 한다. 이것은 곧 국가통치가 새로운 정당성원천에 근거한 도전을 극복하지 못하거나 피치자의 자발적 복종을 얻어내지 못할 경우 정당성의 위기를 맞게 된다는 것을 의미한다.

결국 국가통치가 계속적이고 객관적인 정당성을 확보하지 못할 때, 즉 정당성의 위기를 맞이하게 되었을 때 국민의 저항이 시작됨을 알 수 있고, 여기서 국가통치의 정당성과 저항권의 상호관계에 있어서 역비례관계가 성립됨을 알 수 있다. 예컨대 국가통치가 확고한 정당성의 기반을 가지고 있을 경우 국민이 국가권력에 대하여 저항하는 것을 찾아볼 수 없을 것이지만, 국가통치의 정당성기반이 확고하지 않을 경우 국민의 저항이 일어나기 시작하며, 특히 그의 정당성의 기반이 완전히 무너졌다고 판단되는 경우 국민의 저항은 폭발하여 국가통치를 붕괴시키는 결과를 낳고 있음을 알 수 있다. 그리고 이러한 저항권의 폭발은 새로운 헌정사의 기폭제가 되는 점에서 주목해야 한다.

제 2 편

憲政史의 實際와 研究方法論의 適用

앞에서 살펴본 내용이 헌정사연구라는 제목으로 헌정사의 연구방법론을 제시하는 것이었다면, 이제 고찰해야 할 사항은 헌정사의 연구방법론을 헌정의 실제에 적용하여 그 유용성 내지 실효성을 찾아보는 것이다. 헌정사의 연구방법론이라는 헌법이론을 제시한 것이기 때문에 최소한이나마 헌정의 실제에서 실효성 있는 헌법이론으로 받아들여져야 의미를 찾을 수 있다고 보는 것이다. 따라서 앞에서 살펴본 헌정사의 연구방법론을 우리 헌정사에 적용하여 헌정사를 평가하기로 한다.

그리고 여기서는 우리 헌정사에 대한 평가에 있어서 개략적인 평가에 그칠 수밖에 없다. 그것은 60여년의 헌정사에 대한 구체적이고 포괄적인 연구가 되어 있지 않은 때문이기도 하지만, 무엇보다도 헌정사의 연구방법론에 대한 정리를 마치고 이제 구체적 시대구분에 따라 연구를 시작해야 하는 단계에 있기 때문이다. 다만 모든 헌법교재에 개략적 헌정사의 소개가 있는 것처럼 그 개략적인 헌정사의 소개문제에 있어서 위에서 살펴본 연구방법론에 근거하여 평가함으로써 이 연구방법론의 유용성을 살펴보려는 것이다. 그리고 이러한 헌법이론의 적용이 유용하다고 본다면 앞으로 헌정사를 연구함에 있어서 누구나 이용가능하다고 보는 것이다. 따라서 여기서는 건국헌법 이후의 한국헌정사에 대한 헌정사의 연구방법론에 의한 평가를 중심으로 논의하기로 한다.

또한 여기서는 우리 헌정사에 대한 개략적인 평가를 하려는 것이기 때문에 앞에서 살펴본 헌법이론에 따라 세분화하여 평가하는 것을 고려하지 않는다. 그것은 우리 헌정사에 대한 보다 포괄적이면서도 개별사건을 포함한 구체적 사례들이 연구된 이후에나 가능한 것으로 보기 때문이다. 따라서 여기서는 건국헌법의 제정을 통한 제1공화국의 출범과정과 그에 대한 성격을 살펴보며, 특히 제6공화국에 이르는 헌정의 시대구분이 앞에서 살펴본 헌법이론에 비추어 타당한 구분이었는가를 중심으로 평가하기로 한다. 즉 헌법제정의 정당성에 관한 평가기준을 토대로 각 공화국의 명칭이 불리게 된 것이 타당성이 있는가를 헌법제정의 성격과 함께 살펴보기로 한다. 그리고 헌정의 실제에 대한 평가의 문제는 정당성이론의 유형에 따라 자세한 언급은 하지 않고 헌정이 실시되는 과정에서 나타난 개별적인 사항에 관한 것도 언급되지만 주로 일정한 헌정시기 전반에 대한 것으로서 포괄적인 평가를 내리는 것을 원칙으로 한다.

제 1 장
建國憲法 以前의 憲政史的 意味

우리 헌정사의 실질적 출발이 1948년 7월 17일 공포된 헌법에 따라 정부수립이 선언된 8월 15일부터라고 보는데 이의를 제기할 사람은 없다. 특히 근대 입헌주의적 의미의 헌법국가가 그때 시작되었다고 보는 경우 더욱 그렇다. 다만 건국헌법 전문에서 "유구한 역사와 전통에 빛나는 우리들 대한국민은 기미 3.1운동으로 대한민국을 건립하여 세계에 선포한 위대한 독립정신을 계승하여 이제 민주독립국가를 재건함에 있어서"라고 선언하고 있고, 또한 현행 헌법의 전문에서도 "유구한 역사와 전통에 빛나는 우리 대한국민은 3.1운동으로 건립된 대한민국임시정부의 법통과 불의에 항거한 4.19민주이념을 계승하고"라 하여, 대한민국의 국가성이 반만년을 계속되어 온 것과 달리 1948년 8월 15일 재건국 되고 있음을 밝힌 점에서 그 이전의 헌정사에 대한 평가를 요하는 것으로 하고 있다. 따라서 대한민국의 헌정사를 본격적으로 논의하기 위해서 건국헌법 이전의 우리 역사에 대한 헌정사적 의미를 살펴보고, 건국헌법 이후의 헌법변개사 내지 헌법변천사를 포함한 헌정사를 살펴보기로 한다.

I. 立憲主義精神의 發芽

반만년의 우리 역사가 여러 왕조를 거쳐 내려왔지만 조선왕조에 이르기까지 헌정사적 의미에서 그 성격은 차이가 없다. 통치규범에 있어서 약간의 차이를 보이고 있으나 절대군주국가의 모습으로 국가통치가 이루어진 점에서 그러하다. 다만 현대적 헌정사의 연구가 입헌주의를 토대로 하기 때문에 입헌주의정신에 입각하여 우리 역사를 살펴보는 것이 필요하다.

아무튼 입헌주의정신에 입각하여 헌법으로서의 모습을 갖춘 최초의 규범은 1895년 공포된 '홍범14조'와 1899년 공포된 '대한국국제'라는 주장이 있다. 홍범14조가 갑오개혁의 정신에 따라 평등사상, 생명과 자유보호, 인재등용의 기회균등 등의 내용으로 전제군주에 대한 제한을 가하는 것을 목표로 한 점에서 최초의 헌법이라고 한다.[158] 그리고 대한제국국제는 황제의 중요한 권한들을 열거하는 것과 같은 전제군주의 권한을 강화하는 것을 내용으로 하는 흠정헌법으로서의 성격을 가진 최초의 헌법이란 주장도 있다.[159] 그러나 이들은 근대입헌주의적 헌법이 갖추어야 할 권력분립과 기본권보장을 내용으로 하지 않았음은 물론이고 또한 실효성이 확보되지 않은 규범이었다는 점에서 헌정의 시작을 알리는 헌법국가의 출범이라고 하기 어렵다. 이 규범들이 정착하기도 전에 많은 정치적 변혁이 이루어지고, 특히 1910년 일제강점에 들어갔기 때문에 효력을 발하지 못하고 말았다.

II. 日帝强占期 및 美軍政期의 立憲主義精神의 抹殺

건국헌법 이전의 헌정사를 논함에 있어서 핵심이 되는 것은 헌법 전문에서 지적하고 있는 것처럼 3.1운동 이후에 구성된 대한민국임시정부와 그 헌법에 관한 것이다. 그 헌법의 내용만을 보면 근대입헌주의적 헌법이 갖추어야 할 모든 내용을 갖추고 있기 때문이다. 즉 국민주권원리, 권력분립원리, 기본권보장, 의회주의, 법치주의 등의 내용을 포함한 성문헌법이었다. 그리고 그 헌법은 국제적으로 한민족의 단일독립국가건설에 대한 의지와 정당화를 선전하는 기능과 자주독립을 위한 활동강령으로서 독립운동단체를 통합하는 기능을 가

158) 유진오, 헌법해의, 일조각, 1959, 10-12면.

159) 대표적인 지적으로 권영성, 헌법학원론, 2009, 89면; 김철수, 한국헌법사, 대학출판사, 1989, 148면 이하.

졌으며, 그리고 그 人的 구성원들에 대하여 제한된 범위 내에서 효력을 가지고 있었던 것이 사실이다. 다만 대한민국임시정부의 성격이 말해주듯이 임시정부의 헌법이기 때문에 제한된 기능과 효력을 발할 수밖에 없었다는 점에서 그 의미를 찾아야 한다.160)

결국 대한민국의 국가성을 전제로 하는 경우 조선왕조가 무너진 1910년 이후 1948년 건국헌법을 바탕으로 정부수립이 있을 때까지 우리 국가통치는 주권을 상실한 기간이었다. 앞에서 지적한 것처럼 우리 건국헌법은 기미 3.1운동으로 건국된 이후 민주독립국가를 재건하는 것으로 선언하고 있으나, 사실은 조선왕조 이후 주권을 상실한 이 단절의 시기를 거쳐 대한민국이라는 국호를 가진 한민족의 국가가 재건국되고 있음을 밝히고 있는 것으로 보아야 한다. 따라서 그것은 국가성의 관점에서 일제강점기와 미군정기를 우리 역사에 있어서 주권을 상실한 단절기간으로 보아야 하고, 그 기간동안 대한민국임시정부의 헌법에 나타난 입헌주의정신을 일본제국주의가 말살한 기간으로 보아야 하며, 그렇지만 그 기간동안을 우리 역사가 아니라고 보고 평가를 외면할 수도 없다는 것을 의미한다.

III. 建國憲法 以前의 憲政史研究의 意味

군주주권의 시대인 조선왕조시대는 물론이고 주권을 상실했던 일제강점기와 미군정기의 국가통치가 어떤 모습으로 이루어졌는가를 살펴봄으로써 그것이 우리 헌정사에 미친 영향을 고찰해야 한다. 특히 주권을 상실한 당시의 잘못된 통치관행이 우리 헌정사에 미친 영향을 찾아 이를 평가하는 것에 의미를 두어야 한다.161)

---

160) 만약 임시정부가 국제법상 망명정부로서의 지위를 인정받았다면 해방후 정권인수를 주도했어야 한다. 그리고 그 경우 임시정부가 미군정에 의해 무시된 것은 국제법을 위반한 것으로 되었을 것이다.

161) 자세한 내용은 이승우, "建國憲法 以前의 韓國憲政史", 헌법학연구(제13권 제2호, 2007), 151면 이하. 특히 170면 이하 참조.

제 2 장

建國憲法과 第1共和國

I. 憲法制定의 過程과 限界 및 正當性

1. 憲法制定의 過程

헌법 전문에서 강조한 것과 같이 1919년의 3.1독립운동과 대한민국임시정부의 수립은 우리 한민족의 단일독립국가에의 의지가 얼마나 강력한 것이었는지를 보여주는 대표적인 실례이다. 그리고 제2차세계대전에서 일본의 패망과 함께 독립이 이루어지자 한반도 전체를 아우르는 단일독립국가의 건설에 그 의지들이 모아진 것이 사실이다. 다만 일본군의 무장해제를 위해 진주하게 된 38선 이남의 미군과 이북의 소련군에 의한 군정을 거치는 동안 단일독립국가의 건설에 관한 우리의 의지는 관철되지 못하고 만다. 즉 소련의 반대로 한반도 전체를 아우르는 총선거가 실시되지 못하고, 결국 1948년 2월 27일 유엔의 결의에 따라 가능한 지역 내에서의 총선거를 실시하여 정부수립을 할 것을 결의함에 따라 유엔의 관리 하에 38선 남쪽 지역에서만 제헌국회의 구성을 위한 선거가 5월 10일 실시되었다.

5.10선거를 통해 선출된 198명의 국회의원들은 5월 30일 국회를 구성하고 곧바로 헌법제정에 착수하였다. 6월 3일에는 헌법기초위원회가 구성되고, 6월 22일까지 제출된 초안을 토의·결정하게 되었으며, 이때 유진오안을 原案으로 하고 권승렬안을 參考案으로 하여 草案을 작성하기에 이르렀다. 그러나 헌법

기초위원회가 토의를 마치기 직전에 이승만 국회의장의 강력한 반대의견이 제시되어 타협하지 않을 수 없는 상황에 이르렀다. 즉 양원제 국회와 의원내각제 정부형태 및 위헌법률에 대한 사법심사제를 주장했던 草案과 단원제 국회에 대통령제 정부형태 및 헌법위원회의 위헌심사제를 주장한 이승만의 주장이 첨예하게 대립하였다. 결국 미군정의 지지를 받고 있던 이승만의 주장인 단원제 국회에 대통령제 정부형태 및 헌법위원회의 위헌법률심사제 등이 채택되고 국무총리제와 국무원제가 가미되는 형태로 절충이 이루어졌다.

6월 23일 헌법초안이 국회본회의에 상정되자 처음에는 활발한 토론과 함께 많은 수정안이 나와 논란을 거쳤지만, 8월 15일까지 정부수립을 완료해야 한다는 정치상황 때문에 곧 빠른 진행이 이루어졌다. 그리하여 7월 12일 본회의 제3독회를 마치고 헌법안이 국회를 통과하였으며, 마침내 1948년 7월 17일 국회의장의 서명과 함께 대한민국헌법이 공포·시행되기에 이르렀다. 제1공화국 헌법이 제정된 것이다.

2. 憲法制定의 限界

칼 슈미트의 견해에 따르면 헌법제정권력은 한계가 없기 때문에 어떠한 내용의 헌법도 제정할 수 있다고 하였다. 그러나 오늘날 헌법제정권력도 한계가 있다는 것이 통설이기 때문에 그에 비추어 우리 건국헌법이 어떤 한계 내에서 제정되었는가를 살펴보는 것이 중요하다.

무엇보다도 건국헌법의 제정에 있어서 주목해야 할 점은 사회주의를 표방하며 북한지역에 진주한 소련군정과 달리 자유민주주의를 지향하는 미군정의 영향아래, 그리고 유엔의 감시와 역할 하에서 헌법이 제정되었다는 점이다. 따라서 우리 제헌권의 행사는 국제정치적 영향을 받으며 제정되었다는 것을 알 수 있다. 또한 세부적인 권력구조에 해당하는 정부형태에 관한 격렬한 논쟁과 달리 이데올로기의 관점에서는 논란이 없었다는 것을 고려할 때, 이것은 곧 우리 헌법제정이 미군정의 영향아래 이데올로기의 관점에서 자유민주주의를 전제로 골격이 짜여졌다는 것과 그 한계 내에서 헌법제정이 이루어졌음을 의미한다.

3. 憲法制定의 內容

건국헌법은 전문과 10장 103조로 구성되었다. 우선 제1장 총강에서는 자유민주주의헌법이 갖추어야 할 대강의 내용을 담고 있다. 즉 대한민국은 민주공화국임을 밝히고 있고, 국민주권원리를 명문화하고 있으며, 침략전쟁을 부인하고 국제평화주의원리를 채택하고 있다. 반면에 오늘날 중요성이 인정되는 정당에 관한 규정과 통일에 관한 명시적인 언급이 없다. 제2장에서는 기본권을 폭넓게 보장하면서도 법률유보조항을 두어 제한 가능성을 명시하고 있으며, 특히 노동3권을 보장하면서도 사기업에 있어서 이익분배균점권을 인정하는 등 사회적 기본권을 강조한 점이 특징이다. 반면에 인간의 존엄성에 관한 규정이 없음을 주목해야 한다. 제3장 이하의 통치구조에 있어서는 가장 중요한 3권분립원리에 입각하여 3권간의 견제와 균형이 이루어지게 하고 있음을 알 수 있다. 먼저 국회의 구성은 임기 4년의 단원제 국회로 하였다. 정부의 구성과 관련하여 정부형태를 4년 임기의 대통령중심제로 하고, 국회에서 간선하도록 하였으며, 한번에 한하여 중임을 허용하도록 하였다. 대통령 유고시를 대비하여 부통령제를 채택하면서도, 의원내각제적인 요소를 가미하여 국회의 승인을 얻어 임명되는 국무총리를 두고 대통령·국무총리·국무위원으로 구성되는 국무원으로 하여금 대통령의 주요 권한에 속하는 사항에 대한 국책의결기관으로 삼았다. 법원은 사법권독립을 위하여 대법원장임명에 대한 국회승인제를 채택하면서, 또한 법관 10년 임기제를 택하였다. 다만 위헌법률의 심사·결정권을 헌법위원회에 주고, 대통령 등의 고위공직자에 대한 탄핵심판은 탄핵재판소를 별도로 설치하여 심판권을 주었다. 기타 경제에 관하여 통제경제를 바탕으로 하는 경제질서를 채택하고 또한 재정에 관한 장을 두었다. 지방자치의 중요성을 인식하고 독립된 장을 두었으며, 헌법개정은 대통령 또는 국회재적의원 1/3 이상의 발의로 국회에서 그 재적의원 2/3 이상의 의결로써만 가능하도록 하였다.

4. 憲法制定의 性格

제1공화국헌법은 무엇보다도 모든 점에서 헌법제정의 요건을 갖춘 헌법이었다. 즉 헌법성립의 관점에서 3가지 요소가 모두 갖추어진 상태에서 헌법제정으로 승화된 것이다. 첫째, 일제강점 하에서도 꿋꿋하게 지켜온 민족의 동질성과 공동운명체로서의 일체감과 연대의식을 바탕으로 자주독립국가의 건설이라는 의지가 뒷받침이 되었다. 둘째, 비록 남한지역에 국한된 것이지만 자주독립국가의 건설이라는 국민적 의지를 이끌어갈 중심세력으로 국내외의 독립운동가를 중심으로 한 정치세력들이 규합되었으며, 특히 이승만박사를 중심으로 하는 정치세력이 주도권을 잡아나갔음은 물론이다. 셋째, 우리 역사상 최초로 실시된 5.10선거임에도 불구하고 전폭적인 국민의 참여가 이루어져 민주적 정당성을 확고히 하였다.162)

그런데 여기서 주목할 것은 헌법제정을 이끈 제헌국회의 지위와 기능에 관한 평가의 문제이다. 물론 주권자인 국민의 선출과 헌법제정에 관한 일체의 권한이 위임된 형태로 운영된 점에서 그 법적 지위는 제헌회의(국민회의)적 성격을 갖는다. 즉 헌법안에 대한 기초·심의·의결을 함과 동시에 그것을 그대로 확정시켰기 때문이다. 다만 헌법제정 이후에도 제102조에 따라 2년의 임기동안 입법권을 담당한 국회의 기능을 계속 유지함으로써 제헌국회로서의 성격도 함께 가지고 있었음을 알 수 있다.163)

아무튼 우리 헌정사의 시각에서 볼 때 1948년 7월 17일에 공포된 대한민국 헌법은 근대 입헌주의적 시각에서 대한민국 최초의 헌법임을 알 수 있다. 또한 민족의 자주권을 상실했던 일제강점기로부터 해방되고 미군정기를 거쳐 자주독립국가를 건설한 것이기 때문에 진정한 의미의 헌법제정이 이루어진 것이라고 할 수 있다. 또한 새로운 헌법제정은 국가창설적 효력을 가지는 것이기 때문에 건국헌법으로서의 성격을 가진다고 하는 점에 대하여 이의가 있을 수 없다.

5. 憲法制定의 正當性

앞에서 살펴본 것처럼 우리 건국헌법의 제정에 대하여 정당성을 부인할 수 없다는 점에 대해서는 의문의 여지가 없다. 그러나 제헌국회의 구성에 있어서

---

162) 다만 당시의 중도세력과 좌익세력이 총선에 참여하지 않은 문제점은 있었다.

163) 허영, 한국헌법론, 2008, 100면 이하.

는 물론이고 헌법제정안의 심의과정에서도 문제가 없었던 것은 아니다. 예컨대 총선거의 과정에서는 물론이고 헌법안의 심의·의결과정에서 국민의 여론이 전혀 반영되지 않은 문제점이 있었다. 즉 미군정을 조속히 끝내고 자주독립국가의 선언시기를 광복 3주년이 되는 날짜로 정해놓고 심의한 결과 졸속심의가 이루어지지 않을 수 없었다. 그리하여 우리의 건국헌법은 국민생활 저변에 뿌리를 내리지 못하고 권력자들의 통치수단으로 전락하는 결과를 낳았다. 특히 제헌국회의 심의과정에서 핵심쟁점이 권력구조인 정부형태를 중심으로 논의된 것을 볼 때, 헌법을 정권장악의 수단으로 보았던 점에서도 그 의미를 새길 수 있다. 일본제국주의 식민통치의 유산이 헌법제정과정에서부터 고스란히 영향을 미치고 있었던 것이다. 그러나 위와 같이 제헌국회의 구성과 심리과정에서의 민주적 정당성과 절차적 정당성의 문제점이 있어서 헌법제정의 정당성을 인정하지 않을 수도 있었지만, 조속한 정부수립이라는 국가적 과제가 너무나 중대했기 때문에 헌법제정의 정당성에 관한 문제의식은 완전히 묻히고 말았다.

한편 건국헌법의 정당성과 관련하여 주목할 사항은 그 자체로서 체계정당성이 갖추어지지 않은 미완성의 것이었다는 점이다. 즉 권력분립원리에 따라 통치기관 상호간에 견제와 균형의 관계를 유지하려고 했지만, 정부형태에 있어서 대통령제와 의원내각제가 무분별하게 혼합됨으로 인하여 국회에 의한 행정부의 견제가 사실상 힘들게 만들어졌다. 특히 국회에 의하여 선출된 대통령에 대해서 탄핵을 제외하고 정치적인 아무런 통제장치가 갖추어지지 않음으로 인하여 대통령의 독주를 막을 방법이 없게 되었다. 아무리 헌법우호적인 정치실험을 한다하더라도 해결되기 어려운 체계정당성의 문제를 안고 있었던 것이다. 따라서 이렇게 헌법개정을 통한 전면적 시정이 없이는 해결할 수 없는 문제점을 내포하고 있었기 때문에, 건국헌법은 장식적 헌법에 가까운 명목적 헌법이었다고 할 수 있다.

II. 第1共和國 憲政의 實際

1. 제1공화국 初期의 憲政의 實際

건국헌법의 제성과정에서 지적했듯이 의원내각제 정부형태를 주장하던 기초원안이 대통령제 정부형태로 바뀌면서 갈등은 어느 정도 예견되고 있었다. 특히 대통령중심제 정부형태를 채택하면서도 대통령과 부통령을 국회에서 간접선거로 선출하도록 함과 동시에 이들을 정파에 관계없이 국회에서 무기명투표로 제각각 선거하도록 함으로써 민주적 정당성의 시각에서 건국헌법 자체가 갈등의 씨앗을 내포하고 있었다. 더군다나 이승만박사가 초대 대통령으로 취임한 이후 국무총리지명과 그 임명과정에서 민주적 정당성이 취약한 구조적 문제점이 드러나기 시작했다. 즉 국무총리 임명동의안이 국회에서 부결되자 국무총리서리로 임명한 후 국회의 임명동의를 거치지 않은 상태로 국정을 좌지우지하는 전횡을 시작한 것이다. 이것은 결국 민주적 정당성이 취약한 행정부가 국회를 무시하는 등 헌법규범에 대한 중대한 도전으로 나타난다.

제1공화국 초기부터 국회와 행정부 사이의 견제와 균형이라는 권력분립원리는 실종되고 상대방을 무시하고 타도의 대상으로 삼음으로써 절차적 정당성은 처음부터 실현되지 못했다. 특히 국회가 입법을 통해 반민특위를 구성하고 활동을 추진했으나 행정부의 노골적인 와해공작으로 완전히 실패하고 말았다. 결국 국회와 행정부의 관계는 건전한 의미의 견제와 균형의 관계는 찾아보기 어려웠고 오로지 상대방을 무시하고 타도하기 위한 수단을 강구하는데 골몰하였다. 그리고 그 방법으로 헌법개정을 택하고 이를 실현하기 위해 수단방법을 가리지 않게 된다.

민주주의에 대한 인식과 훈련이 거의 없던 헌정 초기이기도 하였지만, 민주적 정당성이 약한 이승만정권이 기대할 것은 '힘에 의한 통치'밖에 없었다. 더군다나 국회의 다수야당의 견제를 받은 이승만정권은 국회가 제정한 '법률에 의한 통치'보다는 '힘에 의한 불법통치'에 의존하게 되어, 헌정의 목적적 정당성의 문제인 기본권보장은 거론하기가 부끄러울 정도로 거의 무시되다시피 하였다. 특히 1950년의 6.25사변은 비상계엄령의 발포를 가능하게 하여, 그 전까지 이승만정권이 행해오던 '힘에 의한 불법통치'를 더욱 강화하는 계기가 되었음은 말할 필요도 없고, 그 계엄통치 하에서 국방군사건 등 엄청난 인권유린이 자행되었음은 물론이다.

2. 제1차 憲法改正(拔萃改憲 : 제1차 憲法變改)

(1) 改憲의 經過

이미 지적했듯이 헌법제정의 내용과 관련된 헌법 자체에 내재되어 있는 문제점은 곧 국회와 행정부 사이의 갈등으로 나타났고, 그것의 해결책이 헌법개정의 문제로 발전하였음은 전술했다. 즉 이승만정권의 전횡을 막기 위해 국회는 다수당인 한민당을 중심으로 의원내각제로의 개헌을 추진하면서 행정부와의 갈등을 촉발시켰다. 즉 1950년 1월 28일 內閣責任制로의 憲法改正案이 發議되었고, 1950년 3월 13일 헌법개정에 필요한 2/3 이상의 의결정족수를 얻지 못해 부결되면서 갈등만 심화되었다.[164] 1950년 5월 30일에 실시된 제2대 국회의원선거에서는 지난 5.10선거에 불참했던 중도파세력이 참여한 결과 이승만대통령의 지지세력이 극소수로 전락하여 파란이 예상되었고, 개원이 있은 후 몇 일만에 6.25사변이 일어났다. 6.25사변 중인 1951년 11월 30일 이승만대통령은 간접선거로는 재선이 불가하다고 판단하고 正·副統領直選制와 국회를 兩院制로 하는 헌법개정안을 제출하였으나 많은 표차이로 부결되고 말았다.[165]

(2) 拔萃改憲의 强行

이승만대통령이 발의한 헌법개정안을 물리친 것에 고무된 야당은 1952년 4월 17일 123명의 찬성으로 내각책임제개헌안을 발의하였고, 이승만대통령도 5월 14일 이전에 부결된 헌법개정안을 새로이 발의하였다. 결국 이승만정권은 6.25사변 중임을 기회로 땃벌단·백골단 등의 폭력단을 동원하여 국회의원소환운동을 전국적으로 벌이고 공포분위기를 조성한 다음 1952년 7월 4일 政府측의 직선제개헌안과 野黨의 주장 내용인 국무원불신임제를 절충한 拔萃改憲案

164) 국회재적의원 179명 중 찬성 79명, 반대 33명, 기권66명, 무효 1명.

165) 재적의원 210명 중 출석의원 163명, 찬성 19명, 반대 143명, 기권 1명.

을 심야국회에서 기립표결로 강제 통과시켰다.

(3) 拔萃改憲의 內容과 評價

발췌개헌의 내용은 대통령과 부통령의 직선제, 양원제 국회, 국회의 국무원불신임제, 국무위원임명에 있어서 국무총리의 제청 등을 주된 내용으로 하였다. 이것은 정부·여당의 대통령직선제 및 양원제국회를 골자로 한 개헌안과 야당개헌안에 있던 의원내각제적 요소인 국무원불신임제를 함께 발췌하여 채택한 것이었기 때문에 발췌개헌이라 한다.

그런데 이 개헌은 우선 內容의 측면에서 체계정당성을 무시하고 대통령제요소와 의원내각제요소를 무리하게 혼합하고 있다는 비난을 받을 수밖에 없었다.[166] 또한 改憲節次의 측면에서는 당초의 야당안과 정부안과는 달리 발췌된 개헌안이 공고되지 아니한 점과 국회에서의 의사결정과정이 독회절차와 자유토론이 없이 공포분위기 속에서 강압적으로 이루어진 점 때문에 위헌적 헌법개정이었다고 할 수 있다.

(4) 拔萃改憲 以後의 憲政運用

발췌개헌을 강행한 이승만대통령은 그 헌법에 따라 시행된 대통령선거에서 1952년 8월 대통령(부통령 함태영)에 재선되었다. 그런데 당시의 국회는 야당이 다수를 점하고 있었기 때문에 국무총리임명에 대한 국회의 승인이 어렵다고 판단하고 국회비준 없이 국무총리서리를 임명하여 국무원제도를 유명무실하게 하였다. 헌법을 노골적으로 무시하는 불법통치를 계속한 것이다.

3. 제2차 憲法改正(四捨五入改憲 : 제2차 憲法變改)

(1) 改憲의 經過

발췌개헌을 강행하고 그 헌법에 따라 1952년 8월 치러진 대통령 직접선거에서 두 번째로 대통령에 당선된 이승만은 국무원을 무력화하면서 1인독재체제

166) 허영, 한국헌법론, 103면.

를 강화해 나갔다. 그리고 1인독재체제의 마지막 단계라 할 수 있는 종신집권을 위한 정치공작에 들어간다. 1954년 1월 23일 정부는 경제조항이 지나치게 통제경제이어서 외국인의 투자가 성사되지 않는다는 이유로 경제조항을 개정하기 위한 헌법개정안을 제출하였으나 1954년 3월 9일 돌연 철회하였다. 이것은 1954년 5월 20일 민의원선거에서 다수의석을 차지한 후 이승만대통령의 3선을 가능케 하는 헌법개정을 위한 포석에서 나온 정략이었다. 결국 5월 20일의 민의원선거에서 자유당이 절대다수를 차지하자 이승만정권은 1954년 9월 8일 3선을 가능하게 하는 개헌안을 발의하였고, 1954년 11월 27일 민의원에서 표결한 결과 개헌에 필요한 2/3선에 1표가 부족한 203명 중 135표를 얻어 부결이 선포되었다. 그러나 자유당은 단독으로 이틀 뒤 이른바 '사사오입'이라는 수학적 계산방식을 동원하여 부결선포된 개헌안을 번복하는 선언을 하였다.

(2) 改憲의 內容과 評價

사사오입개헌의 핵심은 이승만의 3선을 허용하기 위하여 초대대통령에 대한 중임제한규정의 폐지였지만, 그 외에도 주권제약 또는 영토변경시의 국민투표제도 도입, 국무총리제 및 국무위원연대책임제의 폐지와 국무위원에 대한 개별적 불신임제의 채택, 대통령궐위시 부통령의 지위승계제도의 채택, 통제경제조항을 자유경제체제로 전환, 군법회의의 헌법적 근거제시, 헌법개정의 국민발안제 및 한계조항의 신설 등 비교적 폭넓은 헌법개정이었다.

그러나 사사오입개헌은 법규범의 영역에서 사람의 수를 계산할 때 단수가 언제나 하나의 정수로 평가되어야 한다는 로마법 이래의 확고한 관행을 무시한 위헌적 의결이었다. 즉 의결정족수를 계산함에 있어서는 수학에서 통하는 사사오입과 같은 계산방법이 통할 수 없다는 기초적 법원리를 무시한 것으로서 위헌적인 것이었다.

4. 제1공화국 末期의 憲政의 實際

제2차의 위헌적 헌법개정으로 사실상 종신집권의 발판을 마련한 이승만정권은 1956년 5월 15일 정·부통령선거에서 민주당대통령후보자인 신익희 후보자가 선거직전 급사한 결과 제3대 대통령에 당선되었다. 다만 부통령선거에서는 민주당후보인 장면후보가 당선되어 대통령과 부통령이 다른 정당에 소속되는 긴장관계가 이루어졌다. 그리고 이 긴장관계는 이승만대통령과 자유당의 불법통치를 강화하는 계기가 되었고, 1958년 12월의 보안법파동, 1959년의 경향신문폐간사건, 진보당사건에서의 정적 조봉암에 대한 사형 등을 통하여 불법통치가 만연하게 되었다.

1960년 3월 15일에 실시된 정·부통령선거는 자유당정권의 불법통치가 극에 달하는 계기가 된다. 민주당의 조병옥대통령후보가 선거전에 급사하고 이승만이 단독입후보가 되었으나, 노령인 대통령을 계승할지도 모르는 부통령으로 이기붕후보를 당선시키기 위해 온갖 부정선거를 감행하였다. 결국 부통령으로 이기붕이 당선된 것으로 공표되었으나, 야당을 비롯한 많은 국민들의 3.15부정선거에 대한 규탄과 저항이 강력히 일어나 자유당정권이 무너지는 계기가 되었다. 즉 4.19의거를 계기로 이승만대통령이 물러나고 이기붕부통령이 스스로 목숨을 끊는 등 자유당정권이 몰락하게 되었다.

5. 제1공화국 憲政에 대한 綜合的 評價

사실상 입헌주의의 시작과 함께 출범한 이승만정권은 한계가 있을 수밖에 없었다고 할 수 있다. 민주주의나 법치주의와 같은 가장 기본적인 관념조차도 정착되지 않은 정치상황에서 헌정이 시작되었기 때문에 더욱 그렇다. 특히 이승만정권의 경우 일제잔재를 척결하기는커녕 국민주권의 이념에 배치되는 국가안보우선의 논리, 입헌주의정신에 반하는 형식적 법치주의, 권위주의통치의 표본을 이루는 구관이 명관이라는 지만심 등 일제의 부정적 유산을 그대로 답습하였다. 더군다나 헌정의 초기부터 민주적 정당성이 취약한 상태에서 출발한 이승만정권은 어느 면에서 보더라도 '힘에 의한 불법통치'에 의존하지 않을 수 없었고, 그것이 절차적 정당성을 인정하지 않으려는 경향으로 발전하였으며, 결국 국민의 기본권보장이라는 목적적 정당성과는 거리가 먼 방향으로 치닫고 말았다.

그런데 이렇게 왜곡된 헌정으로 발전하게 된 것은 이승만대통령의 개인적 욕심과 자기가 아니면 안 된다는 그릇된 그의 철학에 근거한 것으로 볼 수 있다. 미국의 초대대통령과 같이 건국의 아버지로서 헌법국가의 토대를 닦고 물러난다는 생각으로 헌정에 임한 것이 아니라 정권욕에 사로잡힌 결과라 할 수 있다. 그리하여 그는 1인독재체제로 권력을 강화하고 또한 장기적인 집권을 위해 계속 위헌적 헌법개정을 강행하면서 입헌주의를 위협하는 결과를 가져왔다. 즉 헌법이 입헌주의의 시각에서 국가 전체를 기속하는 최고규범으로 평가되기보다는 이승만정권의 통치를 위한 수단적 존재로 평가되었다. 특히 장기집권 내지 종신집권을 가능하게 하는 수단으로 헌법개정을 시도하였을 뿐 헌법의 규범력을 높이기 위한 정상적 헌법개정은 없었고, 또한 헌법개정의 방법과 절차를 규정하고 있는 헌법규범에 반하는 위헌적 헌법개정이 강행되었다. 따라서 제1공화국의 헌정은 헌법이 이승만정권의 통치수단에 불과한 것이었기 때문에 장식적 헌법국가였다고 할 수 있다.

제 3 장

4.19의거와 第2共和國

I. 憲法制定의 過程과 限界 및 正當性

1. 憲法制定의 過程

제1공화국헌법은 헌정을 규범적으로 규율하지 못하고 사실상 이승만정권의 통치수단으로 전락하였음은 전술했다. 2번의 헌법개정도 헌법규범과 헌법현실 사이의 갭을 좁혀 규범적 효력을 높이기 위한 방향으로 이루어진 것이 아니라 정권연장의 수단으로 이루어졌다. 특히 이승만정권의 4기집권을 위해 자행된 3.15부정선거는 국민의 폭발적 저항을 일으키는 도화선이 되었다. 즉 부정선거를 규탄하는 학생들의 '4.19의거'를 시작으로 자유당정권에 반대하는 시위가 전국적으로 확산되었고, 정부는 비상계엄령을 선포하여 진압하려 하였으나 오히려 사태는 악화되어, 결국 4월 27일 이승만대통령의 사임서가 국회에서 수리되고 자유당정권이 몰락하게 되었다. 그리하여 국회는 4월 26일 개헌과 총선거로써 시국수습을 단행하기로 결의하였으며, 5월 2일에는 許政을 수반으로 하는 과도정부를 수립하였다.

국회가 결의한 시국수습방안에 따라 국회는 4월 28일 헌법개정기초위원회를 구성하고 본격적인 개헌작업에 들어갔고, 6월초에는 의원내각제를 골격으로 하는 헌법개정안이 마련되었다. 국회는 6월 7일 국회법을 개정하여 헌법개정안의 표결은 기명투표로 하도록 하였고, 6월 11일에는 개헌안을 제출하였으며, 6월 15일에는 여야합의에 의한 압도적 다수로 통과시킨 다음,[167] 당일로 공포하였다.

2. 憲法制定의 限界

제2공화국헌법의 제정에 있어서 한계가 있었느냐의 문제는 '4.19의거'의 성격과 관련된다. 단순한 저항권의 행사라면 구헌법에 따르는 것 이외의 한계가 있을 수 없으나, 혁명으로 보는 경우 혁명이념에 의해 새로운 한계가 정해지기 때문이다. " '4.19의거'를 법리적인 측면에서 저항권의 행사로 보느냐 혁명으로 평가하느냐의 문제는 그 당시 이미 형해화된 헌법에 국민이 수호해야 할 공감대적 가치가 조금이라도 남아 있었느냐의 문제로 집약된다"고[168] 보는 경우도 마찬가지의 문제이다.

생각건대 '4.19의거'에 따라 "이대통령의 권위주의적 신대통령제를 전복하고 민주혁명으로 진정한 의미에서의 새로운 민주공화국을 건설하였다"는 주장이 있긴 하지만,[169] '4.19의거'의 핵심은 자유당정권의 초헌법적 불법통치를 몰아내기 위한 것이었지 제1공화국헌법의 근본원리와 내용에 대한 문제제기에서 비롯된 것이 아니라는 사실이다. 비록 '4.19의거'가 성공하여 개헌과 총선거를 통한 시국수습방안이 제시되긴 했지만, 그것은 제1공화국헌법의 전면적 배제를 전제하지 않았고, 오히려 그 헌법의 개정절차에 따라 제정되었다. 따라서 제2공화국헌법을 제정함에 있어서는 당시의 시대사상과 생활감각을 반영하는 것으로서 자유당정권에 의해 유린된 권력제한규범성과 기본권보장규범으로서의 헌법의 특성을 살리는 것이 전제되었을 뿐 다른 새로운 이념과 원리에 의한 한계가 설정된바 없다고 할 수 있다.

3. 憲法制定의 內容

제2공화국헌법은 헌법의 근본이념이나 기본원리의 변경과 관련된 총강부분

---

167) 찬성 208표, 반대 3표.

168) 허영, 한국헌법론, 2003, 105면.

169) 김철수, 헌법학개론, 2003, 65면; 성낙인, 헌법학, 2004, 68면.

의 변화는 없었다. 그러나 기본권의 내용과 관련하여 언론·출판·집회·결사의 자유에 대하여 사전허가나 검열제를 금지하고 또한 법률에 의한 기본권제한의 경우에도 본질적 내용을 침해할 수 없도록 하여 기본권보장을 강화하였다. 그리고 특히 통치구조와 관련된 많은 변화가 이루어졌는데, 무엇보다도 야당이 줄기차게 주장했던 의원내각제 정부형태를 채택한 것이 가장 큰 변화였고, 기타 광범위한 헌법재판사항을 담당하는 헌법재판소제도, 사법권독립을 강화하기 위한 대법원장과 대법관의 선거제, 선거자유를 보장하기 위한 중앙선거관리위원회의 헌법적 보장, 공무원의 정치적 중립의무의 제도화, 지방자치단체의 장에 대한 선거제 등을 새롭게 규정하였다.

4. 憲法制定의 性格

제2공화국헌법의 성격을 헌법제정으로 볼 것인가 아니면 헌법개정으로 볼 것인가에 대하여 견해차이가 있을 수 있다. 그것은 '4.19의거'의 성격을 어떻게 볼 것인가의 문제와 헌법제정과정에 대한 헌법이론상의 평가가 달라질 수 있음을 전제하는 것이다. 먼저 '4.19의거'를 抵抗權의 行使로 보는 경우 제2공화국헌법의 제정은 사실상 헌법개정으로 이해할 수 있고, 반면에 革命으로 이해하는 경우 헌법제정으로 평가할 수 있게 된다. 또한 제2공화국헌법이 舊憲法의 개정절차에 따라 舊國會가 국민의 직접적인 授權 없이 행한 것인 점에서 헌법이론적으로 헌법개정이었다고 할 수 있는 반면에, 舊國會가 헌법개정 후에 자진해산하고 곧이어 새로운 국회를 구성하기 위한 총선거를 성공적으로 실시하여 국회와 정부를 구성하였다는 점을 고려한다면 國民의 黙示的인 憲法制定에의 授權이 있었던 것으로 볼 수 있다는 점에서 헌법제정으로 볼 여지가 있다.[170]

생각건대 '4.19의거'의 성격을 혁명으로 보는 경우 제2공화국헌법은 새로운 헌법제정이었다고 보는데 이의가 있을 수 없다.[171] 그러나 저항권의 행사로

170) 허영, 한국헌법론, 2003, 106면.

171) 김철수, 헌법학개론, 2003, 65면; 허영, 한국헌법론, 2003, 106면; 성낙인, 헌법학, 2004, 68면.

보는 경우 및 국민의 직접적인 수권이 없이 이루어졌다고 보는 경우에도 소위 '헌법개혁'에 해당하는 것으로 볼 수 있는 점에서 헌법제정에 준하는 것으로 볼 여지가 있음을 알 수 있다. 憲政의 中斷 없이 非革命的 방법으로 憲法典의 거의 全部에 대한 전면적 개정을 시도한 경우로 볼 수 있는 점에서 헌법제정에 準하는 것으로 볼 수 있고,[172] 이러한 경우에도 새로운 헌정사의 출발로 보아야 한다는 점에서 제2공화국헌법으로 본다.

5. 憲法制定의 正當性

제2공화국의 헌법제정의 성격에서 알 수 있듯이 제2공화국헌법은 제1공화국 헌법에 따라 구성된 국회가 헌법개정절차에 따라 변개한 것이었다. 즉 민주적 정당성을 갖춘 국회가 여야간의 합의 하에 헌법개정절차를 거쳐 헌법개정을 시도한 것이기 때문에 민주적 정당성의 측면과 절차적 정당성의 측면에서 문제가 없는 것이었다. 또한 헌법개정의 내용도 제1공화국헌법이 대통령중심제를 토대로 하면서도 의원내각제를 혼합함으로 인하여 체계정당성의 문제가 제기되었었던 것에 비하여 단순한 의원내각제로 개편한 점에서 문제점이 해결되었고, 기본권보장에도 진일보한 내용을 담고 있음으로 인하여 목적적 정당성의 측면에서도 문제가 없었다. 따라서 제2공화국헌법은 단순한 헌법개정을 통하여 탄생했느냐 아니면 헌법개혁에 해당하기 때문에 헌법제정에 준하는 것이었느냐의 문제를 제외하면 문제가 없었기 때문에 모든 면에서 정당성을 두루 갖춘 최초의 헌법이었다고 할 수 있다.

II. 第2共和國 憲政의 實際

1. 제2공화국 憲政의 展開過程

1960년 6월 15일 새로운 제2공화국헌법을 사실상 제정한 국회는 곧 이어 새 헌법에 따라 선거법을 정비한 후 7월 28일 자진해산하였다. 그리고 다음날인

---

172) 全文 103조문 중에서 본문 52개 조문과 부칙 15개 조문에 대한 변개가 이루어졌다.

7월 29일 민의원과 참의원선거를 실시하여 민의원의원 233명과 참의원의원 58명을 선출하였다.[173] 새로이 구성된 국회는 8월 2일 양원합동회의에서 윤보선을 대통령으로 선출하고, 8월 19일에는 장면을 국무총리로 인준하여 행정부를 구성하였다.

국민의 절대적인 지지를 받아 원내의석 2/3 이상을 차지한 민주당정권이 체제정비를 마치고 정국구상을 마련하기도 전에, 4.19의거를 성공시킨 학생들은 3.15부정선거 관련자에 대한 처벌이 경미하다고 판단하여 민주당정부에 대하여 반민주행위자처벌을 위한 특별법의 제정을 요구하였다. 10월 11일 의사당을 일시 점거하는 사태 등에 자극받아 민주당정부는 10월 17일 반민족행위자처벌을 위한 특별법제정의 근거를 마련하기 위한 헌법개정안을 민의원으로 하여금 발의하게 하였고, 국회는 11월 29일 헌법부칙에 그 소급입법의 근거를 마련하는 헌법개정안을 통과시켰다.

2. 憲法改正(제4차 憲法變改)의 內容과 評價

제4차 헌법변개에 해당하는 1960년 11월 29일의 헌법개정은 부칙에 다음과 같은 근거를 두는 것을 내용으로 하였다. 즉 3.15부정선거관련자에 대한 처벌과 자유당정권 하에서의 반민주행위자에 대한 공민권제한 및 부정축재자에 대한 행정상 · 형사상의 처리를 위한 특별법제정의 근거, 그리고 이 사건들을 맡을 특별검찰부와 특별재판소의 설치에 관한 근거규정이 그것이다.

그런데 이 헌법개정은 민의원과 참의원에서 압도적인 찬성으로 통과되었기 때문에 절차상으로는 문제가 없었지만 헌법개정의 내용상의 한계의 시각에서 문제가 있는 것이었다. 그것은 일반적인 법원리에 해당하는 '형벌불소급의 원칙'을 위반한 것이었기 때문이다. 즉 이것은 다수 국민의 염원에도 불구하고 소급입법에 의한 형사처벌 및 참정권과 재산권의 제한이라는 내용을 핵심으로 하는 것이었기 때문에 목적적 정당성의 시각에서 위헌적 헌법개정이었다.

---

173) 민의원은 소선거구제의 상대다수대표제로, 참의원은 서울특별시와 도를 단위로 하는 중선거구 내지 대선거구제로 시행되었다.

3. 제2공화국 憲政에 대한 綜合的 評價

제2공화국 헌정은 정당성을 상실한 자유당정권을 무너뜨린 국민의 뜻을 바탕으로 출범했기 때문에 국민들의 기본권보장에 대한 욕구는 대단했다. 즉 자유당정권에 의하여 억압되었던 언론·출판·집회·결사의 자유를 마음껏 누리게 되었고, 이것이 지나쳐 의사당진입, 횃불데모, 야간데모 등이 계속되었다. 결국 과도기의 사회적 혼란은 어느 정도 예상된 것이었지만, 이러한 자유에 대한 과잉욕구를 규제하고 조절하는데 실패한 민주당정권은 사회혼란을 더 이상 방치할 수 없다는 이유를 내세운 5.16군사쿠데타를 맞게 되었음은 물론이다.

그런데 민주당정권은 민주적 정당성이 확고한 상태로 출발하였다. 절대다수 국민의 지지를 받아 의원내각제 정부형태에서 집권한 것이기 때문이다. 그러나 민주당 내부에서 구파와 신파로 나뉘어 파벌싸움을 함으로써 민주적 정당성의 위기가 곧 내부에서 나타났다. 즉 구파인 윤보선대통령과 신파인 장면국무총리가 선출과정에서부터 부딪히면서 위기를 자초하였다. 특히 헌법기관인 대법원장선출과 헌법재판소의 구성조차도 하지 못한 상태로 1년도 지나지 않아 위기관리에 문제점이 드러나면서 쿠데타세력에 의하여 무너지고 말았다.

결국 제2공화국 헌정은 과도기에 나타나는 혼란을 극복하지 못하고 단기간으로 끝났기 때문에 헌정 자체에 대한 평가가 용이하지 않다. 특히 헌법기관의 구성조차도 이루어지지 않았기 때문에 절차적 정당성을 평가할 방법도 없다. 다만 독재정권을 무너뜨리는 것은 어렵지 않으나 새로운 정권을 수립하여 정당성을 확보해 나가는 것이 쉽지 않다는 것을 교훈으로 남겼다.

제 4 장

5.16軍事쿠데타와 第3共和國

I. 憲法制定의 過程과 限界 및 正當性

1. 憲法制定의 過程

1961년 5월 16일 박정희를 중심으로 하는 일부 군인들이 쿠데타를 일으켜 실권을 장악하고, 장면정권을 총사퇴시킨 다음, 이들은 '국가재건최고회의'라는 소위 혁명위원회를 만들어 정권을 인수함으로써 헌정을 사실상으로 중단하였다. 이들은 쿠데타 성공후 6개항의 혁명공약을 발표하여 이 포고령과 계엄령으로 통치를 하다가 6월 6일에 국가재건비상조치법을 제정하여 공포하였다. 그리고 이 법은 제2공화국헌법을 동법에 위배되지 않는 범위 내에서 효력을 가지게 함으로 인하여 규범적으로도 헌정을 중단시키는 결과를 가져왔다. 즉 이 법에 따라 내각은 총사퇴하고, 국회는 해산되었으며, 대법관을 전원 해임하는 등 기존의 모든 정부조직이 사실상으로나 법적으로 붕괴되고, 국가재건최고회의의 의장인 박정희가 모든 국가권력을 장악하는 전형적인 군사독재통치가 이루어지게 되었다.[174]

박정희군사정권은 쿠데타를 정당화하기 위하여 여러 과감한 조치를 취하였다. 먼저 부정부패의 일소를 위하여 부정선거관련자와 부정축재자의 처벌을

---

174) 최초의 의장으로 장도영장군이 추대되었으나, 쿠데타를 주도한 박정희가 7월 3일 그를 해임하고 정식으로 취임하였다.

가능하게 하는 특별법을 제정하고 이들에 대하여 혁명재판을 하였다. 또한 기아와 빈곤으로부터 국민을 해방하기 위하여 경제개발5개년계획을 마련하고 추진하였다. 뿐만 아니라 8월 12일에는 금지되었던 정치활동과 관련하여 담화를 발표하면서 새로운 헌법제정과 함께 조만간 민정이양을 할 것이라고 약속하였다.

군사정권이 들어선 후 1년이 지나 박정희는 민정이양을 위한 준비작업의 일환으로 1962년 7월 11일 헌법개정안을 마련할 헌법심의위원회를 만들었다.[175] 또한 국가재건최고회의는 헌법개정의 방법을 비상조치법의 개정방법으로 하기로 한 다음 국민투표에 회부하기로 결정하여, 9월 8일에는 비상조치법을 개정하고, 10월 12일에는 국민투표법을 제정하여 공포하였다. 7월 16일 업무를 시작한 헌법심의위원회는 10월 23일 새 헌법요강을 결정하였고, 최고회의는 이를 11월 5일 공고한 다음, 12월 6일 최고회의의 의결을 거쳐 12월 17일 이를 국민투표로 확정하고 12월 26일 공포하여 제5차헌법변개가 이루어졌다. 그러나 이 헌법은 그 부칙에 따라 이 헌법에 의한 국회가 처음으로 집회한 날로부터 시행하게 되어 있었기 때문에 공포 후 1년이 지난 1963년 12월 17일부터 효력을 발하였고, 그때까지 국가재건비상조치법이 계속하여 효력을 가졌었다.

2. 憲法制定의 限界

5.16쿠데타세력은 혁명으로 가장하면서도 자신을 정당화하기 위하여 구헌법을 존중하는 태도를 의식적으로 표명했다. 즉 우리 헌법질서의 동질성과 계속성을 보장하려고 자제력을 발휘했다. 그리하여 당시에 이미 정착되고 있던 자유민주주의적 정치이념과 그것을 실현하기 위한 여러 헌법제도가 그대로 유지되었다. 다만 통치구조의 면에서 다음과 같이 많은 변경이 이루어졌고, 특히 국민투표제도가 신설되어 국민의 의사가 직접 헌법제정에 반영되어 헌법의 최고규범성이 강화되는 계기가 마련되었다.

---

175) 이 헌법심의위원회는 최고회의의원 9명과 민간인 학자 및 전문가 21명으로 구성되었다.

3. 憲法制定의 內容

무엇보다도 제3공화국헌법은 정부형태를 4년 중임의 대통령중심의 절충형으로 변경하였고, 국회를 단원제로 하여 조직과 운영을 단순화하였다. 기본권 부분에서는 '인간의 존엄과 가치'의 중요성이 처음으로 신설되었으나, 기본권 제한의 가능성은 그대로였다. 현대적인 정당제도를 확립하기 위하여 정당조항을 신설하면서 국회의원이 임기중 당적을 이탈하거나 변경한 경우 의원직을 상실하게 하였다. 헌법재판소를 폐지하고 위헌법률심사권을 법원의 권한으로 하였고, 대법원장과 대법관의 임명은 법관추천회의의 제청을 거쳐 대통령이 임명하게 하였다. 기타 경제과학심의회의와 국가안전보장회의를 두었고, 헌법개정시 국회의 의결을 거쳐 국민투표를 필수적으로 거치게 하였다.

4. 憲法制定의 性格

제3공화국헌법의 성격에 대해서도 헌법제정이 아닌 헌법개정으로 보려는 견해가 있다. 새 헌법이 마련되는 과정에서 구헌법질서를 일부 존중하면서 구헌법을 토대로 개정하는 형식을 거친 점과 제3공화국헌법 전문에서 "1948년 7월 12일 제정된 헌법을 이제 국민투표에 의하여 개정한다"고 밝히고 있는 점을 그 근거로 한다.[176] 그러나 이것은 어디까지나 우리나라 헌법의 동질성과 계속성을 유지하려는 쿠데타세력의 의지를 명백히 할 뿐 그로 인하여 헌법제정의 법적 성격이 달라지는 것은 아니라는 점에서 문제점이 있다.[177]

제3공화국헌법의 성격을 평가하기 위해서는 5.16군사쿠데타의 성격을 먼저 이해해야 한다. 5.16은 전형적인 군사쿠데타로서 '성공한 쿠데타'였다. 다만 그 쿠데타는 난순히 정권을 장악하는데 그치지 않고 혁명으로 포장되었다.[178] 그

176) 한태연, 헌법학, 1983, 60면; 박일경, 헌법, 1980, 131면.

177) 허영, 한국헌법론, 2003, 109면.

178) 혁명(Revolution)이라는 개념이 매우 다의적으로 사용되고 있음을 주목해야 한다. 먼저 군사쿠데타와 '하향식혁명' 내지 정변이 혁명이란 개념으로 사용되기도 하고, 국민이 불법통치에 도전하여 체제개혁을 시도하는 '상향식혁명'(협의의 혁명)도 이에 포함하여 사용되고 있으며, 불법한 쿠데타 등에 항거하는 반혁명도 혁명이란 개념으로 사용된다. 허영, 한국헌법론, 2003, 113면 각주 참조.

결과 쿠데타세력은 구헌법을 표면적으로는 존중하는 것처럼 하면서도 사실상 그 효력을 중단시키고 새로운 헌법질서를 창조하는 방향으로 나아갔다. 그리고 쿠데타를 정당화하기 위하여 국민투표제도를 도입하여 절대다수 국민들의 지지를 이끌어냈다.

결국 제3공화국헌법은 쿠데타에 의해 헌정을 중단하고 새로운 헌법으로 대체하였으며, 또한 국민의 지지를 얻어내기 위해 국민투표로 확정한 점에서 전형적인 헌법제거(Verfassungsbeseitigung)에 해당한다. 그리고 이 헌법제거는 헌법제정에 준하는 대표적인 것으로서 사실상 헌법제정으로 평가된다.[179] 따라서 5.16과 같은 쿠데타나 혁명은 그 본질상 결코 기존헌법질서에 의해서 정당화될 성질의 것도 아니고 또 그럴 필요도 없는 것이기 때문에,[180] 구태여 헌법제정이 아닌 헌법개정으로 포장할 필요도 없었다.

5. 憲法制定의 正當性

제3공화국헌법은 성공한 쿠데타를 전제로 전형적인 헌법제거의 방법으로 제정된 것이다. 따라서 혁명이론에 따르는 한 더 이상의 정당화가 필요하지 않다고 할 수 있다. 그러나 헌법제정이론에 근거하여 그 정당성을 논의한다면 문제점이 있음은 물론이다. 즉 무엇보다도 헌법제정이 헌법제정회의 또는 제헌국회와 같은 국민의 대표기관에 의하여 주도된 것이 아니라 국가재건최고회의라는 혁명위원회가 주도했기 때문에 민주적 정당성을 인정할 수 없는 것이었다. 물론 이 민주적 정당성의 문제를 극복하기 위하여 새로이 국민투표제도를 통하여 국민적 정당성을 인정받으려 했지만, 국민투표는 헌법안에 대한 찬반을 표명함에 불과한 점에서 민주적 정당성이 완전하게 인정될 수 없는 것이었다. 또한 헌법제정과정에서 여론수렴을 위한 공청회를 전국적으로 순회하며 실시했지만, 그것은 국민의 여론을 무마하기 위한 형식에 그쳤고, 특히 모든 헌법기관의 기능이 정지된 상황에서 헌법안에 관한 한 최고회의의 의지가 절

179) 쿠데타세력은 사실상 새로운 헌법제정에 해당하면서도 헌법개정임을 강조하고 있다. 그러나 헌법개정이라고 주장한다면 오히려 구헌법상의 헌법개정절차를 따르지 아니한 위헌의 문제가 발생한다.

180) 허영, 헌법이론과 헌법, 2004, 59면.

대적이었기 때문에 절차적 정당성에 있어서도 문제점이 있었음을 알 수 있다. 다만 헌법의 내용과 관련된 목적적 정당성의 문제는 크게 문제되지 않는 것으로 평가된다.

II. 第3共和國 憲政의 實際

1. 제3공화국 初期의 憲政의 實際

1961년 5월 16일 쿠데타로 정권을 장악한 박정희군사정권은 1962년 12월 17일 헌법제정을 완료한 이후에도 곧바로 헌정을 시작한 것이 아니라 1963년 12월 17일부터 그 효력을 발하게 하였기 때문에 2년 반 정도를 국가재건비상조치법에 따른 군정을 실시하였다. 따라서 이 기간은 매우 제한된 의미에서만 제2공화국헌법의 효력이 인정되었기 때문에 정상적으로 헌정이 실시되었다고 할 수 없다. 다만 헌정사의 시대구분이라는 의미에서만 박정희가 주도한 제3공화국 헌정기의 초기로 구분한 것일 뿐이다.

아무튼 제3공화국헌법의 제정 이후 그 효력이 발생되기 이전이지만 박정희 군사정권은 신헌법규정에 맞추어 민정이양을 준비하였다. 즉 금지하였던 정치인과 정당 및 사회단체들의 정치활동을 다시 허용하고, 선거에 대비하여 대통령선거법과 국회의원선거법을 정비하였으며, 중앙선거관리위원회를 비롯한 각급선거관리위원회를 구성하였다. 이 와중에 군사정권은 소위 '2.27선서'를 통하여 민정불참을 선언하여 국민들을 고무시켰다가, 3월 16일에는 '군정4년연장선언'을 하며 그에 따른 임시조치법 등을 제정하여 다시 정치활동과 언론·출판·집회·결사의 자유를 제한하는 등 정국을 극도로 긴장시켰다. 결국 군사정권은 국민들의 반대로 4월 8일 임시조치법과 헌법개정안을 폐기 또는 철회하면서 민정불참선언을 사실상 무효화하였고, 1963년 8월에 실시된 제5대 대통령선거와 제6대 국회의원선거에 참여하여 박정희가 대통령으로 당선되고 또한 그들이 사전조직으로 기반을 다져둔 민주공화당이 절대다수의석을 차지하게 되었다.[181] 그리고 1963년 12월 17일 국회가 개원됨과 동시에 제3공화국헌법이 전면적으로 효력을 발하게 되었다.

군사정권이 민정이양을 포기하고 사실상 연장된 것이기 때문에 박정희정권의 초기는 군정스타일을 벗어나지 못했다고 평가된다. 우리 헌정사상 가장 적은 표차로 당선되었지만 절대다수 국회의원들을 일사분란하게 조종하여 국회를 장악하는 등 국회와 사법부를 행정부의 시녀로 전락시켰다. 이것은 3권분립원칙과 민주주의를 외면하고 이승만정권에 이어 또다시 권위주의적 독재체제를 구축하고 실행에 옮긴 시발점이었다.[182] 그리고 1967년에 실시된 제6대 대통령선거와 제7대 국회의원선거에서 박정희가 재선되고 민주공화당은 국회의석 2/3를 넘어 독재체제를 더욱 강화하는 계기가 마련되었다.

2. 長期執權을 위한 憲法改正(제6차 憲法變改)

제7대 국회에서 공화당이 개헌선을 확보하자 모든 관심은 중임제를 폐지하고 3선허용 또는 장기집권을 허용하는 헌법개정을 박정희정권이 시도할 것인가에 쏠렸다. 결국 쿠데타로 집권한 박정희정권은 비록 선거를 통해 정치적으로는 2번의 신임은 받았지만 법적인 관점에서 그 불법성이 문제될 가능성이 있었기 때문에 장기집권의 방향으로 나아가기로 하고 무리하게 헌법개정을 추진하였다.[183] 즉 1969년 9월 14일 야당의원을 배제하기 위해 국회의사당이 아닌 별관에서 여당의원들만이 참석한 가운데 기습적으로 헌법개정안을 통과시킨 다음 10월 17일 국민투표로 가결시켰다.[184]

개헌내용은 국회의원 정수의 상한을 250명으로 늘리고, 국회의원이 국무위원을 겸직할 수 있도록 법률에 위임하는 것, 대통령에 대한 탄핵소추의 발의

181) 대통령선거는 직선제였고 윤보선후보를 15만표차로 이겼다. 국회의원선거는 지역구는 1구1인소선거구제 및 상대다수대표제로 131명, 전국구는 정당후보자에 대한 득표율을 기준으로하여 44명을 뽑았다.

182) 김철수, 헌법학개론, 2003, 68면; 허영, 한국헌법론, 2003, 110면.

183) 비록 당시에는 성공한 쿠데타였지만, 전두환대통령과 노태우대통령이 물러난 이후 내란죄와 군사반란죄로 처벌받게 되었음을 상기하면 그 의도를 읽을 수 있다.

184) 제6차헌법변개는 헌법개정의 형식과 절차를 거친 것이긴 하지만 국회의 정당한 의사진행절차를 무시한 것으로서 위헌의 여지가 있는 것이었다. 이에 대해 우리 대법원은 국회의 자율성을 내세워 그 유효 또는 무효의 판결을 회피하는 소극적인 판례를 남겼다(대판 1972. 1. 18, 71도1845).

와 의결정족수를 늘리는 것 등을 포함하고 있었으나, 개헌의 핵심은 대통령의 계속재임을 3기에 한하도록 늘리는 것이었음은 물론이다.

3. 憲法改正 이후의 憲政의 實際

경제개발5개년계획의 성공적 시행으로 많은 국민들의 지지를 받았음에도 불구하고 정치적 관점에서는 3선을 위한 개헌 등으로 인하여 부정적 평가를 받기 시작했다. 특히 제7대 대통령선거에서 박정희는 3선에 성공하였지만 제8대 국회의원선거에서 야당인 신민당이 과반에 육박하는 의석을 차지함으로 인하여 야당의 견제가 한층 심해지게 되었다. 이에 정치적 불안을 느낀 박정희 정권은 점점 독재를 강화하는 조치를 하였다. 즉 1971년 11월 국가비상사태를 선포하면서, 그 법적 근거를 마련하기 위하여 12월 27일 '국가보위에관한특별조치법'을 국회에서 통과시켰다. 이것은 초헌법적인 국가긴급권을 허용하는 것으로서 특히 국민의 의사표현의 자유와 근로활동권 및 경제활동을 제한할 수 있는 법적 근거를 두고자 한 것이었다.[185] 또한 1972년에는 '7.4남북공동성명'을 발표하여 남북간의 긴장완화를 통하여 정국을 돌파하려는 의도를 나타내기도 하였다.[186]

4. 제3공화국 憲政에 대한 綜合的 評價

박정희정권은 군사쿠데타로 정권을 장악한 태생적 한계를 가지고 있었기 때문에 여러 방향의 정당성확보를 위한 노력을 하였다. 먼저 정치적인 관점에서 반공을 국시로 하는 등 남북분단을 이용한 국가안보우선의 논리를 통하여 정권의 정당화를 꾀하였다. 또한 절대빈곤에 허덕이던 국민에게 경제개발을 통

185) 이에 대해 헌재는 "위 특별조치법은 초헌법적인 국가긴급권을 대통령에게 부여하고 있다는 점에서 이는 헌법을 부정하고 파괴하는 반입헌주의, 반법치주의의 위헌법률이다"고 하였다(헌재결 1994. 6. 30. 선고, 92헌가18, 헌재판 6-1, 557면 이하).

186) 7.4.남북공동성명은 남북쌍방이, 자주적 · 평화적 · 민족적 대단결에 입각한 평화통일 원칙, 상호중상 · 비방금지와 무력도발방지, 남북간의 다방면의 교류실시, 남북적십자회담의 성사협조, 서울 · 평양간 남북직통전화가설합의, 남북조절위원회구성 등에 관하여 합의한 최초의 합의문서였다.

한 빈곤해결을 국가과제로 설정함으로써 정당화를 추구했다. 특히 경제개발5개년계획을 착실히 수행하여 상당한 성과를 거둔 결과 상당한 국민적 지지를 받기도 하였다.

그러나 초기에 민정이양을 주장했으면서도 야당의 정치활동을 묶어놓고 사실상 민주공화당을 창당한 것이나, 대통령선거과정에서의 부정선거 등으로 인하여 민주적 정당성이 취약할 수밖에 없었다. 그럼에도 불구하고 군사정권의 폐습과 국회에서의 절대다수의석을 이용하여 국회를 행정부의 시녀로 만들고, 동시에 사법파동을 일으키며 법원도 좌지우지하였다. 이것은 3권간의 견제와 균형의 관계를 바라는 권력분립원리를 정면으로 부정한 것으로서 절차적 정당성을 인정받을 수 없었다는 것을 의미한다. 특히 4.19의거를 통하여 꽃피기 시작한 온 국민의 민주화의 염원을 국가안보와 경제성장 우선의 논리를 내세워 무시하고 말살함으로써 그야말로 권위주의통치 내지 독재정치의 전형을 보여주었다.

결국 박정희정권의 전반부에 해당하는 제3공화국의 헌정은 전체적으로 '명목적 헌법국가'의 시대에 해당한다고 평가된다. 헌법규범은 당시로서는 별다른 흠이 없는 것이었지만, 아직 성숙되지 못한 국민의식을 이용하여 권위주의통치를 실현한 것이다. 특히 규범과 현실의 갭을 '한국적 민주주의'라는 허울로 위장하며 불가피한 현실로 받아들이게 한 것은 목적적 정당성을 부인하는 것이었고, 국민의식을 잘못 인도하면서 3선을 위한 개헌은 물론이고 '7.4남북공동성명'을 이용하여 정권강화에 몰두한 것은 민주적 정당성은 물론이고 절차적 정당성을 무시한 것으로서 독재정권의 전형을 이루는 것이었다.

제 5 장

維新措置와 第4共和國

I. 憲法制定의 過程과 限界 및 正當性

1. 憲法制定의 過程

국가보위에관한특별조치법이라는 초헌법적 국가긴급권의 근거를 마련하였지만 박정희정권은 비상조치를 단행하지 않았다. 오히려 박정희정권은 1972년 '7.4남북공동성명'을 발표하여 남북간의 긴장완화를 위하여 노력하는 것과 같은 인상을 심어주어 국민을 안심시켰다. 그러나 그것은 이른바 '유신조치'를 위한 기초작업이었음이 곧 밝혀졌다. 즉 남북간의 긴장완화와 통일지향적 정치분위기 성숙 등을 추구하기 위해 통일정책에 대한 전면적 수정이 필요함을 전제로 남북양측의 체제강화를 위한 목적으로 이것을 이용하였다.[187)]

그리하여 박정희정권은 남북대화의 적극적인 전개와 급변하는 주변정세에 효과적으로 대비하기 위하여 정치적인 체제개혁이 불가피하다는 논리를 내세워 1972년 10월 17일 비상조치를 단행하였다. 소위 '10.17비상조치'가 그것인데, 이에 따르면 헌정을 중단하고 새로운 헌법을 제정하겠다고 하는 것이었다. 즉 전국에 비상계엄을 선포하면서 약 2개월간 헌법의 일부조항의 효력을 중단시키고, 국회를 해산하면서 정당 및 정치활동을 중단시키며, 국회의 권한은 비상국무회의가 수행하도록 하였다.

---

187) 남한에서는 유신조치가, 북한에서는 김일성을 주석으로 추대하는 헌법개정이 있었다.

결국 1972년 10월 26일 비상국무회의는 조국의 평화적 통일을 지향한다는 취지로 헌법개정안을 의결하고, 27일 공고하였으며, 11월 21일 실시된 국민투표에서 유권자 91.9%의 투표와 투표자 91.5%의 찬성으로 확정한 뒤 12월 27일 공포·시행하였다. 소위 '유신헌법'이 새롭게 탄생한 것이며, 이 유신헌법에 대해 "이 헌법의 기본성격은 조국의 평화적 통일지향, 토착적 민주주의확립, 균등하고 실질적이며 경제적 평등을 이룩하기 위한 자유경제질서확립, 그리고 자유와 평화수호의 재확인이라는데 있다"고 하였다.[188)]

2. 憲法制定의 限界

제4공화국헌법은 정치체제를 통일접근체제로 개혁한다는 표면상의 이유만 있었을 뿐 특별한 한계가 제시된바 없었다. 즉 조국의 평화적 통일을 지향한다는 명시적인 규정만 덧붙여졌고, 기존의 헌법적 가치질서는 그대로 유지되었다. 다만 남북관계를 빌미로 체제강화를 목적으로 하였기 때문에 장기집권을 위한 독재체제의 구축을 실질적으로 강화하였다. 그리하여 자유민주주의를 일시 정지하고 권위주의적인 신대통령제를 채택한 것으로서 헌법개정의 한계를 초월한 것이라는 평가가 있기도 한다.[189)]

3. 憲法制定의 內容

유신헌법은 통일접근체제로의 전환이 주된 목적이었기 때문에 기본권보장의 약화와 대통령의 권한강화로 그 내용이 집약된다. 먼저 국민의 기본권은 일반적 법률유보와 개별적 법률유보를 통하여 제한의 가능성을 크게 하였고, 특히 제한목적으로 '국가안전보장'이 추가되고 또한 '자유와 권리의 본질적 내용을 침해할 수 없다'는 조항을 삭제했으며, 인신권·재산권·참정권·노동3권 등의 내용이 크게 약화되었다. 다음으로 국가구조의 면에서는 대통령직선제를 폐지하고 통일주체국민회의를 신설하여 대통령선출권과 국회의원정수의 1/3의 선출권을 주었으며, 대통령은 긴급조치권, 국회해산권, 법관임명권, 통일주체

188) 한국헌법연구회, 헌법개정안해설: 그 특징과 내용, 1972, 2면.

189) 김철수, 헌법학개론, 2003, 71면.

국민회의가 선출하는 국회의원정수의 1/3의 추천권 등을 가지게 하는 등 권한을 강화하였음은 물론이고 중임제한규정을 없애 장기집권의 길을 열어놓았다. 이에 비하여 국회의 국정감사권을 폐지하고 국회의 회기를 단축하여 국회의 기능과 지위를 약화시켰고, 법관임명권과 법관징계권을 대통령이 가지게 하여 사법권독립이 위협을 받게 되었으며, 헌법위원회에 위헌법률심판권을 맡기면서도 대법원을 경유하게 하여 사실상 무의미한 제도로 만들었다. 기타 헌법개정방법을 2원화하여 대통령이 발의한 헌법개정안은 국민투표로 확정하고, 국회가 발의한 개헌안은 통일주체국민회의의 의결로 확정하게 하여, 헌법개정이 대통령에 의하지 않고는 주도될 수 없게 하였다. 지방의회의 구성을 통일 이후로 연기함으로써 지방자치제도의 시행을 사실상 포기하게 한 것도 특징이다.

4. 憲法制定의 性格

유신헌법제정의 성격에 대하여도 두 가지의 견해가 당시에 대립하였다. 즉 1972년 10월 17일의 유신조치를 일종의 혁명이라고 보고 유신헌법은 혁명에 의한 새 헌법의 제정이라고 보는 견해가 있었고,[190] 유신조치는 초국가적인 비상사태를 수습하기 위한 '초헌법적 비상조치' 내지 '초헌법적 긴급조치'라고 보고 이러한 긴급조치에 의해 제3공화국헌법이 전면적으로 개정된 것이라고 보는 견해가 그것이다.[191] 특히 후자의 경우는 제3공화국헌법 전문에서와 같이 "헌법을 이제 국민투표에 의하여 개정한다"고 선언하고 있는 것을 그 이유로 들고 있다. 그러나 헌법전문의 문구에 의하여 제헌과 개헌의 성격이 정하여지는 것은 아니기 때문에, 결국 유신조치의 성격에 따라 제4공화국헌법의 성격이 결정되어야 할 것임을 알 수 있다.

생각건대 유신조치는 제3공화국헌법의 효력을 중단시키면서 행해진 것인 점에서 혁명성을 부인할 수 없고, 헌정체제를 통일에의 접근체제로 개혁하려는 비상조치가 당시의 현직 대통령으로부터 비롯되었다는 점에서 '하향식 혁명' 내지 '정변'이라고 성격을 규명할 수 있다. 그리고 이 하향식혁명을 정당

190) 김철수, 헌법학개론, 2003, 71면; 문홍주, 제6공화국 한국헌법, 해암사, 1987, 118면.
191) 박일경, 헌법, 1980, 132면; 한태연, 헌법학, 1977, 49면 이하.

화하기 위하여 구태여 논리를 구성한다면 '접근의 이론'에 의하여 정당화될 수밖에 없는데, 7.4남북공동성명의 취지에 따른 후속조치의 일환으로 평가하여 접근의 이론에 따라 정당화될 수 있지만, 10월유신 이후 남북대화가 장시간 중단되고 또한 유신조치가 장기집권의 수단이었다는 것이 입증된 이상 오늘의 시각에서 유신헌법의 제정을 접근의 이론으로 정당화할 수 없다.[192)]

아무튼 제4공화국헌법은 소위 '궁정쿠데타'라고도 일컬어지는 하향식혁명 내지 정변에 해당하는 유신조치의 성공에 따른 결과물이다. 즉 유신조치는 제3공화국헌법의 효력을 중단시키고, 새로운 헌법으로 대체하였으며, 그리고 국민투표를 통한 국민의 지지를 얻어낸 점에서 전형적인 헌법제거에 해당한다. 따라서 제4공화국헌법은 새로운 헌법의 제정에 준하는 것이지 헌법개정의 결과물이 아니다.

5. 憲法制定의 正當性

제4공화국헌법의 제정은 정당성이론에 있어서 문제점이 많다. 특히 제3공화국헌법의 제정에서와 같이 궁정쿠데타를 전제로 전형적인 헌법제거의 방법으로 제정된 것이었기 때문이다. 즉 당시의 통치권자인 현직 대통령에 의하여 헌정을 중단하는 유신조치를 통하여 새로운 헌법을 제정한 것이기 때문이다. 따라서 제4공화국헌법의 경우도 혁명이론에 따르는 한 더 이상의 정당화가 필요하지 않다고 할 수 있다.

그러나 헌법제정의 정당성이론에 근거하여 그 정당성을 논의한다면 문제점이 있음은 물론이다. 무엇보다도 헌법제정이 비상국무회의라는 초헌법적 기구에 의하여 주도된 점에서 민주적 정당성을 인정할 수 없는 것이었다. 비상국무회의는 국민으로부터 선출되거나 헌법제정과 관련하여 국민의 대표기관으로부터 신임을 받은 바가 전혀 없기 때문에 헌법제정에 관한 국민대표기관이 아니라는 점에서 민주적 정당성이 인정될 수 없다는 것이다. 물론 이 민주적 정당성의 문제를 극복하기 위하여 국민투표에 회부하여 총유권자의 80% 이상의 지지를 받았지만, 그 지지는 온갖 수단을 동원한 강요된 지지였음이 분명하기

192) 허영, 헌법이론과 헌법, 2004, 방주 105-106.

때문에 민주적 정당성이 인정될 수 없음은 말할 필요도 없다. 또한 헌법제정의 절차적 정당성의 관점에서도 정당성을 인정받기 어렵다. 전국에 비상계엄을 선포하면서 약 2개월간 헌법의 일부조항의 효력을 중단시키고, 국회를 해산하면서 정당 및 정치활동을 금지시킨 가운데, 언론통제를 통하여 국민의 여론을 호도한 결과로 만들어진 것이었기 때문이다. 특히 남북관계를 이용하여 국민을 불안하게 만들고, 만약 새로운 헌법안에 찬성하지 않으면 곧 전쟁이 발발할 것처럼 공포분위기를 조성한 가운데 치러진 국민투표였다는 점에서 절차적 정당성을 인정받을 수 없었다. 그리고 헌법제정의 목적적 정당성의 관점에서는 더욱 문제점이 크다. 앞에서 제시한 헌법의 주요내용에서 알 수 있듯이, 제4공화국헌법은 박정희정권이 영구집권을 가능하게 하기 위한 목적에서 만들어진 것이기 때문이다. 즉 대통령의 임기를 없앴을 뿐만 아니라 국가구조의 가장 중요한 조직원리인 권력분립원리를 무시하고 대통령이 집행부는 물론이고 입법부와 사법부 등 모든 국가기관을 마음대로 통할할 수 있도록 함으로써 헌법 자체를 대통령의 통치수단으로 변질시켰기 때문이다. 따라서 제4공화국헌법의 제정은 어느 관점에서도 정당성이 인정될 수 없는 악법의 전형을 보여주는 장식적 헌법 그 자체이었다.

II. 第4共和國 憲政의 實際

1. 維新政權의 出帆

제4공화국헌법에 따라 유신정권은 통일주체국민회의의 구성에서 출발한다. 대통령과 국회를 구성하는 기관이기 때문이다. 1972년 12월 15일의 선거를 거쳐 12월 23일 개원한 통일주체국민회의는 당일로 박정희를 제8대 대통령으로 선출하였다. 박대통령은 취임하자 곧 정당법과 선거법을 새로 만들어 정당활동을 재개하게 하고, 1973년 2월 1구2인의 중선거구제로 총선거를 실시하여 국회를 구성하였으며,[193] 법원조직법을 개정하여 법관을 재임명하면서 제3공

193) 총선결과 민주공화당 73명, 신민당 52명, 무소속 19명, 통일당 2명으로 나왔고, 유정회 국회의원 73명을 포함하여 219명의 국회의원으로 국회가 구성되었다.

화국헌법 하의 국가배상법판결에서 위헌결정에 참여한 대법원판사를 포함한 많은 법관을 옷을 벗게 하여 대대적인 사법파동을 일으켰다. 결국 이렇게 3권을 완전히 장악하는 것이 되어 박대통령은 소위 '신대통령' 또는 '공화적 군주'로 군림하게 되었고, 이것은 곧 모든 국가구조의 구성에 있어서 민주적 정당성을 인정받지 못하게 하는 근거가 되었으며, 또한 국가기관 상호간의 견제와 균형의 관계를 바라는 절차적 정당성을 원천적으로 부정하는 계기가 되었다.

2. 維新政權의 統治

통일접근체제로의 전환이란 미명하에 결국 권력분립원리에 배치되는 권력통합을 이룬 박대통령은 유신헌법에 부합되는 일부조치를 취한다. 즉 남북한 유엔동시가입의 추진을 선언한 1973년의 소위 '6.23선언'이 그것이다. 이에 따라 유엔총회에 남북한이 동시에 옵서버로 참가하게 되고, 이전까지 유엔결의에서 우위를 점하기 위해 극단적으로 시도된 표대결은 완화되게 되었다.

그러나 위와 같은 국제정치적인 긴장완화는 오히려 박대통령에 대한 저항의 강도를 더하게 하였고, 특히 유신헌법을 통해 강화된 독재체제를 허물기 위해 유신헌법의 철폐를 위한 개헌운동으로 발전하였다. 이에 대해 박대통령은 긴급조치를 발동하여 탄압을 하려고 하였고, 유신정권에 대한 저항은 더욱 강도가 심해졌다. 결국 긴급조치 9호에 이르기까지 긴급조치권이 발동되면서 국민의 정당한 개헌논의까지 금지시키는 극단적 상황으로 발전하였다.

3. 維新政權의 沒落

유신정권의 탄압이 강화될수록 국민의 저항은 드세어져 국내정세는 한치 앞을 내다보기 어려운 상황이 전개되었다. 1979년의 제10대 국회의원총선거에서는 제도적인 이유 때문에 여당의 의석수가 앞섰지만 야당의 득표율이 앞서는 현상이 발생하여 유신정권은 더욱 긴장하게 되었다. 결국 초긴장의 정국대처방안을 놓고 박대통령 측근들의 충성경쟁이 있던 가운데 이른바 '부마사태'가 발생했으며, 그 원인과 처리방안을 놓고 극단적인 대립이 이루어지면서 마침내 중앙정보부장에 의해 박대통령이 시해되는 '10.26사태'가 발생했다.

박대통령의 유고가 확인되자마자 최규하 국무총리가 대통령의 권한대행을 하기 시작했고, 10월 27일 제주도를 제외한 전국에 비상계엄을 선포하였으며, 12월 10일에는 최규하 권한대행의 이름으로 새로운 헌법질서를 모색하겠다는 담화문이 발표되었다. 또한 곧이어 최규하 권한대행은 통일주체국민회의에서 제10대 대통령으로 정식 선출되어 새 정부를 구성하고, 국민의 요구에 따라 긴급조치를 해제하였으며, 민주화일정에 따라 헌법개정을 추진하겠다고 약속하면서 제4공화국의 종말을 고했다.

4. 제4공화국 憲政에 대한 綜合的 評價

박정희정권은 제3공화국헌법을 토대로 독재를 실현하는 것으로 모자라 유신헌법을 고안한 것이기 때문에 유신헌법은 처음부터 통치수단으로 만들어진 장식적 헌법에 해당했다. 3권분립원리를 무시하고 대통령의 우월적 지위를 헌법에서부터 인정한 것이 그것을 증명한다. 즉 국민의 지지와 관계없이 영구집권을 염두에 두었기 때문에 직선대통령제를 폐지하였고, 이렇게 민주적 정당성이 약한 대통령이 국회의원정수의 1/3에 해당하는 구성권을 사실상 가짐은 물론이고 언제든지 국회를 해산할 수 있었으며, 사법권독립을 무시하고 법관임명권을 가짐으로 인하여 3권을 통합하는 우월적 지위와 권한을 가지게 한 것이다.

따라서 유신헌법은 민주적 정당성이 약한 대통령을 오히려 우월적 지위와 권한을 가진 실질적 권력자로 만들었다. 그 결과 입법부 및 사법부와의 3권간의 견제와 균형의 관계를 유지하길 바라는 절차적 정당성은 완전히 무시되었음은 물론이나. 노한 여러 기본권보장과 관련된 규정들이 약화된 것도 문제였지만 특히 대통령의 긴급조치권은 처음부터 사전조치가 가능하도록 남용의 여지를 만들어 놓았다. 그리고 그 긴급조치권은 실제로도 엄청난 남용이 이루어져 국민의 기본권보장이라는 목적적 정당성을 근본적으로 무시하는 결과를 가져왔다. 결국 유신헌법은 박정희정권의 장기집권을 가능하게 하는 통치수단이었을 뿐이었기 때문에 가장 전형적인 장식적 헌법이었고, 헌정의 실제에 있어서도 장식적 헌법국가로 평가되는데 이론이 있을 수 없게 운영되었다.

제 6 장

12.12軍事쿠데타와 제5共和國

I. 憲法制定의 過程과 限界 및 正當性

1. 憲法制定의 過程

유신정권의 몰락을 가져온 '10.26사태'는 심각한 헌법장애상태를 야기했다. 곧바로 최규하 권행대행이 수습에 나섰지만 갑자기 닥친 권력공백상태를 메우기에는 한계가 있었다. 국민들로부터 직접적 신임을 받지 못한 국무총리가 대통령 권한대행을 맞는다는 것이 얼마나 어려운 일인가를 단적으로 보여주었다. 아무튼 이러한 사태를 이용하여 전두환을 비롯한 정치군인들이 '12.12군사반란'을 일으켰고,[194] 이에 반대하며 진압에 나선 계엄군과 유혈충돌을 일으켰으며, 국가안위는 아랑곳하지 않고 최전방의 군부대까지 동원한 반란세력은 마침내 군부를 장악하기에 이르렀다. 그리고 전두환 등의 신군부는 곧바로 정권장악을 시도하지 않고 점진적 권력장악, 즉 합법을 가장하기 위해 단계적 쿠데타를 실현시켜 나갔다. 12.12군사반란에서 시작하여, 5.17비상계엄확대조치,[195] 1980년 8월 16일의 최규하대통령의 사임, 8월 27일 통일주체국민회의

---

194) 12.12사태의 성격에 대해서는 군사반란으로 규명되었다. 헌재결 1995. 1. 20, 94헌마246, 헌재판 7-1, 15(59).

195) 5.17비상계엄확대조치의 내란행위성에 대해 헌법재판소는 청구인들이 헌법소원을 취하하여 헌법소원절차가 종료되었음을 선언하고 실체적 판단을 하지 않았다. 그러나 소수의견은 소위 '성공한 내란'에 대하여 가벌성을 인정하였다. 헌재결 1995. 12. 15, 95헌마221 등 병합, 헌재판 7-2, 697(756).

에 의한 전두환대통령의 선출이라는 단계를 거쳐 2번째 군사쿠데타를 성공시켰다. 그리고 이 단계적 쿠데타를 실현하는 과정에서 신군부의 집권시나리오에 반대하는 '5.18광주민주화운동'이 이루어졌다. 즉 12.12사태로 군부를 장악한 신군부가 정권장악의 첫단계인 5.17비상계엄확대조치를 취하면서 정치의 표면에 등장하자, 이에 항거하여 민중항쟁을 일으킨 것이 '5.18광주민주화운동'이다.[196] 결국 '5.18광주민주화운동'은 신군부의 무자비한 무력진압으로 많은 희생자를 내면서 당시에는 무위로 끝나게 되었다. 또한 신군부는 비상계엄확대조치와 함께 사실상 계엄해제를 요구할 수 있는 국회의 집회를 봉쇄한 상태로 사실상의 혁명위원회인 '국가보위비상대책위원회'를 6월 구성하고 전두환이 그 상임위원장으로 취임하였다. 국회를 중심으로 하는 정당 및 정치활동을 금지하면서 헌정을 중단하고, 국가보위비상대책위원회가 3권을 사실상 장악한 것이다.

그런데 위와 같은 단계적 쿠데타가 진행되는 동안에 많은 국민들과 정치권은 유신독재를 벗어나 '정치의 봄'이 올 것으로 착각하고 비상계엄이 선포된 상황에서도 활발한 헌법개정논의가 전개되었다. 최규하 대통령이 유신헌법의 문제점을 인식하고 헌법개정을 포함한 민주화일정을 명시적이진 않았지만 밝힌바 있기 때문이다. 그리하여 국회는 1979년 11월 26일 여야동수로 '헌법개정심의특별위원회'를 구성하여 활동을 시작하였고, 행정부도 '헌법연구반'의 활동을 바탕으로 1980년 3월 14일 각계 인사 69명으로 '헌법개정심의위원회'를 구성하여 개헌작업을 추진했으며, 학계에서는 몇몇 학자들의 독자적인 헌법개정안이 제시되는 등 그야말로 여야를 떠나 범국민적인 Konsens가 표출되었다. 그만큼 유신독재체제에 대한 염증과 폐해가 컸음을 의미함과 동시에 국민의 의지가 반영된 국민의 생활규범으로 받아들일만한 새로운 헌법에의 기대가 컸다는 것을 의미한다.

그러나 1980년 5월 17일 비상계엄확대조치 이후 정치적 표면에 등장한 신

196) 5.18광주민주화운동의 법적 성격은 신군부의 불법한 정권탈취와 행사에 항거한 저항권의 행사였다. 따라서 저항권의 속성과 같이 당시는 항쟁관련자들이 모두 범죄행위로 처벌받았으나, 국회에 의하여 '광주민주화운동'으로 성격규명이 이루어진 이후에 모두 재심을 통해 무죄판결을 받았고 또한 명예회복과 보상이 이루어졌다.

군부는 국회의 개헌작업을 비롯한 모든 활동을 정지시키는 등 헌정을 일부 중단시키고, 대신에 행정부의 '헌법개정심의위원회'에 의하여 헌법개정을 맡게 하되, 사실상 그 '요강작성소위원회'가 이를 주도하게 하였다. 즉 이 소위원회가 작성한 헌법개정요강안을 토대로 '헌법개정시안작성소위원회'가 헌법개정시안을 만든 다음 헌법개정심의위원회에 보고하여 9월 9일 헌법개정안으로 확정하였다. 그리고 이 헌법개정안은 국무회의의 심의를 거쳐 9월 29일 공고되고, 10월 23일 국민투표에서 절대다수의 찬성을 얻은 다음,[197] 1980년 10월 27일 새 헌법으로 공포되었다.

다만 공포와 함께 효력을 발휘한 제5공화국헌법은 부칙을 통하여 구헌법에 의하여 구성되어 그 활동이 중단되고 있던 국회와 통일주체국민회의를 해산하고, 새 헌법에 의한 국회가 구성될 때까지 국회의 권한을 대행할 '국가보위입법회의'를 설치하는 것으로 하였다. 그리하여 1980년 10월 29일 대통령이 임명한 81명의 위원으로 국가보위입법회의가 구성되고, 제5공화국헌법에 따른 대통령선거법, 국회의원선거법, 국회법, 정당법 등 각종 부속법률(총 189건)을 1981년 2월까지 제정하였으며, 1981년 2월에는 대통령간접선거가 실시되고 또한 3월에는 국회의원선거를 실시하여 국회를 구성하여 제5공화국헌법에 따른 헌정이 실시되었다.

2. 憲法制定의 限界

제5공화국헌법은 유신헌법이라는 장식적 헌법이 가지고 있는 독소적 요소를 제거하고 자유민주주의를 실질적으로 실현할 수 있는 헌법으로 변화하는 과제를 안고 태어났다. 특히 전두환대통령이 통일주체국민회의를 통해 취임하면서 국정지표로 내세웠던 민주복지국가건설·정의사회구현·평화적 정권교체 등의 이념적 지표가 그것을 반영하고자 하는 것이었다. 따라서 이 이념적 지표가 제5공화국헌법에 그대로 반영되어 유신헌법의 비민주적 요소를 완화 내지 배제하거나 유신헌법에서 폐지되었던 내용을 부활하는 등 많은 개선이 이루어졌다. 즉 장기집권을 막는 장치가 필요했고, 유신헌법에 의하여 약화된 기

197) 유권자 95.5%의 투표와 투표자 91.6%의 찬성을 얻었다.

본권보장제도를 다시 강화하게 되었으며, 대통령에게 집중된 권력을 권력분립 원리에 맞게 각 헌법기관에 돌려주는 것이 과제가 되었다. 다만 열화와 같이 국민들이 주장하던 직선대통령제가 전두환을 비롯한 신군부세력에 의하여 받아들여지지 않은 한계가 있었다.

3. 憲法制定의 內容

제5공화국헌법은 총강부분에서 전통문화의 창달, 재외국민보호, 국가의 정당보조금지급, 국군의 사명조항 등이 신설되었다. 또한 기본권부분에서 행복추구권, 형사피고인의 무죄추정원칙, 사생활의 비밀과 자유보호, 적정임금제, 환경권, 연좌제금지원칙 등의 규정이 새로이 규정되었고, 구속적부심사제의 부활, 긴급구속요건의 강화, 자백의 증거능력의 제한 등이 개선되었으며, 무엇보다도 기본권에 대한 '본질적 내용의 침해금지조항'을 부활시켜 기본권보장의 실효성을 높이려고 노력했다. 그리고 통치구조부분에서는 대통령의 선출을 대통령선거인단을 통한 간접선거로 바꾸면서 임기를 7년 단임으로 하였고, 대통령의 국회해산권을 없애고 국회의 국정조사권을 다시 인정했으며, 국가긴급권을 긴급조치권으로 바꾸면서 그 악용 및 남용의 가능성을 줄였다. 그밖에 사법권독립을 위하여 대법원장에게 법관임명권을 주면서 동시에 징계처분에 의한 법관파면제를 폐지했으며, 대법원에 행정·조세·노동·군사 등의 전담부를 설치할 수 있게 하였다. 경제조항에서도 자유시장경제질서를 유지하면서도 독과점금지, 중소기업보호육성, 소비자보호 등을 새로이 신설했다. 헌법개정에 대하여도 유신헌법에서의 2원주의를 지양하고 오로지 국회의 의결과 국민투표를 거쳐 확정시키도록 하였다.

4. 憲法制定의 性格

제5공화국헌법은 형식상 제4공화국헌법의 2가지 헌법개정의 절차 가운데 대통령에 의한 발의형태를 거쳐 개정되었다. 그러므로 법실증주의적 관점에서는 헌법개정 또는 헌법개혁에 해당한다는 주장이 가능하다.[198] 그러나 이 헌

198) 윤세창, 신헌법(전정판), 일조각, 1983, 89면 이하.

법변개를 주도한 전두환대통령이 이미 12.12군사반란을 주도하여 단행한 단계적 쿠데타의 결과로 정권을 탈취하면서 진행된 것이기 때문에 그와 연계하여 평가되어야 마땅하다는 점에서 문제가 제기된다. 즉 국회의 기능을 정지시킨 일부 헌정중단이 있었을 뿐만 아니라 유신헌법체제의 근본적 문제점을 청산하려는 동기가 엿보였고, 또한 부칙에 의하여 국가보위입법회의를 설치하는 것과 같은 정치결단적 내용이 포함되는 등 정상적인 헌법개정이나 헌법개혁으로 평가하기 어려운 문제점이 있다. 따라서 비록 합법을 가장하여 헌법개정의 절차를 거쳤지만 단계적 쿠데타의 완성형태로 이루어진 헌법변개이기 때문에 헌법제거에 해당한다고 할 수 있다. 즉 역사적인 환경과 국민의 Konsens의 질의 관점에서 평가할 때 새로운 정치세력에 의하여 추진되고 국민의 적극적 참여를 통하여 이루어진 점에서 새로운 헌법제정에 준하는 것으로 보더라도 헌법이론상 무리가 없다.[199]

5. 憲法制定의 正當性

제5공화국헌법의 성격에서 알 수 있듯이 그것은 단순한 헌법개정의 문제가 아니었고 헌법제정에 준하는 헌법제거에 해당한다. 그리고 제3공화국헌법제정의 경우는 물론이고 제4공화국헌법의 제정에 있어서와 같이 정당성이론에 있어서 문제가 있더라도 사실의 규범적 효력이론에 의하여 부정될 수 없는 것이었다. 다만 여기서도 헌법제정의 정당성이라는 관점에서 어떤 문제점을 안고 있었는지를 살펴보기로 한다.

제5공화국헌법은 제4공화국헌법의 헌법개정의 방법에 따라 헌법제정이 진행된 것을 특징으로 한다. 즉 전두환의 신군부세력이 단계적 쿠데타로 정권을 장악하여 쿠데타를 완성시킨 다음 헌법개정이란 이름아래 새로운 헌법제정을 시도한 것이기 때문이다. 다시 말해서 당시의 헌법개정의 절차에 관한 2가지 규정 중 하나에 해당하는 대통령의 헌법개정안 발의권을 토대로 사실상 헌법제정을 진행하였다는 점이다. 그리하여 제5공화국헌법에 대한 헌법제정의 정당성을 논함에 있어서 합헌적 헌법개정으로 포장된 것이기 때문에 한계가 발

---

199) 허영, 한국헌법론, 2003, 117면; 김철수, 헌법학개론, 2003, 74면 이하.

생함을 의미한다. 즉 민주적 정당성의 시각에서 국민의 대의기관에 의한 헌법안에 대한 의결이 전제되지 않음에도 불구하고 합헌성이 있는 것으로 포장되었다는 것이며, 당시의 헌법이 대통령의 헌법개정안 발의권에 대해서만 규정하고 있을 뿐 그 절차와 방법에 대하여 아무런 규정을 두고 있지 않았기 때문에 대통령이 헌법개정안을 마련하여 국민투표에 회부하기까지의 과정에 대한 절차적 정당성이 문제될 여지가 적었다는 것이다.

그러나 제5공화국헌법은 신군부세력이 자신들의 존립을 위해 국민들의 염원인 직선대통령제를 채택하지 않고 대통령 간선제를 토대로 한 헌법안을 내놓은 것은 문제가 심각한 것이었다. 그것은 핵심적 내용에 대한 국민적 합의를 배반한 것이었고, 또한 국민투표를 통하여 다수국민의 지지를 받은 것처럼 보였지만 그것은 강요된 것에 지나지 않았다. 왜냐하면 그 국민투표는 반대의 여지가 사실상 봉쇄된 국민투표였기 때문이다. 즉 장식적 헌법에 해당하는 유신헌법의 문제점을 시정한다는 명분아래 진행된 것이기 때문에, 새로운 헌법제정에 반대한다는 것은 유신헌법을 계속하여 지지한다는 것을 의미하였고, 고로 헌법제정에 대한 국민투표는 반대할 여지가 없는 국민투표였다. 따라서 제5공화국헌법은 누구도 반대할 여지가 없는 사실상 강요된 것이었다는 점을 지적하지 않을 수 없다.

결국 제5공화국헌법은 절대다수 국민의 지지에도 불구하고 정당성을 인정하기 어려운 헌법이었다. 국민적 합의를 바탕으로 하는 당시의 직선대통령제를 채택하지 않은 점에서 민주적 정당성과 목적적 정당성이 인정되기 어렵고, 유신시대를 청산해야 한다는 목적의식 때문에 신군부 쿠데타세력에 의하여 강요된 헌법안이 그대로 받아들여지지 않을 수 없었다는 점에서 절차적 정당성도 인정되기 어렵다.

II. 第5共和國 憲政의 實際

1. 全斗煥政權의 出帆

전두환대통령이 11대 대통령에 취임한 것으로 정권장악을 하였지만 그것으로 단계적 쿠데타가 완성된 것이라고 할 수 없었다. 새로운 헌법을 제정하고 그에 따라 정부를 구성해야 완성된 것이라고 볼 수 있기 때문이다. 그리하여 전대통령은 자신들의 의도대로 제5공화국헌법의 제정을 추진하고 새 정부구성과 관련된 부속조치를 위해 헌법부칙으로 해결하였다. 즉 헌법부칙에 따라 국가보위입법회의를 통하여 부속법률들을 정비하고, 1981년 1월 25일 비상계엄을 해제하였으며, 2월 11일 대통령선거인단(5278명)을 선출한 다음, 이 선거인단에서 2월 25일 자신을 제12대 대통령으로 선거(찬성4755명)하게 하여, 3월 3일 대통령에 취임하였다. 그러나 국민의 대의기관이 아닌 국가보위입법회의가 법률을 제정한 것은 물론이고 국민의 염원이었던 대통령 직선제가 무시된 점에서 민주적 정당성을 인정받을 수 없는 것이었음은 물론이다.

한편 국가보위입법회의가 제정한 선거법에 따라 1981년 3월 25일 국회의원총선거를 실시하여 276명의 국회의원으로 새로운 국회를 구성하였다. 그런데 당시의 국회의원선거법은 92개 지역구에서 1구 2인 다수대표선거제로 뽑고, 전국구비례대표선거에서 92명을 뽑는데, 지역구에서 가장 많은 당선자를 낸 제1당에게 비례대표의석의 2/3를 우선배정하도록 하였다. 그런데 이것은 민주적 정당성의 크기에 비례하여 의석수를 배정해야 한다는 비례대표선거제의 원칙을 깨뜨린 것이었다. 뿐만 아니라 당시의 선거는 헌법부칙 제6조 제4항에 따라 국가보위입법회의가 제정한 정치풍토쇄신에관한법률에 근거하여 3김을 비롯한 많은 정치인의 정치활동을 규제한 가운데 치러진 것으로서 민주적 정당성을 인정받을 수 없는 상황이었다.

2. 全斗煥政權의 統治

유신헌법의 폐해를 인식하면서도 국민이 원하는 모든 내용을 제5공화국헌법으로 담아내지 못한 까닭에, 그리고 처음부터 민주적 정당성이 없는 정권이었기 때문에, 신군부는 힘에 의한 통치로 나아갈 수밖에 없었다. 특히 헌법시행에 필요한 부속법률들이 주로 국가보위입법회의에서 제정되었고, 그 내용에 있어서도 비민주적 법률들이 많았기 때문에,[200] 그 법률들의 남용으로 인한 기본권침해가 극심하였다. 즉 집권조기에 볼아붙인 삼청교육대사건 및 언론탄압사건 등은 '힘에 의한 통치'의 전형을 이루었고, 이후로도 유신정권에 못지않은 인권탄압이 비일비재하게 자행되어 대부분의 국민들이 숨을 죽이고 살아야 했다. 그 결과 국가의 목적적 정당성은 찾아보기 어려웠고, 또한 헌법의 생활규범성은 약해질대로 약해졌다.

한편 3김을 비롯한 대다수 정치인이 정치규제에 묶여 있는 상황에서 국회의 전두환정권에 대한 통제는 기대할 수 없었다. 즉 야당(민한당과 국민당)은 여당의 2중대역할을 자임하는 정도였기 때문에 견제와 균형관계는 이루어질 수 없었다. 사법부의 경우도 시국사건에 대해서는 피고인의 행위의 목적이나 의도는 전혀 논의하지 않은 채 실정법위반 부분에 대해서만 기계적으로 판단하여 정권의 시녀역할을 톡톡히 하였다. 결국 절차적 정당성이 인정될 수 없는 상황이었다.

그런데 1985년 2월 12일 국회의원총선거에서 정치규제로 묶여 있던 많은 야당정치인이 참여하면서 변화가 시작되었다. 특히 양김을 주축으로 하는 신생 야당(신민당)은 직선대통령제로의 개헌을 주장하면서 돌풍을 일으켜 당당히 제1야당(102석)이 되었음은 물론이고 3개 야당의 득표율(58.1%)이 집권여당인 민정당의 득표율(35.2%)을 훨씬 앞질러 정치권의 변화가 감지되었다. 전두환정권의 권위주의적통치에 심판을 내린 것으로서 통치방법의 변화를 요구한 것이었다.

결국 '2.12총선'을 통하여 분출된 국민의 열망을 바탕으로 야당은 직선대통령제로의 개헌을 강력히 밀고 나갔고, 전두환정권은 마지막까지 개헌불가론을 고수하려고 했다. 즉 개헌논의를 엄벌하겠다는 경고에도 불구하고 개헌논의의 중단이 불가능해지자 전두환정권은 맞불작전으로 의원내각제개헌론을 들고 나왔고, 또한 여야간의 합의가 이루어질 가능성이 없다고 판단하고 여야간의 개

200) 그 대표적 법률들로는 언론기본법, 집회및시위에관한법률, 국가보안법, 사회보호법, 사회안전법 등이다.

헌합의를 촉구하는 제안을 하기도 했다. 그리고 1988년의 올림픽개최를 1년여 앞두고 개헌논의를 올림픽 이후로 연기하자는 '4.13담화'를 발표하기도 했다. 그러나 이 모든 조치가 헌법상의 7년 단임에도 불구하고 의원내각제를 통한 상기집권의 음모가 있음을 간파하고 국민들은 직선대통령제로의 개헌관철을 위하여 '6월항쟁'으로 항거하였고, 그 결과 노태우 민정당대통령후보의 '6.29 선언'과 전대통령의 '7.1담화'를 통해 직선대통령제로의 개헌약속을 얻어냈다.

3. 제5공화국 憲政에 대한 綜合的 評價

전체적으로 제5공화국 헌정으로 불리우고 있는 전두환정권의 시기에 있어서 가장 큰 문제점은 단계적 쿠데타를 통해 불법하게 정권을 탈취했기 때문에 민주적 정당성이 없다는 것이었다. 뿐만 아니라 제5공화국헌법의 내용에서도 국민의 열망에 따라 유신헌법에 의하여 빼앗긴 국민의 대통령선출권을 채택하지 않음으로써 더욱 민주적 정당성을 약화시키는 원인이 되었음은 물론이다. 이것은 12.12사태와 5.18항쟁 당시에 유혈사태를 통해 많은 국민의 희생을 담보로 정권을 장악한 정권이었기 때문에 국민의 직접선거를 통하여 당선될 가능성이 거의 없을 것으로 보고 불가피하게 선택한 것이었다고 할 수 있다.

한편 제5공화국헌법 제정 이후에도 국민대표성, 즉 민주적 정당성이 없는 국가보위입법회의가 제정한 법률들이 양산되었고,[201] 이 법률들이 전두환정권을 유지시키는 근간이 되었다는 점에서 문제점이 크다. 뿐만 아니라 새 헌법에 의한 국회구성마저도 민주적 정당성의 크기에 비례하여 비례대표의석을 배분해야 한다는 원리에 맞지 않게 구성되었음은 말할 필요도 없다. 결국 제5공화국 전두환정권은 총체적으로 민주적 정당성을 인정받을 수 없는 불법정권이

---

201) 국가보위입법회의가 제정하거나 개정한 법률의 효력에 대하여 합헌설과 위헌설이 대립된바 있다. 이에 대하여 헌재는 "1987. 10. 29. 공포된 현행헌법 부칙 제5조는 현행헌법 시행 당시의 법령은 현행헌법에 위배되지 아니하는 한 효력을 지속한다고 하여 법령의 지속효에 관한 규정을 두고 있으므로, 국가보위입법회의에서 제정된 법률의 내용이 현행 헌법에 저촉된다고 하여 다투는 것은 별론으로 하되, 현행헌법 아래에서도 제정절차에 위헌적 하자가 있음을 이유로 이를 다툴 수는 없다고 함이 헌법재판소의 확립된 판례이다"고 하여 합헌설을 취하고 있다. 헌재결 1997. 1. 16, 89헌마240, 헌재판 9-1, 45(73이하).

었다고 할 수 있다.

이렇게 민주적 정당성이 없는 정권이었기 때문에 전두환정권은 철저하게 '힘의 통치' 내지 권위주의통치로 나아갈 수밖에 없었다고 할 수 있다. 그리고 이것은 곧 통치권의 절차적 정당성이 작동될 여지가 없었음을 의미한다. 즉 국회는 처음부터 들러리 역할을 하는데 만족해야 했고, 사법부도 행정부를 통제하기는커녕 시국사범에 대하여 실정법위반이라는 기계적 판결을 통해 정권을 뒷받침하는 시녀역할을 하였다.

뿐만 아니라 유신정권에 있어서와 마찬가지로 전두환정권은 국가안보논리로 무자비하게 인권을 유린하였다. 특히 언론통폐합조치를 통해 권언유착관계를 맺은 것으로도 모자라 보도지침을 내려보내 철저하게 언론탄압을 하였고, 삼청교육대사건, 군녹화사업 등 헤아릴 수 없는 조직적 인권유린이 자행되었다. 따라서 국가의 목적적 정당성이 인정될 수 없음은 물론이다.

결국 제5공화국 전두환정권은 권위주의통치의 전형을 이루는 것으로서 명목적 헌법국가의 시기였다고 할 수 있다. 그것은 비록 국민의 염원을 거스른 간선대통령제라는 헌법 자체의 문제점도 있지만, 유신헌법의 문제점을 인식하고 많은 부분 개선된 헌법이었기 때문에 장식적 헌법이라고 평가하기에는 무리가 있다. 즉 헌법 자체의 문제점보다도 그 운용에 있어서 철저하게 '힘의 통치' 내지 '권위주의통치'를 행한 점에서 주된 평가가 이루어져야 한다고 보기 때문에 장식적 헌법국가라기 보다는 명목적 헌법국가였다고 평가하는 것이 옳다고 본다.

제 7 장

6월抗爭과 소위 第6共和國

I. 憲法制定의 過程과 性格 및 正當性

1. 憲法制定의 過程

'6월항쟁'의 결과 직선대통령제로 개헌에 합의한 여야는 개헌작업을 빠른 속도로 진행하였다. '여야8인정치협상'이 시작된 지 1개월만인 1987년 8월 31일 여야합의에 의한 개헌안이 준비되고, 9월 18일에는 여야공동으로 헌법개정안을 국회에 발의하였으며, 9월 21일 개헌안공고절차를 거쳐 10월 12일 국회에서 개헌안을 의결하였다.[202] 국회의 의결을 거친 개헌안은 헌법이 정한대로 10월 27일 국민투표에 붙여져 총유권자 78.2%의 투표와 투표자 93.1%의 찬성을 얻어 헌법개정이 확정되고 10월 29일 공포되었다. 헌정의 중단이 없이 여야간에 합의로 이루어진 최초의 평화적 헌법개정이었으며, 건국헌법 이후 제9차 헌법변개였다.

그런데 소위 제6공화국헌법은 그 부칙에서 공포즉시 효력을 발하게 한 것이 아니라 1988년 2월 25일부터 효력을 발생하게 하였다. 다만 새 헌법을 시행하기 위하여 필요한 법률의 정비와 정부구성에 관한 준비는 그 이전에 하도록 부칙이 규정하였다. 즉 새 헌법에 합치된 대통령선거법 및 국회의원선거법 등을 마련하고, 특히 1988년 2월 25일로 예정된 헌법의 효력발생에 맞추어 그

202) 재적 272명 가운데 258명이 표결에 참여하였고, 254명이 개헌안에 찬성하고 4명이 반대함으로써 가결되었다.

40일전까지 대통령을 선거하여, 새 헌법 시행일로부터 대통령의 임기가 시작되게 한 부칙규정에 따라 1987년 12월 16일 대통령선거가 실시되었다.

2. 憲法制定의 限界

소위 제6공화국헌법이 헌법이론상의 것이기보다는 사실상의 명칭이기 때문에 헌법제정의 한계가 논의될 여지가 없다. 구헌법의 근본이념과 기본원리들이 그대로 존중되면서 이루어진 변개이기 때문이다. 다만 헌법전문에서 '4.19' 민주이념을 계승하고, 조국의 민주개혁과 '자유민주적 기본질서'에 입각한 평화통일의 역사적 사명을 천명함으로 인하여 남북통일의 목적과 방향이 제시된 점에서 헌법해석에 중대한 변화를 가져왔다고 할 수 있다.

3. 憲法制定의 內容

소위 제6공화국헌법의 주요내용은 6월항쟁에서 표출된 직선대통령제의 채택과 국민의 기본권의 강화, 그리고 통치권행사의 절차적 정당성을 강화하기 위한 내용들로 이루어졌다. 첫째, 기본권부분에서 적법절차조항의 신설, 체포·구속시 고지의무 및 가족에의 통지의무 명문화, 재산권수용에 있어서 정당보상제도의 채택, 형사보상청구권을 확대하여 형사피의자와 불기소처분자의 보상청구권보장, 형사피해자의 공판진술권과 국가구조청구권의 신설, 최저임금제의 시행, 근로자의 단체행동권제한 사업체의 범위 축소, 생활권적 기본권을 보다 구체화하여 여자·모성·노인·청소년·생활무능력자의 권익보호를 추진하였다. 둘째, 통치구조부분에서는 대통령직선제의 도입과 임기 5년의 단임으로 개정, 대통령의 국회해산권의 폐지, 대통령의 국가긴급권을 약화시켜 긴급명령권 등으로 규정, 국회의 연간회기일수제한의 폐지, 국회의 국정감사권의 부활, 국무총리와 국무위원에 대한 국회의 해임의결권을 해임건의권으로 변경, 대법원판사제를 대법관제로 변경하면서 국회의 임명동의제도의 신설, 헌법재판소를 신설하여 헌법재판사항을 담당하게 하되 실효성을 제고하였다.

4. 憲法制定의 性格

지금까지의 헌정사의 시대구분에 비추어 가장 논란이 많은 것이 소위 제6공화국헌법의 경우이다. 먼저 6월항쟁을 전후한 국민적 저항과 6.29선언이 명예혁명이었다는 것을 전제로 여야합의로 대통령직선제가 쟁취되고 국회의 복권을 통한 민주화 및 정권교체의 가능성이 부여된 점에서 새로운 헌법제정이라고 보기도 하고,[203] 국민적 요구에 의하여 권위주의시대를 마감한 헌법이라는 의미에서 새로운 헌법제정이라고 부르기도 한다.[204]

반면에 소위 제6공화국헌법은 제5공화국헌법과 질적인 차이가 없고, 그 개정과정에서 규범적 효력의 중단 없이 그 개정절차에 따라 개정 · 공포된 것이며, 개헌작업이 구헌법하의 정치주도세력에 의해 여야합의로 이루어졌다는 점에서 전형적인 헌법개정이었다고 보기도 한다. 특히 6월항쟁은 대통령직선제와 민주화를 바라는 국민의 Konsens가 '정치적 힘'으로 표출된 것으로서 개헌의 원동력 내지 추진력은 되지만, 4.19의거에 있어서와 같이 정치주도세력의 개편이 없이 집권층이 여전히 구헌법하의 정치집단과 동일한 정치상황 속에서 이루어진 것이므로 정치적인 관점에서는 몰라도 헌법이론적인 관점에서 새로운 헌법제정으로 볼 수 없다고 한다.[205]

생각건대 대통령직선제로의 개헌이 헌법의 근본적인 결단사항이 아니라고 보는 한, 또한 헌법이 정하고 있는 헌법개정의 방법과 절차를 민주적으로 거친 경우에 해당하기 때문에, 소위 제6공화국헌법은 헌법이론상 헌법제정으로 보기는 어렵다. 특히 헌법이론적으로 헌정의 중단, 헌법의 대체, 새로운 정치세력의 등장이라는 3가지 요소를 헌법제정에 준하는 징표로 보는 한, 이 헌법변개는 헌법의 대체만 있었을 뿐이기 때문에 헌법이론상 새로운 헌법제정으로 보기 어렵다. 다만 소위 제6공화국헌법은 개헌의 양적인 규모가 구헌법조문의 약 37%에 미치는 전면적인 것이었기 때문에 '헌법개혁'으로 부를 수 있을 것이지만, 이 경우에도 모든 헌법개혁을 새로운 헌법제정에 준하는 것으로 평가할 것인가의 문제가 남는다. 즉 새로운 정치주도세력에 의해 헌법개혁이 시도

---

203) 김철수, 헌법학개론, 2003, 77면.

204) 성낙인, 헌법학, 2004, 72면.

205) 허영, 한국헌법론, 2003, 122면 이하.

된 4.19의거의 경우에 새로운 헌정의 출발로 평가한 반면에, 비록 6월항쟁은 정치세력의 근본적 변화 없이 헌법개혁이 이루어졌기 때문에 새로운 헌정의 출발로 볼 수 있을지 의문이 제기된다. 결국 6월항쟁이 성공한 저항권의 행사로 평가된다 하더라도 정치세력의 근본적 변화가 없이 헌정이 출발한 점에서 헌법이론상 헌법제정에 준하는 것으로 보기는 어렵다.

그렇지만 노태우정권이 출범하면서 집권세력은 전두환정권과의 차별성을 강조하기 위하여 제6공화국의 출범을 공식으로 선언하였다. 즉 헌정사를 시대구분하는 헌법이론적 틀이 명백하게 제시되어 있지 않았던 까닭에, 집권세력의 차별화정책에 부응하여 언론기관들과 일부 헌법학자들이 무비판적으로 이를 수용하기에 이르렀다. 또한 국민들의 경우도 '5공청산'을 열망하는 정서가 강했기 때문에 이 명칭을 쉽게 받아들이고 말았다. 따라서 노태우대통령의 통치시기를 소위 제6공화국으로 부르는 것이 관행으로 굳어진 이상, 그것이 아무리 헌법이론적으로 문제가 있다고 하더라도 이제 돌이키기 어려운 명칭으로 화하였다.[206] 그리고 차후의 새로운 헌법이 통일헌법이 될지 알 수 없으나, 새로운 제7공화국이라는 헌정기의 시작을 위해서도 현행헌법 하의 헌정기를 소위 제6공화국 헌정기로 평가하게 하는 것이 불가피하게 되었다고 생각한다.[207]

5. 憲法制定의 正當性

헌법제정의 성격에서 알 수 있듯이 제6공화국헌법은 헌법제정의 측면보다는 헌법개정의 성격을 많이 가지고 있다고 하였다. 그리고 헌정의 시대구분과 관련하여 헌법이론이 아니라 사실상의 측면에서 제6공화국으로 부르게 되었음을 알 수 있었다. 다만 헌법제정에 준하는 헌법개혁이 아니라 하더라도 많은

206) 따라서 최소한 '제6공화국'이라는 칭호를 3당통합(1990. 1. 22) 이후의 달라진 정치적 상황을 가리키는 의미로 한정해서 이해하자는 논리는 너무나 기교적이다. 허영, 한국헌법론, 2003, 124면.

207) 결국 김영삼정부에 이르러 공화국 명칭을 포기하게 만드는 결과를 가져왔고, 그 이후의 모든 정권이 국정지표를 중심으로 정부명칭을 부르게 하였다. 문민정부, 국민의 정부, 참여정부가 그것이다.

헌법조문에 대한 개정이 이루어진 점에서 그 정당성에 대한 평가가 요구된다고 본다.

무엇보다도 제6공화국헌법은 민주적 정당성의 시각에서 문제점이 없다. 우리 헌정사에서 처음으로 여야정치세력의 합의에 의하여 만들어진 헌법이라는 점에서 그러하고, 또한 국민투표에서도 절대다수 국민의 지지를 받은 점에서도 그러하다. 그리고 여야간의 합의과정이 무력충돌 없이 대화로 이루어진 점에서도 절차적 정당성이 지켜진 것이라고 할 수 있다. 특히 제5공화국헌법의 정당성을 인정할 수 없게 만들었던 직선대통령제를 비롯하여 대부분의 문제점이 시정된 점에서 내용상으로도 문제가 없었기 때문에 목적적 정당성도 갖춘 것이었다.

II. 소위 第6共和國 憲政의 實際

1. 盧泰愚政權時代의 憲政狀況

소위 제6공화국헌법에 따라 1987년 12월 16일에 실시된 대통령선거에서 민정당의 노태우후보가 전두환정권의 적극적 지지에 힘입어 총유권자의 32%를 얻어 제13대 대통령에 당선되었고,[208] 새 헌법규정에 따라 노태우정권이 1988년 2월 25일 출범했다. 그리고 개정된 국회의원선거법에 따라 1구1인 상대다수대표제와 전국구비례대표제를 혼합한 국회의원총선거가 1988년 4월 26일 실시되었다. 그런데 이 4.26총선에서 정당정치가 자리잡은 이후 처음으로 여당이 다수의석을 차지하지 못하는 여소야대현상이 나타났다.[209] 또한 5월에는 대법원장을 비롯한 대법원의 인사가 대폭적으로 있었고, 9월 1일에는 헌법재판소가 처음으로 문을 열고 업무를 개시하였다.

---

208) 총유권자 25,873,625명 중 89.2%가 투표에 참가하였으며, 노태우후보는 총유권자의 32%, 총투표자의 35.9%, 총유효투표의 37%를 얻어 당선되었다.

209) 제13대 국회의원총선결과는 다음과 같다. 정당별 의석분포는 민정당 125석, 평민당 70석, 민주당 59석, 공화당 35석, 기타 10석이었다. 그런데 정당별 득표율은 민정당 33.9%, 민주당 23.8%, 평민당 19.3%, 공화당 15.6% 등이었다. 여기서 주목할 것은 정당별 득표율과 의석수가 비례하지 않는다는 점이다.

노태우정권은 전두환정권의 적극적인 지지에 따라 당선되었음에도 불구하고 5공정권과의 차별화를 추진하지 않을 수 없었다. 그것은 노태우정권이 6월항쟁의 이념에 따라 민주화의 과제를 안고 새 헌법에 따라 출발했기 때문이다. 더군다나 국회의 여소야대현상은 대통령에 대한 국회의 견제기능을 강화하여 지난날과 같은 대통령의 독재경향을 막을 수 있도록 국민이 선택한 것이라는 점에서 의미 있는 것이었다. 그리하여 노태우정권은 국회에서 이루어진 '5공청문회'를 받아들이지 않을 수 없었고, 또한 국회가 추진하는 정치개혁과 인권상황의 개선 등을 일부 받아들여 민주화를 앞당기는 듯했다.

그런데 소위 제6공화국헌법은 대통령의 권한을 약화시키고 국회의 권한을 강화시키는 결과를 가져오는 한편, 대통령이 국회의 다수의석을 확보하지 못하여 정국의 불안정과 갈등이 장기화하는 경우(분할정부, divided government) 이를 조정할 수 있는 제도적 장치가 없어 불안할 수밖에 없었다. 결국 이 제도적인 문제점과 함께 여소야대현상은 지금까지의 정국운영방식으로 해결할 수 없는 여러 상황을 연출하게 되었다. 그리하여 노태우정권은 정국불안정을 해결하기 위한 방법으로 민정당·통일민주당·신민주공화당의 3당통합을 1990년 1월 22일 선언하며 추진하였고, 1990년 2월 15일 민주자유당이라는 국회 전체 의석의 2/3를 넘는 거대여당을 출범시켰다.

노태우정권은 이전의 정권들에 비해 민주적 정당성의 면에서 문제점이 많은 것은 아니었다. 다만 낮은 국민적 지지율 때문에 민주적 정당성이 약할 수밖에 없었고, 또한 국회에서도 여소야대현상이 나타나 정당성 시비를 낳았다. 특히 선거공약으로 내세웠던 중간평가를 두고 끊임없는 시달림을 받았다. 그리하여 內治보다는 '북방정책'이라는 外治에 치중하여 부분적인 성과를 거두기도 했지만, 그러한 시비를 일거에 잠재우기 위하여 3당합당을 추진하였다고 할 수 있다. 그러나 그것은 국민의 대의기관구성권을 무시함과 동시에 절차적 정당성을 침해한 것으로서 문제점이 많았고, 3당합당은 의원내각제 밀약설의 폭로와 함께 오히려 민자당 내의 파벌싸움으로 발전하여 정국을 더욱 혼란케 하였을 뿐이었다. 또한 지방자치법의 명문규정을 무시하고 지방자치단체장선거를 실시하지 않은 것, 국회에서의 날치기법안통과, 계속하여 터진 권력형 부정부패사건 등 때문에 노태우정권은 임기 내에 다시 실시된 1992년 3월 24일의

제14대 국회의원총선거에서 원내 과반수의석을 획득하지 못하고 말았다.[210)]

결국 노태우정권은 전두환정권과 같은 군사통치 내지 권위주의통치를 벗어나 민주화를 위한 기회를 살리지 못했으며, 여소야대정국에 맞는 국정운영방식을 계발하여 민주화를 발전시킬 기회를 스스로 포기하였다. 따라서 헌성사석으로 볼 때 권위주의통치로부터 벗어나기 위한 과도기적 역할을 하였다고 평가할 수 있고, 명목적 헌법국가에서 규범적 헌법국가로 발전하기 위한 가능성을 열어주었다고 평가된다. 특히 헌법재판제도의 정착을 통하여 헌법규범이 헌정을 실질적으로 지배하는 기틀을 마련한 점에서 상당한 평가를 받을 수 있다.

2. 金泳三政權時代의 憲政狀況

대권욕심을 숨기며 의원내각제 밀약까지 하면서 3당합당이라는 야합을 단행한 김영삼 민자당대표는 심각한 당내갈등을 극복하고 제14대 대통령후보가 되었으며, 1992년 12월 18일 실시한 대통령선거에서 총유효투표의 42%의 지지를 얻어 당선되었다.[211)] 그는 1993년 2월 25일 제14대 대통령으로 취임하면서 지금까지 관례적으로 붙이던 공화국 명칭을 포기하고 32년만에 군사정권을 종식시켰다는 점을 강조하면서 차별화 하기 위하여 '문민정부'의 출범을 알렸다.[212)]

김영삼정권은 직전 노태우정권에 비하여 많은 국민의 지지를 얻어 탄생했고, 또한 '변화와 개혁'을 표방한 통치지표가 국민들의 지지를 받는 등 민주적 정당성을 바탕으로 집권초기 부정부패척결을 통한 과감한 개혁의 바람을 일으

---

210) 제14대 국회의원총선거 결과 정당별 의석수는 민자당 149석, 민주당 97석, 통일국민당 31석, 신정당 1석, 무소속 21석이었다. 정당별 득표율은 민자당 38.5%, 민주당 29.2%, 통일국민당 17.4%, 신정당 1.8%, 무소속 11.5%이었다.

211) 총유권자 29,422,658명 중 81.9%가 투표에 참여했고, 민자당의 김영삼후보 42.0%, 민주당의 김대중후보 33.8%, 국민당의 정주영후보 16.3%, 신정당의 박찬종후보 6.4% 등으로 표가 분산되었다.

212) 김영삼정부는 헌법개정 자체도 없었기 때문에 새로운 제7공화국 명칭을 붙일 수도 없었고, 그렇다고 제6공화국 명칭을 계속 사용하기도 싫었기 때문에, 결국 공화국 명칭을 순차적으로 붙이는 것을 포기하고 말았다. 그러나 헌정사적으로 제6공화국 제2기 정부라고 할 수 있다.

켰다. 특히 집권초기 국회에서 과반수의 의석을 차지하지 못한 상태였지만, 지난 제5공화국을 탄생시킨 신군부세력을 헌정문란행위로 단정하고 사법적 심판을 시도함에 있어서 여야의 지지를 받아내는데 성공했다. 즉 12.12군사반란 및 5.18광주내란사건을 주도한 전두환·노태우 두 전직대통령과 그 추종세력들을 단죄하는데 걸림돌이 되는 공소시효문제를 해결하기 위하여 특별법을 제정하는데 성공하였고,[213] 두 전직대통령을 사법처리 하였음은 물론이고 천문학적인 부정축재재산을 확인하고 몰수하도록 하였다.[214] 한편 1993년 8월 12일 긴급재정·경제명령을 발동하여 금융실명제를 실시함으로써 부정한 자금의 색출은 물론이고 지하자금의 양성화에도 상당한 기여를 하였다.[215] 또한 1995년 6월 27일 노태우정권에 의하여 보류된 지방자치단체장선거를 지방의회의원선거와 함께 전면적으로 실시함으로써 민주화에 기여하였다.[216]

그런데 김영삼정권은 집권초기의 높은 지지율과 위에서 언급한 중대한 업적 등에도 불구하고 곧 문제점에 봉착하고 말았다. 장기적인 청사진이 없이 일과

---

213) 1995년 12월에 제정된 5.18광주민주화운동등에관한특별법과 헌정질서파괴범죄의공소시효등에관한특례법이 그것이다. 그런데 이 법률들이 제정된 것은 전두환·노태우 등 12.12군사반란 가담자 33명과 5.18광주내란사건 관련자인 두 전직대통령과 가담자 23명에 대한 검찰의 불기소처분 및 이에 대한 헌법재판소의 소극적 결정(헌재결 1995. 1. 20. 94헌마246; 헌재결 1995. 12. 15. 95헌마221, 223, 297(병합))에 대한 김영삼정권의 역사바로세우기의 일환이었다. 결국 특례법의 규정에 따라 12.12군사반란사건에서 시작하여 5.18광주내란사건으로 이어지는 단계적 쿠데타사건의 주도자와 가담자들에 대한 공소시효가 국가의 소추권행사에 장애사유가 존재한 기간 동안(노태우대통령의 임기가 끝나는 1993년 2월 24일까지) 정지하게 됨으로 인하여 형사처벌이 가능하게 되었다. 결국 헌법재판소는 이 특별법들에 대해 합헌결정을 내렸고(헌재결 1996. 2. 16. 96헌가2, 96헌바7, 13(병합)), 이 12.12사건 및 5.18사건에 대한 검찰의 불기소처뷴을 파기하고 재기수사하여 공소제기한 사건을 합헌으로 정당화했다(헌재결 1996. 2.29. 96헌마32,33(병합)).

214) 대법원에서 전두환은 무기징역과 추징금 2,205억원, 노태우는 징역 17년과 추징금 2,628억 9,600만원의 확정판결(대판 1997. 4.17, 96도3376)을 받았다.

215) 이에 대해 금융거래의 실명화를 통해 지하금융자금의 양성화 내지 생산자금화라는 본래의 목적을 달성하기보다는 부정한 자금의 색출과 응징에 목표가 두어짐으로써 실패했다는 주장도 있다. 허영, 한국헌법론, 2003, 127면. 한편 금융실명거래및비밀보장에관한긴급재정경제명령에 따른 명령에 대하여 우리 헌법재판소는 합헌결정을 하였다. 헌재결 1996. 2. 29. 93헌마186, 헌재판 8-1, 125.

216) 지방자치단체장의 선거에서 서울을 비롯한 많은 지방자치단체에서 야당이 승리하는 결과가 나왔다.

성으로 끝난 개혁정책, 인사가 만사라고 전제했으면서도 공정성을 상실한 지연·학연중심의 인사정책, 차남을 중심으로 한 측근들의 대형부정·비리사건, 연속적으로 발생한 각종 대형인명피해사고, 집권초기에 사정으로 처벌받은 인사들을 모두 복권시킨 사면권의 남용, 국제통화기금으로부터 구제금융을 받게 만든 경제정책의 완전한 실패 등은 무능한 정권으로 평가받게 하였다.[217] 결국 이러한 문제점 때문에 처음으로 전면 실시된 6.27지방선거에서 참패하였음은 물론이고 1996년 4월 11일 실시된 제15대 국회의원선거에서도 집권 신한국당이 과반수를 얻는데 실패하였다.[218] 그리하여 총선 이후에 무소속의원은 물론이고 타정당의 국회의원을 끌어들여 과반수를 확보하는 등 3당합당에 버금가는 국회 세력구도의 인위적 개편을 시도하였다.[219] 그리고 김영삼대통령의 존재가 소속 정당의 정권재창출에 도움이 되지 못한다는 이회창 대통령후보자의 요청으로 신한국당을 탈당하는 최초의 사태가 발생하였으며, 이것이 중립적인 지위에서 대통령선거를 치르도록 하여 선거문화를 다소 개선시킨 계기가 되었지만, 헌정사상 최초로 여야간의 정권교체를 허용하는 무능한 대통령으로 평가받는 이유가 되기도 한다.

결국 김영삼정부는 변화와 개혁이라는 시대적 요구를 인식하기는 했으나 의욕만 앞섰을 뿐 능력이 부족하여 이것을 실천에 옮길 제도화에 완전히 실패했다. 온갖 권력기관을 동원하는 등 권위주의통치를 버리지 못했으면서도 헌정사상 처음으로 IMF의 구제금융을 받게 하는 등 많은 분야에서 무능력을 드러낸 것이다. 따라서 김영삼정부도 명목적 헌법국가시대를 벗어나지 못한 것으로 평가해야 한다고 본다.

---

217) 허영, 한국헌법론, 2003, 127면.

218) 당시 여당이었던 민자당이 한보사건 등 각종 권력형 부정부패사건으로 얼룩지자 1995년 12월 신한국당으로 당명을 바꾸고 처음 실시된 총선거였다. 결국 의석분포는 신한국당 139석, 새정치국민회의 79석, 자유민주연합 50석, 통합민주당 15석, 무소속 16석이었다. 정당별 득표율은 신한국당 34.5%, 새정치국민회의 25.2%, 자유민주연합 16.1%, 통합민주당 11.2%, 무소속 11.8%, 기타 0.9% 등이었다.

219) 김영삼정권 퇴임시 국회의 의석분포는 신한국당의 후신인 한나라당 161석, 새정치국민회의 78석, 자유민주연합 43석, 국민신당 8석, 무소속 4석 결원 5석이었다.

3. 金大中政權時代의 憲政狀況

김대중정권은 1997년 12월 18일의 대통령선거에서 승리함으로써 출범하게 되었다. 당시 국민회의의 대통령후보였던 김대중총재는 자민련 대통령후보 김종필총재와 1999년 말까지 의원내각제로 개헌할 것을 약속하고 이른바 'DJP 연합'을 성사시켜 선거에 임한 결과 유효투표의 40.3%를 득표하여 당선되었다.[220] 우리 헌정사상 최초의 여야간의 정권교체가 이루어진 것이며, 김대중대통령으로서는 4번째 도전만에 대통령에 당선된 것이다. 그리고 대통령에 당선되기 직전에 불어닥친 외환위기를 맞아 국난극복의 과제를 안고 1998년 2월 25일 제15대 대통령으로 취임하였고, 김대중정권은 스스로 '국민의 정부'임을 자처하며 제6공화국 제3기정부를 출범시켰다.

그런데 김대중정권의 출범은 처음부터 순탄하게 출발하지 못했다. 김종필 국무총리 내정자에 대해 국회인준을 거부당하자 김대중정권은 그를 국무총리 '서리'로 임명하고 또한 김영삼정권 하에서 임명되어 퇴임을 앞둔 고건 국무총리의 제청으로 국무위원을 임명하여 정부구성을 하는 등 헌법정신에 반하는 일들이 발생했기 때문이다.[221][222] 결국 김영삼정권에 의하여 인위적으로 만들어진 여대야소가 정권교체와 함께 여소야대로 나타나자, 김대중정권도 야당의원들을 회유하여 여당으로 영입함으로써 여대야소로 만들어 정국을 이끄는 대의민주정신을 외면하는 나쁜 전철을 다시 밟게 된 것이다.

뿐만 아니라 김대중정권은 집권 이전부터 국제통화기금의 관리를 받고 있었기 때문에 그에 따라 경제운용을 하지 않을 수 없었다. 즉 높은 고금리정책을

---

220) 총유권자 32,290,416명 가운데 김대중후보 40.3%, 한나라당 이회창후보 38.7%, 국민신당 이인제후보 19.2% 등을 획득했다.

221) 당시 한나라당은 대선후보경선에 불복하고 독자출마한 이인제후보 때문에, 그리고 'DJP연합'의 위력으로 충청권의 득표가 저조했던 까닭에 패배했다고 보았기 때문에, 김종필 국무총리 내정자에 대해 순수히 인준해 줄 수 없었다고 판단된다.

222) 당시의 파동 때문에 국무총리 임명동의제도에 대해 당시 활발한 논의가 이루어졌다. 정권교체가 행정부에 대해서는 이루어졌으나, 국회는 여전히 여소야대정국으로 남아있는 상황에서, 여당의 입장과 달리 야당으로 하여금 대선패배의 핵심인물을 국무총리로 동의해 줄 것을 기대하기 어렵다는 것이 입증되었기 때문이다. 그리하여 정권교체기의 국무총리 임명은 사전동의가 아닌 사후승인의 제도로 바뀌어야 한다는 등의 여러 주장이 제기되었다.

펴 외화의 이탈을 막음과 동시에 재벌 및 금융개혁을 강요받았다. 이에 따라 수많은 공적자금을 동원하여 부실한 금융기관을 개혁하고 통폐합하였고, 부실한 경영으로 국가경제에 부담을 주는 재벌그룹을 해체하면서 공적자금이 투여되었으며, 경제규모에 맞지 않게 중복투자된 분야에 대해 기업간 빅딜(사업교환)을 강제하였다. 준비가 안된 상태에서 짧은 시간 내에 이 모든 조치가 이루어짐으로 인하여 당시에는 많은 부작용이 수반되었던 것이 사실이지만, 결과적으로 우리 경제의 많은 불확실성을 제거하여 경제회생의 발판을 마련한 것으로 평가된다.

그리고 무엇보다도 김대중정권의 출범은 여야간의 수평적 정권교체를 의미하는 것이었기 때문에 행정부와 공기업 등의 유관기관에 대한 대대적 인사교체가 불가결한 것이었다. 더군다나 30여년 이상을 한 지역출신의 대통령들에 의하여 집권이 이루어짐으로 인하여 고착화되고 당연시되던 편중인사를 바로잡는 것이야말로 정권교체의 가장 중대한 과제였기 때문에 잡음이 없을 수 없었다. 이것이 호남지역출신의 우대로 지역갈등을 심화시켰다는 주장도 있으나,[223] 비정상적인 편중인사를 지역간의 인구비례에 비추어 정상적인 인사원칙으로 바로잡는 것이었기 때문에 정권교체에 수반되는 당연한 잡음과 갈등이었다.[224] 다만 새로이 권력을 잡은 집권세력 가운데서도 가신들과 대통령의 자녀들을 중심으로 권력형 부정부패가 많이 발생하였고,[225] 검찰이 제구실을 못하여 권력형 부정부패를 즉시 처리하지 못하고 심화시키는 바람에 오히려 정권에 부담을 주는 결과를 가져왔다.[226]

아무튼 김대중정권은 이전의 정권들에 비하여 보다 개혁적인 정권이었기 때문에 이전의 정권들이 감히 손대지 못한 개혁과제에 대해 개혁을 시도했다.

---

223) 허영, 한국헌법론, 2004, 128-1면.

224) 결국 이 인사원칙에 불만을 품은 사람들은 이전의 정권들에 의하여 기득권을 누리던 사람들이었음이 분명하다. 당시 대부분의 권력기관에 대한 인사에서 30여년만에 최초의 호남인사가 임명되었다는 것이 유행어였고, 그것은 그 조치에 따른 인사원칙이 노무현정권에 이르러서도 대체로 유지되고 있는 것을 보면 알 수 있다.

225) 진승현, 이용호, 최규선게이트 등이 대표적인 사건이다.

226) '옷로비사건'과 '조폐공사 파업유도사건'을 비롯하여 '이용호게이트사건' 등에서 검찰의 수사결과에 대한 불신 때문에 특별검사가 임명되었고, 특검 결과 검찰수사결과를 뒤엎는 사례가 발생했다.

또한 정권출범 이전부터 불어닥치기 시작하여 국제통화기금의 관리체제 하에서 본격화된 세계화의 추세에 맞추어 모든 정부기능은 물론이고 민간부분에 대해서도 구조조정을 추진하지 않을 수 없었다. 그러나 준비되지 않은 갑작스런 개혁으로 인하여 많은 고통과 혼란이 뒤따랐다. 그 대표적인 것들로 교육평준화정책, 교원정년단축, 의약분업정책 등이 있었고, 재벌들에 대한 구조조정과 빅딜의 강요 및 언론사 특별세무조사 등으로 인하여 많은 반발도 샀다.

결국 김대중정권은 집권초기에 경제위기를 극복하는 등 긍정적인 업적에도 불구하고 과거 기득권층의 반발과 내부의 권력형 부정부패의 속출 등으로 인하여 국민의 신임을 잃기 시작했다. 또한 'DJP연합'에 따라 공동정부를 구성하고 운영하던 자민련이 의원내각제 개헌공약이 1999년 7월 파기됨과 동시에 공조가 와해되기 시작했고, 자민련은 2000년 2월 총선을 앞두고 공동여당포기를 선언하였다. 그 결과 제16대 국회의원선거가 있었던 2000년의 4.13총선에서 새천년민주당과 자민련이 패배하고 야당인 한나라당이 국회에서 다수당의 위치를 차지하였다.[227] 특히 자민련이 총선결과 원내교섭단체조차 구성하지 못하자 김대중정권은 3인의 민주당의원을 자민련에 위장전입시켜 교섭단체구성을 도와 공조를 시도하였으나, 2001년 9월 임동원통일부장관의 해임건의안에 자민련이 찬성함으로써 공조가 완전히 깨어졌다. 그야말로 국민의 대의기관구성권을 무시한 가장 전형적인 방법까지 동원되었다. 그리고 이것은 국민의 신임을 더욱 잃어 2002년 6월의 지방자치선거에서 여당인 민주당의 참패를 가져다 주었다.

한편 김대중정권은 대북관계에 있어서 시종일관 '햇볕정책'을 추진하였다. 즉 금강산관광 등의 남북교류와 대북경제지원을 활성화하여 북한을 변화시키겠다는 것이었다. 이것은 야당은 물론이고 미국이 취하고 있는 상호주의와 배치되는 것으로서 많은 갈등을 초래하였다. 특히 북한에 대한 일방적인 지원의 타당성을 둘러싸고 국민 사이에 대립과 갈등(소위 남남갈등)을 일으키기도 하였다. 그러나 2000년 6월 15일 역사적인 남북정상회담을 성사시켜 '6.15남북공동선언'을 합의해 냈고,[228] 한반도에서의 긴장완화를 이루어냈으며, 그 결과

---

227) 국회의원 정수 273명 가운데 한나라당 133명, 새천년민주당 115명, 자유민주연합 17명, 민주국민당 2명, 한국신당 1명, 무소속 5명 등으로 나타났다.

김대중대통령은 우리 역사상 처음으로 2000년 노벨 평화상을 수상하기도 했다. 다만 임기말에 정상회담의 대가로 5억 달러가 송금되었다는 대북송금사건이 불거졌고, 그것이 차기 노무현정권이 임명한 특별검사에 의하여 밝혀져 그 의미가 많이 퇴색하였다.

결국 김대중정권은 외환위기의 빠른 극복, 남북정상회담의 실현과 남북긴장완화에의 기여, 2002년의 월드컵대회의 성공적 개최, 정보화사회의 구축 및 문화의 산업화 등 많은 업적에도 불구하고 소수정권의 한계를 원만하게 극복하지 못했다. 특히 여야간의 정권교체에 수반되는 측근들의 권력형 부정부패를 사전에 차단하지 못했기 때문에 부패정권의 오명을 벗어나지 못했다. 다만 김대중정권이 채택한 많은 정책판단의 문제는 새로운 정책에 따른 약간의 혼란은 있었지만 그 자체를 실패라고 단정짓기 어렵다.[229] 특히 대북정책과 관련된 한미간의 갈등 및 국내의 보수세력과 진보세력 사이의 갈등 등은 시대변화에 따른 자연스런 논란으로 평가될 수 있다. 아무튼 김대중정권도 여러 권력기관을 통한 통치를 벗어나지 못했음은 물론이고, 특히 새로 임명된 권력기관의 책임자들이 과잉충성을 함으로 인하여 권위주의통치를 지향하게 하였다고 평가된다. 따라서 김대중정부도 권위주의통치를 벗어나 규범적 헌법국가를 실현했다고 볼 수 없다.

4. 盧武鉉政權時代의 憲政狀況

노무현정권의 출범은 예전과 매우 다른 길을 걸어야 했다. 정치권이 대권과 당권을 분리해야 한다는 분위기 속에서 대권가도에 들어섰고, 대통령후보로 결정되는 과정에서도 국내에서 최초로 시도된 소위 '국민경선'을 통하여 민주당의 대통령후보로 확정되었으며, 많은 국민들과 당원들이 예상치 못한 결과였기에 당내의 흔들기를 겪어내야 했다. 특히 대통령후보로 결정된 이후 신중치 못한 언행과 처신으로 국민의 지지율이 바닥으로 떨어지자 후보교체론이

228) 그 내용은 첫째, 통일문제의 자주적 해결, 둘째, 1국가2체제의 통일방안 협의, 셋째, 이산가족문제의 조속한 해결, 넷째, 경제협력 등 남북간 교류의 활성화, 다섯째, 합의사항의 이행을 위한 조속한 실무회담의 개최 등이었다.

229) 허영, 한국헌법론, 2004, 128-1면 이하 평가부분 참조바람.

등장했고, 마지막에는 한나라당의 이회창후보를 누를 수 있는 단일후보를 내세우자는 당 안팎의 주장에 떠밀려 '국민통합21'의 정몽준후보와의 단일화를 추진해야 했다. 2002년 11월 25일 극적으로 단일후보로 확정되자 지지율이 급속히 상승하기 시작하여 2002년 12월 19일의 제16대 대통령선거에서 48.9%를 득표하여 결국 당선되었고,[230] 2003년 2월 25일 노무현대통령은 '참여정부'를 표방하며 제6공화국 제4기 헌정시대를 열었다.

노무현대통령은 취임과 동시에 과거의 정권보다도 강력한 변화와 개혁을 주장하였다. 특히 우리 사회에서 가장 낙후된 정치권의 개혁을 위한다는 명분으로 1년 후에 있을 제17대 총선에 대비한 정치권 물갈이를 추진하였다. 여당인 민주당에 대해서는 대통령후보시절 자신을 흔들어대던 당권파를 퇴진시키고자 하였으나, 민주당내 당권파의 강력한 반발에 부딪히자 지지자들을 탈당시켜 신당인 열린우리당을 창당하게 하며 자신도 탈당하였다. 또한 야당에 대해서는 지난 대선자금을 수사하게 하여 어마어마한 불법대선자금의 규모와 함께 소위 '차떼기정당'이라는 꼬리표를 붙여 한나라당을 와해시키고자 하였다. 이러한 일련의 정치권 물갈이 과정에서 노무현대통령의 신중치 못한 언행과 처신은 거대야당의 분노를 야기하여 급기야 2004년 3월 12일 우리 헌정사상 처음으로 국회에서 대통령탄핵소추의결이 이루어졌다.[231] 그러나 대다수 국민의 지지를 바탕으로 하지 못한 이 탄핵소추의결은 역풍을 몰고와 2004년 4월 15일에 실시된 제17대 국회의원선거에서 열린우리당의 과반수의석 확보라는 결과를 낳았고,[232] 헌법재판소의 경우에도 국민의 여론을 무시하지 못하고 기각결정을 내림으로써 탄핵정국을 종결시켰다.[233]

그런데 노무현정부의 경우 무엇보다도 진보적 성향이 강한 개혁세력을 전면

230) 총선거인수 34,991,529명 중 70.8%가 투표에 참여했으며, 민주당 노무현후보 48.9%, 한나라당 이회창후보 46.6%, 민노당 권영길후보 3.9%, 국민연합 이한동후보 0.3%, 무효표 0.9%를 기록했다.

231) 국회재적의원 273명 가운데 열린우리당 의원을 제외한 한나라당, 민주당, 자민련 소속의원 195명이 표결에 참여하고 193명이 찬성하였다.

232) 총의석수 299명 중 열린우리당 152명, 한나라당 121명, 민주노동당 10명, 민주당 9명, 자민련 4명, 국민통합21 1명, 무소속 2명 등이었다. 특히 제17대 국회의원선거는 지역구대표 243명과 비례대표 56명을 최초로 1인 2표제로 뽑았다는 점에서 의미가 크다.

233) 탄핵심판의 논점과 결론 등에 대한 자세한 문제는 제3편 제2장 참조바람.

에 내세우면서 문제가 발생했다. 일명 '코드인사'로 불리던 것으로서 개혁적 측근을 청와대와 내각에 포진시켰다. 즉 인사와 이권을 청탁하면 패가망신하게 할 것이라고 국민들에게 엄포했음에도, 최측근들인 소위 386세력은 예외로 하며 그 측근들로 하여금 코드에 맞춘 인사추천을 하도록 하여 공직자 줄서기를 유도했다. 그 결과 많은 공직후보자가 공식으로 취임하지 못하거나 국회의 인준을 받지 못했고, 취임한 경우에도 코드에 맞춘 부적절한 발언으로 인하여 구설수에 휘말려 단기로 끝나는 경우가 많았으며, 가장 심하게 코드인사가 이루어졌던 문화계의 경우 임기말이기는 하지만 연극인 100여명의 집단성명발표가 있기도 하였다. 또한 집권초기의 탄핵정국을 통하여 여소야대의 위력을 실감한 까닭인지 선거에 집착한 나머지 선거출마 여부를 인사기준으로 삼기도 하였다. 따라서 노무현정부의 가장 중요한 인사정책은 전국민을 통합시키는 탕평정책이 되지 못하고 실패한 것으로 평가된다.

그리고 노무현정부의 코드인사는 대부분의 국내외정책에 영향을 미쳤다. 먼저 그것은 국내적으로 개혁을 표방하며 개혁세력과 보수세력을 양분시키고 대결구도를 만들어 나가는 계기를 만들었다. 그 대결구도가 선거에 유리할 것이라고 판단하여 통합보다는 분열을 의식적으로 조장하는 것으로 나타났다. 즉 교육평준화를 강화하는 방향으로 나타났고, 부동산을 많이 가진 자를 부도덕한 자로 평가하도록 부동산정책을 이끌어 갔으며, 수도권의 과밀화를 막고 지역균형발전을 위하여 신행정수도를 추진함은 물론이고 각종 혁신도시건설 및 주요 공기업의 지역분산을 추진하였다. 한편 통일외교정책의 경우 친북반미의 형태로 나타났다. 대북정책은 김대중정부의 햇볕정책을 계승하는 것으로 하여 적극적인 교류와 협력을 추진한 결과 10.4남북정상회담을 이끌어낸 반면에, 외교정책에 있어서는 자주외교를 표방함으로써 한미동맹관계에 금이 가게 하는 결과를 낳았다. 특히 자주외교를 상징하는 전시작전권환수를 추진하여 국민적 갈등을 유발하였다.

그러나 그러한 대결구도는 국민의 이념갈등을 심화시켰을 뿐만 아니라 노무현정부에 대한 불신을 가중시키는 결과를 가져왔다. 취임초의 불신임국민투표 발언에 이어 초래된 탄핵정국을 간신히 돌파하기는 했지만, 부적절한 발언과 정책은 불신임정국을 가속시켰다. 교육평준화정책에도 불구하고 사교육시장은 팽창하여 가계의 부담을 가중시켰고, 부동산값의 폭등을 막겠다고 내놓은 각종 지역발전정책은 전국을 투기장화 하여 취임초에 비하여 오히려 부동산가격을 200% 가까이 상승하게 하였으며, 결국 부동산을 많이 가진 자에게 고통을 주겠다면서 종합부동산세를 신설하여 적용하기도 하였다.234) 또한 노무현정부의 통일외교정책은 지금까지 조직화되지 않고 있던 보수세력을 조직화하는 계기가 되었다. 굳건한 한미동맹을 토대로 통일외교정책을 바라는 보수세력으로 하여금 조직적 저항을 하게 하였다. 특히 조중동으로 대표되는 보수언론과의 해묵은 갈등이 보수세력의 결집을 뒷받침하게 하였다.

결국 노무현정부는 권위주의통치를 스스로 포기하고 여러 권력기관으로 하여금 본연의 기능을 발휘하도록 한 것까지는 좋은 평가를 받을 수 있다. 그러나 대통령으로서의 지위에 걸맞지 않은 발언과 행동으로 인하여 취임초부터 받은 불신임을 임기가 끝날 때까지 해소하지 못했다. 여대야소의 정국에도 불구하고 자신이 내세운 핵심공약을 국민적 합의를 토대로 제대로 실현하지 못했음은 물론이고 불신임정국의 일상화로 인하여 정국을 주도하지 못했다. 그 이유의 하나는 대선후보로 나섰을 때부터 제기된 대권·당권분리 주장이 상당한 영향을 미쳤고, 임기중에도 국회와의 소통이 원활하지 않아 한나라당과의 대연정을 주장할 정도로 여당의 전폭적 지지를 받지 못했다. 임기말에 해당하는 2007년 1월에는 4년 임기의 대통령연임제를 중심으로 하는 원포인트 개헌을 주장하여 불신임정국의 돌파를 시도했지만, 그것도 국민은 물론이고 소속정당의 반대와 무관심으로 인하여 포기되고 말았다. 따라서 노무현정부는 국민의 민주화의 열기를 토대로 권위주의통치를 끝내기는 했으나, 그로 인하여 새로이 제기된 불신임정국을 이끌어갈 리더십을 보여주지 못함으로 인하여 '대통령 무책임제'의 전형을 보여주었다. 그렇지만 이것은 권위주의통치를 벗어나 규범적 헌법국가로 나아가는 발판을 마련하게 하였음은 물론이다.

---

234) 종합부동산세에 대하여 헌법재판소는 재산권침해와 관련하여 헌법불합치결정을 하였고, 다만 인별과세가 아닌 세대별과세 방법에 대해서는 일부위헌결정을 하였다. 헌재결 2008. 11. 13, 2006헌바112.

제 3 편

韓國憲政史에 대한 21世紀의 挑戰

우리 헌정사는 1948년 건국헌법의 제정과 더불어 시작되었음에 대해서는 앞에서 살펴보았다. 그리고 건국 이후 60여년의 헌정사가 어떻게 점철되었는가를 간단히 살펴보았다. 이제 지난 60여년의 헌정사를 되돌아보며 새로운 21세기에 적합한 ·국가통치를 찾아보아야 할 차례이다. 즉 새로이 시작된 21세기에 적합한 국가통치의 모습을 그리기 위해서는 건국과 더불어 60여년의 헌정사가 어떤 정치세력에 의하여 이끌어져 왔고, 어떠한 도전을 받아 오늘에 이르고 있는가를 살펴본 다음, 지금 우리에게 어떤 도전을 안기고 있는가를 찾아야 한다.

사실 건국 이후 50년의 우리 헌정사를 이끌어온 정치주도세력은 일제강점기에 일제에 협력하며 기득권을 유지하던 보수세력이 그 뿌리를 형성하고 있음을 알 수 있다. 그리고 그들은 해외에서 독립운동을 하다 귀국한 이승만박사를 등에 업고 건국헌법의 제정을 주도하는 정치세력으로 등장하였다. 또한 이들은 건국 이후에도 친일반민족행위자를 척결하려는 진보세력의 시도를 막아내고 정치권의 중심세력으로 살아남았으며, 6.25전쟁을 거치면서 반공을 국시로 하는 견고한 보수세력으로 자리잡으며 계속하여 우리 헌정사를 주도하게 되었다.

한편 이승만의 자유당정권을 몰락시킨 4.19의거는 진보세력으로 하여금 정치주도세력으로 등장하게 하였으나, 1년이 지나지 않아 5.16쿠데타를 통하여 다시금 보수세력에게 정치주도권을 내어주게 되었다. 물론 5.16쿠데타는 보수세력의 재등장을 의미하는 것이기도 하지만 새로운 보수세력(영남지역패권세력)의 투입을 전제하는 것이었고, 이렇게 새로이 형성된 보수세력은 군사정권이라는 틀을 이용하여 주도면밀한 세력화를 시도하였으며, 박정희정권에 의하여 보호받으며 군대생활을 하던 전두환을 비롯한 12.12쿠데타세력은 10.26 이후의 민주화열기를 무력으로 진압하고 권력을 쟁취하여 보수세력의 공고화를 지속시켰다.

그런데 18년여의 박정희정권과 7년의 전두환정권이라는 사실상의 군사통치와 같은 권위주의통치를 거치면서도 전통야당인 민주당과 재야세력은 진보세력을 결집하여 이에 대항하는 정치세력을 형성하였다. 그리고 이러한 진보세력은 1987년의 6월항쟁을 단행하여 현행헌법을 쟁취함과 더불어 권위주의통치를 완화하는 계기를 만들었고, 1997년의 대통령선거에서는 최초의 여야간의 평화적 정권교체를 이룩하였으며, 2004년의 총선에서는 행정부는 물론이고 의회권력도 장악하는 명실상부한 진보정권을 창출하였다.

결국 김대중정부에서 시작된 보수세력으로부터 진보세력으로의 정권교체는 우리 헌정사에서 중대한 도전을 의미하게 되었다. 권위주의통치에 맞게 구성된 우리 헌정질서가 탈권위주의시대로 전환되면서 새로운 문제점을 드러내면서 도전을 시작한 것이다. 물론 1998년 김대중정부에 의하여 진보세력이 정권을 잡은 이후 본격적인 헌정사에 대한 새로운 도전이 시작되었지만, 그 도전은 최초의 정권교체라는 한계 때문에 혁명적 변화 대신에 점진적 변화를 모색하는 도전으로 시작되었다. 왜냐하면 50여년의 국가통치 기간에 뿌리를 내리고 있는 보수세력의 반발을 고려하지 않을 수 없었고, 또한 이미 상당한 정도로 민주화된 우리사회에서 혁명적 변화를 바라는 국민은 거의 없었기 때문이다.

그런데 같은 진보세력으로서 김대중정부를 이어받은 노무현정부에서는 국가통치에 있어서 이전보다 많은 변화가 시도되었다. 현실주의자인 김대중대통령에 비하여 다소 이상주의자인 노무현대통령은 이전보다 급진적인 성향을 보이면서 개혁을 시도한 결과 우리 헌정사에 중대한 도전을 유발하였다. 지금까지의 권위주의통치를 종식시키기 위하여 국가의 권력기관을 본연의 위치로 돌려보내면서 개혁이 추진되었고, 특히 구정치세력을 몰아내기 위하여 의도적인 정치개혁을 시도하면서 헌정사에 대한 도전이 시작되었다.

그러나 쿠데타를 통하여 집권한 박정희정권과 전두환정권의 시대에 이루어진 혁명적 변화는 불가피하게 받아들일 수밖에 없었지만, 탈권위주의를 부르짖으며 시작된 노무현대통령의 정치개혁은 다수 국민들의 지지를 받지 못했다. 오히려 정치개혁에 대하여 권위주의통치가 이루어지던 시대에는 감히 거론되지 않았던 대통령에 대한 불신이 거침없이 제기되기 시작했고, 국가의 권력기관들이 국가통치를 뒷받침하는 것을 소홀히 하는 과정에서 대통령에 대한 불신임이 극에 달하게 되었다. 권위주의통치가 사라진 상황에서 노무현대통령의 신중치 못한 언행까지도 반발을 사면서 대통령에 대한 불신임문제가 제기되고 거의 동시에 대통령에 대한 탄핵사태가 발생하였다. 그리고 그 탄핵사건은 그 자체로서도 우리 헌정사에 중대한 도전이 되었지만, 다음과 같은 여러 관점에서 우리 헌정사에 대한 중대한 도전을 계속하여 불러일으켰다.

따라서 여기서는 노무현대통령에 대한 탄핵사건이 우리사회에 던진 문제점을 살펴보면서 그것이 우리 헌정사에 어떤 도전을 하였는가를 살펴보기로 한다. 첫째, 탄핵심판제도가 새로이 조명되었기 때문에 그 내용을 살펴보는 것이 중요하게 되었고, 노무현대통령에 대한 탄핵소추의결에 따른 쟁점분석을 하는 것이 필요하였으며, 노무현대통령에 대한 탄핵사건은 '공무원의 정치적 중립의무'라는 공직선거법의 내용에 대한 근본적 물음을 제시한 것이었기 때문에 "대통령노무현에 대한 탄핵심판결정의 평석"이라는 논문을 통하여 그에 답하는 것이 요구되었다. 둘째, 노무현대통령의 탄핵사건은 권위주의통치의 종식과 더불어 불신임정국을 유발한 점에서 그 문제를 살펴본다. 셋째, 탄핵사건은 대통령의 국법상 행위의 유형과 책임의 한계에 관한 문제점을 제기하였기 때문에 그에 답하려고 하였다. 넷째, 상기한 모든 문제는 책임정치구현을 위한 정부형태의 도입 필요성을 제기한 점에서 그 해결책을 찾아보았다. 그리고 앞에서 제기된 모든 문제를 해결하는 방법은 헌법개정을 통해서만 가능하다는 점에서 헌법개정의 필요성과 그에 따른 헌법개정의 방향을 다음의 편에서 살펴보기로 한다.

제 1 장

盧武鉉大統領에 대한 彈劾訴追議決과 爭點分析

I. 問題提起

노무현대통령에 대한 탄핵소추가 있기 이전에도 탄핵사건이 없었던 것은 아니다. 실제로 여러 차례 시도된 적이 있었고, 제15대 국회에서도 검찰총장에 대한 탄핵소추안이 발의되어 표결에 붙여진 바가 있다. 표결결과 부결되었기 때문에 탄핵소추절차가 중단되게 되었지만, 만약 가결되었을 경우 검찰총장의 탄핵소추안은 헌법재판소에 제기되어 헌법 제111조 제1항 제2호에 기한 최초의 탄핵심판이 행해질 가능성이 있었다. 그런데 노무현대통령에 대한 탄핵소추사건이 있기 직전의 사건은 탄핵심판제도에 대한 무용론이 이론상 제기되어 왔던 사실에 비추어, 이제 우리나라에서도 탄핵심판제도가 언제든지 실효성 있는 유용한 제도로서 기능을 가질 수 있게 되었다는 것을 의미하기도 하였다. 즉 1948년 건국헌법 이후로 탄핵심판제도가 헌법상의 제도로 채택되었지만, 국회에서 가결되어 헌법재판소에서 탄핵재판이 열린 경우가 없었기 때문에, 그 사건을 통하여 탄핵심판제도의 유용론이 힘을 가지게 된 것이었다.

아무튼 탄핵심판제도가 단순히 장식적인 제도가 아니라 현실적으로 제기될 가능성이 있는 제도라고 판단한 헌법재판소는 탄핵심판제도에 대한 이해가 절실히 요구되었고, 그리하여 헌법재판소는 한국공법학회에 공식적인 연구용역 의뢰를 하기에 이르렀다. 당시 권영설 한국공법학회회장은 본인을 연구책임자로 하고, 정만희교수와 음선필교수를 공동연구자로 위촉해주어 연구에 착수하였다. 연구하는 과정에서 연구자들이 예견하건대 민주화된 우리 현실이 여소야대의 정국을 2번째로 만들어낸 것을 볼 때, 탄핵심판제도가 현실성 있는 제도로 활용될 뿐만 아니라 자칫하면 남용의 가능성이 크다는 점을 인식하고 그에 대비한 입법론을 다양하게 제시하게 되었다. 그리고 이 연구논문은 2001. 9. 제출되고 동년 12월에 「탄핵심판제도에 관한 연구」라는 제목으로 헌법재판소에서 출간하게 되었다.

그런데 2004년 4월 15일로 예정된 17대 총선을 앞두고 첨예하게 대립하고 있던 정치권이 극단적 상황을 맞게 되었다. 거대야당이 연합하여 노무현대통령에 대한 탄핵소추를 2004년 3월 9일 발의하였고, 3월 12일 탄핵소추를 의결하기에 이르렀다. 당일로 헌법재판소에 의결서가 접수되고, 대통령의 업무가 정지되었으며, 당시 국무총리였던 고건총리의 대통령대행체제가 출범하였다. 이 일련의 사태가 헌법이 정하고 있는 규정에 따른 조치였기 때문에 그 자체를 헌법학자의 시각에서 헌법적 문제점이 있다고 판단할 수는 없었다. 다만 국회의 의결절차에 대한 위법성이 논란의 대상이 되기도 하였지만, 가장 중요한 것은 과연 야당이 제시한 탄핵사유가 헌법과 법률이 정하고 있는 탄핵사유에 해당하느냐의 문제였다. 물론 헌법재판소의 판단이 유권해석이 되고 마무리를 짓겠지만, 그에 앞서 헌법학자로서 의견을 개진하여 올바른 결정이 내려지기를 바라는 마음으로 의견을 피력했다. 자칫 잘못하면 극단적인 국론분열로 인하여 국가적 위기상황으로 치달을 수 있는 여지가 있었기 때문이다. 헌법재판의 결과가 국론통합의 효과를 가져와야지 거꾸로 국론분열의 결과를 낳아서는 아니 된다는 헌법해석의 지침을 고려할 때 더욱 그러했다.[235)]

결국 여기서는 노무현대통령에 대한 탄핵소추가 우리 헌정사에 있어서 중요한 도전이 되고 있다는 의미에서 그 실체를 자세히 살펴보기로 한다. 특히 노무현대통령은 이전까지 진행된 권위주의통치를 끝내고 규범적 헌법국가를 추

---

235) 본인은 1991. 9. 16.선고 89헌마163사건에서 헌재는 약사법에 대한 결정에서 잘못이 있음으로 인하여 한약분쟁을 일으키는 도화선이 되었음에 대하여 의견을 제시한바 있다. 이승우, “약사법에 대한 헌법재판소 결정의 평석”, 사법행정(1993. 9), 44면 이하 참조.

구하고자 했기 때문에 국가통치의 관점에서 우리 헌정사에서 중대한 도전에 해당한다고 본 것이다.

II. 彈劾審判制度의 意義와 歷史的 展開

1. 彈劾審判制度의 意義

탄핵심판제도(impeachment, Anklage)는 이념상 고위공직자에 의한 하향식 헌법침해로부터 헌법을 보호하기 위한 중요한 헌법보호제도의 하나이다.[236] 보다 자세히 살펴보면 탄핵심판제도는 일반사법절차에 따라 형사소추하거나 징계절차로서 징계하기가 곤란한 대통령을 비롯한 고위공직자나 법관 등 신분이 보장된 공무원이 직무상 중대한 비위를 범한 경우에 이들을 의회가 소추하여 처벌하거나 파면하는 제도를 말한다.[237] 즉 모든 공무원이 신분보장을 받는 것은 사실이나, 특별히 헌법상 그 신분보장이 이뤄지고 있는 대통령(헌법 제84조)과 법관(헌법 제106조)을 비롯한 헌법기관의 구성원과 기타의 고위공직자가 그 대상이 되는 경우 일반사법절차나 징계절차에 의한 처벌이 이들에게는 기대하기 어렵기 때문이다. 따라서 이러한 탄핵심판제도는 국민의 대의기관에 의한 법적 책임추구제도인 점에서 일반적인 형사재판제도 및 공무원징계제도와 다른 다음과 같은 특징이 있게 된다.

먼저 국민의 대의기관에 의한 법적 책임추구제도인 탄핵심판제도는 형사재판제도와 달리 국민의 대의기관인 국회가 탄핵소추기관이 되고 독립한 헌법기관인 헌법재판소(미국이나 영국의 경우 상원)가 탄핵심판기관이 되는 점에서 다르다. 즉 국민의 대의기관인 의회가 가지는 국정통제기능을 수행하는 하나의 제도로서 대통령을 비롯한 고위공직자나 법관의 헌법과 법률위반행위에 대한 헌법보호수단인 점에서 그 특징을 찾을 수 있다. 또한 탄핵심판제도는 헌법 제84조에 의해 "내란 또는 외환의 죄를 범한 경우를 제외하고 재직중 형사상의 소추를 받지 아니한다"는 규정에서 살펴볼 수 있듯이 신분보장이 철저하

236) 허영, 한국헌법론, 박영사, 2001, 812면.
237) 권영성, 헌법학원론, 1998, 798면.

게 이뤄진 대통령과 법관 등을 주된 탄핵소추의 대상으로 하는 점에서도 차이점이 나타난다. 그리고 탄핵소추의 사유에 있어서도 '직무집행에 있어서 헌법이나 법률을 위반한 때'라고 하여 대통령을 비롯한 고위공직자에 의한 헌법침해행위를 주로 막기 위한 제도임을 알 수 있다.

한편 탄핵결정의 효과와 관련하여 탄핵심판제도의 성질이 형사재판적 성질의 것인가 아니면 징계처분의 성질을 가지는 것인가의 문제가 제기된다. 다음에 보듯이 탄핵심판제도의 본질과 기능이 권력통제의 수단으로 출발하였지만 헌법보호수단으로서의 본질과 기능을 가지는 것으로 오늘날 평가되는 것을 고려한다면 그 성질이 중요한 것은 아니다. 영국과 프랑스의 경우처럼 탄핵의 대상자를 파면시킴은 물론이고 그에 덧붙여 징역·금고 또는 벌금과 같은 형벌까지 선고할 수 있는 나라가 있는 반면에, 미국·독일 및 우리나라와 같이 탄핵결정의 효과로 파면함과 동시에 일정한 기간동안 공직취임을 금지시키는 것에 그치는 경우도 있다. 따라서 탄핵심판제도의 기본적 틀을 유지하면서 그 탄핵결정의 효과를 얼마든지 달리 정할 수 있는 것이기 때문에 그 효과를 중심으로 하는 성질에 관한 논의는 의미가 크지 않다.[238)]

2. 彈劾審判制度의 歷史的 展開

탄핵심판제도의 기원을 그리스와 로마에서 찾는 경향도 있다. 즉 그리스나 로마에서 정치적 범죄자나 고위공직자의 비행이 있을 때, 이들을 그리스의 民會나 로마의 元老院 등에서 심판하고 처벌하는 일종의 형사재판절차를 탄핵제도라고 불렀다는 것이다. 그러나 그리스나 로마의 탄핵제도를 오늘날의 근대적 의미의 탄핵제도라고 보지 않는다. 그것은 국민의 대표기관인 탄핵소추기관(의회)이 탄핵소추를 담당한 것이 아니라 일반 시민이 탄핵소추기관이자 동시에 심판관으로 기능하였기 때문이며, 이렇게 시민에 의한 시민에 대한 탄핵소추가 인정된 결과로 당시의 탄핵제도는 정치적 반대자를 제거하기 위한 수

238) 이에 대하여 헌법 제65조 제4항이 '탄핵결정은 공직으로부터 파면함에 그친다'고 규정하고 있으므로 그것은 형사재판적 성질의 것이 아니고, 미국·독일 등과 마찬가지로 징계적 처벌의 성질을 가지는 것이라고 하는 주장이 있다. 권영성, 헌법학원론, 1998, 798면.

단으로 악용되었다.239)

아무튼 근대적 의미의 탄핵심판제도가 영국에서 시작되었다고 보는 데에는 이의가 없다. 영국의 경우 근대적 의미의 의회제도가 처음으로 정착되었고, 그 의회가 고위공직자들의 비위와 부정을 통제하기 위하여 탄핵심판제도를 발전시킨 것이라고 볼 수 있기 때문이다. 그리고 영국에서 시작된 탄핵심판제도의 경우에도 그 기원을 명확하게 확정짓기는 어렵다. 그것은 수많은 사건을 거쳐 점진적으로 정착된 제도이기 때문이다. 다만 영국에서의 탄핵심판제도가 근대적 의미의 제도로 발전하게 된 것은 14세기말 에드워드 3세의 시기(1327-1377)로부터 시작하여 리차드 2세의 시기(1377-1399)에 수많은 사건이 발생했던 것에 연유한다. 그리하여 1399년 헨리 4세는 이전의 선례들을 취사선택하여 법적 제도화를 이루어 헨리4세법(The Statute I Henry IV. c.14)으로 정리하였고, 그 내용에 따르면 탄핵만이 의회에서 다뤄지며 상원이 탄핵을 심리하려면 하원의 소추가 있어야 한다고 하여, 결국 탄핵소추기관이 다양하고 탄핵심판기관도 복잡하였던 것을 단순화하여 "하원이 소추하고 상원이 이를 심리한다"는 탄핵심판의 원칙을 확립하기에 이르렀다.240) 이렇게 고위공직자들의 비위와 부정을 통제하기 위하여 발전한 탄핵심판제도는 1805년 멜빌사건이 있기까지 무려 70여건의 탄핵소추가 이뤄졌었고, 다만 그 후로 탄핵소추사건은 하나도 발생하지 않고 있다.

그런데 이렇게 영국에서 발전한 탄핵심판제도는 미국에 전파되어 1787년에 제정된 미국연방헌법에서 최초로 실정헌법화 되었고, 그 후 다시 유럽대륙으로 전파되었음은 물론이고 기타의 아시아와 아프리카의 국가들에게도 영향을 미쳐 오늘에 이르고 있다. 그리고 주요한 각 국가에서의 발전과정과 내용 및 구체적 탄핵사례에 대해서는 상기한 보고서를 참고하기 바란다.241)

---

239) 국회도서관 입법조사국, 주요각국의 탄핵제도(입법참고자료 제56호, 1966), 3면.

240) 국회도서관 입법조사국, 주요각국의 탄핵제도, 20면 이하.

241) 이승우 외 2인, 탄핵심판제도에 관한 연구, 헌법재판소, 2001. 12, 14면 이하.

III. 彈劾審判制度의 本質과 機能

1. 權力統制手段으로서의 彈劾審判制度

탄핵심판제도의 본질과 기능이 무엇인가에 대해서는 각 나라의 헌정의 실제와 전통에 따라 다르게 나타날 수 있다. 그러나 탄핵심판제도는 그것이 오늘날 헌법보호의 수단 또는 특수한 형사소추수단이라는 주장도 있기는 하지만 권력통제의 수단으로 발생하였음은 의심의 여지가 없다. 즉 탄핵심판제도는 발생연혁을 살펴볼 때 권력통제의 메카니즘으로 시작되었음을 알 수 있다. 영국에서 탄핵심판제도가 처음 도입될 당시를 살펴보면, 의회에 대해 정치적 책임을 지지 않는 헌법기관에 대해 책임을 지울 필요성에서 제기되고 있음을 알 수 있기 때문이다. 특히 의원내각제 정부형태를 채택하고 있던 영국의 경우 거의 모든 고위공직자가 의회에 대해 책임을 지고 있었기 때문에 그들에 대한 권력통제의 문제는 대부분 해결되고 있었다. 즉 내각은 의회해산권과 법률안거부권을 가지고 의회를 통제하며, 의회는 내각불신임권과 주요 내각구성원에 대한 임명동의권을 통하여 행정부를 통제할 수 있었다. 즉 권력분립원리에서 요구되는 '견제와 균형의 원리'가 적용되고 있음은 물론이고 '무기평등의 원칙'이 실현되고 있었다.

아무튼 이렇게 거의 모든 공직자에 대한 권력통제가 가능함에도 불구하고 탄핵심판제도가 도입된 배경에는 권력통제의 예외영역이 있었기 때문이다. 즉 국왕과 법관의 경우 의회에 대해서는 물론이고 어느 헌법기관에 대해서도 책임을 지는 방법이 없었던 것이고, 따라서 국왕의 보호를 받는 고위공직자(신하)와 법관에 대한 권력통제의 필요성에서 탄핵심판제도가 창안된 것이다.

그런데 탄핵심판제도는 국왕의 신임을 받는 고위공직자 및 법관의 책임추궁방법으로 그치지 않고 점점 그 범위가 확대되어 왔다. 그것은 국왕을 보필하는 고위공직자에 대해 정치적 책임을 추궁할 수 있는 것은 사실이나 국왕이 적극적으로 반대하는 경우나 국왕이 반복하여 임명하는 경우 그것을 막는 방법이 강구되지 않을 수 없었던 것 때문이다. 즉 국왕의 신임을 받는 고위 공직자를 파면하고 다시금 공직에 발을 내디딜 수 없도록 막기 위한 제도적 장치로서 탄핵심판제도의 유용성이 제기된 것이다. 뿐만 아니라 법관과 같은 정도의 신분보장이 요구되는 분야가 많아진 것도 하나의 원인이 된다.

2. 政治的 責任인가? 아니면 法的 責任인가?

권력통제의 예외영역으로 분류되는 국왕과 법관에 대한 권력통제를 고려할 때, 그들에 대한 책임의 본질을 정치적 책임으로 할 것인가 아니면 법적 책임으로 할 것인가의 문제가 제기된다. 의원내각제 정부형태가 창안된 계기가 국왕의 면책과 국왕의 책임을 대신한 내각의 책임을 전제한 것이기 때문에 국왕에 대한 정치적 책임은 사실상 불가능한 것이었다. 뿐만 아니라 법관에 대한 책임의 경우도 사법권독립을 위해 철저한 신분보장이 요구되는 것이 현실이기 때문에 정치적 책임을 그들에게 지운다는 것은 기대할 수 없는 문제임을 알 수 있다. 따라서 의회에 대해 정치적 책임을 지우기에 적합하지 않은 국왕과 법관에 대한 책임추궁의 방법은 법적 책임이 될 수밖에 없음을 알 수 있다. 즉 철저한 신분보장을 전제로 활동을 보장하지만 헌법과 법률을 위반한 경우까지도 그 신분이 보장될 수 없음을 고려한 제도가 탄핵심판제도인 것이다.

아무튼 이렇게 탄핵심판제도가 권력통제수단으로 발전된 것은 사실이고, 또한 그것은 정치적 책임추궁의 방법이 아니라 법적 책임추궁의 방법임을 알았다. 즉 권력분립원리를 실현함에 있어서 의회가 행정부와 사법부를 견제하고 통제하기 위한 수단으로 발전된 것이 탄핵심판제도인 것이다. 따라서 탄핵심판제도는 다른 권력통제수단들에 비하여 자주 활용되지 않았다. 그것은 그 자체로서 소추절차가 지나치게 엄격하여 현실적인 제약이 많기 때문이기도 하지만, 보다 중요한 원인은 탄핵심판제도는 법적 책임을 묻는 제도라는 점 때문이다. 즉 권력분립원리에 근거한 권력통제의 방법으로 법적 책임을 묻는 통제방법과 정치적 책임을 묻는 통제방법이 있을 수 있는데, 사실상 대부분의 권력통제가 요구되는 경우는 정치적 통제로 그치는 경우가 많았기 때문이라고 할 수 있다.

3. 憲法報護手段과 特殊한 刑事訴追手段으로서의 機能 擴大

탄핵심판제도가 권력통제수단으로 발전하였고, 그 본질과 기능이 정치적 책임을 지우기에 적합하지 않거나 어려운 고위공직자에 대한 법적 책임을 묻는 제도임은 분명하다. 다만 오늘날에 있어서 탄핵심판제도는 권력분립원리의 시각에서 권력통제수단으로서만 평가의 대상이 되는 것이 아니다. 특히 오늘날 헌법이론상 가장 중요한 관점과 시각이 헌법보호로 귀결되고 있기 때문에 탄핵심판제도도 헌법보호의 시각에서 평가될 수 있다는 점이다. 그리고 헌법보호의 문제는 곧 방어적 민주주의이론과 연결되기 때문에 그에 따른 평가가 요구되기도 한다.

결국 탄핵심판제도는 방어적 민주주의이론에 비추어 평가할 때 중요한 헌법보호수단에 해당함을 알 수 있다. 탄핵심판제도가 탄생할 당시가 군주주권의 시대였다고 할 수 있지만, 국민주권시대가 열린 오늘날에 있어서 주권자인 국민에 의하여 제정된 헌법은 최고의 권위를 가지는 규범이고, 따라서 헌법에 구속되지 않은 국민은 존재할 수 없을 뿐만 아니라 헌법을 침해하는 어떤 사람이나 세력이 용납될 수 없기 때문이다. 특히 일반적인 권력통제수단에 의하여 정치적 책임을 묻기에 적합하지 않거나 어려운 고위공직자가 '직무집행에 있어서 헌법이나 법률을 위배한' 경우를 방치하는 것은 분명한 헌법침해가 성립되는 것이기 때문에 더욱 그렇다. 헌법보호의 중요성과 함께 헌법재판이 도입되고 대부분의 국가에 있어서 헌법재판사항의 하나로 탄핵심판제도가 채택되고 있는 것은 바로 탄핵심판제도의 본질과 기능이 헌법보호수단임을 보여준 것이라고 할 수 있다. 우리 헌법재판소가 "탄핵심판제도는 고위공직자에 의한 헌법침해로부터 헌법을 보호하기 위한 헌법재판제도이다"고 한 것도 그것을 증명한 것이다.[242]

한편 탄핵심판제도가 중요한 헌법보호수단에 해당하기 때문에 헌법재판사항으로 되고 있는데, 이것은 다른 한편으로 일반형사재판절차에서 다루어지는 것에 비추어 특별한 소추절차적 성격을 가지고 있음을 의미하게 된다.[243] 대

242) 헌법재판소, 헌법재판실무제요, 1998, 230면.

243) 허영, 한국헌법론, 2001, 812면 이하.

통령에 의하여 임명되고 그의 지휘와 감독을 받는 검찰이 대통령을 소추한다는 것이 사실상 불가능하고, 더불어 법조의 일부분을 구성하며 법률적 판단을 하는 법관을 검찰이 소추하고 동료인 법관들이 재판한다는 것이 기대하기 어려우며, 기타의 고위공직자에 대해서도 검찰권행사가 편파성을 보일 경우 일반형사재판절차를 통한 사법정의는 기대할 수 없기 때문에, 탄핵심판제도는 위와 같은 예외적인 경우에 대비한 특별한 소추절차라는 것이다.[244] 즉 형벌과 같은 처벌이 병과될 수 있느냐의 여부를 떠나, 대통령과 같은 고위공직자에 대하여 공직에서 추방하고 다시금 공직에 취임할 수 없게 함으로써 헌법을 보호하려는 것이 탄핵심판제도인 것이다.

4. 彈劾審判制度의 本質 및 機能과 다른 制度와의 關係

탄핵심판제도가 대통령을 비롯한 고위공직자를 대상으로 헌법이 정하는 특별한 소추절차에 따라 법적인 책임을 추궁하는 권력통제수단이요 헌법보호수단이라면 그 밖의 다른 제도와의 관계를 통하여 그 의미를 살펴보는 것이 필요하다. 특히 탄핵심판제도가 의회의 소추로 고위공직자를 파면시키는 것이 본질적 내용이기 때문에 의회주권 및 국민주권과의 관계가 문제로 되며, 그것이 정부형태와 관련하여 어떻게 융화되고 있는가를 고찰해야 하고, 또한 그것이 일반재판제도를 벗어난 특별한 소추절차로 인식될 수 있기 때문에 사법권 독립과의 관계를 고찰하는 것은 매우 중요하다.

(1) 탄핵심판제도와 국민소환제도의 관계

대통령을 비롯한 고위공직자의 성실한 공직수행을 담보하기 위한 제도는 여러 가지가 있다. 이미 지적했듯이 탄핵심판제도는 신분이 보장된 대통령을 비롯한 고위공직자의 비위 사실에 대하여 대의기관인 의회의 소추로 파면하거나 처벌하는 것을 본질로 한다고 하였기 때문에 성실한 공직수행을 담보하기 위

244) 이러한 탄핵심판제도가 갖는 특별한 소추절차적 성격을 감안할 때 다른 방법으로 그 법적 책임을 물을 수 있는 공직자는 탄핵의 대상에서 제외되어야 한다는 주장이 있다. 국회의원과 고위직업공무원의 경우가 그 대표적인 예라고 한다. 허영, 한국헌법론, 2001, 813면.

한 제도의 하나임은 분명하다. 그리고 이러한 목적으로 논의되는 제도의 다른 하나로서 헌법이론에서 논의되는 것으로 국민소환제도(Recall, Volksabberufung)가 있다. 국민소환제도의 경우도 선거직 고위공직자에 대하여 성실한 공직수행을 하지 못하고 오히려 헌법과 법률을 위반하는 경우 파면하는 것을 본질로 하기 때문이다.

이렇게 탄핵심판제도와 국민소환제도가 추구하는 목적에 있어서 일치하고 있으나 근본적인 차이는 그 실현방법에서 찾아지고 있다. 특히 국민주권의 실현과 관련하여 양자는 주권자인 국민의 의사에 반하여 헌법침해를 감행한 고위공직자에 대한 제재의 수단인 점에서는 같으나 국민주권의 실현방법에 있어서 구별된다. 즉 전자는 주권자인 국민의 대의기관인 의회로 하여금 비위 고위공직자에 대한 책임추궁을 하게 하는 방법을 택하고 있으나, 후자는 주권자인 국민이 직접 책임을 추궁한다는 점에서 차이가 나타난다. 이러한 비교를 통하여 알 수 있듯이 탄핵심판제도는 결국 의회를 통한 국민주권의 실현이며, 의회가 행하는 탄핵소추의 의결은 탄핵대상자에 대한 대의적 책임추궁의 의미를 가지게 된다는 점을 알 수 있다.[245)]

아무튼 국민주권의 실현수단에 해당하는 국민소환제도가 인민재판화 등의 우려 때문에 헌법제도화가 되지 않고 있음에 비하여, 대의민주주의를 채택하고 있는 대부분의 헌법이 대의적 책임추구수단인 탄핵심판제도를 택하고 있는 것은 의미가 크다고 할 수 있다. 그것은 과거의 '군주의 무책임사상'을 더 이상 인정할 수 없다는 것을 의미할 뿐만 아니라 국민의 대의기관인 의회에 대해 모든 헌법기관은 정치적으로나 법적으로 책임을 져야 한다는 것을 탄핵심판제도가 명백히 보여주고 있기 때문이다.

(2) 탄핵심판제도와 정부형태와의 관계

국민의 대표적 대의기관인 의회에 의한 소추로 추진되는 탄핵심판제도는 집행부와 사법부의 고위공직자에 대한 권력통제수단이 되고 있는데, 이러한 권력통제제도가 운영됨에 있어서는 정부형태와 밀접한 연관관계에 있음을 알 수

245) 허영, 한국헌법론, 2001, 812면.

있다. 즉 권력분립원리의 핵심적 실현형태가 정부형태라고 판단할 때, 권력분립원리의 실현형태의 하나인 탄핵심판제도의 경우 핵심적 권력분립원리의 실현형태인 정부형태와 조화되는가의 문제가 제기된다. 특히 탄핵심판제도의 정부형태와의 관계를 중심으로 탄핵심판제도의 유용론과 무용론이 전개되고 있음은 물론이다.[246]

생각건대 정부형태와의 관계에서 탄핵심판제도를 평가할 때, 정부형태에 따라 탄핵심판제도에 대한 평가가 달라질 수 있음은 분명하다. 의원내각제 정부형태의 국가에서는 대부분의 고위공직자가 내각불신임제도에 의하여 정치적 책임을 지기 때문에 탄핵제도가 불필요하다는 주장이 있을 수 있다. 그러나 의원내각제 정부형태의 국가에서도 정치적 책임을 지지 않는 대통령과 법관 등과 같은 고위공직자가 존재하고, 이들이 헌법과 법률을 위반한 경우 정치적 책임을 지울 수 없을 뿐만 아니라 법적인 책임까지도 지울 수 없다면, 법치주의는 심각한 위험에 빠지게 된다. 따라서 의원내각제 정부형태의 국가에서도 정치적 책임을 지지 않는 고위공직자가 존재하는 한 탄핵심판제도에 의한 책임은 추궁할 필요가 있다. 또한 대통령제 정부형태의 국가에서는 고위공직자 가운데서 정치적 책임을 지는 공직자는 많지 않기 때문에 탄핵심판제도의 필요성은 더욱 커진다. 즉 대통령을 비롯한 고위공직자와 법관 모두가 정치적 책임을 지지 않기 때문에 법적 책임을 묻는 탄핵심판제도의 필요성은 매우 크다. 특히 대통령에 대해서만 책임을 지는 고위공직자들을 대통령이 보호하려고 하는 경우 대통령의 임명을 받은 검찰조직이 적극적으로 기소할 가능성이 없기 때문에 의회에 의해 주도되는 탄핵심판제도의 필요성이 크게 나타난다.

결국 이것은 정부형태를 불문하고 탄핵심판제도는 제도적 의의가 있다는 것

246) 대표적 학자인 권영성교수가 지적하는 구체적 내용은 다음과 같다. 탄핵제도유용론은 첫째, 고위공직자들이 탄핵을 두려워하는 나머지 비행을 자제할 것이고, 둘째, 공분을 발산할 수 있는 합법적 수단을 강구하지 않으면 국민이 혁명이나 폭력과 같은 비상수단에 호소할지 모른다는 이유로 유용론을 주장한다. 이에 반하여 탄핵제도무용론은, 첫째, 역사적인 경험에 비추어 볼 때 대통령제 국가에서는 탄핵제도가 거의 운용되지 않았으며, 둘째, 의원내각제 국가에서는 내각불신임제도에 의하여 탄핵제도의 목적을 달성할 수 있음으로 탄핵제도는 심리적·사회적 효과를 가지는 것일 뿐 비현실적인 제도로서 헌법의 장식물에 지나지 않는다고 한다. 권영성, 헌법학원론, 1998, 799면 이하.

을 의미한다. 즉 국민의 대표적 대의기관인 의회에 대해 정치적 책임을 지지 않는 고위공직자가 존재하는 한 탄핵심판제도의 유용성은 인정될 수밖에 없다는 결론에 이른다.

(3) 탄핵심판제도와 사법권독립과의 관계

탄핵심판의 소추대상에 법관이 당연히 포함되기 때문에 탄핵심판제도는 법관으로 구성된 사법부에 대한 권력통제수단이 됨은 전술했다. 그런데 법관으로 구성된 사법부의 경우 그 본질적 국가작용에 해당하는 재판작용을 함에 있어서 어떤 외부의 간섭이나 견제를 받지 않고 독립하여 재판할 것이 요구되는 것이기 때문에 탄핵심판제도가 운영됨에 있어서는 사법권독립과의 관계가 문제로 된다.

그러나 탄핵심판제도는 법원의 일반적 재판작용에 대한 권력통제의 수단이 아니라 헌법과 법률을 위반한 법관 개인에 대한 특별한 형사소추절차로 평가되는 점에서 사법권독립과는 직접적 관계는 없다고 본다. 물론 간접적인 관점에서 개개 법관에 대한 탄핵소추가 전체 법관의 재판작용에 전혀 영향이 없을 수는 없지만, 오히려 탄핵소추의 대상이 된 법관 때문에 사법부 전체가 불신을 받을 수도 있는 점을 고려한다면 법관에 대한 탄핵심판제도는 사법권독립과 충돌하지 않는다고 본다.

다만 탄핵심판제도는 사법권독립의 차원에서 마련되는 신분보장의 내용과 관련하여 그 실효성 여부가 평가될 수 있다. 즉 법관의 비위에 대해 그 책임을 물을 수 있는 제도적 장치가 되어 있는 경우 탄핵심판제도는 실효성이 적어지기 때문이다. 특히 법관의 임기제가 실시되는 경우 새로운 임명시 그 비위사실을 전제로 재임명을 거부하면 되기 때문에 탄핵심판제도는 그 실효성이 적어진다. 반면에 법관 정년제 내지 법관 종신제로 나아가면 탄핵심판제도의 실효성은 크다. 영국·미국·독일 등에서 헌법상 탄핵심판제도가 채택되고 발전하게 된 것도 결국은 법관의 종신제 때문에 나타난 것임을 알 수 있다.

Ⅳ. 우리나라의 彈劾審判制度

1. 現行 彈劾審判制度의 槪觀

현행 탄핵제도에 관한 규범으로는 헌법 제65조(국회의 탄핵소추권과 그 결정의 효력), 헌법 제111조 제1항 제3항(헌법재판소의 탄핵심판권)과 이를 구체화한 국회법 제130조-제134조(탄핵소추절차), 헌법재판소법 제48조-제54조(탄핵심판절차) 등이 있다. 이것은 우리 헌법이 탄핵심판제도를 소추권과 심판권으로 나누어 전자를 국회에 주고, 후자를 헌법재판소에 주고 있다.

이는 탄핵제도가 의회를 중심으로 발전한 것은 사실이나 탄핵의 대상자와 탄핵사유가 갖는 고도의 정치성을 고려하여 일반사법부의 관여를 배제하고 독립적인 헌법재판소가 담당한다는 점에 특징이 있다. 그리고 대통령 직선제를 채택하고 있는 헌법제도 내에서 민주적 정당성을 가지는 대통령과 마찬가지로 민주적 정당성을 가지는 국회의 갈등을 전제로 하거나 신분이 보장된 법원의 법관 등을 대상으로 하는 것을 전제할 때, 탄핵심판제도를 제3의 헌법기관인 헌법재판소가 담당하는 것이 바람직하다는 이론적인 이유에서 정당화되고 있다. 물론 국회가 소추권과 심판권을 동시에 가지는 경우 국회에 의한 집행부 및 사법부에 대한 통제가 실제에 있어서 강화될 수 있는 여지가 있으나, 정치적 혼란에 따른 다수당의 횡포를 막기 위해서는 오히려 현재의 제도가 타당함을 알 수 있다.

다만 지금까지 우리의 정치현실은 거의 대부분 대통령이 총재를 겸하고 있는 집권당이 국회의 다수의석을 차지하는 경우가 일반적이었다는 점을 아울러 고려한다면 국회의 탄핵소추권이 그 실제 운용의 면에서 그 기능을 발휘할 수 없었고, 또한 헌법재판소의 구성에 있어서도 대통령의 영향력이 크기 때문에 특히 대통령에 대한 탄핵심판이 기대될 수 없었다. 그러나 이른바 여소야대의 정국구도가 이루어질 정도로 우리 국가사회가 민주화되면서 대통령에 대한 견제수단으로서 국회의 탄핵소추가 보다 활성화될 수 있음을 보여주고 있고, 그것이 현실화되어 2004년 3월 12일 노무현대통령에 대한 탄핵소추가 국회에서 의결되기에 이르렀다.

2. 彈劾의 對象

헌법 제65조 제1항과 헌법재판소법 제48조는 탄핵소추의 대상자로서 대통령·국무총리·국무위원·행정각부의 장·헌법재판소 재판관·법관·중앙선거관리위원회 위원·감사원장·감사위원, 기타 법률이 정하는 공무원을 들고 있다.

그런데 대통령이 궐위되거나 사고로 인하여 직무를 수행하지 못함으로써 권한을 대행하는 경우, 그 대행자가 탄핵의 대상이 되어야 함은 물론이다. 현행 헌법상 대통령권한대행은 제1차적으로는 국무총리가, 제2차적으로는 법률(정부조직법)이 정하는 순서대로 국무위원이 담당하게 되어있는데(헌법 제71조), 이들 모두 탄핵의 대상자로 규정되어 있기 때문에 해석상 별다른 문제점은 없다. 단 이들은 대통령권한대행자로서의 지위를 가지게 되는 경우 이들에 대한 탄핵소추 및 심판결정의 정족수는 대통령의 경우에 준하여 판단하여야 할 것이다.

대통령 이외에 국무총리, 국무위원 그리고 행정각부의 장은 정치적 책임을 묻는 해임건의권제도가 있기 때문에 이를 이용하는 권력통제가 원칙이다. 다만 그럼에도 불구하고 이들에 대하여 탄핵심판의 대상으로 하는 것은 이들은 사실상 대통령의 권한행사의 통로임을 생각할 때 이들에 대한 탄핵은 결국 대통령에 대한 탄핵을 대신하는 의미를 아울러 갖기 때문이라고 본다. 현실적으로 대통령에 대한 탄핵의 소추가 용이하지 아니하기 때문에 이들에 대한 탄핵은 대통령에 대한 탄핵이라는 정치적 의미를 담고 있다고 할 것이다.

국회의원은 탄핵의 대상자가 아니다. 그런데 현행 헌법과 국회법에 의하면 국회의원이 국무총리나 국무위원을 겸직할 수 있다. 따라서 국회의원이 국무총리나 국무위원을 겸하는 경우 국회의원으로서의 직무상 행위를 사유로 그를 국무총리나 국무위원직으로부터 파면하도록 탄핵소추를 할 수 있다고 볼 것인가가 문제될 수 있다. 생각건대 비록 동일인이 국회의원과 국무총리 또는 국무위원을 겸한다 하더라도 직책이 구별되는 만큼 국회의원으로서 행한 직무행위를 이유로 탄핵을 소추할 수 없다고 보아야 한다.

여기서 기타 법률이 정하는 공무원의 범위를 어떻게 파악하느냐에 관하여 여러 견해가 있으나 탄핵제도의 취지를 생각할 때 여기서의 공무원은 일반사법절차나 징계절차에 의한 소추나 징계처분이 곤란한 고위직 내지 특정직공무원을 의미한다고 본다. 이에 해당하는 자로서는 검찰총장과 대검차장을 비롯한 검사·국무위원이 아닌 처장·정부위원·각군참모총장·경찰청장·고위외교관, 그리고 정무직 또는 별정직고급공무원 등을 들 수 있다.

3. 彈劾의 事由

헌법 제65조 제1항과 헌법재판소법 제48조는 탄핵의 사유를 탄핵의 대상에 따라 달리 규정하지 않고 모든 대상자에 대하여 "직무집행에 있어서 헌법이나 법률을 위배한 때"라 하여 이를 포괄적으로 규정하고 있다.

(1) 무엇보다도 탄핵소추의 사유가 그 '직무집행'에 관한 것이어야 한다.

여기서 직무라 함은 법제상 소관 직무로 규정된 고유업무와 통념상 이와 관련된 업무를 가리킨다. 따라서 직무집행이라 함은 소관 직무로 인한 의사결정·집행·통제행위를 포괄하며 추상적인 법제상의 직무에 근거하여 구체적으로 외부로 표출·현실화된 작용을 말한다. 이에는 순수한 직무집행행위 그 자체뿐 아니라 직무행위의 외형을 갖춘 행위까지도 포함된다고 할 것이다. 아무튼 이러한 원칙론에 비추어 그 직무집행과 무관한 사항은 탄핵의 사유가 될 수 없을 것이다. 예컨대 첫째, 사생활에 관한 사항과, 둘째, 탄핵대상자가 겸직을 하는 경우에 그 겸직에 해당하는 사항을 들 수 있다.

그런데 직무집행의 시기와 관련하여 논의되고 있는 것은 취임전이나 퇴직후의 행위가 탄핵소추의 사유가 될 수 있는가이다. 현직중의 행위 뿐만 아니라 전직시의 행위까지도 탄핵소추의 사유가 되는가에 관해서는 긍정설[247]과 부정설[248]이 대립하고 있다. 그러나 탄핵제도의 제도적 의의와 기능이 직무집행중의 권력남용을 방지하는데 있기 때문에 현직중의 행위에 국한시키는 부정설이 타당하다고 본다. 우리 헌법이 "탄핵결정은 공직으로부터 파면함에 그친다"

247) 문홍주, 한국헌법, 해암사, 1987, 477면.

248) 김철수, 헌법학개론, 2001, 999면.

라고 한 것이 부정설을 뒷받침한다고 본다.

그러나 다음과 같은 경우에는 예외적으로 취임전의 직무행위에 대하여 탄핵의 대상과 사유가 된다고 보아야 한다. 첫째, 임명에 있어서 국회의 동의가 필요한 공직자가 국회의 임명동의를 받기 전에 이른바 서리의 신분으로 한 직무집행행위는 당연히 탄핵대상의 행위로 보아야 한다. 둘째, 탄핵소추절차가 개시된 이후에 탄핵소추를 면탈하기 위하여 임명권자가 그 자를 전직시킬 경우에는 여전히 현직중의 행위에 해당한다. 따라서 전직에 있을 때의 행위이지만 탄핵결정을 받게 되면 현직에서 파면된다.

그리고 이번 탄핵사유에 포함되지 않았지만 정치권에서 논의되는 대통령이 되기 위한 과정에서의 불법경선자금과 불법대선자금의 문제는 대통령으로서의 취임전의 행위이기 때문에 탄핵사유인 직무행위에 포함될 수 없다. 그 문제는 당선무효소송이라는 선거소송으로 다투어져야 하는 문제이다.

(2) 탄핵소추사유는 '헌법과 법률'을 위배한 경우라야 한다.

우리의 탄핵제도는 대통령이나 기타의 고위공직자들의 직무수행을 헌법과 법률의 기준에 따르도록 하여 그 적법성을 보장하려고 하는 제도이다. 따라서 앞에서 지적한 직무집행에 해당한다 하더라도 명시적인 헌법과 법률을 위반하지 않으면 탄핵사유가 될 수 없다. 즉 직무집행과 관련되기는 하나 정치적 무능력 그리고 정책결정상의 과오의 경우는 탄핵소추의 사유에 해당되지 않으며,[249] 또한 부도덕한 행위가 탄핵사유가 될 수 없음은 자명하다.

이와 같이 탄핵제도가 정치적 동기가 아니라 헌법과 법률위반을 사유로 한다는 점에서 탄핵소추사유는 헌법 제63조의 해임건의사유와 구별된다. 또한 헌법과 법률의 위배를 탄핵소추사유로 하는 우리 탄핵사유에 관한 규정은 형사법규 이외에도 헌법과 법률을 위배한 경우를 포함한다는 점에서 매우 포괄적임을 알 수 있다.[250]

---

249) 허영, 한국헌법론, 2004, 813면.

250) 우리 헌법규정과 달리 반역죄, 수뢰죄 또는 기타의 중대한 범죄와 경죄를 탄핵소추사유로 하는 미국헌법규정의 경우 우리 제도와 동일한 선상에서 해석될 수 없다고 보는 이유는 미국은 역사적으로 볼 때 형사법규위반을 주된 탄핵소추사유로 생각하였기 때문이다. 이승우 외 2인, 탄핵심판제도에 관한 연구, 헌법재판소, 2001, 각주 265참조.

그리고 여기서 헌법이라 함은 형식적 의미의 헌법 뿐만 아니라 헌법적 관행도 포함한다. 따라서 헌법상의 명문규정은 물론이고 합리적 해석에 의하여 파악할 수 있는 헌법상의 기본원칙 및 헌법관행으로 확립된 불문헌법도 이에 해당한다. 또한 헌법재판소의 결정례도 중요한 근거가 됨을 알 수 있다.[251] 법률도 역시 형식적 의미의 법률 뿐만 아니라 이와 동등한 효력을 가진 국제조약 · 일반적으로 승인된 국제법규, 그리고 긴급명령 · 긴급재정경제명령 등을 포함한다.

그런데 여기서 주목할 사항은 대통령의 직무행위는 대부분 헌법상의 권한행사와 관련되기 때문에 헌법해석을 그르침으로 인하여 문제가 되는 경우를 예상할 수 있는데, 이 경우에는 의도적인 경우가 아니라면 탄핵사유로 보기 어렵다는 점이다. 그 이유는 기관쟁송심판이나 헌법소원심판 등에 의하여 해결되어야 하는 것이 원칙이기 때문이다. 대통령에 대한 탄핵심판제도가 최후의 권력통제수단이라는 의미가 여기에 있다.

(3) 탄핵소추사유는 헌법과 법률을 '위배한' 행위라야 한다.

여기서 헌법과 법률을 위배하였다 함은 주로 직무집행에 있어서 헌법과 법률상의 권한을 逾越하거나 작위 · 부작위의무를 이행하지 않은 것을 의미한다. 탄핵사유로서의 헌법이나 법률위반행위가 어떤 것인가에 대하여 이를 명시적으로 예시한 입법례도 있으나,[252] 우리나라는 이를 구체적으로 적시하지 않고 단지 포괄적으로 규정해 둠으로써 해석론에 맡겨두고 있다.

결국 우리 법체계상 탄핵소추사유로 생각할 수 있는 위헌 · 위법행위는 해석상 다음과 같은 경우를 그 예로 들 수 있다. 예컨대 대통령이 국가긴급권의 발동요건이 전혀 갖추어지지 않은 상태에서 긴급권을 발동하는 경우, 대통령이 외국의 힘을 이용하여 국가의 안전보장을 위태롭게 하는 경우, 국무총리가 직권을 남용하거나 뇌물을 수수하는 경우, 검찰총장이 정치운동에 관여하거나 평등의 원칙에 반하여 자의적으로 수사권을 행사하거나 공정한 수사의 진행을

251) 다만 헌법재판소의 결정례는 변경이 가능한 것이기 때문에 절대적인 것은 아니다.

252) 미국의 경우 반역죄와 수뢰죄를 명시적으로 예시하고 또한 '기타의 중대한 범죄와 경죄'도 탄핵사유로 포함시키고 있다.

고의적으로 방해하는 경우, 대법원장이 정치권력에 영합하여 사법에 의한 인권침해의 판결을 한 법관을 우대하는 인사조치를 함으로써 법관의 심판의 독립을 침해하는 경우, 법관이 고의로 심리와 재판을 지연한다든지 부당한 소송지휘를 하는 경우 등을 생각할 수 있다.[253)]

그런데 이러한 위배행위에는 고의나 과실에 의한 경우 뿐만 아니라 법의 무지로 인한 경우도 포함된다고 보아야 한다. 왜냐하면 우리 헌법상 탄핵소추사유를 고의적인 위배행위에 국한시켜 이해하기에는 문리해석의 원칙상 무리가 있기 때문이고, 또한 우리 헌법상 탄핵은 형사처분이 아니라 징계처분의 성격을 가지고 있기 때문이다.

(4) 탄핵사유에 대한 평가와 문제점

탄핵사유와 관련하여 현행 헌법은 그 '직무집행에 있어서 헌법과 법률을 위배한 때'라고 규정하고 있는데, 이에 대하여 文言 그대로 헌법과 법률을 위배한 모든 행위를 탄핵소추사유로 볼 것인가에 관해서는 견해가 갈린다. 이에 관하여는 형사상의 범죄뿐만 아니라 헌법 또는 법률에 위배하는 전부의 행위를 탄핵사유로 보는 견해와[254)] 탄핵제도의 성질로 보아 그 위법행위가 명백하고도 중대함을 요한다고 보는 견해가 대립한다.[255)] 이는 탄핵사유규정을 문언에 충실하게 해석하느냐 아니면 합목적성에 따라 제한적으로 해석하느냐의 문제로 볼 수 있다.

생각건대 탄핵사유규정에 대한 해석은 탄핵제도의 성질, 탄핵소추의결 및 탄핵결정의 효과, 탄핵의 대상, 그리고 정치적 현실 등을 종합적으로 고려하여 합목적적으로 이루어져야 할 것이다. 그리고 만약 전자의 견해와 같이 탄핵사유를 포괄적인 규정 그대로 인정하는 경우 대통령 뿐만 아니라 모든 탄핵대상자들은 원활한 공직수행이 사실상 불가능하다는 점에서 부인되지 않으면 안된다. 따라서 후자의 견해와 같이 제한적으로 해석하지 않으면 안 될 이유를 찾아보면 다음과 같다.

---

253) 이승우 외 2인, 탄핵심판제도에 관한 연구, 153면.

254) 박일경, 유신헌법, 박영사, 1972, 365면.

255) 한태연, 헌법학, 법문사, 1979, 590면.

첫째, 탄핵효과와 관련하여 현행 헌법에서는 일단 탄핵소추의결이 이루어지면 피소추자의 권한행사가 정지된다는 점이 중요하다. 이러한 권한행사의 정지에는 대통령의 경우도 예외가 아니다. 그런데 직무집행에 있어서 법률을 위배한 모든 경우에 당연히 권한행사가 정지되는 것은 단순한 위법행위의 혐의만으로도 행정작용이나 사법작용을 정지시킴으로써 정국의 혼란과 불안을 가져올 우려가 있다고 아니 할 수 없다. 더구나 이른바 여소야대의 정국으로 말미암아 야당의 주도로 탄핵소추의결이 이루어질 가능성이 많을 경우에는 탄핵소추발의의 시도가 자주 나타날 수 있고, 이것은 정국의 안정에 적지 않은 문제점을 야기할 수 있다고 본다. 따라서 탄핵소추의결과 함께 자동적으로 권한행사가 정지되는 경우에 탄핵사유의 확대해석은 탄핵을 둘러싼 정쟁을 불러일으킴으로써 정치적 불안정을 초래할 수 있기 때문에 경계하지 않으면 안 된다.

둘째, 탄핵제도의 기능과 성질에 비추어 탄핵사유는 제한적으로 해석하여야 한다. 즉 일반형사재판의 경우와 달리 헌법보호기능과 권력통제의 기능이 우선되고, 또한 일반형사재판을 통한 문제해결이 어렵거나 불가능한 경우에 제한적으로 행사되는 것이기 때문에, 그 제도본질적인 면에서 탄핵사유를 제한적으로 행사하지 않으면 안 된다. 특히 탄핵사유가 인정되는 때에는 선택의 여지없이 파면결정을 하도록 규정하고 있고(헌법재판소법 제53조 제1항), 또한 탄핵결정 이후에도 민사상 또는 형사상의 책임이 면제되는 것은 아니기 때문에 탄핵사유를 제한적으로 해석할 필요가 있다.

셋째, 우리 헌법은 탄핵대상자에 따라 탄핵사유가 차별화되지 않고 포괄적으로 동일하게 규정되어 있기 때문에 현실적으로 더욱 곤란한 문제를 야기하고 있다. 즉 대통령과 일반법관 등과 같은 기타의 탄핵대상자들에 대한 탄핵사유를 현행 헌법이 구별하지 않고 동일한 수준에서 논의하는 것이 과연 타당한지에 대한 의문과 함께 대통령에 대한 탄핵사유에서 보다 제한적인 해석의 필요성이 제기된다. 그것은 대통령에 대한 탄핵소추의결에서 가중된 정족수가 요구되고 있다는 사실이 이를 보여주고 있으며, 또한 대통령의 경우 헌법 제84조에서 "내란 또는 외환의 죄를 범한 경우를 제외하고는 재직중 형사상의 소추를 받지 아니한다"고 규정하고 있는 점에서도 그에 준하는 범법행위가 아니면 탄핵사유가 될 수 없다는 것을 알 수 있다.

4. 彈劾의 節次

(1) 탄핵소추

1) 탄핵소추발의절차

탄핵대상자의 직무집행에 있어서 탄핵사유가 발생한 경우에 국회는 원칙적으로 그가 공직에 있는 한 언제든지 탄핵소추를 발의할 수 있다.[256] 그리고 이미 헌법재판소에서 탄핵심판을 받은 사건은 一事不再理의 原則에 의하여(헌법재판소법 제39조) 국회에서 다시 소추발의의 대상이 될 수 없다. 대통령을 소추하는 경우에는 국회재적의원 과반수의 발의가 있어야 하고, 그 외의 자를 탄핵소추하는 경우에는 국회재적의원 3분의 1 이상의 발의가 있어야 한다(헌법 제65조 제2항).[257] 국무총리와 국무위원에 대한 탄핵소추 발의정족수는 국무총리와 국무위원에 대한 해임건의안 발의정족수와 같다(헌법 제63조).

그런데 국무총리나 국무위원들에 대한 탄핵소추발의 정족수는 해임건의 정족수와 같음을 알 수 있다. 이것은 국무총리나 국무위원의 직무집행에서의 헌법위반 또는 법률위반을 이유로 국회가 해임건의를 의결하였으나 대통령에 의하여 해임건의가 받아들여지지 않은 경우에, 국회가 다시 이들을 대상으로 탄핵소추를 의결할 수 있음을 의미한다. 왜냐하면 국무총리와 국무위원의 위헌·위법 여부에 대하여 확정적인 판결이 내려진 적이 없어서 一事不再理의 원칙이 적용될 여지가 없으며, 또한 해임건의권과 탄핵소추권은 서로 다른 기초와 절차 및 효과를 가진 별개의 제도이기 때문이다.

2) 탄핵소추의결절차

탄핵소추의 발의가 있은 때에는 의장은 즉시 본회의에 보고하고, 본회의는 의결로 법제사법위원회에 회부하여 조사하게 할 수 있다(국회법 제130조 제1

---

256) 우리 헌법은 탄핵소추의 시효를 정하고 있지 않으나, 독일의 경우 탄핵소추권이 있는 기관이 탄핵사유가 있음을 안 날로부터 3월 이내로 소추하도록 하고 있다.

257) 대통령에 대한 탄핵발의 정족수에 대한 각국의 규정을 보면 다음과 같다. 독일은 연방의회 재적의원의 4분의 1 또는 연방참사원 재적의원 4분의 1 이상을 요구하고 있고, 프랑스의 경우 국민의회 재적의원 10분의 1 또는 상원 재적의원 10분의 1 이상의 동의를 요구하고 있으며, 미국의 경우 하원의 재적의원 과반수의 찬성으로 탄핵소추가 의결된다.

항). 또한 본회의는 법제사법위원회에 회부하기로 의결하지 아니한 때에는 본회의에 보고된 때로부터 24시간 이후 72시간 이내에 탄핵소추의 여부를 무기명투표로 표결한다(국회법 제130조 제2항).[258] 그리고 회부받은 법제사법위원회는 지체없이 조사 보고하여야 한다(국회법 제131조 제1항). 이를 조사함에 있어서 국정감사및조사에관한법률이 규정하는 조사의 방법 및 조사시의 주의의무규정을 준용한다. 국회의원이 탄핵소추사건을 조사함에 있어서 주의의무규정을 위반할 시에는 국회의 의결로 징계를 받게 된다(국회법 제155조 제2항 제6호). 조사를 받는 국가기관은 조사를 신속히 완료시키기 위하여 충분한 협조를 하여야 한다(국회법 제132조).

한편 법제사법위원회에 의하여 조사 보고된 때에는 본회의는 명문의 규정은 없으나 위 조항에 준하여 동일한 시간이내에 탄핵소추여부를 표결하여야 한다고 볼 것이다. 대통령에 대한 소추의 의결은 재적의원 3분의 2 이상의 찬성이 있어야 하고 그 외의 자에 대하여는 재적의원 과반수의 찬성이 있어야 한다(헌법 제65조 제2항). 본회의에서의 탄핵소추의결은 피소추자의 성명·직위·탄핵소추사유를 표시한 訴追議決書로써 한다(국회법 제133조). 그런데 국회법 제130조 제2항의 규정시간 이내에 표결이 이루어지지 않은 경우에 탄핵소추안이 폐기된 것으로 볼 것인가에 관하여 의문이 있으나, 국무총리 또는 국무위원의 해임건의안이 발의된 때 본회의에 보고된 때로부터 24시간 이후 72시간 이내에 표결하지 아니한 경우에는 그 해임건의안이 폐기된 것으로 본다는 규정(국회법 제112조 제7항)을 유추적용하여 해결할 수 있다고 본다. 탄핵소추의 의결이 있는 때에는 의장은 지체없이 소추의결서의 正本을 법제사법위원장인 소추위원에게, 그 등본을 헌법재판소·피소추자와 그 소속기관의 장에게 송달한다(국회법 제134조 제1항).

3) 탄핵소추의결의 효과

(가) 권한행사정지

탄핵소추가 의결된 자는 소추의결서가 본인에게 송달된 때로부터 헌법재판

258) 이 규정에 따를 경우 국회의 의결절차에 대하여 하자가 있다는 변협의 주장은 설득력이 없다.

소의 탄핵심판이 있을 때까지 권한행사가 정지된다(헌법 제65조 제3항, 국회법 제134조 제2항). 여기서 권한행사정지의 시점이 국회의 탄핵소추의결시가 아니라 소추의결서가 피소추자에게 송달되는 시점임을 주의하여야 한다. 이와 같은 권한행사정지는 공적 직무의 권위를 유지하기 위한 것으로 설명된다.[259)]따라서 소추의결서가 피소추자에게 전달된 이후의 직무행위는 위헌·무효가 된다.

(나) 사임 · 해임의 금지

대통령 이외의 대상자에 대한 소추의결서가 송달되면 임명권자는 피소추자의 사직원을 접수하거나 해임할 수 없다(국회법 제134조 제2항). 당사자의 사임이나 임명권자의 해임을 허용하게 되면 사실상 탄핵에 의한 파면을 면탈하는 결과가 초래되어 탄핵제도를 유명무실한 것으로 만들기 때문이다. 다만 파면의 경우에는 이로 말미암아 탄핵의 목적이 달성된 것으로 볼 수 있기 때문에, 탄핵심판결정선고 이전에 피소추자가 당해 공직에서 파면되면 탄핵심판청구를 기각하여야 한다(헌법재판소법 제53조 제2항).

그런데 대통령의 경우 탄핵소추의결이 이루어진 이후에 사임이 가능한지가 문제이다. 독일의 경우 탄핵절차의 개시와 진행은 연방대통령의 사임으로 영향을 받지 않는다고 하였다. 이것은 헌법재판소에 의한 탄핵절차가 시작되면 파면의 효과를 가지지 않는 한 사임할 수 없음을 의미한다. 따라서 대통령의 사임은 파면의 효과를 가질 수 없기 때문에 사임할 수 없다고 본다.

(2) 탄핵심판

1) 탄핵심판절차의 개시

국가작용의 본질에 있어서 사법작용에 가까운 탄핵심판이 공정한 입장에서 심판을 담당할 수 있고 헌법수호의 기능까지 수행하고 있는 헌법재판소의 관할에 속하게 된 것은 당연한 일이다. 아무튼 심판의 개시는 국회법제사법위원회 위원장이 소추위원이 되어(헌법재판소법 제49조 제1항) 소추의결서의 正本을 헌법재판소에 제출함으로써 개시되고 탄핵심판청구의 효력이 발생한다. 국

259) 김철수, 헌법학개론, 2001, 1000면.

회의 탄핵소추의결 후 얼마 이내에 헌법재판소에 제출하여야 하는가에 관하여는 명문의 규정이 없으나, 탄핵을 둘러싼 정치적 불안정을 속히 해결하기 위하여 또한 권한행사의 정지기간을 최소화하기 위해서도 지체없이 제출하여야 할 것이다.[260)]

그런데 탄핵소추의결을 한 국회가 임기만료된 경우에 탄핵심판절차가 영향을 받는지가 문제로 된다. 과거 노무현대통령에 대한 탄핵심판도 그렇게 될 가능성이 컸다. 이에 대하여 우리는 명문규정을 두고 있지 않지만, 탄핵제도가 직무집행에 있어서 위헌·위법행위를 한 자를 공직에서 추방함으로써 헌법질서를 수호하는 것을 기능으로 하기 때문에, 국회가 임기만료로 해산하더라도 탄핵심판절차는 계속 진행되어야 한다고 본다.[261)] 이때의 소추위원은 새로이 구성된 국회의 법제사법위원회 위원장이 될 것이다.

그리고 국회가 탄핵심판절차가 개시된 이후에 자신의 의결로 탄핵의 소추를 철회할 수 있다고 볼 것인가가 문제될 수 있다. 우리는 이를 명문으로 규정하고 있지 않기 때문에 해석상 논란이 있을 수 있으나, 제1심판결의 선고 전까지 공소를 취소할 수 있다는 형사소송법 제255조를 준용해서 헌법재판소의 결정선고 이전까지 국회는 탄핵소추를 철회할 수 있다고 볼 것이다(헌법재판소법 제40조 제1항, 형사소송법 제255조). 또한 이 경우의 의결정족수를 얼마로 볼 것인가에 대하여는 탄핵소추의결을 저지할 수 있는 의결정족수가 최소한 필요한 것으로 보이기 때문에 국회 재적의원 과반수의 찬성이 요구된다고 본다.[262)]

2) 탄핵심판의 절차

탄핵심판은 구두변론에 의하며(헌법재판소법 제30조 제1항), 공개리에 한다(헌법재판소법 제34조). 이때 당사자는 피소추자와 소추위원(국회법제사법위원회 위원장)이다. 소추위원은 심판의 변론에 있어 피소추자를 신문할 수 있다. 이와 같이 피소추자를 재판부가 아닌 소추위원이 신문할 수 있게 한 것은 탄

260) 독일의 경우 1월 이내에 헌법재판소로 발송하도록 하고 있다.

261) 독일의 경우 연방의회의 해산 또는 임기만료 등으로 영향을 받지 않는다고 명시적인 규정을 두고 있다.

262) 독일의 경우 이에 대한 명문의 규정을 두고 있고, 대통령에 대하여는 연방의회재적의원 과반수의 찬성 또는 연방참사원 투표의 과반수를 요하고 있다.

핵심판절차가 형사소송에 준하기 때문이라고 본다. 재판부가 변론을 열 때에는 기일을 정하고 당사자와 관계인을 소환하여야 한다(헌법재판소법 제30조 제3항). 당사자가 변론기일에 출석하지 아니한 때에는 다시 기일을 정하되, 다시 정한 기일에도 당사자가 출석하지 아니하면 그 출석 없이 심리할 수 있다(헌법재판소법 제52조). 재판부는 탄핵심판의 심리를 위하여 필요하다고 인정하는 경우에는 당사자의 신청 또는 직권에 의하여 증거조사를 할 수 있다. 또한 재판부는 다른 국가기관 또는 공공단체의 기관에 대하여 심판에 필요한 사실을 조회하거나, 기록의 송부나 자료의 제출을 요구할 수 있다. 탄핵심판절차에는 헌법재판소법에 특별규정이 있는 경우를 제외하고는 민사소송에 관한 규정과 형사소송에 관한 규정이 준용된다. 단 형사소송에 관한 규정이 민사소송에 관한 규정과 저촉될 때에는 민사소송에 관한 규정은 준용하지 아니한다(헌법재판소법 제40조).

피소추자에 대한 탄핵심판청구와 동일한 사유로 형사소송이 진행되고 있는 때에는 재판부는 심판절차를 정지할 수 있다(헌법재판소법 제51조). 이 경우 심판의 정지기간 및 심판재개시기에 관하여는 규정이 없으나 그 구체적인 결정은 재판부의 재량에 속한다고 볼 것이다. 그렇지만 정지기간의 장기화로 말미암아 헌법재판소법 제38조의 심판기간(180일)을 경과해서는 안 된다고 본다. 통상 제38조의 심판기간규정을 문언과 달리 훈시규정에 불과하다고 관행상 해석하고 있으나, 탄핵소추에 의하여 권한행사가 정지되는 등 불안정한 상태가 야기되기 때문에 이를 신속히 해소하기 위해서는 최소한 이 심판기간을 준수해야 한다고 보는 것이다.

3) 탄핵심판의 결정

탄핵사건의 심판은 재판관 전원으로 구성된 재판부에서 관장하며, 변론의 전취지와 증거조사의 결과를 종합하여 정의 및 형평의 원리에 따라 행한다. 재판부는 7인 이상의 출석으로 사건을 심리하고, 재판관 6인 이상의 찬성으로 탄핵을 결정한다(헌법 제113조 제1항, 헌법재판소법 제23조 제2항). 이와 같은 의결정족수의 가중은 탄핵결정에 있어 신중을 기하기 위함이다.

탄해심판청구가 이유 있는 때에는 피소추자를 공직에서 파면하는 결정을 선고하게 됨으로 인하여 "피청구인 000를 대통령직에서 파면한다"라는 형식을 취하게 된다. 반면 탄핵심판청구가 이유 없을 때에는 기각결정을 한다. 전술한 바와 같이 피소추자가 결정선고 이전에 당해 공직에서 파면된 경우에는 심판청구를 기각하여야 한다(헌법재판소법 제53조 제2항).

4) 탄핵심판결정의 효과

탄핵심판 결정의 효력은 명문의 규정이 없으나 탄핵심판에 관하여 별도의 이의절차가 있을 수 없으므로 결정선고일로부터 발생한다고 보아야 할 것이다. 단심으로 이루어지는 탄핵심판은 결정선고일이 바로 결정확정일이라고 할 것이다. 탄핵심판 결정이 선고되면 헌법재판소 서기는 지체 없이 결정서 정본을 작성하여 당사자에게 송달하여야 한다(헌법재판소법 제36조 제4항). 또한 이를 관보에 게재하여 공시하여야 한다.

탄핵심판청구가 이유 없다고 판단되어 기각결정이 내려진 경우 권한행사정지의 효력이 종료하게 된다. 이 시점은 헌법재판소의 종국결정의 송달일이 아니라 결정의 선고일이 된다. 반면에 탄핵결정이 선고된 경우에는 다음과 같은 효력이 발생하게 된다. 첫째, 탄핵결정은 공직자를 공직으로부터 파면한다. 그러나 탄핵의 결정으로 민사상이나 형사상의 책임이 면제되는 것은 아니다(헌법 제65조 제4항, 헌법재판소법 제54조 제1항).[263)]

둘째, 탄핵결정으로 파면된 자는 일정기간 공직취임이 금지된다. 탄핵결정에 의하여 파면된 자는 결정선고가 있는 날로부터 5년이 경과하지 아니하면 공무원이 될 수 없다(헌법재판소법 제54조 제2항). 그런데 이전보다 훨씬 강화된 공직취임제한규정이 헌법 자체에 규정되지 않고 헌법재판소법에 규정되어 있다는 점에서 동규정의 위헌 여부에 관하여 견해가 대립하고 있다. 생각건대 헌법이 탄핵결정의 효력과 관련하여 "탄핵결정은 공직으로부터 파면함에 그친다"라고 규정한 것을 법률로 어떻게 구체화하느냐는 당해 법률의 특수한 사정을 고려하여 결정될 수 있는 것으로서 입법재량에 속한 사항이라고 본다. 예

---

263) 징계적 처벌에 해당하는 탄핵결정은 민·형사재판과의 관계에서 一事不再理의 원칙이 적용되지 아니한다. 다만 탄핵심판이 형사재판의 성격을 갖는 영국이나 프랑스의 경우 일사부재리의 원칙이 적용된다.

컨대 공직선거및선거부정방지법은 일정한 선거범에 대하여 5년 또는 10년이 경과하지 않으면 피선거권이 없다고 규정하여 이 기간동안 선출직공무원이 될 수 있는 기회를 박탈하고 있다. 이와 같이 일정기간 동안 공직취임을 제한하는 것은 탄핵제도의 실효성의 확보를 위해 합목적적으로 부득이하게 필요한 조치이므로 위헌으로 볼 수 없다고 본다.264)

셋째, 대통령 이외의 탄핵결정을 받은 자에 대하여 대통령의 사면권행사가 제한된다고 할 것인가가 다툼이 되고 있다. 명문의 규정이 없더라도 탄핵제도의 실효성을 확보하기 위해서 역시 대통령의 사면이 허용될 수 없다고 하겠다.

V. 노무현大統領에 대한 彈劾訴追事由를 중심으로 한 爭點과 分析

1. 野黨이 제시한 彈劾事由

노무현대통령에 대한 탄핵심판사건에서 쟁점이 되는 것은 야당이 탄핵사유로 제시한 것이 우리 헌법과 법률이 정하고 있는 탄핵사유에 해당하는가에 있다. 즉 야당은 최초로 다음과 같은 3가지의 탄핵사유를 제시하며 탄핵소추와 의결을 하였고, 추가로 탄핵소추발의 직전에 노무현대통령이 행한 연설 가운데 재신임을 다음 총선에 연계하여 원내 제1당이 되지 못하면 사임하겠다고 한 것이 그것이다. 따라서 먼저 제시된 3가지 탄핵사유인 공직선거및선거부정방지법 제9조와 제85조가 규정하고 있는 '공무원의 정치적 중립의무'와 '공무원의 지위를 이용한 선거운동금지의무'의 위반여부가 평가되어야 하고, 다음으로 측근비리와 경제침체 등에 따른 失政에 대한 책임을 묻고자 하고 있기 때문에 그에 대한 평가가 이루어져야 한다. 그리고 마지막으로 재신임을 총선에 연계하겠다고 하는 것이 헌법과 법률에 위반되는지도 논의되어야 한다.

---

264) 권영성, 헌법학원론, 2001, 860면; 김철수, 헌법학개론, 2001, 1335면; 허영, 한국헌법론, 2001, 815면.

2. 核心爭點인 選擧法 違反與否에 대한 分析과 評價

(1) 공직선거법 제9조의 공무원의 정치적 중립의무 등 위반여부

탄핵소추안에 따르면 공직선거법 제9조 제1항(공무원의 정치적 중립의무), 제60조 제1항(선거운동을 할 수 있는 자), 제85조(지위를 이용한 선거운동금지) 및 제86조(공무원 등의 선거에 영향을 미치는 행위금지) 등을 위반하여 동법 제255조 제1항 제1호(부정선거운동죄)로 처벌받아야 하는 불법적 사전선거운동을 한 것으로 탄핵사유를 밝히고 있다. 그 가운데서 가장 핵심이 되는 규정은 공직선거법 제9조 제1항으로서 "공무원 기타 정치적 중립을 지켜야 하는 자는 선거에 대한 부당한 영향력의 행사 기타 선거결과에 영향을 미치는 행위를 하여서는 아니된다"고 규정하고 있다. 또한 공무원의 정치적 중립의무와 관련하여 제85조 제1항 전단은 "공무원은 그 지위를 이용하여 선거운동을 할 수 없다"고 하면서 구체적으로 어떠한 행위가 그 지위를 이용한 선거운동인지를 동항 후단에서 밝히고 있다.

그런데 공무원의 정치적 중립의무 위반여부를 평가하기 위해 무엇보다도 전제되어야 할 내용은 선거에 의해 선출되는 정무직 공무원과 그렇지 않은 공무원을 구별해야 한다는 것이다. 그 구별을 하지 않고 일반적인 공무원의 중립의무 및 선거운동금지의무에 관한 규정을 일반적으로 적용하는 경우 정무직 공무원은 존립하기 어려운 문제점이 있다. 정무직 공무원의 경우 공무원으로서의 신분과 함께 정치인 내지 정당인으로서의 신분을 동시에 가지고 있기 때문에 일반 공무원과 구별되어야 한다는 것이다. 예컨대 정무직 공무원의 경우 당선되기까지 여러 가지 공약을 내세우며 선거운동을 한 결과 당선되기도 했겠지만, 당선된 이후에도 그들은 모든 국정행위를 행함에 있어서 국민과 지역주민의 신임을 계속 받을 수 있도록 노력하지 않을 수 없다. 이것은 정무직 공무원의 경우 본질적으로 정치적 의사표시를 전제로 국정행위를 할 수밖에 없는 정치공무원임을 의미한다. 따라서 정무직 공무원과 그렇지 않은 공무원을 구별하지 않고 모든 공무원이 선거에 있어서 중립을 지킬 것을 요구하고 선거운동을 하지 못하게 하는 것은 그 자체로서 위헌임을 면하기 어렵다.

이와 관련하여 공직선거법 제60조 제1항 제4호는 대통령의 경우 정당법 제6

조에 의거하여 정당의 발기인이 될 수 있음에도 불구하고 지방자치단체장과 함께 선거운동을 금지하고 있다. 즉 정당인이 되고 선거를 통한 정무직 공무원임에도 불구하고 국회의원과 지방의원을 제외한 정무직 공무원은 선거운동을 할 수 없는 모순관계가 발생하고 있다. 물론 단임제를 채택하고 있는 대통령을 제외한다면 선거직 단체장 등의 경우 재선을 위한 어떠한 발언과 행동도 선거법 위반이 되지 않을 수 없다. 특히 단체장의 경우 선거운동도 하지 않고 재신임을 묻는 선거를 치르라는 어처구니없는 규정을 하고 있다.

따라서 이러한 모순을 해결하기 위해서는 다음과 같은 해석을 통해서만 합헌적인 공직선거법이 될 수 있다고 본다. 즉 공직선거법 제9조의 공무원의 정치적 중립의무의 실현여부는 대개 선거운동의 참여여부로 평가가 가능하다는 점을 고려해야 한다. 다시 말해서 공직선거법 제85조 제1항 전단의 규정처럼 "공무원이 그 지위를 이용하여 선거운동을 할 수 없다"고 규정하고 있으므로, 이 규정을 근거로 공무원의 선거운동의 중립성여부를 평가하자는 것이다. 예컨대 제85조 제1항 후단의 규정과 같이 "공무원이 그 소속직원이나 제53조 제1항 제4호 내지 제6호에 규정된 기관 등의 임·직원 또는 공직자윤리법 제17조의 규정에 의한 유관사기업체 및 협회의 임·직원을 대상으로 한 선거운동은 그 지위를 이용하여 하는 선거운동으로 본다"고 하고 있기 때문에, 정무직 공무원의 경우 위와 같은 명시적인 선거운동이 아닌 한 정치적 의사표시를 할 수 있는 것으로 보아야 한다는 것이다. 즉 정무직 공무원의 경우 위 규정이 명시하고 있는 것과 같이 특정한 사람을 대상으로 민감한 시기에 선거운동을 하는 것이 금지된다고 해석되는 경우에 한하여 위 규정은 위헌을 면할 수 있을 것이고 또한 타당한 규정이라고 본다. 즉 정무직 공무원이 최소한 지켜야할 금지사항이 위와 같은 경우라고 한다면 그 밖의 정치적 의사표시와 선거운동은 할 수 있는 것으로 평가하여야 한다는 것이다.

결국 노무현대통령의 그동안의 선거와 관련된 정치적 발언에 대해 공직선거법 위반의 경우로 평가하기 어렵다는 것을 의미한다. 문제가 되고 있는 대부분의 발언이 노대통령의 기자회견을 통하여 이루어졌고, 그것이 선거에 영향을 미칠 소속공무원이나 유관기관의 임직원을 대상으로 하지 않았으며, 뿐만 아니라 정치인의 관점에서 전국민을 상대로 정치적 전망과 견해를 표명한 것에 불과하기 때문이다. 특히 정당정치가 일반화된 오늘날 대통령이 정당에 가입하고 있지 않은 것이 극히 예외적인 상태이고, 따라서 일정한 시점에 특정 정당에 가입하겠다고 하는 것이 문제가 될 이유가 없으며, 자신이 몸담고자 하는 정당이 잘되기를 바라는 것이 문제될 이유가 없다. 전통적으로 어느 선거직 공무원이든지 야당 등 정당의 중요한 행사가 있을 때마다 축하하고 발전을 기대한다는 의사표시를 하는 것은 너무나 자연스러운 것이다.

한편 헌법재판소의 결정례를 보더라도 노무현대통령의 기자회견 내용이 구체적이고 계획적인 선거운동을 지시한 것이 아니고 단순한 의사개진의 정도로 보아야 한다는 점에서도 탄핵사유가 되기 어렵다. 공직선거법 제85조와 관련된 헌법재판소의 결정에서도 "선거운동은 객관적으로 인정될 수 있는 계획적 행위를 말하는 것이므로 건전한 상식과 통상적인 법감정을 가진 사람이라면 누구나 선거운동과 관련하여 단순한 의사개진을 할 수 있다"고 하고 있기 때문에,[265] 노무현대통령의 기자회견에서의 선거와 정당관련 발언은 이 단순한 의견개진에 불과하므로 탄핵사유인 법률위반행위로 보기 어렵다.

(2) 선거관련 발언이 헌법질서를 위반했는지의 여부

탄핵소추안에 따르면 헌법재판소에서 위헌으로 결정된 시민단체의 낙천·낙선운동을 고무시킨 행위와 중앙선거관리위원회의 '공명선거 협조요청'을 무시한 것은 권력분립원리를 위반한 것이고 또한 복수정당제도와 관련된 헌법 제8조 제3항의 국가의 정당보호의무를 위반한 행위이며, 국회의 적법한 탄핵추진 자체를 '부당한 횡포'라고 폄하하는 것은 헌법 제66조 제2항의 헌법수호의무와 제69조 헌법준수의무를 위반한 것으로서 탄핵받아야 마땅하다고 하였다.

따라서 여기서 탄핵소추안에서 지적된 헌법침해주장이 인정될 수 있는가를 평가하는 것이 필요하여졌다. 첫째, 시민단체의 낙천·낙선운동을 불법으로 보는 것에 대한 평가가 필요하다. 물론 이에 대하여 대법원은 물론이고 헌법재판소도 시민단체의 운동을 불법으로 규정하고 있는 공직선거법 제87조를 합헌이라고 하였다. 그러나 헌법재판소의 그 결정은 헌법해석을 한 것이 아니라

265) 헌재결 2001. 8. 30, 2000헌마121·202병합, 헌재판 13-2, 263(264).

법률해석을 했다는 비판을 받지 않을 수 없었다. 즉 공직선거법의 근본적 정신과 내용이 헌법정신에 맞는가를 판단하고 구체적 논점에 들어간 것이 아니라, 선거법 전체의 시각에서 시민단체의 선거운동이 인정될 수 있는가를 판단하고 있을 뿐이다. 특히 유권자인 국민 개개인이나 정당이 누릴 수 없는 선거운동의 자유를 어떻게 시민단체에게 인정할 수 있겠는가를 논하고 있는 점에서는 실소를 금할 수 없다. 헌법재판소는 헌법이 보장하고 있는 참정권과 정치활동의 자유를 비록 선거에 국한된 것이기는 하지만 법률로 전반적인 제한을 해놓은 것에 대해 문제가 없다는 전제에서 출발하고 있는 점에서 커다란 문제점이 있다.[266] 따라서 대법원이나 헌법재판소의 견해를 떠나 근본적인 재검토가 필요한 부분이라고 생각한다.

둘째, 중앙선거관리위원회의 '공명선거 협조요청'을 무시하여 권력분립원리를 위반하고 복수정당제도를 침해하여 헌법을 위반한 것이라는 주장에 대해서도 납득하기 어렵다. 우선 중앙선관위는 공직선거법에 관한 제1차적인 유권해석권을 가지고 있기 때문에 그의 권고와 주장은 존중되어야 하나, 그것은 최종적인 것이 아니다. 즉 법원이나 헌법재판소의 최종적인 판단이 내려지기까지 선거법에 관한 위헌·위법여부의 해석에 관한 판단은 열려져 있다.[267] 더군다나 중앙선거관리위원회의 의견서가 대통령과 민주당에 다른 내용으로 전달된 것임이 밝혀지고 있고, 대통령에게 전달된 내용이 명백히 공직선거법위반이라는 지적이 없는 한 헌법침해행위에 해당하여 탄핵사유가 되는 것으로 볼 수 없다. 또한 야당에 불리한 정치적 발언을 한 것만으로 복수정당제도를 침해한 것으로 볼 수 없음은 너무나 명백하기 때문에 이 또한 탄핵사유가 될 수 없다.

셋째, 국회의 탄핵소추권행사를 '부당한 횡포'라고 주장한 탄핵의견서는 그야말로 말도 안 되는 주장이다. 국회의 탄핵소추권의 존재와 행사 자체를 부정한 것이 아니기 때문에 정치적인 관점에서 얼마든지 할 수 있는 주장이다. 특히 탄핵소추발의 내용이 제시되지 않은 가운데 야당이 주장한 탄핵사유에

---

266) 이승우, "시민단체의 낙천낙선운동과 헌법상의 문제점", 법학과 행정학의 현대적 과제(이방기교수 정년기념논문집, 2000), 269면 이하 참조.

267) 이에 대한 실체적 문제는 앞에서 지적했다.

따른다면 차라리 탄핵심판을 받겠다고 주장한 것을 보더라도 국회의 권위를 무시한 발언이 아님을 알 수 있다.

3. 側近非理에 관한 分析과 評價

탄핵사유서에 따르면 노무현대통령은 모든 측근비리의 공범관계에 있다고 주장하고 있다. 즉 어느 사건에서는 교사범이고, 다른 사건에서는 방조범이며, 또 다른 사건에서는 간접정범이라고 하고 있다. 특히 이 측근비리에 대해 수사방해를 하고 있으며, 이를 감추기 위해 재신임국민투표 또는 조건부 사임약속 등으로 국민을 혼란하게 하고 있다고 주장한다.

아무튼 측근비리가 이미 밝혀졌기 때문에 그에 대한 평가는 여기서 필요하지가 않다. 다만 대통령에 대한 탄핵으로 연결되기 위해서는 그 측근비리에 대통령이 직접 관련되어 있다는 명백한 증거를 찾아내는 것이라고 본다. 왜냐하면 형사법상 범죄행위와 관련하여 자기책임의 원칙이 전제되어야 하고, 헌법상 연좌제금지의 원칙이 지켜질 것이 요구되고 있기 때문이다. 그런데 이 문제는 2003. 12. 29. 검찰이 노무현대통령과 측근비리에 관한 공범관계 여부에 대한 판단에서 "나름의 결론을 가지고 있으나 대통령의 헌법상 형사소추를 받지 않는 특권, 직무수행의 계속성, 헌법정신 등에 비추어 그 내용을 공개하는 것은 적절하지 않다"는 발표내용에 따를 때, 대통령의 관련성이 밝혀지기 어렵다는 것을 뜻한다. 따라서 명백한 증거가 제시될 수 없는 상황에서 추측만으로 공범관계이론에 따라 탄핵소추하는 것은 있을 수 없다.

그리고 대통령이 관련된 측근들의 범죄혐의의 경우에도 취임전의 범죄행위와 취임후의 범죄행위에 대한 평가가 대통령 탄핵에 있어서 명백히 구별되어야 함을 알 수 있다. 취임전의 범죄행위와 관련해서는 대통령 당선무효소송으로 다투어져야 할 사항이고, 취임후의 범죄행위의 경우에만 '직무집행'과 관련되어 직접적 관련성이 입증되는 경우에 탄핵사유로 볼 수 있다고 보기 때문이다. 아무튼 대통령 취임후의 측근비리로서 대통령의 관련성이 입증되는 경우에도 헌법 제84조 대통령의 형사상의 특권에 비추어 내란죄나 외환의 죄와 같은 중대한 범죄행위가 아닌 한 탄핵사유로 보기 어렵다는 논리에 따르면 탄핵사유가 될 수 없다고 본다. 만약 탄핵사유를 중대한 범죄행위가 아닌 '경미한' 또는 '미약한' 범법행위에 대해서까지 탄핵사유로 하는 경우 여소야대정국 하에서 대통령제 정부형태는 존립 자체가 어렵게 될 수 있다는 점을 주목해야 한다.

한편 측근비리를 감추기 위해 재신임국민투표 또는 조건부 사임약속 등을 한 것에 대하여 평가할 때, 헌법재판소도 주장한 것처럼 구속력 있는 국정행위가 아니라 정치적 견해표명에 불과하기 때문에 헌법을 위반한 것이라고 보기 어렵다. 국민의 관심과 여론을 다른 곳으로 돌리고자 하는 대통령의 술책에 지나치게 민감한 반응을 보이는 것 자체가 문제이다.

4. 失政 등 國政混亂에 대한 分析과 評價

탄핵사유서는 대통령의 진지성이 담보되지 않은 거듭된 말실수, 정책혼선과 정책의 일관성의 결여, 책임 있는 국정수행이 아니라 총선에만 관심을 갖는 것 등으로 인하여 헌법 제10조의 국민의 기본권보장의무를 위배하고 있고, 또한 헌법 제69조에 명시된 '대통령으로서의 직책의 성실한 수행'의무를 방기하였다고 주장한다.

그런데 이 주장은 결국 대통령의 정책실패와 무능력에 관한 것이라고 볼 수 있고, 이에 대해서는 거의 모든 헌법학자들이 주장하고 있는 것과 마찬가지로 명백히 탄핵사유로 보기 어렵다.

5. 再信任을 總選에 連繫하기로 한 發言의 問題

탄핵소추발의 후 노무현대통령은 재신임을 총선에 연계하여 열린우리당이 제1당이 되지 못하면 사임하겠다고 발표하여, 야당을 중심으로 탄핵사유서의 추가문제가 논란이 되었다.

우선 탄핵심판제도와 같이 매우 예외적인 국정갈등해소방법을 운영함에 있어서 관련법규정을 제한적으로 해석해야 함은 말할 필요도 없다. 그러나 헌법재판소법이 직접 규정하고 있지 않은 사항에 대해 형사소송법과 민사소송법을 준용하도록 하고 있고, 특히 탄핵심판의 경우 형사소송법의 관련규정이 준용된다고 보기 때문에 공소장 변경에 관한 규정이 준용될 수 있을 것이다.

그러나 대통령과 같은 국민의 대표기관은 국민의 신임을 바탕으로 국정운영의 책임을 맡은 것이기 때문에 끊임없이 이를 확보하고 유지하려고 노력해야 한다. 만약 국민의 신임을 잃었다고 판단하는 경우 비록 임기가 보장되어 있다 하더라도 갈등과 혼란을 줄이기 위해 언제든지 사임할 수 있고, 그 신임이 정치적 견해차에 따라 다양하게 나타나는 경우 갈등과 혼란을 수습하기 위해 재신임을 물을 수 있다. 다만 헌법상 명시적인 재신임제도가 없기 때문에 어떤 방법으로 신임을 물을 것인가의 문제만이 남는다. 결론적으로 현행 헌법상 대통령이 국민에게 물을 수 있는 가장 손쉽고 명확하게 드러날 수 있는 방법은 총선을 통한 국민의 심판뿐이다. 물론 야당의 탄핵소추안에 따르면 이것을 사전선거운동으로 주장하나, 총선을 통한 재신임의 문제를 단순한 사전선거운동의 차원에서 평가할 사항이 아니다. 또한 재신임연계발언이 정치적 발언이지 법적 구속력이 있는 발언도 아니다. 따라서 이것이 새로운 탄핵사유로 추가된다고 해서 대통령에 대한 탄핵사유가 갖추어지고 가결될 것으로 보기 어렵다. 헌법재판소의 결정에 앞서 대통령이 취할 수 있는 것 가운데서 현재로서는 마지막 정치적 승부수에 불과하지 탄핵사유가 될 수 없다.

VI. 노무현大統領에 대한 彈劾訴追를 계기로 彈劾審判制度에 대한 立法論

탄핵심판제도가 오늘날 실효성이 크지 않는 제도라는 점에 대해서는 모든 학자들이 동의하는 바이다. 즉 오늘날 의회의 조사적 통제기능과 정책적 통제기능이 크게 활성화되어 있기 때문에 법적 통제기능에 해당하는 탄핵심판제도의 유용성이 낮은 것이 사실이다.[268] 특히 오늘날 대부분의 국가에 있어서 정당국가현상 때문에 탄핵심판제도가 약화되고 있는 것을 알 수 있다. 즉 그 정부형태가 의원내각제이건 아니면 대통령제이건 모두 정당에 의해 행정부와 의

268) 허영, 한국헌법론, 2001, 872면.

회다수파가 장악되고 있기 때문에 의회의 의결을 통해 소추가 이뤄지는 탄핵심판이 쉽게 이뤄질 수 없음은 의심의 여지가 없다. 더군다나 우리나라와 같이 대통령에 대한 탄핵소추의결정족수가 높게 책정된 경우 탄핵을 통한 책임추궁의 방법은 거의 기대하기 어려웠던 것이 사실이다.

아무튼 이러한 현실을 전제로 하고서 우리 헌법체제에서 탄핵제도가 나름대로의 역할을 수행할 수 있도록 지금까지 해석론에 입각하여 이론을 전개하였으며, 아울러 헌법재판소에서 논의된 노무현대통령에 대한 탄핵심판과 관련하여 탄핵사유가 타당성이 있었는가를 중심으로 탄핵심판제도 자체에 대하여 평가해보았다. 다만 여기서 마지막으로 정리하고자 하는 것은 탄핵심판제도가 가지고 있는 순기능에 근거하여 현행 탄핵심판제도와 관련된 법제상의 문제점을 입법론에 입각하여 논하기로 한다.

1. 彈劾의 對象

우리 헌법은 탄핵의 대상을 제한적으로 규정하고 있는 독일(연방대통령과 연방·주법관), 프랑스(대통령과 정부구성원), 일본(재판관) 등과는 달리 개방적으로 규정하고 있다. 이러한 점은 탄핵의 대상자를 대통령·부통령을 비롯한 모든 文官(all civil officers)으로 광범위하게 규정한 미국과 같다. 그렇지만 우리는 헌법 제65조 제1항이 규정하고 있는 탄핵의 대상을 제외하고 법률에 의하여 탄핵대상자를 정하기 때문에 해석에 의하여 대상자를 확정해야 하는 미국보다도 훨씬 명확하다고 할 수 있다.

그리고 헌법이 직접 열거하고 있지 아니한 탄핵대상과 관련하여 헌법은 '기타 법률이 정한 공무원'이라고 하였기 때문에, 그 구체적인 범위는 개별법이 정하는 바에 따를 수밖에 없다. 따라서 탄핵심판제도가 활성화되는 경우에는 그에 따른 일반법으로서의 가칭 '탄핵심판에관한법률'을 제정하여 탄핵의 대상을 확정짓는 것이 필요할 것으로 본다. 다만 그 경우에도 그 비중의 중요도에 비추어 대통령과 그 밖의 탄핵대상을 구별하여 규정하는 것이 필요하다고 본다.

2. 彈劾의 事由

헌법과 헌법재판소법은 탄핵의 사유를 대통령을 비롯한 고위공직자들이 그 '직무집행에 있어서 헌법이나 법률을 위배한 때'라 규정하여 탄핵을 형사적 소추작용을 넘어서 직무집행의 적법성을 헌법과 법률의 기준으로 평가하는 법치주의 내지 헌법의 수호장치로 보고 있다. 그러나 탄핵의 사유를 탄핵의 대상에 따라 달리 규정하지 않고 모든 대상에 대하여 포괄적으로 규정함으로 말미암아 자칫하면 탄핵을 정쟁의 도구로 전락시킬 위험성을 내포하고 있다.

이와 관련하여 문제가 되는 것은 그 직무집행에 있어서 헌법이나 법률을 위배한 때라는 문언 그대로 헌법이나 법률을 위배한 모든 행위를 탄핵소추사유로 볼 것인가이다. 여소야대정국에서 극단적인 상황을 가정한다면 사소한 위헌 · 위법행위로 말미암아 탄핵소추가 발의되고 이와 더불어 필요이상의 정쟁이 야기됨으로써 정치적 불안정이 초래될 가능성이 있게 된다. 이러한 이유 때문에 직무집행에 있어서 헌법이나 법률을 중대하게 위배한 때에만 탄핵을 소추할 수 있다고 해석하여야 함은 앞에 언급한 바와 같다. 이러한 해석은 일반 고위공직자와 대통령에 대한 탄핵을 달리 취급하여야 한다는 입장에서는 더욱 요청된다. 그러나 이는 중대한 사항이니 만큼 헌법재판소법 및 국회법에서 명백하게 규정하거나 탄핵심판제도에 관한 일반법이 제정되는 경우 분명하게 규정하는 것이 바람직하다고 본다.

3. 彈劾訴追의 效果

헌법과 국회법은 소추의결서가 본인에게 송달되면 그때로부터 권한행사가 즉시 정지된다고 규정하고 있다. 탄핵소주의결로 말미암아 권한행사가 자동적으로 정지하는 입법례는 드문 것으로 볼 때, 이것이 과연 바람직한가에 관하여는 의문이 있다. 특히 대통령의 경우에 탄핵소추의 의결로 당연하게 권한행사를 정지하는 것은 문제가 심각하다고 본다. 왜냐하면 정치적 충동이나 다수의 횡포로 인하여 대통령에 대한 탄핵소추안이 일단 의결되면 헌법과 법률에 의하여 권한대행자가 있다 하더라도 탄핵소추를 둘러싸고 전개되어온 정쟁으로 말미암은 국정의 혼란이 즉시 회복되기가 쉽지 아니할 것이기 때문이다.

따라서 입법론으로 독일과 같이 독립된 탄핵심판기관인 연방헌법재판소로 하여금 재량으로 직무집행정지의 가처분 여부를 판단하도록 하든가, 아니면 프랑스의 경우와 같이 무죄추정의 원칙을 적용하여 직무정지가 이뤄지지 않도록 하는 것도 고려해야 한다.

제 2 장

大統領노무현에 대한 彈劾審判決定의 評釋

I. 序論

2003년 2월 25일 출범한 노무현정부는 '참여정부'라는 기치아래 힘찬 출발을 하였다. 1997년 김대중정부에 의하여 여야간의 정권교체가 이루어진 것을 절반의 정권교체로 평가한 노무현정부는 완전한 정권교체를 이룩하겠다고 하면서 국가의 주도세력의 변화를 핵심 목표로 내세웠다. 그 결과 정권초기의 여야간의 밀월관계도 기대할 수 없었고, 특히 자신을 대통령으로 만들어준 민주당을 탈당함으로써 극소수여당으로 정부를 이끄는 상황을 맞았다. 즉 자신을 지지하는 극소수의 열린우리당이라는 여당을 제외하고 대다수 정치세력을 퇴출시켜야 할 기득권세력으로 몰아붙임으로 인하여 지역간의 대립은 물론이고 세대간의 대립, 계층간의 대립, 이념적인 대립 등 갈등구조를 의도적으로 표출시켰다. 한편 노무현정부는 지금까지 우리 헌정사에서 문제가 되었던 제왕적 대통령제의 폐단을 시정하겠다는 취지에서 권력기관들을 정상적인 위치로 되돌려놓겠다고 공언했다. 또한 자신에 대해서 비판적이었던 언론에 대한 강한 거부감의 표현과 함께 계속하여 언론개혁을 공언함으로써 무차별적 보수언론의 공격을 받게 되었다. 우리 헌정사에 대한 전면적 도전을 시도한 것이다.

이렇게 정권초기부터 극단적인 대립구도로 일관한 노무현정권에 대하여 정치권은 물론이고 많은 국민은 불신을 드러내기 시작했다. 이에 대하여 노무현대통령은 재신임 국민투표를 들고 나와 승부수를 던졌고, 이에 반하여 위기의식을 느끼기 시작한 절대다수 야당의원들은 4.15총선을 앞두고 생존을 위한 승부수로 탄핵소추라는 초강수를 던져 2004년 3월 12일 제246회 국회에서 가결시켰다. 그리고 노무현대통령의 직무정지가 이루어진 상황에서 다행스럽게도 탄핵심판결정이 있기까지 대통령권한대행인 고건국무총리가 헌정의 혼란을 극소화하면서 국정을 무사히 이끈 가운데 탄핵심판은 기각결정이 이루어졌고, 이어 노무현대통령이 직무에 복귀하게 되었다.

이번 탄핵심판결정에 대하여 여러 관점에서 많은 평가가 있을 것으로 보인다. 다만 여기서는 헌법이론적으로 헌법재판소의 논리가 문제가 없는가를 평가하고자 한다. 즉 탄핵소추절차의 적법성과 관련하여 헌법상의 적법절차규정에 대한 헌법재판소의 결정에 문제가 없는가를 살펴보고, 또한 탄핵사유에 대한 헌법재판소의 판단에 대한 문제점을 찾아보려고 한다. 아울러 헌법재판소가 이 결정을 통하여 대통령이 직무수행 중 존중해야 할 것으로 제시한 내용들이 제대로 의미를 가지게 될 것인가에 대하여 평가하고자 한다.

II. 憲法裁判所의 決定要旨

헌법재판소는 청구인이 주장한 여러 탄핵사유에 대하여 각각 살펴본 결과 대통령의 발언이 공무원의 정치적 중립의무를 위반한 것으로 판단하였고, 또한 대통령이 국민 앞에서 현행법의 정당성과 규범력을 문제삼는 행위는 법치국가의 정신에 반하는 것이자 헌법을 수호해야 할 의무를 위반한 것이라고 보는 등 헌법과 법률을 위반한 행위라고 하였다.[269)]

그러나 헌법재판소는 헌법 제65조 제1항이 탄핵사유를 "헌법이나 법률에 위배한 때"로 제한하고 있고, 헌법재판소법 제53조 제1항은 "탄핵심판청구가 이유 있는 때에는 헌법재판소는 피청구인을 당해 공직에서 파면하는 결정을 선고한다"고 규정하고 있는데, 여기서 '탄핵심판청구가 이유 있는 때'란 모든 법위반의 경우가 아니라 단지 공직자의 파면을 정당화할 정도로 '중대한' 법위

269) 헌재결 2004. 5. 14, 2004헌나1, 헌재판 16-1, 612.면 이하.

반의 경우를 말한다고 판단하였다. 그리고 '대통령을 파면할 정도로 중대한 법위반이 어떠한 것인지'에 관하여 일반적으로 규정하는 것이 매우 어려운 일이나, 대통령의 직을 유지하는 것이 더 이상 헌법수호의 관점에서 용납될 수 없거나 대통령이 국민의 신임을 배신하여 국정을 담당할 자격을 상실한 경우에 한하여 대통령에 대한 파면을 정당화하는 것이라고 보았다. 그런데 이 사건에서 인정되는 대통령의 법위반이 헌법질서에 미치는 효과를 종합하여 볼 때, 대통령의 구체적인 법위반행위에 있어서 헌법질서에 역행하고자 하는 적극적인 의사를 인정할 수 없으므로 자유민주적 기본질서에 대한 위협으로 평가될 수 없다고 하였다. 따라서 파면결정을 통하여 헌법을 수호하고 손상된 헌법질서를 다시 회복하는 것이 요청될 정도로 대통령의 법위반행위가 헌법수호의 관점에서 중대한 의미를 가진다고 볼 수 없고, 또한 대통령에게 부여한 국민의 신임을 임기 중 다시 박탈해야 할 정도로 국민의 신임을 저버린 경우에 해당한다고 볼 수 없으므로, 대통령에 대한 파면결정을 정당화하는 사유가 존재하지 않는다고 하였다.

결국 헌법재판소는 노무현대통령의 발언과 행위가 헌법과 법률에 위반된다고 보면서도 대통령을 파면시킬만한 '중대한' 법위반이 아니기 때문에 청구인의 심판청구를 기각한다고 하였다.[270)]

III. 彈劾審判決定에서 前提되었어야 할 條件들

1. 大統領의 國法上 行爲의 類型에 관한 考察

단핵심판길정에 앞서 대농령의 '국법상 행위'의 유형을 고찰하는 것이 필요하다고 하는 이유는 대통령의 직무행위의 유형을 알면 헌법과 법률에 위반되는가를 쉽게 찾아낼 수 있기도 하지만 무엇보다도 그것이 '중대한' 법위반에 해당하는가를 결정하는데 중요하기 때문이다.

270) 헌재결 2004. 5. 14, 2004헌나1, 헌재판 16-1, 614면 이하.

헌법 제82조는 "대통령의 국법상 행위는 문서로써 하며, 이 문서에는 국무총리와 관계국무위원이 부서한다. 군사에 관한 것도 또한 같다"고 하여, 대통령의 직무수행의 원칙과 방법의 대강을 규정하고 있다. 다만 여기서 대통령의 직무행위는 중요도에 따라 행위형식이 달라질 수 있는 것이기 때문에 모든 직무행위를 위와 같이 부서가 있는 문서로써 하기는 어렵다. 따라서 여기서는 대통령의 직무행위의 유형을 다음과 같이 2가지로 나누어 고찰할 필요가 있다. 즉 대통령의 직무행위 가운데서 가장 중요한 것으로서 헌법 제82조와 같이 문서로써 해야하는 직무행위(아래에서는 '國法上의 職務行爲' 또는 '俠義의 職務行爲'라 한다)가 있다. 이에 비하여 其他의 職務行爲가 있는데, 이것은 모든 대통령의 직무행위를 의미하는 '廣義의 職務行爲' 가운데서 협의의 직무행위를 제외한 직무행위를 말한다. 그리고 대통령도 직무와 관계없는 사인의 지위가 인정될 수밖에 없기 때문에 완전히 '私的 行爲'를 할 수 있음은 물론이다.

이 사건에서 헌법재판소는 대통령의 직무행위와 관련하여 "헌법 제65조에 규정된 탄핵사유를 구체적으로 살펴보면, '직무집행에 있어서'의 '직무'란 법제상 소관 직무에 속하는 고유 업무 및 통념상 이와 관련된 업무를 말한다. 따라서 직무상의 행위란 법령·조례 또는 행정관행·관례에 의하여 그 지위의 성질상 필요로 하거나 수반되는 모든 행위나 활동을 의미한다. 이에 따라 대통령의 직무상 행위는 법령에 근거한 행위 뿐만 아니라 '대통령의 지위에서 국정수행과 관련하여 행하는 모든 행위'를 포괄하는 개념으로서, 예컨대 각종 단체·산업현장 등 방문행위, 준공식·공식만찬 등 각종 행사에 참석하는 행위, 대통령이 국민의 이해를 구하고 국가정책을 효율적으로 수행하기 위하여 방송에 출현하여 정부의 정책을 설명하는 행위, 기자회견에 응하는 행위 등을 모두 포함한다"고 하고 있다.[271] 이것은 대통령의 직무행위의 유형을 구별하지 않고 광의의 직무행위의 관점에서 평가하고 있는 것으로서 이 사건에서의 대통령의 행위는 직무행위에 해당함을 전제하고 있다.

이에 비하여 문서주의와 부서제도가 요구되고 있는 협의의 직무행위에 해당하는 대통령의 국법상의 직무행위란 결국 헌법과 법령이 대통령의 권한으로

---

271) 헌재결 2004. 5. 14. 2004헌나1. 헌재공보 제93호, 584면.

하고 있는 일체의 행위를 말한다고 할 수 있다. 즉 헌법이 직접 규정하고 있는 권한, 국무회의의 심의사항에 속하는 권한, 국회의 동의와 승인을 요하는 권한, 그리고 이 헌법상의 권한을 구체화한 것이라고 볼 수 있는 하위 법령에 따른 권한도 협의의 직무행위에 해당하는 국법상의 행위에 포함된다. 그런데 이렇게 대통령의 협의의 직무행위에 대하여 헌법 제82조를 통하여 그 권한행사의 방법과 절차를 마련하고 있는 것은 그 권한행사 중요성이 크기 때문이며, 이 대통령의 권한행사의 방법과 절차를 통제하여 국가구조의 목적적 정당성과 절차적 정당성을 확보하고자 하는 것이라고 볼 수 있다.

결국 이 사건에서의 대통령의 직무행위는 협의의 직무행위에 포함되는 것이 아니고 기타의 직무행위에 해당하기 때문에 직무행위의 성립여부 등에서 의문이 제기될 수 있는 여지가 있다. 즉 협의의 직무행위는 방법과 절차가 분명하기 때문에 성립여부가 분명하지만, 기타의 직무행위의 대부분은 대통령의 단순한 발언으로 이루어지기 때문에 법적 책임을 지울 수 있는 직무행위인지가 문제로 된다. 또한 이 사건에서와 같이 결국 탄핵사유를 '중대한 법위반'에 한정하여 파면사유로 정하여야 한다고 보는 경우 적어도 협의의 직무행위가 아닌 한 탄핵사유가 되기 어렵다는 것을 알 수 있다.[272)]

2. 大統領의 國法上 行爲의 成立時期에 관한 考察

대통령의 직무행위의 유형은 앞에서 살펴본 것처럼 다양하다. 그런데 대통령의 직무행위의 유형이 다양한 것과 마찬가지로 그 행위유형에 따라 국법상의 행위로 성립되는 시기도 다양하다. 이 사건은 탄핵심판사건이기 때문에 대통령의 다양한 발언이 국법상의 행위로 인정되느냐의 문제가 중요한 의미를 갖지 못하고 있지만, 많은 발언 중 재신임 국민투표 제안발언과 같은 경우도 포함되고 있기 때문에 직무행위의 성립시기가 문제로 될 수 있음을 전제했어야 하며, 헌법재판소는 대통령의 재신임 국민투표 제안발언에 대하여 공권력행사가 성립되지 않기 때문에 사건을 각하한다고 하였음을 주목할 필요가 있다.[273)]

---

272) 자세한 분석은 다음의 제4장을 참조바람.

273) 헌재결 2003. 11. 2003헌마694, 헌재공보 제87호.

아무튼 협의의 직무행위는 대통령의 단순한 의사표시로 성립되는 것이 아니라 문서주의와 부서제도에 따라 형식과 절차가 완결되어야 정식의 직무행위가 성립된다. 따라서 협의의 직무행위는 대통령의 정치적 구상에 관한 발언 등이 있으면 곧 헌법소원의 제기요건인 공권력의 행사가 있는 것으로 볼 수 없다. 이 경우는 법적인 절차를 진행시키기 위한 정치적인 사전 준비행위 또는 정치적 계획의 표명에 불과하기 때문에 완전한 직무행위가 성립된 것으로 볼 수 없다는 것이 헌법재판소의 판단이기도 하다.

그러나 대통령의 직무행위 중 협의의 직무행위를 제외한 기타의 직무행위는 일정한 형식과 절차가 없기 때문에 발언과 동시에 직무행위가 성립되는 것으로 보아야 한다. 다만 그 발언의 내용에 따라서는 그 법적 효력이 곧바로 인정되기에는 어려움이 있을 수밖에 없다. 헌법재판소도 대통령의 선거관련 발언에 대하여 모두 엄격하게 선거운동으로 규정하는 것은 정치인의 표현의 자유를 지나치게 제한하게 되는 효과가 있다고 하였고, 따라서 발언 그 자체가 아니라 구체적 행위의 태양, 즉 발언의 시기, 내용, 장소, 상황 등을 종합적으로 고려하여 무엇보다도 '기자회견 등의 기회를 이용하여 선거운동을 하고자 하는 상당한 정도의 목적의지가 인정될 수 있는지'의 여부를 개별적으로 판단해야 한다고 한 점에서,[274] 대통령의 발언에 대한 법적 책임을 물을 수 있는 행위의 성립시기를 인정하기가 쉽지 않음을 인정하고 있다.

IV. 具體的 爭點에 대한 決定要旨와 評釋

1. 適法節次에 대한 憲法裁判所의 見解와 問題點

(1) 憲法裁判所의 決定要旨

헌법재판소는 탄핵소추의 적법여부에 관한 판단에서 탄핵소추의 발의에서 의결에 이르는 모든 절차와 방법에 대하여 문제가 없다고 하였다. 즉 청구인이 주장한 국회에서의 충분한 조사 및 심사가 결여되었다는 주장, 투표의 강

274) 헌재결 2004. 5. 14. 2004헌나1. 헌재공보 제93호, 588면 이하.

제·투표내역의 공개·국회의장의 대리투표가 이루어졌다는 주장, 본회의 개의시각이 무단 변경되었다는 주장, 투표의 일방적 종료가 선언되었다는 주장, 질의 및 토론절차가 생략되었다는 주장, 탄핵소추사유별로 의결하지 않았다는 주장 등에 대하여, 국회의 의사절차의 자율권을 존중하는 입장에서, 그리고 국회의장의 국회법에 대한 해석에 명백한 흠이 발견되지 않는 한 자의적이거나 법해석에 잘못이 있다고 할 수 없다는 취지에서, 위 주장 모두에 문제가 없다고 하였다.

또한 적법절차원칙에 위배되었다는 주장도 위 주장들과 같은 차원의 것으로 보고 청구이유가 없다고 하였다. 즉 헌법재판소는 "여기서 피청구인이 주장하는 적법절차원칙이란, 국가공권력이 국민에 대하여 불이익한 결정을 하기에 앞서 국민은 자신의 견해를 진술할 기회를 가짐으로써 절차의 진행과 그 결과에 영향을 미칠 수 있어야 한다는 법원리를 말한다. 국민은 국가공권력의 단순한 대상이 아니라 절차의 주체로서, 자신의 권리와 관계되는 결정에 앞서서 자신의 견해를 진술할 수 있어야만 객관적이고 공정한 절차가 보장될 수 있고 당사자간의 절차적 지위의 대등성이 실현될 수 있다는 것이다"고 전제한 다음, "그런데 이 사건의 경우, 국회의 탄핵소추절차는 국회와 대통령이라는 헌법기관 사이의 문제이고, 국회의 탄핵소추의결에 의하여 사인으로서의 대통령의 기본권이 침해되는 것이 아니라, 국가기관으로서의 대통령의 권한행사가 정지되는 것이다. 따라서 국가기관이 국민과의 관계에서 공권력을 행사함에 있어서 준수해야 할 법원칙으로서 형성된 적법절차의 원칙을 국가기관에 대하여 헌법을 수호하고자 하는 탄핵소추절차에는 직접 적용할 수 없다고 할 것이고, 그 외 달리 탄핵소추절차와 관련하여 피소추인에게 의견진술의 기회를 부여할 것을 요청하는 명문의 규정도 없으므로, 국회의 탄핵소추절차가 적법절차원칙에 위배되었다는 주장은 이유 없다"고 하였다.[275]

(2) 適法節次原則에 대한 憲法裁判所의 根本的 認識의 問題點

적법절차원칙에 대한 헌법재판소의 인식은 크게 2가지 점에서 근본적 오류

275) 헌재결 2004. 5. 14. 2004헌나1, 헌재공보 제93호 25면 이하.

를 범하고 있다. 먼저 적법절차원칙의 문제를 국회에서의 탄핵소추발의에서 의결에 이르는 모든 절차를 포함하는 것으로 보지 않고 있다는 점이다. 즉 개별적인 발의절차, 조사 및 심사절차(청문절차), 본회의 개의 및 질의 · 토론절차, 투표절차와 투표종료선언절차, 의결공표절차 등과 같은 모든 차원의 절차로 보고 있는 것이 아니라, 그 내용설명에 따르면 조사 및 심사절차, 즉 청문절차에 참여하여 국민 자신의 의견을 진술하는 절차로 보고 있다. 그러나 이것은 지나치게 적법절차원칙의 적용범위를 좁게 평가하고 있는 것이다. 즉 적법절차원칙은 탄핵소추의 발의절차에서부터 의결공표절차에 이르기까지 모든 절차를 포함하는 것이라고 보아야 하는 점에서 근본적 오류를 범하고 있는 것이다.

다음으로 헌법재판소는 적법절차원칙이 국가공권력과 국민과의 관계에서 요구되는 절차인 것으로 제한적으로 보고 있는 점에서 심각한 문제점이 지적될 수 있다. 물론 적법절차원칙이 인신보호절차로 출발하였기 때문에 '형사절차적 적법성의 보장원리'이었음은 부인할 수 없다. 그러나 적법절차원리는 더 발전하여 헌법재판소의 주장처럼 국가기관과 국민과의 관계에서 공권력을 행사함에 있어서 준수해야 할 법원칙으로 형성된 것이 사실이며, 이것은 오늘날 모든 국가작용, 즉 '입법절차의 적법성의 보장원리'는 물론이고 '행정절차적 적법성의 보장원리'로 발전하였다. 그리고 여기서 입법절차는 협의의 법률제정절차만을 의미하는 것이 아니라 국회의 모든 의결절차를 의미함은 물론이다. 이 점에 대해서는 헌법재판소도 이미 인정한바 있다. 즉 "적법절차의 원칙은 헌법조항에 규정된 형사절차상의 제한된 범위 내에서만 적용되는 것이 아니라 국가작용으로서 기본권제한과 관련되든 관련되지 않든 모든 입법작용 및 행정작용에도 광범위하게 적용된다고 해석하여야 할 것"이라고 한바 있다.[276) 더군다나 탄핵소추절차는 단순한 국민의 기본권보호절차의 차원의 문제가 아니라 국가기관인 대통령의 권한행사를 정지하여 국정의 일시적 마비를 가져올 수도 있는 중대한 절차인 점에서 오히려 적법절차원칙이 강화되어야 할 사항이지 헌법재판소의 견해처럼 적용이 부인될 사항이 결단코 아니다. 즉 적법절

276) 헌재결 1992. 12. 24. 92헌가8, 헌재판 4, 853.

차원칙이 국가기관과 개개국민과의 사이에서 적용되는 것이라면 하물며 더 많은 국민들에게 영향을 미치는 국가기관과 국가기관 사이에서는 당연히 적용되어야 한다는 勿論解釋原則도 무시한 결과를 낳았다.

(3) 適法節次原則에 대한 憲法裁判所 判斷의 評價

아무튼 헌법재판소는 국가기관과 국가기관 사이에서는 적법절차원칙이 적용될 수 없고, 탄핵소추절차와 관련하여 피소추인에게 의견진술의 기회를 부여해야 할 명문의 규정이 없으므로 적법절차원칙이 적용될 여지가 없다고 하나, 이것은 적법절차원칙을 단순히 피소추인에게 '聽聞機會를 주는 節次'로 인식하는 근본적 오류를 범하고 있다. 또한 지금까지 국회의 입법절차에서의 수많은 날치기통과 등을 경험하였고, 이에 대하여 2번의 기관쟁송을 담당했던 헌법재판소가 이번 탄핵소추절차를 국회의 재량사항으로 본 것은 심각한 문제점이 있다. 헌법과 국회법이 규정하고 있는 절차는 물론이고 국회규칙 등으로 확립되어 있는 의사자율권을 무시한 모든 의결절차는 적법절차원칙에 위반된다는 사실을 부인하고 있는 것이나 다름없기 때문이다.

결국 대통령의 권한정지라는 탄핵소추 및 의결절차의 중대성에 비추어, 헌법재판소는 적법절차원칙을 비록 '청문기회를 주는 절차'로 인식하였다 하더라도, 국회에서 그것이 지켜졌는가를 판단했어야 한다. 즉 탄핵사유로 제시된 내용에 대한 철저한 조사는 아니더라도 법제사법위원회로 하여금 조사여부를 논의하고 최소한의 소명절차를 피소추인에게 줄 것인가를 의결했어야 한다. 국회 자체에서의 조사 및 소명절차를 완전히 생략했으면서도 소추위원측이 헌법재판소의 탄핵심판절차에서는 피소추인(대통령)의 출석을 요구하고 공개질의를 수장한 것에 대해 헌법재판소가 받아들인 것은 자신의 견해에도 어긋나는 모순된 결정에 해당한다. 특히 국회의 소추절차에서 조사되었어야 할 증거조사 내용을 헌법재판소의 심판과정에서 다루려고 함으로써 피소추인의 불출석은 물론이고 참고인의 답변거부 및 검찰의 자료제출거부 등으로 인하여 헌법재판소의 권위가 땅에 떨어지는 결과만 낳았다.

2. 記者會見에서 特定政黨을 지지하는 發言과 公務員의 政治的 中立義務에 관한 問題點

헌법재판소는 헌법 제7조 제1항, 제41조 제1항, 제67조 제1항 및 제116조 제1항에 따르면 '선거에서의 공무원의 정치적 중립의무'는 '선거에서의 국가기관의 중립의무'를 의미하고, 자유선거원칙에 따라 '공무원의 중립의무'를 의미하며, 선거에서 '정당의 기회균등의 원칙'을 보장하기 위한 것이라는 전제하에 논술을 전개한다. 아무튼 '선거에서의 공무원의 정치적 중립의무'에 관한 헌법재판소의 결정을 정리하면 다음의 3가지로 요약할 수 있기 때문에 그에 대한 요약과 함께 문제점을 살펴보기로 한다.

(1) 選擧에서의 政治的 中立義務를 지는 公務員의 範圍에 관한 問題點

1) 憲法裁判所의 決定要旨

공직선거법 제9조의 위반 여부를 평가할 때, 헌법재판소는 대통령이 공직선거법 제9조의 '공무원'에 해당하는지가 문제로 된다고 하면서, "여기서의 공무원이란 원칙적으로 국가와 지방자치단체의 모든 공무원, 즉 좁은 의미의 직업공무원은 물론이고, 적극적인 정치활동을 통하여 국가에 봉사하는 정치적 공무원(예컨대, 대통령, 국무총리, 국무위원, 도지사, 시장, 군수, 구청장 등 지방자치단체의 장)을 포함한다"고 한다. 또한 "공직선거법 제9조의 '공무원'의 의미를 공직선거법상의 다른 규정 또는 다른 법률(국가공무원법 제2조 등, 정당법 제6조 등)과의 연관관계에서 체계적으로 살펴보더라도, 공직선거법에서의 '공무원'의 개념은 국회의원 및 지방의회의원을 제외한 모든 정무직 공무원을 포함하는 것으로 해석된다"고 한다. 따라서 헌법재판소는 "대통령은 행정부의 수반으로서 공정한 선거가 실시될 수 있도록 총괄 · 감독해야 할 의무가 있으므로, 당연히 선거에서의 중립의무를 지는 공직자에 해당하는 것이고, 이로써 공직선거법 제9조의 '공무원'에 포함된다"고 하였다.[277)]

---

277) 헌재결 2004. 5. 14. 2004헌나1, 헌재공보 제93호 586면.

2) 政治的 中立義務를 지는 公務員의 範圍에 관한 憲裁判斷의 問題點

헌법재판소는 공직선거법 제9조가 말하는 공무원의 범위에 대통령과 지방자치단체의 장이 포함된다고 하면서, 이들은 직무의 기능이나 영향력을 이용하여 선거에서 국민의 자유로운 의사형성과정에 영향을 미치고 정당간의 경쟁관계를 왜곡할 가능성이 큰 정부나 지방자치단체의 집행기관이기 때문이라고 한다. 반면에 국회의원과 지방의회의원은 정당의 대표자이자 선거운동의 주체로서의 지위로 말미암아, 선거에서의 정치적 중립성이 요구될 수 없는 공무원으로서 공직선거법 제9조의 공무원에 포함되지 않는다고 한다. 그러나 양자의 차이는 집행기관으로서의 지위와 독립된 국가기관으로서의 지위가 다를 뿐, 양자 모두 정당인이 될 수 있는 사람들이기 때문에 정무직 공무원으로서의 본질은 같다. 특히 정당의 추천과 후원을 받아 당선된 정무직 공무원이라는 점에서 차이가 없고, 우리 대통령제가 단임제이기 때문에 대통령 자신은 재선을 위한 선거가 없기는 하지만, 지방자치단체의 장의 경우는 국회의원이나 지방의회의원과 마찬가지로 재선을 위해 선거운동을 해야 할 당연한 선거운동의 주체이다. 만약 헌법재판소의 견해에 따르면 지방자치단체의 장은 선거운동도 하지 않고 지역주민의 신임을 얻어 당선되라는 것으로 평가된다.

따라서 헌법재판소의 판단은 대통령선거법과 국회의원선거법 등으로 나뉘어 있던 각종 선거법을 통합하여 만들어진 공직선거법이 조화되게 정비되지 못한 부분에 대한 신중한 고려 없이 내려진 결론이라고 할 수 있고, 또한 선거의 본질상 선거직 공무원의 경우 소속 정당과 함께 계속적인 신임을 받아야만 존립할 수 있다는 것을 간과하고 있는 결정이라고 볼 수 있다. 특히 대통령이 정당의 발기인이 될 수 있고 정당을 대표하여 당선되었으며 각종 선거를 통해 그 신임이 정당의 지지도와 함께 물어지고 있는 것이라고 본다면, 소속되었거나 소속하고자 하는 정당에 대한 지지발언은 너무나 당연히 할 수 있는 것이고, 오히려 이것을 금지하고 있는 법률규정이 있다면 그 자체가 위헌적 법률규정이라고 평가했어야 한다.[278]

---

278) 이승우, "노무현대통령에 대한 탄핵소추의결과 쟁점분석", 인권과 정의(2004. 5), 25면.

(2) 大統領의 2重的 地位에 관한 問題點

1) 憲法裁判所의 決定要旨

헌법재판소는 '선거에서의 정치적 중립의무'의 문제는 '정치적 헌법기관'으로서의 대통령의 지위 및 '정치적 의견표명의 자유'라는 기본권주체의 시각과 별개의 문제로 구분되어야 한다고 한다. 먼저 헌법재판소는 "대통령이 정당의 추천과 지원을 통하여 선거에 의하여 선출되는 정무직 공무원이라는 사실, 대통령에게 정치활동과 정당활동이 허용되어 있다는 사실도 선거에서의 대통령의 정당정치적 중립의무를 부인하는 논거가 될 수 없는 것이다"고 하였고,[279] 또한 "대통령은 국가의 원수 및 행정부 수반으로서의 지위에서 직무를 수행하는 때에는 원칙적으로 정당정치적 의견표명을 삼가야 하며, 나아가 대통령이 정당인이나 정치인으로서가 아니라 국가기관인 대통령의 신분에서 선거관련 발언을 하는 경우에는 선거에서의 정치적 중립의무의 구속을 받는다"고 하였다.[280]

2) 大統領의 2重的 地位에 대한 憲裁判斷의 問題點

헌법재판소의 견해에 따르면 대통령은 2중적 지위, 즉 행정부의 수반으로서의 국가기관의 지위와 정당인 내지 정치인으로서의 지위를 가지고 있지만, 선거와 관련되는 한 전자의 지위에서 정치적 중립의무가 우선한다는 결론이라고 할 수 있다. 그러나 선거를 통한 정치적 신임을 먹고사는 선출직·정무직 공무원의 경우 모든 직무수행은 다음 선거에서의 승리에 초점이 맞추어져 있다고 본다면 정치적 발언이 너무나 당연한 것이라고 보아야 한다. 그리하여 헌법재판소도 대통령의 발언이 '선거에서의 중립의무'를 위반하였고, 이로써 국가기관이 국민의 자유로운 의사형성과정에 영향을 미쳐 정당간의 경쟁관계를 왜곡해서는 안 된다는 헌법적 요청에 위반하였다고 하면서도, "위와 같은 위반행위가 국가조직을 이용하여 관권개입을 시도하는 등 적극적·능동적·계획적으로 이루어진 것이 아니라, 기자회견의 자리에서 기자들의 질문에 응하여 자신의 정치적 소신이나 정책구상을 밝히는 과정에서 답변의 형식으로 소극적 · 수

279) 헌재공보 제93호, 586면 이하.

280) 헌재공보 제93호, 587면.

동적·부수적으로 이루어진 점, 정치활동과 정당활동을 할 수 있는 대통령에게 헌법적으로 허용되는 '정치적 의견표명'과 허용되지 않는 '선거에서의 중립의무 위반행위' 사이의 경계가 불분명하며, 종래 '어떠한 경우에 선거에서 대통령에게 허용되는 정치적 활동의 한계를 넘은 것인지'에 관한 명확한 법적 해명이 이루어지지 않은 점 등을 감안한다면, 자유민주적 기본질서를 구성하는 '의회제'나 '선거제도'에 대한 적극적인 위반행위에 해당한다고 할 수 없으며" 라고 하였다.[281] 이것은 이미 기자회견에서의 대통령의 발언은 헌법정신이나 민주정치를 실현함에 있어서 원칙적으로 문제가 없지만, 공직선거법에 대한 법률해석의 관점에서 '선거에서의 정치적 중립의무'의 위반이 발견된다는 것으로 평가된다.

결국 이러한 논리는 '대통령을 파면할 정도의 중대한 법위반'이 없음을 논리로 기각할 것을 전제하면서, 사소한 '헌법과 법률에 위배'되는 대통령의 언행이 있음을 인정하기 위해서 무리하게 내세운 논리임을 알 수 있다. 즉 대통령에게 헌법적으로 허용되는 '정치적 의견표명'과 허용되지 않는 '선거에서의 중립의무의 위반행위' 사이의 경계가 불분명한 것이라면 피청구인에게 유리한 결론이 내려져야 한다는 형사법상의 법원칙을 고려할 때, 준법의지를 의심케 하는 대통령의 언행은 사소한 것일지라도 국민의 법의식과 준법정신에 막대한 영향을 미친다는 점을 고려하여 경고적 메시지를 담기 위한 것으로 평가된다. 그러나 이것이 논리의 비약을 가져왔고 설득력을 반감시키는 결과를 가져왔다고 본다.

(3) 大統領이 選擧에서의 中立義務를 違反했다는 結論에 대한 問題點

1) 憲法裁判所의 決定要旨

헌법재판소는 공직선거법 제9조의 위반행위를 '선거결과에 영향을 미치는 행위'로 규정하고 대통령의 발언이 공무원의 정치적 중립의무에 위반되는지를 평가하고 있다. 헌법재판소는 기자회견에서의 대통령의 발언은 직무수행의 범위 내에서 이루어진 것으로 보고 또한 반복하여 특정 정당에 대한 자신의 지

281) 헌재공보 제93호, 596면.

지를 적극적으로 표명한 것으로서 선거에 영향력을 행사한 것으로서 중립의무를 위반하였다고 하였다. 즉 "선거에 임박한 시기이기 때문에 공무원의 정치적 중립성이 어느 때보다도 요청되는 때에, 공정한 선거관리의 궁극적 책임을 지는 대통령이 기자회견에서 전국민을 상대로, 대통령직의 정치적 비중과 영향력을 이용하여 특정 정당을 지지하는 발언을 한 것은, 대통령의 지위를 이용하여 선거에 대한 부당한 영향력을 행사하고 이로써 선거의 결과에 영향을 미치는 행위를 한 것이므로, 선거에서의 중립의무를 위반하였다"고 보았다.[282] 그러나 대통령의 발언이 공직선거법 제60조의 선거운동금지에 위반했는지에 관해서는 선거운동인지의 여부의 기준이 행위의 '목적성'이나 '능동성' 및 '계획성'을 객관적으로 파악해야 한다고 전제하면서, 헌법재판소는 "피청구인의 발언이 비록 열린우리당에 대한 지지를 국민에게 호소한 것에는 해당할지라도, 특정 후보자나 특정 가능한 후보자들을 당선 또는 낙선시킬 의도로 능동적 · 계획적으로 선거운동을 한 것으로는 보기 어렵다. 따라서 이 부분 피청구인의 행위는 공직선거법 제60조 제1항 또는 그 벌칙조항인 제255조 제1항에 위반된다고 할 수 없다"고 하였다.[283]

2) 大統領이 中立義務를 違反했다는 憲裁判斷의 問題點

헌법재판소는 대통령의 발언이 선거가 임박한 시기에 특정 정당을 지지하는 발언을 하여 선거에 부당한 영향력을 미친 것이 '선거에서의 중립의무'를 위반한 것이라고 한다. 그러나 여기서 헌법재판소가 판단의 대상으로 주목했어야 하는 것은 '선거에서의 부당한 영향력의 행사'문제가 아니라 '공무원의 선거운동금지의 위반' 여부의 문제였다고 본다. 이미 야당은 대통령 뿐만 아니라 행정각부장관들의 일상적인 국정행위를 여당을 돕는 선심성 선거운동이라고 주장할 정도로 영향력 행사의 문제는 매우 주관적인 문제이기 때문이다. 또한 이미 우리 국민들의 의식수준은 대통령의 특정 정당에 대한 지지발언에 현혹될 정도는 아니라고 평가하기 때문이다. 만약 헌법재판소의 견해처럼 대통령의 특정정당을 지지하는 발언의 영향력을 판단의 기준으로 하는 경우 현실로

282) 헌재공보 제93호, 588면.

283) 헌재공보 제93호, 589면.

되어 있는 현대국가의 특징인 정당국가현상을 부인하지 않으면 안 된다고 본다. 대통령선거와 시기를 달리하여 치러지는 국회의원선거의 경우 정부여당에 대한 중간평가의 기능을 갖는다고 하는 것이 일반화된 상황에서, 대통령이 자기가 소속된 여당의 지지를 요구하는 것은 너무나 당연한 현상이기 때문이다. 특히 선거의 본질이 그러하듯이 야당은 대통령을 수반으로 하는 정부와 여당의 정책과 실정에 대하여 심판을 내려야 한다고 주장하며 책임을 묻는 것이라면, 대통령과 여당은 그에 대하여 반론을 제기하며 국민의 재신임을 요구하는 것이 너무나 당연한 것이다.

따라서 헌법재판소의 논리와 달리 대통령의 발언에 대한 '선거에서의 중립의무'의 위반여부는 '선거운동금지의 위반' 여부의 문제로 판단했어야 했고, 그 경우 헌법재판소가 내린 선거운동에 대한 결론과 같이 후보자의 특정이 이루어지지 않은 상태에서 특정 정당에 대한 지지발언은 선거운동에 해당하지 않는다는 것과 함께 전체적으로 타당한 결론이 내려졌을 것이라고 본다. 다시 말해서 공직선거법 제9조의 공무원의 '선거에서의 중립의무'의 위반여부는 단순한 '선거에의 영향력행사'의 문제로 볼 것이 아니라 '선거운동에의 개입여부'로 평가되어야 하며, 그것을 공직선거법 제85조 제1항에서 "공무원이 그 지위를 이용하여 선거운동을 할 수 없다"고 규정하고 있는 것이고, 그 구체적인 선거운동 개입실례는 공직선거법 제85조 제1항 후단의 규정처럼 "공무원이 그 소속직원이나 제53조 제1항 제4호 내지 제6호에 규정된 기관 등의 임직원 또는 공직자윤리법 제17조의 규정에 의한 유관사기업체 및 협회의 임직원을 대상으로 한 선거운동은 그 지위를 이용하여 하는 선거운동으로 본다"고 한 경우에 국한하여 위반행위를 평가해야 한다. 그리고 이 경우에만 공직선거법 제9조의 위헌성을 치유하며 공직선거법 전체를 합헌적으로 해석하는 방법이었다.[284]

(4) 小結論

헌법재판소는 결국 과거 권위주의국가 내지 제왕적 대통령제로 지칭되던 시

284) 이승우, "노무현대통령에 대한 탄핵소추의결과 쟁점분석", 25면.

대의 대통령의 선거개입사례 등을 염두에 두면서 민주화된 오늘날 이번 기회에 헌법재판소가 주도적으로 이 문제를 확실히 정리하겠다는 의지를 보인 것이라고 볼 수 있다. 그리하여 공직선거법상의 모든 규정을 동원하여 대통령의 선거개입을 막기 위한 노력을 기울여 그 근거를 제시하려고 노력했다는 평가를 할 수 있다. 즉 헌법재판소는 노무현대통령이 '관권선거시대의 유물'이라고 평가한 것과 관련하여 더 신중한 접근을 하지 않고, 과거와 같이 은밀하면서도 노골적으로 관권선거가 이루어졌던 것을 고려하여 무조건적인 대통령의 선거에의 영향력행사 금지만을 강조하려고 하고 있다. 특히 공직선거법상 국회의원과 지방의회의원만이 선거운동을 할 수 있다는 규정을 확대해석하여 대통령의 정치적 중립의무의 위반을 이끌어 내고 있는 것이 그것을 증명한다.

그러나 우리의 정당국가적 헌법질서 내에서 국회의원과 지방의회의원만의 선거운동으로 민주정치가 이루어질 수 없을 뿐만 아니라, 이러한 헌법재판소의 논리는 헌법재판제도 자체에 대한 불신을 가져올 우려를 담고 있다. 대통령에 대한 탄핵사유 가운데서 핵심이라고 판단되는 이 문제에 대하여 헌법재판소는 헌법정신과 구체적 헌법규정에 비추어 마땅히 요구되는 것을 찾으려하지 않고 복잡하게 뒤엉켜 있는 공직선거법에 매달려 평가하고 해결하려는 모습을 보이고 있기 때문이다. 즉 우리 헌법이 정치생활에 관한 기본권과 복수정당제를 보장하면서 추구하고자 하는 민주정치가 어떤 것인가를 보지 않고, 기득권을 가진 국회의원들이 자신들에게만 유리하게 만들어 놓은 공직선거법 규정에 얽매여 문제해결을 시도하고 있다. 헌법이 규정하고 있는 대의제도와 선거제도 전반에 대한 인식에 입각하여 대통령의 선거중립의무에 대한 평가를 하기보다는 공직선거법상의 규정이 어떻게 되어 있는가의 문제에 집착하고 있다. 헌법재판소는 공직선거법의 내용이 어떻게 되어 있는가를 판단하는 기관인 것이 아니라 선거의 본질과 대통령의 지위 등을 고려하여 마땅히 인정되어야 할 대통령의 선거에서의 지위를 밝혀 내었어야 한다고 보기 때문이다. 즉 헌법재판소는 공직선거법의 관련규정을 적용하려고 하였다면 공직선거법이 헌법정신과 헌법규정들에 비추어 위반되거나 상호모순된 규정을 담고 있는 것은 아닌가를 전제하면서 헌법과 법률에 위반되는지를 판단했어야 하는 것이었다. 헌법재판소가 심혈을 기울인 공직선거법의 규정에 대한 해석은 헌법재판소의 권한이 아니라 대법원의 권한으로 되어 있다는 점을 간과한 것이다.

결국 선거가 대통령을 중심으로 하는 정부와 여당에 대한 심판을 의미한다면, 그리고 야당의 경우 당장 대통령이 후보가 되지 않지만 대통령과 그가 지지하는 여당후보에 대한 평가와 사실을 서톤하며 선거운동을 하는 것이라면, 대통령에 대하여 선거중립을 요구한다는 것은 있을 수 없는 것임을 이제라도 헌법재판소는 인정했어야 한다. 과거의 어두운 선거풍토만을 염두에 두고 선거의 본질을 논할 수 없기 때문이다. 민주적 선거제도는 대통령의 정치적 중립의무를 유지하는 것에서 찾아질 것이 아니라 대통령의 정당정치를 당연한 것으로 전제하면서 찾아져야 하는 것이라고 보기 때문이다. 헌법재판소가 '선거의 영역에서 국가조직을 이용하여 부정선거운동을 하거나 선거의 조작을 꾀하는 경우'가 아니라면 탄핵사유로 할 수 없다고 하였듯이, 그러한 경우가 아니라면 대통령은 선거에 관한 정치적 발언을 당연히 할 수 있다고 판단했어야 한다는 것이다.

3. 憲法을 遵守하고 守護해야 할 義務違反의 問題點

헌법재판소가 판단하기에 대통령은 국민 모두에 대한 '법치와 준법의 상징적 존재'이기 때문에 헌법재판소에 의하여 법률의 위헌성이 확인될 때까지는 법을 존중하고 집행하기 위한 모든 노력을 기울여야 하는 헌법적 의무를 지고 있다고 보았다. 그리고 이러한 전제하에 헌법이 직접 규정하고 있는 권한에 근거한 것이지만 대통령의 위헌적 직무행위로 주장된 탄핵사유에 대하여 개별적으로 판단하고 있다. 그 가운데서 대통령이 국회의 견해를 수용하지 않은 행위와 국회에 대한 비하 발언 등에 대하여, 헌법재판소는 헌법이 규정하는 권력분립구조 내에서 이것은 대통령의 정당한 권한행사에 해당하거나 또는 헌법규범에 부합하는 것으로서 헌법이나 법률에 위반되지 않는다고 판단하였고, 그 헌법재판소의 판단은 정당하다고 보기 때문에 여기서 논의하지 않는다. 다만 대통령의 헌법수호의무와 관련하여 다음의 2가지 점에서 의문이 제기되기 때문에 살펴보기로 한다.

(1) 中央選擧管理委員會의 警告에 대한 對應의 問題點

1) 憲法裁判所의 決定要旨

중앙선거관리위원회의 선거법위반 결정에 대하여 유감을 표명하고 현행 선거법을 '관권선거시대의 유물'로 폄하한 것은 대통령이 국민 앞에서 현행법의 정당성과 규범력을 문제삼는 행위로서 법치국가의 정신에 반하는 것이자 헌법을 수호해야 할 의무를 위반한 것이라고 하였다.

2) 憲法裁判所의 判斷의 問題點

헌법재판소가 대통령의 헌법수호의무를 위반했다고 주장한 첫 번째 문제인 선거관리위원회의 경고에 대한 노무현대통령의 반응의 문제를 먼저 살펴보기로 한다. 이 문제는 바로 직전의 김대중정권에 이르기까지는 논란이 되지 않았던 문제이다. 제왕적 대통령제식으로 운영되어 온 우리의 헌정질서 하에서 대통령이 집권여당을 지지하는 발언을 하더라도 야당이 의례적으로 선거중립을 지키라고 쐐기를 박는 이상의 법률적 문제로 발전된 적이 없기 때문이다. 더군다나 대통령의 발언을 문제삼아 중앙선거관리위원회에 제소하고 결정이 이루어진 예가 흔하지 않았고, 중앙선거관리위원회는 독립적으로 결정을 내릴 만큼 민주화가 덜 되어 있었기 때문이다. 따라서 헌법재판소도 인정했듯이 정치활동과 정당활동을 할 수 있는 대통령에게 헌법적으로 허용되는 '정치적 의견표현'과 허용되지 않는 '선거에서의 중립의무 위반행위' 사이의 경계가 불분명하며 명확한 법적 해명이 이루어지지 않았었다는 것을 알 수 있다.

그런데 노무현정권에 들어 각 헌법기관을 본래의 위치로 되돌려 놓고 민주화를 정착시킨 결과, 야당이 자유스럽게 선거에 영향을 미칠 것으로 생각하는 대통령의 직무행위의 문제점을 중앙선거관리위원회에 제소하고 또한 중앙선관위도 독립적 지위에서 이를 결정하기에 이르렀다. 그리고 어느 면에서 처음으로 대통령의 직무행위 중 이 사건에서 지적된 발언들이 공직선거법상의 중립의무를 위반할 여지가 있다는 경고를 받기에 이르렀다. 이에 비하여 노무현대통령은 율사출신답게 정치적 고려를 넘어 대통령이란 지위가 갖는 2중적 지위의 한계를 염두에 두며 계산된 발언을 하였다. 즉 특정 정당을 지지하는 발언은 그 정당의 지지를 받아 선출된 정무직 공무원인 대통령으로서 당연히 할 수 있는 것이라고 판단한 것이다. 과거와 같이 은밀하면서도 불법하게 집권여당을 도왔던 것과 달리 헌법과 법률이 허용하는 범위 내에서 공개적으로 돕는 선거문화를 만들어 가겠다는 것이며, 그것이 또한 우리 선거문화를 한단계 높이는 계기라고 판단한 것이다. 결국 노무현대통령의 판단이 우리 선거문화를 발전시키는 계기가 됨은 분명하다고 생각하나, 문제는 현행 공직선거법상의 정치적 중립의무를 위반하느냐의 문제가 남는 것이었다. 그리고 이 문제는 앞에서 살펴보았기 때문에 여기서는 생략하기로 한다.

다만 여기서 헌법재판소가 문제로 삼은 것은 독립된 헌법기관인 중앙선거관리위원회의 결정에 대하여 유감을 표명하고 현행 공직선거법을 '관권선거시대의 유물'이라고 폄하한 것의 평가에 관한 것이다. 물론 헌법재판소의 평가와 같이 모든 공직자의 모범이 되어야 하는 대통령의 이러한 언행은 법률을 존중하고 준수해야 하는 다른 공직자의 의식에 중대한 영향을 미치고, 나아가 국민 전반의 준법정신을 저해하는 효과를 가져오는 등 법치국가의 실현에 매우 부정적인 영향을 미칠 수 있음은 분명하다. 그러나 대통령의 정치적 발언에 대한 '정치적 중립의무의 위반여부'에 대하여 확립된 원칙이 없고, 현행 공직선거법에 대한 제1차적 해석권한을 가진 중앙선관위의 견해와 다른 경우 대통령이 무조건 승복해야 하는가는 의문이다. 헌법재판소는 대통령이 현행 법률의 합헌성에 대하여 의문을 가진다면, 정부로 하여금 법률개정안을 제출하도록 하거나 또는 국회의 지지를 얻어 합헌적으로 법률을 개정하는 방법을 통하여 헌법을 실현해야 할 의무가 있다고 하지만, 타 헌법기관의 조치에 대해 의문이 발생했을 경우의 대응방법이 다양할 수 있기 때문이다. 즉 권력분립원리의 시각에서 공직선거법에 대한 해석에 있어서 중앙선관위와 견해를 달리한다는 주장을 얼마든지 할 수 있고, 만약 이것이 법률적 분쟁으로 발전한 경우 법원의 최종적 판단이 기다리고 있으며, 또한 현행법의 해석에 머무를 수밖에 없는 법원의 견해와도 다를 경우 법률개정을 위한 정치적 조치가 취해질 수 있기 때문이다. 헌법재판소의 견해에 따르면 권력분립원리는 권력간에 부딪히는 소리가 나지 않게 조용히 해결해야 되는 것으로 판단한 것 같으나, 오히려 권력분립원리는 헌법기관 상호간에 자기 주장을 가지고 논쟁을 벌이면서 국민들로 하여금 올바른 판단을 하여 견제와 균형의 원리가 실현되게 하는 것이라고 보아야 한다. 헌법재판소는 아직도 권위주의시대에 자기주장도 못하던 헌법기관들의 모습을 염두에 두고 권력분립원리가 실현될 것을 요구하고 있는 것으로 보이고, 그것을 준법정신의 거울로 삼아야 한다는 것으로 보인다. 그러나 오늘날 우리 국민들에게 요구되는 것은 무조건적인 준법정신이 아니라 비판적 복종의 자세로 준법정신이 강조되어야 한다는 것을 헌법재판소는 인식해야 한다. 따라서 대통령이 국민 앞에서 현행법의 정당성과 규범력을 문제 삼는 행위가 법치국가의 정신에 반하는 것이자 헌법을 수호해야 할 의무를 위반한 것이라는 헌법재판소의 주장과 달리 권력분립원리를 실현하기 위한 방법이었다고 할 수 있다.

(2) 再信任 國民投票 提案發言에 대한 問題點

1) 憲法裁判所의 決定要旨

대통령의 '재신임 국민투표 제안행위'에 대하여, 헌법재판소는 5인의 다수의견으로 '심판의 대상이 된 대통령의 행위가 법적인 효력이 있는 행위가 아니라 단순한 정치적 계획의 표명에 불과하기 때문에 공권력의 행사에 해당하지 않는다'는 이유로 심판청구를 부적법한 것으로서 각하하였음을 전제하면서도, 헌법상 허용되지 않는 재신임 국민투표를 국민들에게 제안한 것은 그 자체로서 헌법 제72조에 반하는 것으로 헌법을 실현하고 수호해야 할 대통령의 의무를 위반한 것이라고 하였다.

2) 再信任 國民投票 提案發言에 대한 憲裁判斷의 問題點

헌법재판소가 "선거는 '인물에 대한 결정' 즉, 대의제를 가능하게 하기 위한 전제조건으로서 국민의 대표자에 관한 결정이며, 이에 대하여 국민투표는 직접민주주의를 실현하기 위한 수단으로서 '사안에 대한 결정' 즉, 특정한 국가정책이나 법안을 그 대상으로 한다. 따라서 국민투표의 본질상 '대표자에 대한 신임'은 국민투표의 대상이 될 수 없다"는 원칙을 밝힌 것에 대하여 공감한다.[285] 그리고 노무현대통령이 특정한 정책에 결부시키지 않고 순수한 재신임 국민투표를 주장했었음에 비추어 헌법 제72조의 대상이 될 수 없음에 대하여

285) 헌재공보 제93호, 592면.

의문이 없다.

그러나 노무현대통령의 재신임 국민투표 제안발언과 관련하여 주목했어야 하는 것은 앞에서 살펴본 것처럼 직무행위의 성립시기에 관한 문제이다. 즉 대통령의 직무행위는 다양한 형태로 이루어질 수 있음을 전제했기 때문에 이 사안의 경우 협의의 직무행위에 해당한다는 점을 고려하여 논했어야 한다. 특히 이 사안과 관련하여 헌법재판소는 이미 대통령이 기자회견과 국회 본회의에서 재신임 국민투표를 제안한 것은 법적인 절차를 진행시키기 위한 정치적인 사전 준비행위 또는 정치적 구상이나 계획을 표명한 것에 불과하여 공고와 같이 국민투표에 관한 절차의 법적 개시로 볼 수 없다고 하였기 때문이다.[286] 만약 위 논리에 따른다면 구체적 직무행위 자체가 성립될 수 없기 때문에 헌법위반이란 더욱 논할 수 없다고 보아야 한다. 따라서 헌법재판소는 이 문제에 관하여 대통령의 재신임 국민투표 제안발언은 공권력행사 그 자체가 성립되지 않는다고 결정한 이전의 결정을 번복하지 않는 한 헌법위반이란 결정을 내려서는 안 되는 것이었다. 즉 재신임 국민투표가 헌법 제72조에 근거하여 실시될 수 없다는 점을 밝힌 것은 문제가 없으나, 그 발언이 헌법을 실현하고 수호해야 할 대통령의 의무를 위반한 것이라고 판단할 필요는 없었다고 본다.

4. 그 밖의 彈劾事由와 관련된 判斷과 問題點

(1) 憲法裁判所의 決定要旨

그 밖의 탄핵사유에 대한 헌법재판소의 결정요지를 살펴보면 다음과 같다. 첫째, 탄핵사유의 요건이 '직무집행'에 있어서라고 한정하고 있기 때문에 대통령의 직위를 보유하고 있는 상태에서의 법위반행위이어야 하므로 대통령 당선자 시절의 행위는 탄핵사유가 되지 않는다. 둘째, 측근비리에 대하여 책임을 지기 위해서는 불법적으로 관여된 사실이 인정되어야 하는데, 불법자금 수수등에 관여한 사실이 인정되지 않기 때문에 탄핵사유가 되지 않는다. 셋째, 정계은퇴공언은 정치인으로서 정치적·도의적으로 판단하고 책임질 문제일 뿐이므로 직무집행에 있어서 헌법 및 법률위반 행위가 아니다. 넷째, 불성실한 직

286) 헌재결 2003. 11. 27. 2003헌마694, 700, 714 등 병합, 헌재공보 제87호.

책수행과 경솔한 국정운영으로 인한 정국의 혼란 및 경제파탄에 대한 책임과 관련하여 정치적 무능력이나 정책결정상의 잘못 등 직책수행의 성실성여부는 그 자체로서 탄핵사유가 될 수 없다.

(2) 그 밖의 彈劾事由에 대한 憲法裁判所 決定의 評釋

그 밖의 탄핵사유와 관련된 헌법재판소의 결정은 대체로 문제가 발견되지 않는다. 이번 탄핵사건이 발생하기 3년 전에 필자를 비롯한 3인이 헌법재판소의 용역을 받아 정리한 내용에서 벗어나지 않기 때문이다.[287)]

V. 彈劾事由의 認定과 罷免決定의 事由에 관한 憲法裁判所 決定의 問題點

1. 憲法裁判所의 決定要旨

헌법재판소는 헌법재판소법 제53조 제1항이 “탄핵심판청구가 이유 있는 때에는 헌법재판소는 피청구인을 당해 공직에서 파면하는 결정을 선고한다”고 규정하고 있는 점을 고려하여, ‘탄핵심판청구가 이유 있는 때’를 어떻게 해석할 것인가의 문제가 발생한다고 보았다. 결국 헌법재판소는 이 규정에 대하여 헌법 제65조 제1항의 탄핵사유의 의미를 모든 법위반의 경우가 아니라 단지 공직자의 파면을 정당화할 정도로 ‘중대한’ 법위반의 경우를 의미하는 것으로 해석하게 한다고 보았다. 그리고 ‘법위반의 중대성’에 관한 판단기준은 공직자의 ‘법위반 행위의 중대성’과 ‘파면결정으로 인한 효과’ 사이의 법익형량을 통하여 결정되며, 대통령의 경우 국가의 원수이자 행정부의 수반이라는 막중한 지위와 기능이 있기 때문에 다른 탄핵대상 공무원과 근본적 차이가 있다고 보았다. 즉 “대통령에 대한 파면결정은, 국민이 선거를 통하여 대통령에게 부여한 ‘민주적 정당성’을 임기 중 다시 박탈하는 효과를 가지며, 직무수행의 단절로 인한 국가적 손실과 국정 공백은 물론이고, 국론의 분열현상 즉, 대통령을

287) 이승우 외 2인, 탄핵심판제도에 관한 연구, 150-156면.

지지하는 국민과 그렇지 않은 국민간의 분열과 반목으로 인한 정치적 혼란을 가져올 수 있다. 따라서 대통령의 경우, 국민의 선거에 의하여 부여받은 '직접적 민주적 정당성' 및 '직무수행의 계속성에 관한 공익'의 관점에서 파면결정을 함에 있어서 중요한 요소로서 고려되어야 하며, 대통령에 대한 파면효과가 이와 같이 중대하다면, 파면결정을 정당화하는 사유도 이에 상응하는 중대성을 가져야 한다"고 하였다.[288)]

그리고 헌법재판소는 대통령을 파면할 중대한 법익과 관련하여 "탄핵심판절차를 통하여 궁극적으로 보장하고자 하는 헌법질서, 즉 '자유민주적 기본질서'의 본질적 내용은 법치국가원리의 기본요소인 '기본적 인권의 보장, 권력분립, 사법권의 독립'과 민주주의원리의 기본요소인 '의회제도, 복수정당제도, 선거제도' 등으로 구성되어 있다는 점에서, 대통령을 파면을 요청할 정도로 '헌법수호의 관점에서 중대한 법위반'이란, 자유민주적 기본질서를 위협하는 행위로서 법치국가원리와 민주국가원리를 구성하는 기본원칙에 대한 적극적인 위반행위를 뜻하는 것이고, '국민의 신임을 배반한 행위'란 '헌법수호의 관점에서 중대한 법위반'에 해당하지 않는 그 외의 행위유형까지도 모두 포괄하는 것으로서, … 예컨대, 대통령이 헌법상 부여받은 권한과 지위를 남용하여 뇌물수수, 공금의 횡령 등 부정부패행위를 하는 경우, 공익실현의 의무가 있는 대통령으로서 명백하게 국익을 해하는 활동을 하는 경우, 대통령이 권한을 남용하여 국회 등 다른 헌법기관의 권한을 침해하는 경우, 국가조직을 이용하여 국민을 탄압하는 등 국민의 기본권을 침해하는 경우, 선거의 영역에서 국가조직을 이용하여 부정선거운동을 하거나 선거의 조작을 꾀하는 경우에는, 대통령이 자유민주적 기본질서를 수호하고 국정을 성실하게 수행하리라는 믿음이 상실되었기 때문에 더 이상 그에게 국정을 맡길 수 없을 정도에 이르렀다고 보아야 한다"고 하였다.[289)]

결국 헌법재판소는 대통령의 선거에 영향을 미치는 발언과 선거법을 경시한 발언 및 재신임 국민투표 제안발언 등에 대하여 법위반 사실을 인정하면서도, 헌법질서에 미치는 효과를 종합한 결과, 대통령의 구체적 법위반행위에 있어

288) 헌재공보 재93호, 595면 이하.

289) 헌재공보 제93호, 596면.

서 헌법질서에 역행하고자 하는 적극적인 의사를 인정할 수 없으므로 자유민주적 기본질서에 대한 위협으로 평가될 수 없다고 하였고, 특히 "파면결정을 통하여 헌법을 수호하고 손상된 헌법질서를 다시 회복하는 것이 요청될 정도로, 대통령의 법위반행위가 헌법수호의 관점에서 중대한 의미를 가진다고 볼 수 없고, 또한 대통령에게 부여한 국민의 신임을 임기 중 다시 박탈해야 할 정도로 국민의 신임을 져버린 경우에 해당한다고 볼 수 없으므로, 대통령에 대한 파면결정을 정당화하는 사유가 존재하지 않는다"고 하였다.[290)]

2. 評釋

(1) 彈劾事由에 대하여 重大한 法違反에 局限시킨 것의 妥當性

필자가 노무현대통령에 대한 탄핵소추가 있기 이전에 보고한 연구보고서에서도 강조했듯이, 탄핵심판은 일반재판작용과 달리 헌법보호의 기능이 더 중시되는 것이기 때문에 탄핵사유를 헌법과 법률에 대한 '중대한' 위배로 제한하여 해석하는 것이 바람직하다고 하였고, 특히 대통령에 대한 탄핵의 경우는 더욱 그러하다고 하였다.[291)] 이에 부응하여 헌법재판소가 '법위반의 중대성'을 그 기준으로 삼았고, 결국 대통령을 탄핵할 정도로 중대한 헌법 및 법률위반행위로 어떤 것이 인정될 수 있는가를 정리한 점에서 긍정적 의미를 가진다고 본다.

(2) 論理展開의 問題點

이미 앞에서 살펴보았듯이 헌법재판소는 여러 탄핵사유 가운데서 대통령의 3가지 행위가 헌법과 법률에 위반된다고 판단하였음에도 불구하고, '법위반의 중대성'이란 논리로 대통령을 파면결정할 정당화사유가 없음을 이유로 기각하고 있다. 우리 헌법이 탄핵사유를 포괄적으로 규정하고 있음에 비하여 파면결정사유를 엄격하게 적용하여야 한다는 것이다. 그러나 이렇게 대통령의 행위를 탄핵사유에 해당하는 '법위반'행위로 평가한 다음, 다시금 중대한 법위반이

290) 헌재공보 제93호, 597면.

291) 이승우 외 2인, 탄핵심판제도에 관한 연구, 155면.

아니기 때문에 파면결정할 수는 없다고 하는 논리는 법률전문가도 어리둥절하게 할 정도로 혼란스러움을 금할 수 없다. 또한 결론에 있어서 타당하다고 보면서도 논리상 문제점이 있음을 발견하게 된다.

필자의 견해로는 이 문제는 대통령에 대한 탄핵사유는 명시적인 헌법규정에도 불구하고 '중대한 법위반'이 있는 경우에 한하여 탄핵사유로 받아들여져야 한다는 일반적 논의를 전제한 다음 개별적인 탄핵사유에 대한 판단에 들어갔어야 한다고 본다. 이렇게 하였을 경우 대통령의 '선거에서의 중립의무'의 위반여부에 대한 판단에서도 비록 중립의무를 위반하는 것으로 볼 여지가 있지만 '중대한 법위반행위'가 아니기 때문에 탄핵사유가 되지 않는다고 개별사유에서 평가되었어야 하며, 중앙선거관리위원회의 판단에 대한 대응발언이나 재신임 국민투표 제안발언 등에 대해서도 '중대한 헌법질서'를 위반한 내용은 아니기 때문에 탄핵사유는 되지 않는다고 보았어야 한다고 본다.

그런데 결론에 있어서 같은 효과를 나타내면서도 헌법재판소가 구태여 위와 같은 논리로 전개한 것은 무엇 때문인가를 생각해볼 필요가 있다. 그것은 일반 국민들에게 대통령의 잘못을 지적하기 위한 감정적 의도가 앞섰기 때문이라고 본다. 그것은 대통령의 모든 행위가 중대한 법위반이 아니기 때문에 파면결정을 정당화할 사유가 존재하지 않는다고 결론을 내렸음에도 불구하고 다음과 같이 덧붙인 사족에서도 잘 나타나고 있다. 즉 "대통령의 권한과 정치적 권위는 헌법에 의하여 부여받은 것이며, 헌법을 경시하는 대통령은 스스로 자신의 권한과 권위를 부정하고 파괴하는 것이다. 특히, 짧은 민주정치의 역사 속에서 국민의 헌법의식이 이제야 비로소 싹트기 시작하였고 헌법을 존중하는 자세가 아직 국민 일반의 의식에 확고히 자리를 잡지 못한 오늘의 상황에서, 헌법을 수호하고자 하는 대통령의 확고한 태도가 얼마나 중요한지 하는 것을 아무리 강조해도 지나치지 않는다. 대통령은 '법치와 준법의 상징적 존재'로서 자신 스스로가 헌법과 법률을 존중하고 준수해야 함은 물론이고, 다른 국가기관이나 일반 국민의 위헌적 또는 위법적 행위에 대하여 단호하게 나섬으로써 법치국가를 실현하고 궁극적으로 자유민주적 기본질서를 수호하기 위하여 최선의 노력을 기울여야 한다"고 하고 있다.[292] 그러나 오해와 혼란을 가져오는 논리전개보다는 일목요연하면서도 설득력 있는 논리전개가 헌법재판소의 권위를 높이고 국민의 지지를 받을 수 있다는 평범한 진리가 아쉽게 느껴지는 대목이다.

(3) 憲法裁判所 決定의 實質的 效果에 관한 問題點

헌법재판소가 대통령의 발언내용들에 대하여 헌법과 법률에 위반된다고 판단하며 경고적 메시지를 결정문에 담으려고 노력했지만 결과는 만족스럽게 나타나고 있다고 볼 수 없다. 오히려 탄핵사유에 포함되었던 대통령의 발언내용들에 대하여 면책시키는 결과를 가져온 것으로 보인다. 즉 헌법재판소의 경고적 의도와 달리 파면사유가 되지 않는다고 하였기 때문에 이제 대통령은 마음 놓고 특정 정당을 지지하는 것과 같은 선거에 관한 정치적 발언을 할 수 있을 것으로 보인다. 따라서 대통령의 2중적 지위를 인정하고 정당국가현상에 맞추어 대통령의 정치활동을 인정하는 것이 오히려 민주화된 오늘의 현실에 맞는 것이었다고 본다. 즉 공직선거법이 규정한 선거운동금지규정을 제외하고 대통령으로 하여금 정치적 발언을 허용하는 것보다 헌법재판소의 결정취지는 훨씬 기대에 못 미치는 결과를 가져올 것으로 보인다.

VI. 裁判官의 個別意見의 表示에 관한 問題點

1. 憲法裁判所의 決定要旨

헌법재판소는 "헌법재판소법 제34조 제1항에 의하면 헌법재판소 심판의 변론과 결정의 선고는 공개하여야 하지만, 평의는 공개하지 아니하도록 되어 있다. 이 때 헌법재판소 재판관들의 평의를 공개하지 않는다는 의미는 평의의 경과뿐만 아니라 재판관 개개인의 개별적 의견 및 그 의견의 수 등을 공개하지 않는다는 뜻이다. 그러므로 개별 재판관의 의견을 결정문에 표시하기 위해서는 이와 같은 평의의 비밀에 대해 예외를 인정하는 특별규정이 있어야만 가능하다. 그런데 법률의 위헌심판, 권한쟁의심판, 헌법소원심판에 대해서는 평

292) 헌재공보 제93호, 597면.

의의 비밀에 관한 예외를 인정하는 특별규정이 헌법재판소법 제36조 제3항에 있으나, 탄핵심판에 관해서는 평의의 비밀에 대한 예외를 인정하는 법률규정이 없다. 따라서 이 탄핵심판사건에 관해서도 재판관 개개인의 개별적 의견 및 그 의견의 수 등을 결정문에 표시할 수는 없다고 할 것이다"고 하였다.[293] 다만 탄핵심판에 있어서도 의견을 표시할지 여부는 관여한 재판관의 재량판단에 맡기는 의미로 해석하여야 할 것이라는 소수의견이 있었음을 밝히고 있다.

2. 少數意見 非公開의 問題點

헌법재판소가 주장한 평의를 공개하지 않는다는 규정의 의미를 평의의 경과뿐만 아니라 재판관 개개인의 개별적 의견 및 그 의견의 수 등을 공개하지 않는다는 뜻으로 해석하는 것은 지나친 형식논리에 지나지 않는다. 소수의견의 비공개에 반대하는 주장에서 나타났다고 하였듯이 "헌법재판소법 제34조 제1항의 취지는 최종결론에 이르기까지 그 외형적인 진행과정과 교환된 의견 내용에 관하여는 공개하지 아니한다는 평의과정의 비공개를 규정한 것이지, 평의의 결과 확정된 각 관여재판관의 최종적 의견마저 공개하여서는 아니 된다는 취지라고 할 수는 없으며, 동법 제36조 제3항은 탄핵심판과 정당해산심판에 있어 일률적으로 의견표시를 강제할 경우 의견표시를 하는 것이 부적절함에도 의견표시를 하여야만 하는 문제점이 있을 수 있기 때문에 이를 방지하고자 하는 고려에 그 바탕을 둔 법규정으로서, 탄핵심판에 있어 의견을 표시할지 여부는 관여한 재판관의 재량판단에 맡기는 의미로 보아 해석하여야 할 것"이라는 주장이 더 설득력이 있다고 본다.[294] 특히 소수의견의 공개는 헌법재판소가 우려한 것과 같이 국론을 분열시키고 혼란을 야기하기보다는 오히려 탄핵에 대한 국민들의 의사가 찬반으로 명백하게 나뉘어진 상황에서 양측에 속한 국민들을 만족시키면서 결과에 승복하게 하는 측면이 있고, 또한 재판관들로 하여금 역사 앞에 보다 책임 있는 결정을 하도록 돕는 의미가 있다는 점에서 꼭 지켜져야 할 부분이었다.[295]

---

293) 헌재공보 제93호, 597면.

294) 헌재공보 제93조, 597면 이하.

VII. 結論

결론적으로 헌법재판소의 결정은 타당한 것이었다고 생각한다. 탄핵심판제도 자체가 헌법에 규정되어 있기는 하지만 활성화되지 않은 제도이었고, 따라서 제도 자체에 대한 연구도 제대로 되어 있지 않은 상황에서 큰 혼란 없이 마무리 지은 것은 다행이라고 생각한다. 특히 사소한 절차상의 규정 미비는 해석론으로 대체하였고, 무엇보다도 규정에는 없지만 대통령의 궐위시 60일 이내에 후임자를 선거하도록 하고 있는 헌법규정의 정신에 맞추어 62일만에 결론을 내려 그 기간을 최소화하려고 노력한 점에서 좋은 평가를 내릴 수 있다.

그런데 노무현대통령에 대한 호불호가 분명하게 드러나고 있는 우리 국민들의 정서에 비추어 가장 보수적 집단으로 평가되는 헌법재판소가 탄핵기각결정을 내렸다는 것은 어쩌면 의외로 생각되기도 하였다. 심정적으로 대부분의 재판관들이 노무현대통령에 대한 탄핵에 찬성하면서도 그 결과로 나타날 수도 있을 국가적 위기상황을 고려하여 마지못해 기각결정에 다수가 찬성한 것으로 보였기 때문이다. 특히 소수의견을 결정문에 표시하는 것을 놓고 격론이 벌어졌다는 풍문을 들으면 더욱 그러한 의심이 든다. 그리고 헌법재판소 재판관들의 그러한 심정적 성향은 2004년 10월 21일 결정한 신행정수도건설을위한특별조치법에 대한 위헌결정에서 드러났다고 본다. 행정부와 국회가 개혁성향의 정치세력에 의하여 장악된 상황에서 이제 본격적으로 헌법재판소가 사법부를 대표하여 보수세력을 대변하면서 보수색을 드러내기 시작한 것으로 보였기 때문이다. 즉 탄핵심판을 기각결정하면서 대통령에 대한 경고적 메시지를 전달하기 위하여 많은 노력을 하였는데, 그 후의 노무현대통령의 태도에 있어서 변화가 읽혀지지 않았고, 헌법재판소 재판관들의 입장에서 노무현대통령에 대한 타격을 가할 수 있는 방법으로 무리하게 관습헌법의 논리까지 동원하여 신행정수도건설법을 위헌결정한 것으로 평가되는 것이다.

그러나 지나치게 노무현대통령을 향한 경고적 내용을 강조하다 보니, 결국 탄핵심판에 대한 기각결정이라는 올바른 결론에도 불구하고, 헌법재판소는 그 결정에 이르는 논리에 있어서 문제점을 드러내게 된 것은 아닌가 의심이 간다.

---

295) 정종섭, 헌법소송법, 박영사, 2002, 139면 이하.

그리고 그러한 문제점이 헌법재판소의 결정에 대한 설득력을 감소시키고 있음은 물론이고, 올바른 결론과 그에 이르는 논리의 치밀성을 고려하지 않은 이러한 헌법재판소의 결정태도가 신행정수도건설법의 위헌결정에 이르러 대다수 헌법학자들은 물론이고 많은 국민의 지탄을 받는 사태로 발전되고 있는 것으로 보인다. 탄핵정국 자체가 우리 헌정사에서 일상화되고 있는 불신임정국에 근원을 두고 있는데, 헌법재판소의 결정들이 그 불신임정국을 심화시키고 있는 것은 아닌가 의심하게 되는 것이다. 헌법재판소는 특정 정치세력을 대변하는 경향으로 나아가거나 여론의 추이에 지나치게 민감하게 반응하지 말고 전 국민의 지지를 받기 위한 길이 무엇인가를 이제 다시금 곰곰히 생각해야 할 때이다. 특히 제2기 헌법재판소에 이르기까지 공들여 쌓아올린 권위가 하루아침에 무너질 수도 있음을 감안하여 올바른 결론과 논리전개의 중요성을 다시금 새겼으면 좋겠다고 생각한다.

제 3 장

不信任政局과 政府形態에 관한 問題

I. 問題提起

1997년 우리 헌정사에서 최초의 여야간의 정권교체가 이루어진 이후 우리 사회는 엄청난 변화와 발전을 거듭하였다. 이미 노태우정권을 끝으로 권위주의적 군사통치가 막을 내리긴 했지만, 50여년간 계속되어온 집권세력에 의한 억압과 공포정치는 사라지지 않은 상태였기 때문에, 그 여야간의 정권교체의 의미는 우리가 상상하는 것보다도 훨씬 큰 의미를 갖는 것이었다. 정치권과 공무원 사이의 공생관계가 끊어지게 되었고, 정경유착이 아직 완전하게 사라지지 않았지만 그만큼 위험부담을 안게 되어 점진적인 개선이 이루어지고 있으며, 언론계가 노골적으로 반정부선언을 해도 과거와 같이 탄압이 이루어질 수 없는 상황으로 발전했고, 노동계도 거의 모든 정당한 권리를 확보하고 이제 정치참여를 통한 정권쟁취의 발판을 마련했으며, 일반국민들의 시각에서도 억압과 공포로부터 벗어나 여야를 막론하고 공개적으로 지지하거나 반대하며 정치자금을 제공해도 문제가 되지 않는 분위기로 바뀌었다. 결국 우리 헌정사에서 1997년의 여야간의 평화적 정권교체는 우리사회의 민주화를 성숙시키는 엄청난 기폭제가 되었다고 할 수 있다.

그러나 위와 같이 여야간의 정권교체와 더불어 많은 변화와 발전이 이루어지고 있음에도 불구하고 우리 사회는 '제왕적 대통령제'라는 굴레에서 완전히 벗어나지 못하고 있었다. 제왕적 대통령제의 피해를 가장 많이 입은 김대중대통령의 경우도 그것을 벗어 던지기 어려웠을 뿐만 아니라 소수정권으로서 생존을 위한 몸부림 때문에 권력을 휘두르지 않을 수 없었다고 판단된다. 다만 노무현정부에 이르러 극소수여당과 함께 국정을 이끌다보니 국민에게 직접 호소하는 방법으로 전환함과 아울러 권위주의적 색채가 약해지고 제왕적 대통령이라는 말을 불식시키기 위하여 노력하는 모습을 보여 주었다.

그런데 노무현정부에 의하여 의도적으로 시도된 탈권위주의적 경향은 노대통령의 의도와는 전혀 다른 방향으로 흘러갔다. 제왕적 대통령제의 문제점을 인식하고 탈권위주의를 표방한 것은 문제가 없으나, 노대통령의 집권 초기에 있었던 여러 실언과 무책임한 행동이 대통령으로서의 권위를 스스로 잃게 함과 동시에 야당의 입장에서나 일부 보수세력의 시각에서는 대통령으로서의 권위를 인정하지 못하겠다는 경향으로 발전하였다. 급기야 노대통령은 측근비리가 밝혀짐과 동시에 스스로 이 문제점을 인식하고 재신임발언을 하여 정국을 재신임정국으로 몰아 넣었고, 그 재신임 발언을 다가오는 총선에 연계시키는 발언으로 더욱 증폭시킨 결과 2004년 4월 15일의 총선에 모든 것을 걸고 있는 거대 야당으로 하여금 탄핵으로 이끌어가게 하는 계기가 되어 결국 탄핵정국이라는 불신임정국을 야기하였다.

아무튼 우리 헌정사를 돌아볼 때 제왕적 대통령제의 폐해는 이루 말할 수 없이 많았음은 물론이고 이 폐해를 막기 위해 다양한 방법이 모색되어 왔음을 알 수 있다. 현행의 헌법체제 내에서 국무총리에게 힘을 실어주어 '책임총리제' 내지 '분권형 대통령제'로 운영하자는 주장이 그 대표적인 것이다. 그러나 어느 대통령도 여야간에 성숙된 타협정치가 뒷받침되지 않은 상황에서 자신의 권력을 국무총리에게 넘겨줄 만큼 자신 있는 국정운영을 할 사람이 없었고, 더군다나 이것은 대선과정에서의 원죄로부터 자유로운 사람이 대통령으로 당선되지 않으면 실현될 수 없는 것이며, 또한 모든 대통령은 물러난 이후의 신분보장을 해줄 차기집권에 대해 관심을 가지지 않을 수 없었기 때문에 마지막까지 권력을 놓지 않으려고 함으로 인하여 실현불가능한 것으로 평가되고 있다.

따라서 현행 제도의 개선책을 헌법개정에서 찾는 경우가 많았고, 개헌을 하되 4년 중임의 대통령제, 의원내각제, 이원정부제 등으로 개헌하자는 주장 등이 끊임없이 제기되고 있다. 결국 필자는 끊임없이 제기되고 있는 개헌론과 더불어 재신임정국 내지 탄핵정국이라는 불신임정국을 함께 고려한 문제해결 방안을 찾게 되었다. 즉 노무현대통령에 의하여 촉발된 탈권위주의 경향은 우리 사회의 민주화와 함께 이제 거스를 수 없는 경향이 되었다는 점을 인정하고, 이 탈권위주의시대를 맞아 계속적으로 발생할 수도 있는 불신임사태 및 정국불안을 해소하기 위한 근본적인 처방이 무엇인가를 찾아야 한다는 것이었다. 결국 필자는 탈권위주의시대에 나타날 수 있는 불신임사태 및 정국불안을 해소하기 위한 근본적인 처방은 의원내각제 정부형태로의 헌법개정이라고 판단하고 그 이유와 효과를 제시하려고 하였으며, 그 전단계로 불신임정국의 일상화와 관련된 문제점을 찾아보기로 하였다.

II. 現行 大統領制 政府形態의 問題點

현행 대통령제 정부형태의 문제점은 크게 제도상의 문제점과 운영상의 문제점으로 나누어 살펴볼 수 있다. 제도상의 문제점으로 지적될 수 있는 것으로는 상대다수대표선거제도의 문제점과 5년 단임제의 문제점 및 부통령제 경시의 문제점 등이 지적될 수 있고, 운영상의 문제점으로는 선거과정에서의 문제점과 제왕적 대통령제의 문제점 및 국민의 신임을 잃은 대통령의 거취에 대한 문제점 등이 대표적으로 지적될 수 있다.

1. 制度上의 問題點

(1) 相對多數代表選擧制度의 問題點

현행 대통령제 정부형태 하에서 가장 근본적이고 중요한 문제점의 하나는 대통령의 선거방식이 상대다수대표선거제도를 택하고 있다는 점이다. 즉 우리 헌법은 제67조 제1항에서 대통령은 국민의 보통·평등·직접·비밀선거에 의하여 선출된다고 하면서, 그 구체적인 선거방식에 대하여는 제5항에서 법률로 정하도록 하고 있는데, 그에 근거한 공직선거법(공직선거및부정선거방지법)에 따르면 대통령은 선거일 현재 20세(2010년 현재 19세)에 달한 선거권자에 의하여 무기명투표로 선출하되, 특히 대통령후보자 가운데서 유효투표의 다수를 얻은 자를 대통령 당선자로 한다(법 제187조 제1항)고 하였고, 다만 대통령후보자가 1인일 때에는 그 득표수가 선거권자 총수의 1/3 이상에 달하여야 당선인으로 결정되며(헌법 제67조 제3항, 법 제187조 제1항 단서), 대통령선거에서 최고득표자가 2인 이상인 때에는 중앙선거관리위원회의 통보에 의하여 국회가 그 재적의원 과반수가 출석한 공개회의에서 결선투표를 행하고 다수표를 얻은 자를 당선인으로 결정한다(헌법 제67조 제2항, 법 제187조 제2항)고 하였다.

그런데 이 현행헌법상의 상대다수대표선거제도는 과거 제4공화국헌법이나 제5공화국헌법에 있어서와 같이 간접선거가 아니라 국민에 의한 직접선거인 점에서 민주적 정당성을 확보하고 있는 것으로 보이나 그 크기에 있어서 문제점이 나타난다. 즉 1987년 12월 제13대 대통령선거 이후의 대통령선거에서 나타난 바와 같이 선거권자 과반수에 미치지 못하는 소수의 득표만으로 대통령에 당선되는 사태가 발생하고,[296] 이것은 당선된 대통령의 민주적 정당성에 심각한 이의를 제기하는 빌미가 되고 있다. 국민이 직접선거를 통해 선출했다는 점에서는 민주적 정당성이 확보된 것처럼 보이나 과반수 이상의 국민이 반대하는 대통령이라는 꼬리를 달고 국정운영을 할 수밖에 없는 상황에서 민주적 정당성의 크기에 있어서 문제점이 발생한 것이다. 특히 제13대 노태우대통령이 득표한 득표율은 선거권자 전체의 32%에 해당하여 헌법 제67조 제3항이 규정하고 있는 선거권자 총수의 1/3 이상을 요구하고 있는 규정에도 미치지 못한 것이었기 때문에 민주적 정당성이 매우 낮은 위기상황이었다고 할 수 있다.

아무튼 최근의 우리 헌정사에서 대통령제 정부형태를 택하고 있음에도 불구하고 민주적 정당성이 약함으로 인하여 문제점이 발생한 경우를 몇가지 지적할 수 있다. 이미 지적했듯이 노태우정권은 집권초기부터 물태우정권이란 평가를 받았고, 임기중에 치루어진 총선에서는 사실상 최초의 여소야대정국이 이루어져 국정운영의 어려움을 겪었으며, 그리하여 결국 3당합당을 통해 그 위기를 극복하려 하였다. 김영삼대통령과 김대중대통령은 집권초기의 높은 지

296) 제13대 노태우대통령 37%, 제14대 김영삼대통령 42%, 제15대 김대중대통령 40.3%, 제16대 노무현대통령 47.8%라는 유효투표율에 그쳤다.

지율에도 불구하고 중반 이후 급속히 레임덕현상이 나타났는데,[297] 그 근본적인 이유는 실정과 부패스캔들이 표면적인 것이었지만 그 내면에는 지지계층의 급속한 이탈에서 찾아야 한다. 노무현대통령은 이전의 대통령에 비해 높은 지지율을 보였지만 집권초기부터 재신임을 받아야겠다고 말할 정도로 민주적 정당성에 대한 위기를 느끼고 있었고, 그 여파가 탄핵정국으로까지 이어졌다고 할 수 있다.

결국 위와 같은 헌정사적인 평가를 고려하더라도 대통령제 정부형태가 안정적으로 운영되기 위해서는 대통령에 대한 민주적 정당성이 확실하게 요구된다는 것을 알 수 있다. 과거와 같이 권위주의통치가 이루어지는 경우에는 강요된 지지와 공포정치로 정권이 뒷받침될 수 있었지만, 오늘날과 같이 민주화된 상황에서는 자발적이고 적극적인 과반수 이상의 국민의 지지를 받지 않으면 안정적인 국정운영을 이끌어나갈 수 없다고 보여진다. 그리고 이것을 위해서는 프랑스 및 오스트리아와 같이 절대다수대표선거제로 대통령선거제도를 바꾸어야 한다고 본다.[298] 최근 대통령제 정부형태를 채택한 많은 국가에서 대통령선거의 경우 절대다수선거제도를 채택한 것도 이와 무관하다고 할 수 없다.[299]

(2) 5年 單任制의 問題點

현행헌법 제70조는 대통령의 임기를 5년 단임으로 정하고 있다. 이것은 이승만정권과 박정희정권이 헌법개정을 통한 장기집권 내지 종신집권을 감행해온 것에 대한 반성의 결과임은 분명하다. 즉 제5공화국헌법에서 7년 단임으로 규정했던 것을 1987년 헌법개정에서 5년 단임으로 개정하여 2010년 현재 5번째 대통령을 맞고 있다.

그런데 이 대통령제 정부형태에 있어서의 단임제는 대통령에 대한 국민의 심판을 처음부터 제도적으로 막고 있는 점에서 문제점이 제기된다. 즉 대통령

297) 김영삼정권은 거대여당의 도움을 받고 있었던 반면에 김대중정권은 소수여당의 지지를 받는 차이가 있었지만 결과는 동일하게 나타났다.

298) 프랑스헌법 제7조 제1항과 오스트리아헌법 제60조 제2항.

299) 러시아와 브라질 등이 대표적인 나라이다.

제 정부형태를 채택하는 경우 대통령선거는 지금까지의 대통령에 대한 심판과 앞으로 대통령직을 맡을 사람에 대한 민주적 정당성의 부여라는 2가지 기능을 가지고 있는 것인데, 단임제는 전자를 완전히 도외시한 것이 된다. 만약 대통령선거의 의미가 주어진 임기동안의 국정운영을 위한 민주적 정당성의 부여에만 주어진다면 대통령은 아무런 통제도 받음이 없이 국정을 농락할 수도 있다는 의미가 된다. 즉 국민의 심판을 통한 계속집권에 대한 의지와 책임감을 가지고 대통령직을 수행하게 하는 경우에만 대통령제는 올바른 국정운영을 담보할 수 있다는 것이다.

따라서 장기집권이나 독재체제로 변질되는 것을 막기 위한 제도적 장치를 갖춘다면 대통령제 정부형태에서는 대통령의 중임을 허용하는 것이 제도적으로 맞다. 즉 대통령의 독재를 막을 수 있는 강력한 권력통제장치를 마련한 다음 대통령의 중임을 허용하는 것이 합리적이고 민주적인 해결책이다. 왜냐하면 국민에 의하여 직선된 대통령에 대한 국민의 선거를 통한 심판의 기회를 가지는 것이 대통령직선제에 내포된 대의민주정치의 본질적 요청이라고 할 수 있기 때문이다.[300)]

(3) 副統領制의 輕視의 問題點

우리 헌법 제71조는 대통령이 궐위되거나 사고로 인하여 직무를 수행할 수 없는 때에는 국무총리 내지 법률이 정하는 국무위원의 순서로 그 권한을 대행하게 하고 있다. 즉 대통령의 권한대행권자로 부통령을 두고 있지 않다. 이것은 제1공화국시절에 부통령과 함께 국무원을 총괄하는 국무총리를 두었던 것에 비추어, 제3공화국 이후 부통령만 없앤 상태로 계속 유지되고 있는 규정이다.

그런데 제3공화국헌법 이후로 부통령을 두지 않은 것은 제1공화국헌정에 대한 반성에서 비롯된 것이라고 할 수 있다. 즉 당시에 대통령과 같은 방법으로 부통령의 경우도 국회에서의 간접선거 또는 국민으로부터 직접선거를 통하여 선출하면서 문제가 발생했다. 부통령은 단순한 대통령의 권한대행권자였지만 각각 별도로 선출되는 결과 소속정당을 달리하는 대통령과 부통령이 존재하게

300) 허영, 한국헌법론, 2003, 614면.

되었던 것이다. 만약 이때 대통령이 궐위되는 경우가 발생하면 하루아침에 부통령이 대행하면서 정권이 바뀌는 결과가 나타나게 되었던 것이고, 이러한 문제점을 인식한 제3공화국의 헌법제정권자는 대통령이 지명하는 국무총리로 하여금 권한대행을 하게 한 것이다.

그러나 통치권의 민주적 정당성을 높이기 위한 대통령직선제에서는 미국처럼 대통령선거시에 부통령을 함께 뽑아 대통령궐위시에 부통령으로 하여금 대통령직을 승계하게 하는 것이 원칙이다. 국민에 의해 직선된 대통령이 그의 강력한 민주적 정당성을 바탕으로 국정을 주도해 나가는 대통령 중심의 통치구조에서는 대통령의 궐위는 중대한 헌법장애상태인 동시에 국가비상사태를 의미할 수도 있기 때문에 대통령궐위시에 대비하여 그 직위승계권자를 미리 뽑아 놓는 것이 통치권의 민주적 정당성의 관점에서 반드시 필요하고, 또한 대통령선거는 정당국가현상을 부인하지 않는 한 그가 소속된 정당에 대한 신임도 포함되는 것이기 때문에 그가 궐위되는 경우 같은 정당 소속의 부통령으로 하여금 승계하게 하여 국정의 안정을 취하는 것이 필요하다. 국무총리가 국회의 임명동의를 거쳐 간접적으로 민주적 정당성을 부여받기는 하지만 대통령의 궐위로 야기된 국정혼란을 제대로 수습하기에는 민주적 정당성의 지지기반이 약하다고 할 수밖에 없기 때문이다.[301)]

2. 運營上의 問題點

(1) 選擧過程에서의 問題點

우리의 대통령제 정부형태의 문제점은 무엇보다도 거의 모든 권력을 대통령이 독점한다는 사실에서 출발한다. 대통령이 모든 권력을 독점하기 때문에 당선되면 모든 것을 얻지만 반면에 낙선하면 모든 것을 잃는 그야말로 all or nothing으로 귀결된다. 따라서 모든 정당과 후보자들은 그야말로 물불을 가리지 않고 전력투구하여 권력을 장악하고자 한다.

이렇게 대통령이 모든 권력을 장악하는 상황은 선거과정에서 수단방법을 가리지 않고 승리하려는 경향으로 나타난다. 엄청난 불법대선자금이 모금되고

301) 허영, 한국헌법론, 2003, 614면.

그것이 국민들을 상대로 불법선거자금으로 뿌려진다. 그야말로 금권정치의 꽃이라고 할 수 있는 것이 대통령선거이다. 지금까지 점점 줄어들고 있다는 것이 정설이지만, 지난 2002년의 대선에서도 수천억 원의 불법대선자금이 여야를 막론하고 모금되고 뿌려졌다고 알려지고 있다. 이것은 건전하게 경제활동으로 재투자되어야 할 기업의 활동자금이 비경제적인 선거과정에서 사라지는 것이라고 할 수 있고, 또한 불법대선자금의 모금이 정경유착을 통한 부정부패 비리의 주범으로 발전하는 것임은 물론이고 우리 경제를 주름지게 하는 대표적인 병폐임을 알 수 있게 하는 대목이다.

또한 대통령선거는 필연적으로 지역대결을 부추기고 지역감정을 낳는 온상이 되고 있다. 모든 지역주민이 골고루 혜택을 보는 것은 아니지만, 대통령을 배출한 지역주민들이 권력을 나누어 가짐으로써 여러 혜택을 보게 되기 때문에 거의 누구나 현혹되지 않을 수 없다. 지금까지 거의 모든 대통령이 같은 출신지역 사람들로 권력기관을 채우고 권력을 휘둘러왔다는 점에서 예외가 없는 것을 보더라도 그것을 알 수 있다. 호남과 충청권의 지지를 얻어 당선된 노무현대통령 마저도 청와대 비서진은 물론이고 주요 권력기관의 대부분을 영남권, 특히 부산인맥으로 채우고 있음이 측근들에 의해서도 지적되고 있다.[302] 이것은 결국 대통령선거가 지역대결을 부추기고 지역감정을 고조시키는 주범이었음을 알 수 있게 한다.

(2) 帝王的 大統領制의 問題點

대통령제 정부형태에서 모든 권력이 대통령으로 집중되기 때문에 미국을 제외하고 성공적으로 운영되는 국가가 거의 없다. 그 권력남용을 통제하고 제한해야 할 필요성을 모두가 인식하면서도 대통령에 대한 책임추궁의 방법이 마땅하지 못했기 때문에 책임정치가 구현되지 못하고 독재국가의 경향으로 대부분의 국가에서 운영되었다. 특히 대통령에게 집중된 권력은 적절한 견제시스템이 제대로 기능하지 못하면 독주하게 되어 있는데, 이러한 대통령의 독주와 무책임현상을 가리켜 미국에서 '제왕적 대통령제'라는 논의가 이루어졌다. 우

302) 2005년 5월 노대통령의 측근으로 알려진 염동연 열린우리당 중앙상임위원의 퇴임사에서 지적되고 있다.

리 한국에서도 그것은 예외가 아니었기 때문에 정치현상이나 정부형태를 논함에 있어서 '제왕적 대통령제'라는 담론은 끊임이 없었고, 특히 새로운 밀레니엄에 들어선 이후 권위주의통치가 끝났다고 하면서도 우리 사회에서는 아직도 '제왕적 대통령제'에 대한 논의가 계속되고 있다.303)

물론 우리 헌정사를 평가할 때 헌법상의 제도와 헌정의 실제에 있어서 명실상부하게 '제왕적 대통령제'에 해당한다고 볼 수 있는 시기가 상당기간 계속되었다. 즉 이승만-박정희-전두환대통령에 이르는 헌정시기는 누구도 부인할 수 없는 '제왕적 대통령제'의 시대였다. 헌법상 보장된 대통령의 강력한 권한이라는 제도는 물론이고 다수여당의 지원 아래 대통령의 독주가 이루어졌다. 다만 현행 헌법이 적용되기 시작한 노태우-김영삼-김대중대통령에 있어서 약간의 차이가 보인다. 대통령의 권한도 과거에 비해 약화되었지만 무엇보다도 국회에서의 여소야대현상이 자주 일어나면서 행정부와 국회의 긴장관계가 형성되기 시작했다. 다수여당을 확보하기 위한 정부여당의 무리한 조치가 문제가 되었지만, 결국 이것은 分轄政府의 현상을 보이게 되고 전형적인 '제왕적 대통령제'에 대해서도 변화된 모습을 보이게 된다. 즉 대통령이 다수야당으로 구성된 국회의 견제를 심각하게 받아야 했으며, 그 견제를 3김의 카리스마로 버텨나가는 모습을 볼 수 있었고, 그 과정도 결국 '제왕적 대통령제'의 틀을 벗어나지 못했다고 평가받는 계기가 된다.304) 이에 비하여 노무현대통령은 제왕적 지위의 상징인 검찰, 국정원, 국세청, 경찰청 등의 권력기관의 장악을 포기하고 독립적으로 운영하게 함으로써 스스로 외부공격에 노출되는 위험을 초래하여 결국 탄핵소추를 받는 지경에 이르렀다. 즉 대통령에 대한 유일한 책임추궁방법인 탄핵심판제도가 발동되어 국민을 불안하게 하였다.

그런데 우리의 제왕적 대통령제 정부형태에 대하여 그 본질적인 문제를 살펴보면 그 문제점은 매우 심각하다. 대통령에게 집중된 권력행사가 필연적으

303) 2002년 초부터 대선후보경선이 각 정당에서 시작되면서 정치권의 이해관계에 따라 다양한 개헌논의가 새롭게 이루어졌고, 이때 가장 핵심으로 등장한 것은 '제왕적 대통령제'를 어떻게 불식시킬 것인가에 있었다.

304) 박명림, "탄핵소추, 헌법, 그리고 한국 민주주의", 한국헌법판례연구회 발표자료, 2004. 4. 17. 3면, 14면. 여기서 박교수는 노태우-김영삼-김대중대통령의 시대는 '제왕적 대통령제'의 시대가 아니라고 평가한다.

로 권력형 부정부패로 연결된다고 볼 때, 그에 대한 책임추궁의 방법이 없다면 민주적 법치국가로 발전할 수 없기 때문에 문제점이 발생한다. 즉 대통령 자신의 명백한 실정이든 아니면 측근들의 권력형 부정부패의 경우이든 누군가 책임을 져야 하는 경우에 대통령이 책임을 지는데 한계가 있다는 점이 문제이다. 물론 대통령 스스로는 자신이 모든 책임을 지겠다고 하지만, 그 책임을 직접 지는 방법이 대통령직에서 물러나는 사임 내지 下野라는 방법밖에 없기 때문에, 사실상 자신은 책임을 지지 않고 국무총리나 국무위원들을 사퇴시키는 것으로 무마한다는 점에서 문제점이 지적된다. 결국 이러한 국정운영방식은 권한이 있는 곳에 책임이 따라야 한다는 민주적 대의정치원리에 반하기 때문에 분명히 시정되어야 할 문제이고, 현행헌법에 있어서와 같이 탄핵심판제도라는 극단적인 방법만이 대통령에 대한 책임추궁방법으로 되어 있다는 것이 분할정부가 일상화되는 현실에서 문제점으로 지적된다.

결국 현행헌법 하에서 이러한 제왕적 대통령제의 문제점을 인식하고 극복하기 위한 방안의 하나로 제시되고 있는 것이 '內政 責任總理制'이다.[305] 외교·국방·안보·통일 분야와 대통령이 국정핵심과제로 택한 몇가지 분야에 대해서만 대통령이 직접 관할하고, 나머지 일상적 행정분야는 모두 총리에게 위임하여 분권적으로 국정을 운영하자는 것이 그것이다. 대통령은 일상적 행정에 대한 자신의 권한을 실질적으로 총리에게 위임하고 그 성패에 대하여 책임을 지게 함으로써 책임행정을 구현하도록 총리의 권한을 강화해주면서, 동시에 대통령은 선택과 집중의 원칙에 따라 국정의 핵심과제에 보다 전념함으로써 국정의 효율적 운영을 도모하자는 것이다. 이러한 내정 책임총리제는 대통령과 국무총리의 역할을 재조정해 권한과 책임을 일치시킴으로써 대통령제가 안고 있는 책임정치의 문제점을 시정하고 국정운영의 시스템을 강화시키는 계기가 될 것이라고 보는 것이다.

물론 내정 책임총리제가 이상적으로 실현되는 경우 현행헌법 하에서 민주적 법치국가가 실현될 수 있는 가장 좋은 모델이 될 것으로 본다. 그러나 권력을 장악한 대통령의 시각에서 일상적 행정업무를 모두 총리에게 위임한다는 것은

305) 중앙일보, 2002. 9. 24.

기대하기 어려운 것이 사실이다. 탄핵정국을 맞았던 노무현대통령의 경우도 당선자 시절에 프랑스식 이원정부제를 모델로 한 분권형 대통령제를 정치권과 국민들에게 제시하고 출발했다. 외교·국방·통일 등과 노대통령이 공약으로 내세운 국정핵심과제에 대해서만 대통령이 전념하고 일상적 행정분야는 국무총리에게 맡기겠다고 했던 것이 그것이다. 그러나 집권초기부터 불어닥친 각종 노사문제만 하더라도 총리가 책임지고 감당하기보다는 노무현대통령이 직접 또는 청와대의 참모들로 하여금 나서지 않으면 아무 것도 해결되지 않는 시스템으로 화하였다.[306] 국정의 책임자로서 대통령의 무한책임을 요구하는 노동자들 앞에서 권한과 책임을 나누겠다는 그의 취지는 순식간에 사라지고 말았다. 이것은 결국 법적 책임인 탄핵 이외에 정치적 책임을 지지 않는 대통령제 정부형태 하에서 사실상 대통령에게 무한책임을 요구하는 정치현실을 감안한다면 제왕적 대통령제는 어느 면에서 피할 수 없다는 것을 반증한다.

(3) 國民의 不信任을 받는 大統領의 任期保障의 問題點

현행헌법이 대통령의 임기를 5년 단임제로 하고 있음은 이미 지적했다. 특히 대통령제 정부형태를 채택하는 경우 대통령선거는 지금까지의 대통령에 대한 심판과 앞으로 대통령직을 맡을 사람에 대한 민주적 정당성의 부여라는 2가지 기능을 가지고 있는 것인데, 단임제는 전자를 완전히 도외시한 것이며, 만약 대통령선거의 의미가 주어진 임기동안의 국정운영을 위한 민주적 정당성의 부여에만 주어진다면 대통령은 아무런 통제도 받음이 없이 국정을 농락할 수도 있다는 의미가 되기 때문에 문제가 있음을 살펴보았다. 즉 국민의 심판을 통한 계속집권에 대한 의지와 책임감을 가지고 대통령직을 수행하게 하는 경우에만 대통령제는 올바른 국정운영을 담보할 수 있다는 것이다.

그런데 노무현대통령에게서 볼 수 있듯이 이전의 대통령에 비하여 높은 지지율을 받아 당선된 경우에도 많은 국민들로부터 불신임을 받는 사태가 발생

---

306) 노무현정부가 책임총리제를 실천하고자 했다면 끝까지 청와대의 개입을 막고 고건총리가 권한과 책임을 가지고 처리하도록 맡겼어야 한다. 특히 책임총리제에 대한 관행과 국민의 의식이 갖추어지지 않은 상태에서 집권초기에 맞은 이 위기를 노대통령이 너무 성급하게 처리함으로써 근본적 지침이 와해되어 버렸다고 본다.

한다. 사소한 것에서 시작하여 여러 가지 국민들로부터 오해를 받을 발언들 때문에 불신을 받기 시작했고, 측근비리와 관련하여 지지율이 10%대로 낮아짐으로 인하여 국정장악의 어려움을 스스로 토로하면서 재신임발언을 하게 되었다. 특히 불법대선자금수사로 치명적 상처를 입은 다수야당은 여당과의 형평성을 문제삼으면서 발목잡기식 견제를 하여 국정수행에 많은 차질이 생겼고, 그것의 연장선상에서 2004년 제17대 4.15총선에 영향을 미칠 수 있다고 보는 관련 발언이 자주 나와 야당을 자극하게 되었으며, 급기야 재신임정국이 탄핵정국으로 발전하게 되있다.

아무튼 여기서 탄핵정국으로 발전하여 노무현대통령의 직무수행이 공식적으로 정지되는 사태까지 발생했지만, 단순히 재신임정국에 머무르고 있는 경우를 전제하는 경우에도 문제는 심각하다고 할 수 있다. 사실상 재신임을 묻는 헌법상의 방법이 없는 상황에서 대통령이 스스로 사임하지 않는 한 남은 임기를 보장해야 한다는 문제점이 있는 것이다. 대통령제 정부형태는 국민의 신임을 바탕으로 5년의 임기동안 안정적인 국정운영을 믿고 맡긴 것이라고 할 수 있는데,[307] 정상적인 국정수행이 어려울 정도로 무력해진 대통령을 바라보면서 다수야당은 원활한 국정운영을 위하여 돕기는 커녕 사임을 요구하면서 무책임한 태도를 보인 상황이 발생한 것이다. 그야말로 국정의 마비는 아니라 하더라도 능동적이고 적극적인 국정운영이 이루어질 수 없는 상황은 국가발전에 엄청난 재앙과 같은 것이기 때문에 문제가 심각하다. 특히 남은 임기가 4년 이상이나 남은 2003년 말부터 시작된 재신임정국은 국가의 운명이 걸린 중대한 사고로 보아도 무방하고, 2005년 하반기에 들어서도 노무현대통령에 대한 불신임은 여전했다.

결국 어느 정부형태를 유지하든 상관없이 과거와 같이 권위주의통치로 회귀하지 않는 한 어떤 형태이든 국정의 최고책임자가 재신임을 받는 제도가 필요함을 알 수 있다. 대통령제 정부형태의 경우 국가의 운명을 좌우하는 대통령의 직무를 무기력한 상태로 방치하는 것은 오늘날과 같이 빠르게 발전하는 국

---

307) 김선택교수는 대통령제라는 정부형태와 국정의 안정이라는 장점이 자동으로 연결된다는 신화적 사고로부터 벗어나야 한다고 한다. 김선택, "재신임국민투표의 법률적 무의미성과 정치적 유의미성" 한국공법학회 발표자료, 2003.11. 29. 36면.

제환경을 고려할 때 용납될 수 없기 때문이다. 특히 노무현정부의 경우는 스스로 재신임을 받겠다고 하였기 때문에 그래도 나은 편이지만, 만약 무능과 무기력함이 드러난 정부가 국가의 발전은 고려함이 없이 임기만 채우겠다고 하는 경우 심각한 정국혼란이 야기될 수 있다.[308] 물론 그 경우 탄핵심판과 같은 마지막 방법이 있긴 하지만, 탄핵심판제도가 직무집행과 관련하여 헌법이나 법률을 위배한 것이 명백하고 중대한 경우에 한하여 법적 책임을 묻는 제도이기 때문에,[309] 그리고 국회에서 2/3이상이라는 다수가 찬성해야 하는 극히 예외적인 경우에만 대통령에 대한 탄핵소추의결이 가능하다는 점에서, 탄핵심판제도를 통한 재신임정국의 돌파는 한계가 있을 수밖에 없다. 따라서 정부형태와 관계없이 국정의 최고책임자의 정치적 과오가 심각하여 정치가 표류중일 때, 그렇지만 탄핵사유에 해당하는 하자도 없고 그 집권자가 사임할 의사도 없는 경우, 무작정 남은 임기를 채우라고 요구하는 것은 무책임한 것이기 때문에 임기중이라 하더라도 국민의사에 따라 그를 교체할 필요성이 대두된다고 하겠다.[310]

III. 不信任政局의 解決策으로서의 議員內閣制 政府形態

지난 50년 이상 대통령제 정부형태를 채택하여 운영한 결과 앞에서 살펴본 것과 같이 중요한 문제점이 있음을 알 수 있었다. 그리고 그 문제점은 '제왕적 대통령제'라는 이름으로 불리고 있는 권위주의통치 때문만이 아니라 탈권위주

308) 노태우-김영삼-김대중대통령의 시기에 '제왕적 대통령제'의 모습이 초기에 나타났었지만, 집권 후반에 접어들면서 심각한 권력누수현상이 나타났다. 특히 김영삼대통령의 집권말기 1년여는 IMF사태가 염려된다는 주위의 경고에도 불구하고 안일하게 대처해 나갔던 것이 사실로 드러났다.

309) 헌재공보, 제93호, 595면 이하. 이승우, "대통령노무현에 대한 탄핵심판결정의 평석", 헌법판례연구 제6집, 2004, 286면 참조.

310) 김선택교수가 "대통령의 실정이 계속된다 하더라도 헌법상의 임기제 때문에 국민의 인내가 불가피하다고 하는 것은 제도적인 결함이 있는 견해로 보이고, 더 나아가 대통령 본인이 사임을 진지하게 고려하여 국민의 의사를 묻겠다고 하는데 이마저도 임기제 때문에 불가능하다고 보는 것은 그로테스크하다"고 하는 것은 타당하다. 김선택, "재신임국민투표의 법률적 무의미성과 정치적 유의미성", 36면.

의를 주장하고 실현하려는 노무현대통령에 있어서도 문제점이 드러나고 있음을 알 수 있었다. 그런데 여기서 주목하고자 하는 것은 노무현정권이 주장하는 탈권위주의가 이미 우리나라에 국한된 현상이 아니라 세계사적인 발전방향이라는 것이고, 이미 민주화가 상당한 수준으로 이루어진 상황에서 계속적으로 국민의 신임을 얻지 못한 정권은 잠시도 유지되기 어렵다는 것을 새롭게 보여주고 있다는 사실이다. 특히 무리하게 3당합당을 추진하거나 무소속 또는 야당의원을 무리하게 영입하는 것과 같은 방법으로 여대야소가 된 경우를 제외하고 여소야대현상이 1988년 이후 일상화되고 있는 현실에서 대통령은 '제왕적 대통령'으로 나아가거나 아니면 다수 야당과 사회세력들로부터 휘둘리는 무기력한 대통령으로 남을 수밖에 없는 상황으로 발전하였다. 따라서 이제 '제왕적 대통령제'로 나아가는 것을 원하지 않는 한, 후자의 경우와 같이 국민의 신임을 잃은 대통령을 어떻게 해야 하는가의 문제가 남게 됨을 알 수 있다. 이것은 대통령제 정부형태가 대통령에 대한 불신임제도를 제도본질적으로 내포하고 있지 않기 때문에 한계에 부닥치는 것을 알 수 있고, 이것은 결국 신임을 바탕으로 주권자인 국민이 필요할 때마다 언제든지 집권자에 대해 책임을 물을 수 있는 정부형태가 요구되고 있음을 알 수 있다. 즉 의원내각제로의 정부형태의 변경이 헌정사적으로 요구되고 있다고 본다.

1. 不信任政局과 議員內閣制 政府形態의 相關關係

(1) 議員內閣制는 4년 任期와 관계없이 수시로 政治的 信任을 물을 수 있다.

의원내각제 정부형태는 의회에 의하여 선출되고 의회에 대하여 정치적 책임을 지는 내각중심으로 국정이 운영되는 정부형태이다. 이렇게 내각의 조직·활동·기능 등이 의회에 의존하기 때문에 의원내각제 정부형태는 입법부와 집행부가 '의존성의 원리'에 의하여 규율되는 정부형태라고도 한다. 집행부의 수장인 수상이 의회에서 선출되고, 수상에 의해서 인선되는 각료들이 수상의 정책지침에 따라 구체적인 집행업무를 담당하지만, 수상과 함께 언제나 의회에 대하여 그 정치적 책임을 지는 것이 의원내각제이다. 따라서 의원내각제는 다음과 같은 제도적 징표를 당연히 내포하고 있다. 즉 의회의 내각불신임권과 내각의 의회해산권, 의원직과 각료직의 겸직허용, 내각의 법률안제출권과 각료의 자유로운 의회출석 · 발언권, 내각 내에서의 수상의 우월적 지위, 잠재적 여당으로서의 소수의 보호제도의 확립 등이 의원내각제 정부형태의 제도적 징표이다.[311]

그런데 의원내각제 정부형태에서 입법부와 집행부가 상호 의존적이라는 것은 의회의 신임을 받지 못하는 내각이 존재할 수 없고, 의회도 수상에 의하여 해산될 수 있을 뿐만 아니라 내각은 의회다수당 내지 다수세력의 정책집행기구로서의 성격을 갖기 때문에 의회와 내각이 마치 '협동적이고 병렬적인 합동관계'와 같다는 것을 의미한다.[312] 이것을 달리 설명하면 의원내각제는 한 나라의 정치주도세력이 입법부와 집행부를 동시에 장악하여 책임정치를 구현하되, 입법부든 집행부든 어느 하나라도 국민의 신임을 잃으면 책임을 져야 한다는 정부형태라는 것을 의미한다. 그리고 의회의 임기가 일정하게 주어지기는 하지만 국민의 불신임을 받으면 언제든지 물러나야 한다는 점에서 의회의 임기가 상대적임을 알 수 있다.

결국 의원내각제 정부형태에서는 집행부에 대한 불신임이 있을 경우 그 불신임을 해소하는 방법이 명백하게 갖추어져 있기 때문에 정치적 불안정을 짧은 시간 내에 해소할 수 있다. 대통령제 정부형태에서 불신임을 초래한 대통령에 대해 책임을 묻는 방법이 없어 주어진 임기동안 불안정한 국정운영이 지속되어야 하는 것과 대비되는 점이다. 따라서 민주화와 더불어 권위주의통치가 더 이상 발붙이지 못하게 됨으로 인하여 집권당의 실정이 곧 불신임으로 발전할 가능성이 커지고 있고, 또한 각종 이익단체와 시민단체를 비롯한 다양한 제사회세력에 의하여 분출되는 이해관계의 조정이 어려워 불신임이 가중되는 경우가 점증하고 있으며, 더군다나 여소야대로 인한 다수야당이 이에 대해 정치공세를 펴는 경우가 많아지고 있는 우리 헌정상황을 고려할 때, 불신임정국에 대처하기 위한 방안이 마련되어야 함을 알 수 있고, 그것이 대통령제 정부형태를 바탕으로 하는 경우 한계가 있기 때문에 의원내각제 정부형태로의

311) 허영, 한국헌법론, 2003, 678면 이하.

312) 허영, 한국헌법론, 2003, 679면.

전환이 신중히 고려되어야 한다고 본다. 의원내각제 정부형태에서는 4년이라는 국회의원의 임기와 관계없이 언제든지 신임을 물을 수 있어서 불신임정국으로 인한 정치적 불안이 계속될 수 없기 때문이다.

(2) 議員內閣制는 레임덕現象이 없다

사실 대통령제 정부형태의 장점으로 지금까지 주어진 임기동안 안정적인 국정운영을 보장받는 것이라고 주장되어 왔다. 그리고 이러한 대통령제 정부형태의 본질적 측면은 권위주의통치가 지배하는 시기에는 어김없이 시행되었나. 우리 헌정사에서 이승만정권과 박정희정권, 그리고 전두환정권의 경우 누구도 그 철권통치에 도전하기 어려웠기 때문에 여야관계에 있어서 표면적이지만 안정적 국정운영이 이루어졌다고 할 수 있다. 특히 이 시기에 레임덕현상이 나타날 수 없었던 것은 이미 종신집권에의 가능성이 전제되어 있었거나 아니면 단임제를 표방했으나 물러날 것이라고 믿기 어려운 여러 징표가 있어서 감히 권력에 도전할 세력이 없었기 때문이다.

그러나 6월항쟁 이후 우리 사회의 민주화가 어느 정도 이루어지면서 상황은 급변하기 시작했다. 1987년 현행헌법으로의 개정이 이루어진 이후의 헌정은 5년 임기동안의 안정적인 국정운영이라는 대통령제 정부형태의 장점이 흔들리기 시작했다. 노태우정권은 5년의 임기동안 대선공약으로 5년의 임기 내에 재신임을 묻겠다고 공약한 것 때문에 계속 시달리다가 결국 3당합당으로 그 위기를 겨우 모면하였다. 그렇지만 3당합당 이후 곧이어 논란이 된 차기 대선후보의 문제가 제기되면서 급격히 레임덕현상이 나타났음은 물론이다. 이후 김영삼정권과 김대중정권의 경우에도 새로운 정권이 공약한 개혁조치는 2년이 계속되지 못하고 실종되고 말았다. 그것은 단임제 대통령제가 가지는 피할 수 없는 현상으로서 차기 대통령후보가 누구냐를 놓고 정치권이 이합집산을 하면서 권력이동이 이루어졌기 때문이며, 특히 임기말에 드러난 두 대통령 아들들의 부패연루사건들은 권력누수현상을 가속시켰음이 밝혀졌다.

이러한 헌정사의 현실을 감안하여 대통령제 정부형태를 4년 임기의 중임제로 바꾸자는 개헌론이 심심찮게 제기되었다. 미국의 경우와 같이 그러한 개헌이 이루어진 경우에 단임제 때문에 임기 중반에 이르기도 전에 찾아오는 레임덕현상을 어느 정도 연장시켜 안정적인 국정운영의 기간(최장 6년으로)을 늘릴 수 있을 것임은 분명하다. 즉 새로운 대통령이 취임한 경우 적어도 제1차 임기 4년 동안에는 권력누수현상이 나타날 수 없을 것이기 때문이다. 그러나 이것이 완전한 해결책이 될 수 없는 것은 단순한 레임덕현상이 아니라 대통령에 대한 불신임이 촉발된 경우 국정의 혼란을 해결할 방법이 그 4년 임기의 중임제에도 탄핵심판제도를 제외하면 없다는 점에서 문제점은 여전히 남는다.

결국 민주화와 더불어 우리 사회는 정부형태에 있어서도 새로운 패러다임을 요구하고 있음을 주목해야 한다. 이미 탈권위주의시대에 접어들었기 때문에 그에 걸맞는 정부형태가 요구되고 있는 것이다. 이미 지적했듯이 현행의 정부형태에서도 노무현대통령이 권력기관들을 본래의 기능으로 돌려놓은 이상 누가 후임 대통령으로 등장하든 더 이상 '제왕적 대통령제'로 운영되기 어려운 상황으로 발전하였고, 오히려 사소한 대통령의 실정에도 재신임과 탄핵책임을 요구할 정도로 우리 사회가 민주화되어 있기 때문에 주어진 임기동안 안정적인 국정운영은 사실상 기대하기 어려운 상황에 이르렀다. 이것은 결국 주어진 임기에 관계없이 수시로 국정의 책임자에 대해 책임을 묻는 정부형태를 요구함을 알 수 있고, 또한 우리 사회가 세계의 발전추세에 맞추어 한시도 국정공백상태를 방치할 수 없다는 국민적 정서를 읽을 수 있게 한다. 즉 레임덕현상이 없을 뿐만 아니라 국민에게 수시로 책임을 질 수 있는 정부형태를 요구하고 있고, 그것은 의원내각제 정부형태를 통하여 해결할 수밖에 없다는 점에서 주목하지 않을 수 없다.

(3) 議員內閣制는 再信任政局 내지 彈劾政局에서와 같은 國政空白事態가 없다.

노무현대통령이 집권 1년여만에 신임을 잃어 탄핵소추의결이 국회에서 이루어지고 헌법재판소에서 그 심판이 2개월간 계속되었다. 우리 사회가 민주화되었다고 하는 이유가 여기에서도 나타나고 있는데, 지금까지 '제왕적 대통령'이라고 부르던 대통령에 대해 탄핵이 이루어졌다는 것 그 자체도 그러하고, 탄핵소추의결 이후 고건대통령권한대행이 큰 혼란 없이 국정을 수습하고 안정적으로 이끌어 간 점에서도 그 징표를 찾을 수 있다. 특히 국민 대다수가 탄핵을 주도한 정치권에 대해 부정적 평가를 하면서도 국정안정에 협조하면서 헌법재판소의 결과를 조용히 지켜보는 방향으로 입장을 정리했던 점에서 다행스럽게 생각하면서 한편으로 뿌듯한 감정을 느낀다.313)

그런데 우리 헌법 제65조 제3항은 "탄핵소추의 의결을 받은 자는 탄핵심판이 있을 때까지 그 권한행사가 정지된다"고 함으로써 탄핵심판제도 자체가 심각한 문제점을 내포하고 있음을 알 수 있다. 탄핵심판제도가 정치적 책임추궁의 방법이 아닌 법적 책임추궁의 방법임이 분명한데도 불구하고 탄핵심판의 결과에 따라 탄핵사유에 타당한지가 밝혀지지도 않은 상태에서 권한정지가 이루어지기 때문이다. 즉 탄핵심판의 결과 인용결정이 이루어지는 경우 제4항에서는 "탄핵결정은 공직으로부터 파면함에 그친다. 그러나 이에 의하여 민사상이나 형사상의 책임이 면제되지는 아니한다"고 하여, 탄핵결정이 징계처벌에 해당하는 파면함에 그치지 않고 형사상의 처벌이 이루어질 수 있음을 감안한다면, 이것은 헌법 제27조 제4항에서 "형사피고인은 유죄의 판결이 확정될 때까지는 무죄로 추정된다"고 규정한 정신에 근본적으로 반하는 것이다. 그리고 탄핵심판제도를 채택하고 있는 선진국가들의 예를 보더라도 대통령의 직무정지가 이루어지고 있는 국가는 없다.314) 따라서 당시 탄핵정국이 다행스럽게 안정적으로 운영되었던 것과 달리 제도적으로 문제점을 안고 있다는 점에서 그 자체로서 시정(헌법개정)되어야 할 사항임을 알 수 있다.

아무튼 탄핵정국을 고건권한대행이 무리 없이 이끌어 나간 것으로 평가하면서도 문제가 없는 것은 아니다. 민주적 정당성이 확실하게 갖추어지지 않은 권한대행의 직무범위가 어느 범위까지인가를 놓고 논란이 벌어졌던 것이 그와 관련된다. 대통령의 궐위시 권한대행권자는 60일 이내에 대통령선거를 실시하여 새로운 대통령에게 그 권한을 넘겨주는 것이 제1차적인 헌법적 과제이기 때문에 직무범위가 대통령과 동일하게 볼 수 없는 것과 마찬가지로 당시 탄핵소추의결로 사고가 발생한 경우에도 대통령이 다시 그 직무를 맡게 될 때까지

313) 이미 잘 알려진 것과 같이 여론조사의 결과 국회의 탄핵소추의결이 잘못되었다는 의견은 70%를 넘는 것으로 알려졌지만, 4.15총선이 끝난 이후의 여론조사에서 정치적 해결보다는 헌법재판소의 결정을 지켜보자는 국민이 과반수를 넘은 것으로 나타났다.

314) 이승우 외 2인, 탄핵심판제도에 관한 연구, 172면 이하 참조.

선량한 관리자로서의 책임을 진다고 할 것이기 때문에 대통령권한대행의 직무범위는 대통령과 동일할 수 없다.[315)]

그런데 이렇게 대통령과 권한대행의 직무범위가 동일하다고 볼 수 없다고 보아야 할 것이기 때문에 국정공백상태는 피할 수 없다는 점에서 문제점을 살펴보아야 한다. 어차피 권한대행은 잠정적인 선량한 관리자로서의 직무수행을 하는데 그칠 수밖에 없기 때문에 적극적이고 능동적인 국정과제수행을 위한 조치는 사실상 할 수 없다는 점에서 문제점이 발생한다. 탄핵 47일을 맞아 나타났던 국정공백의 가시적 내용들을 보면 참여정부의 주요 국정과제를 논의하는 국정과제회의가 1개월 이상 중단되었고, 국가재정운용계획의 확정시기가 2개월여 미루어졌으며, 대북·대미·대중국·대러시아의 외교적 현안에 제대로 대응하고 있지 못함은 물론이고 예정된 정상회담이 연기되고 있다고 보고된 바 있다.[316)] 특히 대통령 궐위시의 기간은 60일 이내로 후임자를 선거하도록 하여 문제가 적으나, 당시 탄핵정국과 같이 사고로 인하여 대통령의 직무복귀가 어려운 경우 직무대행기간에 대한 명문의 규정도 없기 때문에 그것을 장기화함으로써 정치적으로 이용하려는 세력들이 나타나 국가통치에 심각한 혼란을 초래할 가능성도 있다.

그러나 독일의 의원내각제 정부형태에서는 국정책임을 맡고 있는 수상이 권한대행권자를 연방장관 중에서 임명하여 두고 있고(독일기본법 제69조 제1항), 궐위나 사고 뿐만 아니라 의회지도자들이 새로운 수상의 선출이 필요하다고 판단하면 즉시로 새로운 수상을 선출할 수 있기 때문에(독일기본법 제67조) 국정공백은 최소한으로 막아질 수 있다. 특히 의원내각제 정부형태에서는 수상과 연방장관들이 탄핵의 대상이 되지 아니하며, 연방대통령에 대한 탄핵절차가 진행되더라도 국정운영의 책임이 수상을 비롯한 내각에 있기 때문에 아무런 영향을 받지 않는다. 결국 우리 헌법상의 대통령제에 있어서 대통령의 궐위나 사고로 인한 권한대행의 직무범위를 둘러싼 국정공백상태는 장기간 피할 수 없지만, 의원내각제 정부형태에서는 최소한의 수상교체시기를 제외하면

---

315) 허영, 한국헌법론, 2003, 908면 이하. 권영성교수는 궐위시는 동일하나 사고시는 제한되어야 한다고 주장한다. 권영성, 헌법학원론, 2003, 910면 이하.

316) 내일신문, 2004. 4. 28.

국정공백상태가 발생하지 않는다는 점에서 큰 장점이 있음을 알 수 있다.

2. 議員內閣制 政府形態의 채택을 위한 前提條件의 評價

의원내각제 정부형태가 성공적으로 운영되기 위하여 일정한 전제조건이 갖추어져야 한다는 주장이 설득력 있게 제기되어 왔다. 의회주의의 기본원리로서 의회활동의 공개성과 자유토론이 보장되어야 하고, 다수여당과 행정부가 상호의존적이기 때문에 소수야당과의 상호관계가 견제와 균형의 관계로 발전하도록 '소수보호제도'의 채택이 기능적 권력분립원리의 시각에서 필요하며, 여야간의 관계는 물론이고 사회갈등을 통합으로 이끌어갈 상징적 국가원수가 필요하다고 지적되고 있다. 또한 군소정당의 난립을 방지하고 의회 내에 다수안정세력이 확보되도록 합리적인 정당제도와 선거제도가 마련되어야 하며, 잦은 정권교체로 인하여 나타날지도 모르는 정국불안정을 막아줄 직업공무원제도의 정착이 선행되어야 한다는 것 등이 그것이다. 여기서는 위와 같은 여러 전제조건 가운데서 핵심적으로 문제되는 사항을 통하여 의원내각제의 원활한 운영 가능성이 갖추어졌는가를 살펴보기로 한다.

(1) 國民意識水準의 先進化와 그에 따른 選擧文化 및 政黨活動의 民主化

2004년 4월 15일 총선에서 열린우리당이 과반수를 차지한 다수당으로 바뀌면서 우리 헌정사에 중대한 변화가 이루어지고 있다. 1948년 건국헌법 이후 사실상 50년 가까이 대통령제 정부형태를 유지해 오면서 한번도 집권세력의 교체가 없었던 것에 비추어 실실적인 집권세력의 교체가 이루어졌다고 하는 것이 그것이다. 물론 1997년 김대중정부에 의하여 최초의 여야간 평화적 정권교체가 있긴 했지만 그것은 행정부의 교체를 의미했을 뿐이었고, 의회의 다수세력은 여전히 전통적인 집권보수세력이었던 점에 비추어 이번 총선 결과는 혁명적 변화로 평가되고 있다. 그리고 이러한 변화가 가능하게 된 것은 다음에서 지적하겠지만 우리 국민의식수준의 선진화와 함께 합리적인 선거문화와 정당활동이 보장되기 시작한 결과라고 할 수 있다.

무엇보다도 이번 총선은 지역구도에 따른 선택의 문제도 아직 있었지만 가장 영향을 많이 미친 것은 전통보수세력의 탄핵소추의결에 대한 심판이라고 보고 있다. 분단상황을 악용하여 국가안보논리로 억눌러 왔던 전통보수정치세력을 탄핵정국을 맞아 심판한 것이기도 하다는 것이다. 물론 합법적 방법만 분명하게 있었다면 노무현대통령 자신이 재신임카드를 꺼내기 전에 재신임을 묻고 싶다는 심정을 많은 국민들이 가졌을지도 모른다. 그러나 국민이 뽑은 대통령을 국회가 국민의 여론을 수렴함이 없이 탄핵을 통해 파면에 이르게 하는 것에 찬성할 수 없다는 국민의 의사가 총선을 통해 밝혀진 것이다. 그리고 그러한 국민들의 의사가 여과없이 분출될 수 있을 정도로 국민의식수준이 향상된 것을 엿볼 수 있었다. 즉 과거 권위주의통치시대에는 정치보복이 두려워 감히 표출시키지 못했던 의사표현의 자유가 맘껏 발휘되고 있으며, 그것이 우리 정치지형을 바꾸어놓고 있다. 특히 소신 없이 권력을 찾아다니던 철새정치인에 대한 엄중한 심판이 이루어진 것과 처음으로 진보정치세력의 대표로 간주되는 민주노동당의 후보가 국회의원으로 당선되게 한 것은 국민의식수준의 선진화 없이는 있을 수 없는 것이었고, 또한 이제 국민의 신임을 얻지 못한 정권은 언제든지 선거를 통하여 교체할 수 있다는 점을 인식시켜 주었다.

또한 선거문화와 정당활동에 있어서도 이번 총선은 획기적인 것이었다. 먼저 개정된 선거법이 선거문화를 혁명적으로 바꾸어 놓았다. 즉 돈을 매개로한 합동연설회 등에서의 세싸움을 원천적으로 막은 결과 조용하게 정책대결을 가능하게 하였으며, 또한 불법선거자금 살포에 대한 신고포상금과 불법선거자금을 받은 자에 대한 과태료부과 등으로 가장 깨끗한 선거가 치러진 것으로 평가되는 점, 그리고 지역구후보자와 비례대표후보자에 대한 1인 2표 투표제가 처음으로 시도되면서 큰 변화가 이루어졌고 또한 더욱 변화가 예정되고 있다. 한편 정당활동에 있어서도 많은 변화가 감지되고 있다. 3김정치로 불려지는 보스정치가 완전히 끝남과 동시에 정당의 민주화가 이루어지기 시작하고 있다. 즉 상향식 공천제도가 정착될 수 있는 기반이 마련되고 있고, 그것을 뒷받침할 진성당원의 확보와 권한부여가 본격적으로 논의되고 있으며, 민주노동당은 이미 실현한바 있다. 특히 정당이 진보·중도·보수 등의 이념을 중심으로 이합집산이 이루어져 이념정당으로 정착되어 가고 있는 것도 혁명적 선거문화와 정당활동의 변화를 보여주고 있다.

결국 국민의식수준의 선진화와 선거문화 및 정당활동의 민주화는 의원내각제 정부형태로의 변경에 대해 자신감을 가지게 하는 바탕이라고 본다. 서서히 지역대결에서 벗어나고 있고, 이념에 따른 정책대결이 가능해지고 있기 때문에, 필요에 따라 국민들은 정서에 맞는 정치세력을 선택하고 정권을 맡길 수 있는 수준에 도달했다고 보는 것이다. 그리고 무엇보다도 1997년의 평화적 정권교체의 경험을 토대로 정권교체에 따른 불안감을 느끼지 않을 뿐만 아니라 오히려 그것을 자연적인 국가사회의 발전과정으로 받아들이는 점에서도 그리하다.

(2) 公職社會의 責任意識과 유연한 態度

무엇보다도 의원내각제 정부형태가 성공적으로 운영되기 위해서는 정권변화에도 불구하고 안정적으로 국정운영을 뒷받침하는 공무원제도의 정착이 필요하다. 끊임없는 의원내각제로의 개헌논의가 있을 때마다 가장 우려되던 것이 권위주의정권에 휘둘려온 공무원제도가 안정적 국정운영을 담보해줄 수 있을 것인가에 있었던 것도 무리가 아니었다.

그러나 1997년의 여야간의 정권교체는 그러한 우려를 씻어주기에 충분한 것이었다. 물론 정권이 바뀜에 따라 극히 일부의 고위 공직자들 사이에서 특정지역출신은 이제 씨가 마를 것이라고 공공연히 떠들던 사람도 있었다. 그러나 정권교체 이후 극히 일부의 권력기관에 대한 편중 인사가 문제되었을 뿐 대부분의 공직사회에서는 그 동안 편향되었던 많은 부분이 전체적으로 균형을 잡게 되고 안정이 이루어지고 있다. 기득권을 누리고 있던 그룹에서는 편향되었던 것이 능력주의에 근거한 것이라고 항변할지 모르지만, 그것에 대한 평가가 누구도 부인할 수 없는 객관적 평가를 토대로 한 것이라고 단정할 수 없는 한 문제가 있었음이 전제된 것이었다.

아무튼 공무원제도가 헌정사 최초의 평화적 정권교체를 맞아 그에 적응하는 현상이 나타나고 있음은 부인할 수 없다. 특히 지방자치단체의 차원에서는 3차례의 선거를 통해 여야가 바뀌는 경우가 있었고, 일부 수도권의 경우 그에 따라 공무원사회가 정치권에 휩쓸리는 현상이 나타난 것이 사실이나, 그러한 과정을 거쳐 이제 안정화단계에 접어들고 있다고 평가된다. 특히 이번 대통령에 대한 탄핵소추의결이 이루어진 탄핵정국에서도 거의 모든 공무원이 흔들리지 않고 맡은바 책임을 다함으로써 안정적 국정운영이 이루어지고 있는 것은 정치변화와 관계없이 직업공무원들이 안정적 국정운영을 뒷받침하겠다는 것을 보여주고 있는 것이라고 본다. 따라서 의원내각제 정부형태로 변경이 이루어지더라도 직업공무원제도의 정착을 통해 이를 뒷받침할 수 있을 정도로 안정적 공직사회가 갖추어졌다고 본다.

(3) 檢察과 法院 및 憲法裁判所의 獨立性 維持

사법권독립을 외치며 노력한 대가로 여러 차례의 사법파동을 낳을 정도로 치열하게 문제된 경우도 있었지만, 지금까지 검찰과 법원은 그러한 노력에도 불구하고 정치권력의 시녀라는 말을 많이 들어왔다. 검찰이 정치권과 권력기관이 연루된 사건에 대한 수사에 소극적이었음은 물론이고 중대한 비위사실들에 대해 은폐한 경우도 많았고, 법원도 정치권과 권력기관에 관련된 판결에서 명백하게 입증된 범죄사실들에 대해서도 솜방망이를 두드리는 것과 같이 엄정한 처벌을 하지 않았다. 사회정의를 실현하는데 앞장서야 할 핵심기관인 검찰과 법원이 비위사실에 눈을 감거나 외면함으로써 정의가 살아움직이게 하지 못하게 하였고, 오히려 권위주의통치를 뒷받침하고 '제왕적 대통령제'의 수호신역할을 하여왔다.

그런데 노무현정부에 들어와서 상황은 완전히 바뀌고 있다. 모든 권력기관을 대통령으로부터 독립시킴으로써 명실상부한 국가기관으로 거듭나게 하고 있기 때문이다. 비록 현직 대통령의 측근비리에 대해 대통령과의 관련성을 입증하는데 한계가 있었다는 특별검사의 주장도 있었지만, 몇차례의 특별검사임명은 제도권 검찰의 자성을 가져와 검찰 스스로의 변화를 가져오게 하였다. 검찰이 검찰권의 독립을 주장하면서 정치권과 재벌들을 상대로 지난 대선자금을 수사하여 밝혀내고 있는 것을 보면 과거와 많이 달라지고 있음을 알 수 있다.[317] 뿐만 아니라 법원의 경우도 사법개혁을 실현하기 위해 다각도로 연구

317) 다만 검찰의 행보에 대해 정치권에 대해 엄정한 반면에 재벌에 대해 무기력한 모습을 보이고 있음에 대해 비판이 일고 있음을 주목해야 한다.

하고 국민의 의견을 수렴하고 있고, 특히 가장 개혁이 더디게 이루어지고 있는 정치권을 향하여 엄정한 선거법의 적용을 통해 비리에 연류된 정치인을 퇴출시키겠다는 의지를 보이고 있다.

결국 아직 완전한 의미의 검찰 및 사법부의 독립이 이루어졌다고 말하기는 힘들지만 적어도 앞으로 정치권의 시녀라고 불리는 현상은 나타나기 힘들 것으로 보인다. 그것은 정치권을 위한 검찰권과 사법권의 행사를 누구도 원하지 않는다는 사실을 당사자들은 물론이고 국민 모두가 인식하고 있기 때문이며, 검찰과 법원이 거듭나는 경우에만 민주화되고 있는 우리 사회를 제도화하여 명실상부한 선진국으로 발전할 것이라 믿기 때문이다. 법치주의의 실현 없이 민주화는 정착된 것이라고 할 수 없고, 법치주의는 검찰과 법원의 노력 없이 이루어질 수 없는 것이기 때문이다. 그리고 검찰과 법원의 개혁 노력을 뒷받침하고 있는 것은 헌법재판소이다. 그 동안 헌법재판소가 국민의 기본권보장을 위한 중요한 결정례를 내놓음으로써 인권보장의 기틀을 마련했고, 이에 자극받아 검찰과 법원도 국민의 기본권보장의 주춧돌로서 거듭나고자 하는 노력을 기울이고 있다. 따라서 이러한 검찰과 법원 및 헌법재판소의 제자리찾기에 대한 노력이 엿보이는 한 의원내각제 정부형태로의 전환이 이루어진다 하더라도 큰 혼란 없이 정착될 것이라고 본다.

Ⅳ. 結論

근대 이후 인류의 역사를 평가함에 있어서 가장 본질적인 것은 인간의 '자유확대의 역사' 또는 '기본권신장의 역사'라고 보는데 이의가 있을 수 없다. 우리 60년 이상의 헌정사를 평가함에 있어서도 동일한 평가가 나올 수밖에 없는 것은 인류역사와 동떨어진 상태로 우리 헌정사가 운영된 것이 아니기 때문이다.[318] 즉 건국헌법 이후로 많은 권위주의적 통치자들로부터 벗어나 민주화된 모습을 바라며 많은 국민들의 희생이 있었고, 그것은 특히 '제왕적 대통령제'의 폐단을 어떻게 하면 불식시켜 국민의 자유와 권리를 회복할 것인가의

318) 이승우, "한국헌정 50년을 어떻게 시대구분하고 평가할 것인가?", 48면 이하 참조.

문제로 모아져왔다. 다행히 노무현정권에 이르러 노대통령 스스로 특권을 포기하고 모든 권력기관을 제자리로 돌려놓음으로써 탈권위주의가 현실화되기 시작한 느낌이고, 이제야 진정한 선진국으로 발돋움할 수 있는 계기가 이루어진 것이 아닌가 생각하게 한다.

그런데 노대통령의 탈권위주의적 조치는 새로운 문제를 유발하였다. 그것은 신임을 잃어 권위가 무너진 대통령에 대한 불신임의 방법을 요구하게 한 것이 그것이다. 현행 대통령제 정부형태에서는 대통령에 대한 불신임제도가 없기 때문에 불신임에 따른 정국불안을 해소하기 위한 제도적 장치가 요구되고 있다는 것이다. 결국 이것은 앞에서 살펴본 것처럼 의원내각제 정부형태로의 변경을 통해서만 해결될 수 있는 문제임을 알 수 있었다.

결론적으로 정부형태 변경에 따른 혼란은 어느 정도 예상할 수 있다. 다만 우리 국민의식수준은 이를 감수할 수 있는 정도에 이르렀다는 점에서 해결책으로 제시되었다. 또한 앞으로 예상되는 대통령에 대한 불신임에 따른 정치적 비용은 물론이고 대통령제의 운영상의 모든 폐단이 해소되는 것을 감안하면 충분한 가치가 있다고 판단하였다. 특히 남북통일에 대비한 정부형태의 면에서도 의원내각제가 바람직하다고 보는데, 그 이유는 북한지역을 대표하는 정당의 출현을 용이하게 하고 또한 그들이 중앙정치에 참여할 수 있는 기회가 많이 부여될 수 있다고 보기 때문이다.[319]

---

319) 이에 대한 보다 자세한 내용은 이승우, "남북통일에 대비한 헌법적 대응", 연세법학연구 제4집, 1997. 9, 60면 이하.

제 4 장

大統領의 國法上 行爲의 類型과 責任에 관한 問題

-노무현대통령의 발언에 대한 헌재결정을 중심으로-

I. 問題提起

우리 헌정사에서 노무현대통령을 제외하고 역대 대통령들은 대부분 절제된 언행을 하였기 때문에 언행 때문에 논란이 발생한 경우는 거의 없다. 반면에 노무현대통령은 절제되지 않은 언행 때문에 여러 차례 논란을 일으켰고, 임기 초기에 이미 2차례나 중요한 헌법재판소의 판단을 받아야 했으며, 임기 말에는 대통령이 아닌 사인으로서의 정치적 표현의 자유를 주장하면서 헌법소원을 제기하여 헌법재판소의 심판을 받았다. 재신임국민투표사건과 탄핵사건 및 대통령의 선거중립의무 준수요청사건 등이 그것이다. 특히 탄핵사건이 마무리된 이후에는 자신의 발언에 대하여 책임질 가능성이 없다는 것을 확인한 듯, 자신의 존재감을 드러내기 위해서 끊임없이 국민을 혼란케 하는 언행을 계속하였다. 2006년 말에는 자신의 정책수행에 걸림돌이 된다는 의미에서 헌법을 비하하는 '이놈의 헌법'이라는 발언을 하였고, 임기 1년을 남겨둔 2007년 1월에는 '원포인트 헌법개정'을 들고 나왔다가 헌법개정안 발의를 앞둔 상황에서 철회하는 등 국민을 혼란스럽게 하였다. 그야말로 노무현대통령의 발언 하나 하나에 따라 국정운영이 춤을 추는 꼴이 되었다.

또한 2007년 4월 초에는 노무현대통령의 최측근인 안희정씨가 2006년 10월 통일부에 사전신고나 사후보고도 없이 비밀리에 북한인사를 접촉한 사실이 밝혀졌고, 이것이 관련 법률을 위반한 것이라는 점을 언론이 문제삼자, 2007년 4월 10일 국무회의를 주재하는 자리에서 대통령이 직접 나서 중요한 발언을 하였다. 즉 "안희정의 문제는 대통령이 특별히 지시한 것으로서 정치적으로나 법적으로 아무런 문제가 없는 것"이라고 하였다. 노무현대통령은 나아가 "그것은 대통령의 당연한 직무행위에 속하는 일이고 그 범위 안에서 일어난 일이며, (비공식 대화통로 개설) 가능성과 유용성을 확인하는 과정에서 적절치 않다 생각하고 중단된 것"이라고 하였다. 김대중대통령의 대북송금사건에 대해서는 통치행위성을 인정할 수 없다고 했으면서, 자신의 대북정책과 관련된 범법행위에 대해서는 통치행위성을 인정하자는 발언이었다.320)

아무튼 노무현대통령은 권위주의통치를 종식시킨 대신에 무책임한 발언을 쏟아내면서 책임정치의 문제를 제기하였다. 대통령의 수많은 발언이 헌법과 법률을 준수하는 범위 내에서 제기된 것이라면 문제는 없겠지만, 대다수의 발언이 헌법과 법률에 반하는 것이 아닌가의 의문이 제기되었기 때문이며, 따라서 이 시점에서 대통령의 직무행위와 관련된 발언의 효력을 어떻게 인정하고 책임을 물어 책임정치를 구현할 것인가의 문제가 과제로 등장했다. 즉 대통령의 직무행위와 관련된 발언 등에 대하여 헌법과 법률에 반하는 것으로서 책임을 져야 할 직무행위는 어떤 것이 있는가를 살펴볼 필요가 생겼다.

그런데 위에서 지적한 헌법재판소 사건을 살펴보면 노무현대통령의 직무행위의 유형이 다름을 알 수 있고, 각각의 유형에 따라 직무행위로서의 성립시기가 다름은 물론이고 그에 대한 책임의 성격도 다름을 알 수 있다. 즉 정치적 책임이 있음은 말할 필요도 없으나, 과연 정치적 책임이 아닌 법적 책임으로서의 탄핵책임을 물을 수 있을 것인가의 문제가 제기된다. 다시 말해서 대통령의 모든 발언이 국법상의 직무행위에 해당하는가의 여부 및 대통령의 직무행위가 있다고 볼 수 있는 시점이 언제부터인가의 여부에 따라 대통령의 국법상의 직무행위에 대한 책임문제가 발생한다. 특히 대통령의 헌법준수의무에 비추어 헌법상의 의무를 위반했다고 하기 위해서는 헌법정신에 반하는 발언만 있으면 되는지 등의 문제도 제기된다.

---

320) 조선일보, 2007. 4. 11. 여기서는 노무현대통령이 스스로 발언한 것을 뒤집는 것이며, 또한 관련법을 사문화시키는 것이라는 주장 등이 소개되고 있다.

따라서 여기서는 대통령의 국법상의 직무행위와 관련된 대표적 사건인 재신임 국민투표발언과 탄핵심판의 대상이 된 발언, 그리고 선거중립의무 준수요청에 대하여 제기한 헌법소원 사건에서의 대통령의 발언 등에 나타난 대통령의 국법상 행위의 유형과 책임을 살펴보려고 한다. 먼저 헌법재판소의 결정에 나타난 대통령의 직무행위의 유형과 그에 따른 책임을 어떻게 평가하고 있는지를 살펴보기로 한다. 다음으로 대통령의 국법상 행위의 유형과 책임의 전제가 되는 헌법규정을 살펴보고, 그 유형에 따른 직무행위의 성립시기 및 효력발생시기를 고찰하며, 그 직무행위의 유형에 따른 대통령의 책임을 살펴보면서 대통령제 정부형태의 문제점도 살펴보기로 한다. 또한 이 헌법재판소의 결정들을 통하여 얻을 수 있는 시사점을 찾아보기로 한다. 그리고 결론으로서 현행 헌법상 대통령에 대한 책임추궁의 방법이 없다는 것은 대통령의 무책임한 발언과 행동을 부추겨 국정을 혼란케 할 가능성이 크기 때문에 이에 대한 치유책이 강구되어야 한다는 점을 결론으로 지적하고자 한다.

II. 大統領의 國法上 行爲의 類型과 責任에 대한 憲法裁判所의 立場

1. 再信任 國民投票發言事件에서의 憲法裁判所의 立場

노무현대통령의 재신임국민투표발언사건은 헌법소원으로 제기되었기 때문에 대통령의 발언이 '공권력의 행사'에 포함되는지가 논점으로 제기되었다. 그리고 헌법재판소는 헌법소원의 대상인 '공권력의 행사'에 해당하는지의 여부에 관하여 일률적으로 말하기 어렵다고 하면서 "문제된 행위가 국민의 법적 지위에 어떤 영향을 미치는지, 법적 규제·형성의 작용이 있는지 아니면 단순한 사실상의 고지나 의견표명에 그치는 것인지, 대외적 효력이 있는 행위인지 아니면 공권력 주체의 내부적 행위에 그치는지, 확정적 행위인지 또는 사전적 준비행위나 계획에 그치는지 등의 여러 가지 사정을 종합하여 구체적 사건마다 개별적으로 판단할 수밖에 없다"고 하였다.[321] 이에 대한 헌법재판소의 다수의견과 소수의견의 핵심을 살펴보고 정리하면 다음과 같다.

(1) 多數意見

대통령의 재신임 국민투표에 관한 발언내용 및 이를 전후한 여러 사정을 종합하여 평가한 결과 헌법재판소의 다수의견은 법적인 절차를 진행시키기 위한 정치적인 사전준비행위라고 판단하였고, 따라서 이 정도의 발언만으로는 국민투표의 실시에 관하여 법적인 구속력이 있는 결정이나 조치를 취한 것이라고 할 수 없다고 보았으며, 결론적으로 헌법소원의 심판대상인 '공권력의 행사'에 포함되지 않기 때문에 청구를 각하한다고 하였다.

아무튼 헌법재판소의 결정요지를 살펴보면, 첫째, 대통령의 재신임국민투표 실시발언은 사전 준비행위에 불과하고, 이 사전준비행위는 법적인 절차로 진행될지 불확실하기 때문에 법적인 의미를 부여하기 어렵다고 평가한다.[322] 둘째, 헌법재판소는 대통령의 국민투표부의권한과 관련하여 그 권한행사절차의 법적 의미를 평가한 결과 법적 효력을 가진 공권력의 행사가 있다고 볼 수 없다고 하였고, 법적 의미를 가지기 위해서는 공고와 같이 국민투표에 관한 절차의 법적 개시로 볼 수 있는 행위가 있을 때에 비로소 법적인 효력을 지닌 공권력의 행사가 있다고 하였다.[323]

(2) 少數意見

헌법재판소의 다수의견과 달리 소수의견은 대통령의 신임국민투표계획의 공표행위는 공권력의 행사에 해당하고, 이로 인하여 헌법상 보장된 국민들의 기본권이 침해되므로, 이 사건은 이를 각하할 것이 아니라 본안에서 이를 심리하여 그 위헌임을 선언하여야 한다고 하였다. 소수의견은 "신임국민투표계획과 같은 중대한 공적 사항을 국회 본회의에서 공표한 피청구인의 행위에 대하여는 대통령의 지위의 무게와 책임 그리고 신임국민투표의 중대성에 비추어 온당한 접근방법이라고 생각한다"고 전제하면서,[324] 그러한 공표행위는 특별

321) 헌재결 2003. 11. 27, 2003헌마694등 병합, 헌재판 15-2(하), 350(355).

322) 헌재결 2003. 11. 27, 2003헌마694등 병합, 헌재판 15-2(하), 350(356).

323) 헌재결 2003. 11. 27, 2003헌마694등 병합, 헌재판 15-2(하), 350(356면 이하).

한 사정변경이 없는 한 그 계획을 그대로 추진할 의사를 분명히 한 것이라고 보아야 하고, 전체로서 하나의 공권력 행사에 해당하는 일련의 포괄적 절차인 국민투표실시라는 커다란 공적 절차의 도입부를 구성하는 것이며, 이것은 피청구인의 공적 권한에 터잡아 이루어지는 것이므로 이는 헌법소원의 대상이 되는 공권력의 행사에 해당한다고 보았다.[325] 특히 국민투표계획의 공표 없이는 국민투표라는 하나의 절차가 시작될 수 없는 것이므로, 적어도 이 사건에서처럼 그 진지성이 인정되는 한도 내에서, 공표행위는 국민투표의 공적인 절차를 출발시키는 공권력 행사임에 틀림없다고 하였다.[326]

(3) 整理

결국 대통령의 재신임국민투표발언은 협의의 국법상 행위에 해당함을 알 수 있고, 협의의 국법상 행위의 경우 성립시기가 핵심쟁점으로 되고 있음을 알 수 있다. 이에 대하여 헌법재판소의 多數意見은 국민투표안을 대통령이 공고한 때에서 공권력 행사의 成立時期를 찾은데 비하여, 少數意見은 국민투표의 계획을 대통령이 공표한 때에서 찾고 있다는 점에서 구별되고 있다. 그리고 이 소수의견은 형식보다는 실질을 중하게 여긴 결과라고 하고 있다.[327]

2. 彈劾審判事件에서의 憲法裁判所의 立場

재신임 국민투표발언에 관한 사건에서와 달리 탄핵사건에서의 대통령의 직무행위는 확연히 다르다. 전자의 경우 대통령의 협의의 직무행위에 관한 것이 명백하기 때문에 공식적 직무행위에 착수하였는가의 기준에 따라 직무행위의 성립시기가 중요한 논점이었다. 반면에 탄핵사건의 경우 논쟁의 대상이 된 탄핵사유의 대부분이 기타의 직무행위에 해당하는 발언이었기 때문에 직무행위의 성립시기의 문제가 논의될 여지가 없다. 따라서 여기서는 대통령의 발언을

324) 헌재결 2003. 11. 27, 2003헌마694등 병합, 헌재판 15-2(하), 350(358).
325) 헌재결 2003. 11. 27, 2003헌마694등 병합, 헌재판 15-2(하), 350(359).
326) 헌재결 2003. 11. 27, 2003헌마694등 병합, 헌재판 15-2(하), 350(359).
327) 헌재결 2003. 11. 27, 2003헌마694등 병합, 헌재판 15-2(하), 350(359).

통하여 행해진 직무행위가 법적 구속력이 있는 직무행위인가의 여부가 핵심쟁점이었다. 즉 기타의 직무행위의 유형으로 행해진 대통령의 발언에 대하여 法的 拘束力 있는 意思表示로 보아야 하는가, 아니면 미래에 대한 정치적 전망이나 희망사항을 피력한 단순한 意思表示인가의 문제로 평가된다. 그리고 이 논점은 탄핵사유가 많기 때문에 그 사유별로 직무행위의 유형이 분류되고 그에 따른 평가가 이루어졌다. 즉 국회의 탄핵소추의결서에 기재된 소추사유를 유형별로 나누어 헌법이나 법률의 위반 여부를 판단하고 있다. 즉 記者會見에서 特定政黨을 지지한 行爲, 그 밖의 總選과 관련하여 發言한 行爲, 憲法守護義務와 관련된 發言行爲, 非理事件과 관련된 政界隱退 公言 등으로 나누어 살펴보고 있는 것이 그것이다.[328)]

결국 헌법재판소는 탄핵사건에 나타난 대통령의 발언과 관련된 기타의 직무행위의 법적 구속력에 대한 평가에서, 대통령의 발언은 2가지로 구별됨을 보여주고 있다. 즉 발언의 내용이 헌법이나 법률에 위반되는 경우 법적 효력이 부여되는 경우이고, 발언의 내용이 헌법상 보장되는 정치적 의견표명에 그치는 경우는 법적 효력이 인정될 수 없다는 것이 그것이다. 그러한 기준에 따라 탄핵사유와 관련된 대통령의 여러 발언 가운데서 헌법재판소의 판단은 선거가 임박한 시점에 기자회견을 통하여 특정정당을 지지하는 발언을 한 것은 공직선거법 제9조의 공무원의 중립의무를 위반하였다는 것,[329)] 그리고 중앙선관위의 선거법위반 결정에 대한 발언[330)] 및 재신임 국민투표발언이 대통령의 헌법수호의무를 위반했다는 것으로 요약된다.[331)] 그리고 위 3가지 헌법 및 법률위반에 대하여 탄핵책임을 물어야 할 것인가에 대해서는 대통령의 헌법상 지위의 중대성에 비추어 탄핵책임을 묻기에 적합한 정도의 중대성이 없기 때문에 기각한다고 하였다.

---

328) 헌재결 2004. 5. 14, 2004헌나1, 16-1, 609(633).

329) 헌재결 2004. 5. 14, 2004헌나1, 16-1, 609(641).

330) 헌재결 2004. 5. 14, 2004헌나1, 16-1, 609(648).

331) 헌재결 2004. 5. 14, 2004헌나1, 16-1, 609(649).

3. 大統領의 選擧中立義務 遵守要請事件에서의 憲法裁判所의 立場

최근에 새로이 내려진 대통령의 선거중립의무 준수요청사건은 다음에서 살펴보듯이 대통령의 국법상 행위의 유형에 대한 분류와 관련하여 대통령에게 사적행위의 영역이 존재하는가에 관한 결정이었다.[332] 여기서 헌법재판소는 대통령에 대하여 국민 모두에 대한 봉사자로서 공익실현의 의무가 있는 헌법기관으로서의 지위와 국민의 한사람으로서 소속 정당을 위하여 정당활동을 할 수 있는 사인으로서 기본권의 주체로서의 지위를 동시에 갖는다고 하였다. 그리고 대통령과 같은 국가기관의 지위를 겸하는 사람이 기본권의 주체로서 헌법소원의 청구인적격을 가지기 위해서는 심판대상조항이 규율하는 기본권의 성격, 국가기관으로서의 지위와 제한되는 기본권 간의 밀접성과 관련성, 직무상 행위와 사적인 행위 간의 구별가능성 등을 종합적으로 고려하여 결정하여야 한다고 보았다. 그 기준에 비추어 헌법재판소는 참평포럼 모임과 원광대 박사학위 수여식은 사적인 성격이 강한 행사이고, 그 행사에서 발언한 내용들이 어느 정도 공·사가 혼재된 영역에서 나온 것이라고 할 수 있으나 대통령의 권한이나 직무영역과 밀접하게 관련된 것이 아니라고 판단하였으며, 결국 그 행사에서의 대통령의 발언은 개인으로서의 대통령의 정치적 표현의 자유에 해당하는 것으로 보았다.

III. 大統領의 國法上 行爲의 類型과 責任에 관한 憲法規定과 評價

헌법 제82조는 "대통령의 국법상 행위는 문서로써 하며, 이 문서에는 국무총리와 관계 국무위원이 부서한다. 군사에 관한 것도 또한 같다"고 하여, 대통령의 직무수행의 원칙과 방법의 대강을 규정하고 있다. 다만 여기서 대통령의 직무행위는 중요도에 따라 행위형식이 달라질 수 있는 것이기 때문에 모든 식

332) 헌재결 2008. 1. 17, 2007헌마700, 헌재공보 제136호, 217면 이하.

무행위(아래에서는 廣義의 職務行爲라 한다)를 위와 같이 부서가 있는 문서로써 하기는 어렵다. 따라서 여기서는 대통령의 직무행위의 유형을 헌법 제82조와 같이 문서로써 해야 하는 직무행위(아래에서는 狹義의 職務行爲라 한다)와 기타의 職務行爲로 구별하면서 그 성립 및 효력발생시기를 살펴보는 것이 중요하다. 또한 대통령은 직무와 관계없는 완전히 '私的 行爲'를 할 수 있기 때문에 그에 해당하는 것으로 어떤 것이 있는가를 찾아보고 어떻게 구분하고 다르게 취급할 것인가의 문제도 살펴보아야 한다.

한편 대통령의 국법상 행위의 유형에 따라 헌법은 어떤 책임을 지우고 있는지 고찰하여야 한다. 우리 헌법은 제65조 제1항에 따라 대통령이 '그 직무집행에 있어서 헌법이나 법률을 위배한 때' 탄핵책임을 지도록 하고 있다. 또한 제84조에서 "대통령은 내란 또는 외환의 죄를 범한 경우를 제외하고는 재직중 형사상의 소추를 받지 아니한다"고 하여, 대통령은 매우 제한적인 범위 내에서만 형사상의 책임을 지도록 하고 있다. 이렇게 매우 제한적인 책임에 관해서만 우리 헌법은 규정하고 있기 때문에, 과연 대부분의 국법상의 행위에 대해서 대통령은 어떤 책임을 질 것인가의 문제가 제기된다. 특히 정치적 책임에 관한 규정은 없지만 언제든지 정치적 책임은 질 수 있는 문제인 반면에, 탄핵책임의 대상이 되는 법적 책임에 관해서는 규정이 있으나 탄핵절차의 경성성은 고사하고 탄핵사유에 따른 헌법과 법률에 위배되어 책임이 발생하는 경우를 찾아보기 어려운 점에서 문제가 제기된다.

1. 大統領의 職務上 行爲와 관련된 憲法規定

(1) 大統領의 憲法上 地位와 責任

대통령은 국회와 마찬가지로 국민의 대의기관이다. 다만 국회가 국정운영의 중심기관이지만 합의제 대의기관임에 비하여 대통령은 독임제 대의기관인 점에서 차이가 있다. 그리고 그 차이점 때문에 국회가 국가를 대표하기에 적합하지 않음에 비하여 대통령은 국가를 대표하기에 문제가 없기 때문에 국가원수로서의 지위와 국정의 최고책임자로서의 지위가 인정된다. 그밖에 대통령은 행정부의 수반으로서의 지위를 갖는다. 따라서 대통령은 위와 같은 헌법상의 지위에서 많은 권한과 책임을 부여받고 있다. 즉 국가원수로서의 지위에서 주어지는 외교에 관한 권한, 국정의 최고책임자로서의 지위에서 부여되는 국가긴급권(제76조와 제77조), 헌법개정발의권(제128조 제①항), 중요정책의 국민투표회부권(제72조) 등은 물론이고 행정부 이외의 주요한 헌법기관 구성원의 임명권, 법률안제출권(제52조), 법률안거부권(제53조), 국회출석발언권(제81조), 은사권(제79조)과 영전수여권(제80조) 등이 주어져 있으며, 행정부수반의 지위에서 법률안공포권은 물론이고 행정부의 공무원에 대한 임명권, 행정입법인 대통령령을 발할 권한(제75조), 예산안제출권(제54조), 예산을 집행할 권한 및 국군통수권(제74조) 등도 부여되어 있다.[333]

또한 대통령은 헌법상 지위에 따라 당연히 가지는 공무원으로서의 신분과 함께 정치인 내지 정당인으로서의 신분을 가지고 있다. 오늘날의 민주주의원리가 정당국가적 민주주의원리로 변화하였고, 대통령은 정당의 당원으로서 정당의 공천을 받아 선거운동을 거쳐 대통령으로 선출되며, 대통령으로 선출된 이후에도 정당의 당원으로서 정당의 지원을 받아 국정운영을 책임지는 지위에 있다. 따라서 대통령은 '정치적 헌법기관' 혹은 '정치인'의 지위를 갖고 특정 정파의 정책이나 이익과 밀접하게 관련될 가능성이 존재하는 특별한 지위에 있다.[334]

그리고 대통령의 헌법상 지위에서 부여된 권한은 책임을 수반한 것이기 때문에 대통령은 정치적 책임은 물론이고 법적 책임을 져야 한다. 대통령이 대의기관으로서의 지위를 가진다는 것은 이미 대통령은 대의기관으로서 국민을 대표하여 국가의사를 결정할 권한을 위임받음과 동시에 그 권한행사에 대하여 국민에게 직접 책임을 지는 관계에 있다고 보기 때문이다. 따라서 대통령과 같은 대의기관은 국민으로부터 직접 선거되어 민주적 정당성을 부여받아야 하며(제67조 제①항), 그 민주적 정당성을 바탕으로 자기책임 하에 국가운영에 필요한 정책결정에 관한 권한행사를 하되, 그 권한행사와 관련하여 국민의 신임을 잃으면 차기선거에서 정치적 책임을 지고 물러나는 것이 원칙이다.

그런데 대의원리에 따르는 한 대통령은 주기적인 선거를 통한 신임과 책임

333) 대통령의 헌법상 지위에 따른 권한의 설명은 학자마다 다르기 때문에 주의를 요한다.
334) 헌재결 2008. 1. 17, 2007헌마700, 헌재공보 제136호, 12/35.

을 지는 것으로 이해하기 쉽지만 그렇지 않다. 임기중에도 대통령은 신임을 잃게 되면 정치적 책임을 져야 함과 동시에 헌법이나 법률을 위배한 경우 탄핵이라는 법적 책임을 지게 되어 있다(제65조). 따라서 대통령의 국법상 행위에 대한 책임을 논의하기 위해서는 대통령의 국법상 행위의 유형을 바탕으로 그 형식과 절차를 살펴보아야 한다.

(2) 大統領의 職務上 行爲의 形式과 節次

대통령의 헌법상 지위가 막중하기 때문에 독임기관임에도 불구하고 대통령에게 권한과 책임이 많이 부여되어 있고, 특히 독임기관인 대통령의 권한행사가 남용될 가능성이 크기 때문에 헌법 제82조가 그 권한행사의 방법과 절차를 마련함으로 인하여 대통령의 협의의 직무행위가 目的的 正當性이 추구되도록 하고 있다. 즉 文書主義와 副署制度가 그 方法에 해당하는 것이고, 國務會議의 審議, 諮問機關의 諮問, 國會의 同意 또는 承認 등은 節次에 관한 것이다. 그리고 이 모든 방법과 절차에 관한 규정은 집행부 내부적으로는 물론이고 다른 헌법기관의 통제 하에 권한행사가 이루어지도록 하는 것이 되어 대통령의 협의의 직무행위가 권력통제라는 節次的 正當性이 확보되도록 하고 있다.

그런데 이렇게 대통령의 국법상의 행위 가운데서 헌법 제82조가 정하고 있는 협의의 직무행위의 경우, 국무회의의 심의와 국회의 동의 내지 승인을 거쳐 국무총리와 관계국무위원의 부서가 있는 문서로써 행해지도록 하는 것은 결국 대통령의 권한에 따른 책임을 완수하게 하기 위한 것이다. 즉 대통령의 협의의 직무행위에 대하여 위와 같은 절차를 거친 문서에 대통령이 서명함으로써 성립되게 하고, 또한 그 문서가 관보에 게재됨으로써 공포되고 효력을 발하게 하는 것은 대통령으로 하여금 권한을 남용하여 책임을 완수하지 못하는 일이 발생하지 않도록 통제하기 위한 것이다. 따라서 대통령의 국법상의 행위 가운데서 협의의 직무행위는 문서주의와 부서제도를 통하여 요구되는 요건과 절차를 갖춘 경우에 국정행위로서 유효하게 성립되고 효력을 발생함을 알 수 있고, 그 경우 대통령은 법적으로 면책됨을 알 수 있다.

2. 憲法規定에 따른 大統領의 國法上의 行爲의 類型

헌법재판소의 결정 내용에 따르면 "헌법 제65조에 규정된 탄핵사유를 구체적으로 살펴보면, '직무집행에 있어서'의 '직무'란 법제상 소관 직무에 속하는 고유 업무 및 통념상 이와 관련된 업무를 말한다. 따라서 직무상의 행위란 법령·조례 또는 행정관행·관례에 의하여 그 지위의 성질상 필요로 하거나 수반되는 모든 행위나 활동을 의미한다. 이에 따라 대통령의 직무상 행위는 법령에 근거한 행위 뿐만 아니라 '대통령의 지위에서 국정수행과 관련하여 행하는 모든 행위'를 포괄하는 개념으로서, 예컨대 각종 단체·산업현장 등 방문행위, 준공식·공식만찬 등 각종 행사에 참석하는 행위, 대통령이 국민의 이해를 구하고 국가정책을 효율적으로 수행하기 위하여 방송에 출현하여 정부의 정책을 설명하는 행위, 기자회견에 응하는 행위 등을 모두 포함한다"고 하고 있다.[335] 이것은 대통령의 직무행위의 범위에 대하여 광의로 평가하여 내려진 것이라고 할 수 있다.

그런데 우리 헌법 제82조는 대통령의 국법상의 직무행위에 대하여 문서주의와 부서제도를 통하여 실현될 것을 요구하고 있다. 헌법 제82조는 대통령의 국법상의 직무행위 가운데서 중요성이 커서 책임소재를 분명히 할 필요가 있는 직무행위에 대하여 문서주의와 부서제도를 택함으로써 기타의 직무행위와 구별하고 있는 것으로 판단된다. 즉 대통령의 모든 국법상의 직무행위를 광의의 직무행위로 보는 경우, 광의의 직무행위에는 문서주의와 부서제도가 요구되는 俠義의 職務行爲와 문서주의와 부서제도가 필요하지 않는 기타의 직무행위가 포함되고 있음을 알 수 있다. 그리고 대통령의 직무행위와 관계없는 대통령의 개인으로서의 사적 행위가 있음은 물론이다. 따라서 여기서는 대통령의 행위를 유형에 따라 살펴보되 그 법적 성격을 중심으로 행위의 성립시기 및 효력발생시기를 살펴보기로 한다.

(1) 狹義의 職務行爲의 成立 및 效力發生時期

헌법 제82조에 따라 문서주의와 부서제도가 갖추어지고, 또한 헌법 제88조

335) 헌재결 2004. 5. 14, 2004헌나1, 헌재판 16-1, 609(633).

에 따라 국무회의의 심의를 거쳐 행해져야 하는 대통령의 직무행위를 협의의 직무행위라고 할 수 있다. 따라서 협의의 직무행위에 해당하는 대통령의 국법상의 행위란 결국 헌법과 법령이 대통령의 권한으로 명시하고 있는 것을 행사하는 행위를 말한다고 할 수 있다. 즉 헌법이 직접 규정하고 있는 권한, 국무회의의 심의사항에 속하는 권한, 국회의 동의와 승인을 요하는 권한 등은 물론이고, 이 헌법상의 권한을 구체화한 것이라고 볼 수 있는 하위 법령에 따른 권한을 행사하는 것이 대통령의 국법상의 행위 가운데서 협의의 직무행위에 해당한다.

그런데 이러한 협의의 직무행위는 국무회의의 심의를 거쳐 국무총리와 관계 국무위원이 부서한 문서에 대통령이 서명하고 관보에 게재함으로써 유효한 국법행위로 성립함과 동시에 효력이 발생한다. 물론 법률과 하위법령의 경우 특별한 규정이 없는 한 20일이 경과되어야 효력이 발생하는 예외가 있을 뿐이다. 그리고 대통령의 협의의 직무행위는 유효한 국법행위로 성립되고 효력을 발휘해야 원칙적으로 그에 따른 책임이 부과됨은 물론이다.

다만 협의의 직무행위에 해당하는 사항의 경우 상당한 시간과 절차를 거쳐 성립되는 국법행위이기 때문에 사전절차가 불가피하고, 그 사전절차가 진행되는 동안에 찬반여론이 들끓게 되어 논란이 제기되며, 결국 유효한 국법행위로 성립되기 전부터 대통령에 대한 책임을 묻는 문제가 발생할 수도 있다. 그러나 그러한 책임추궁이 정치적 책임에 해당할 수는 있으나 법적 책임이 될 수 없음은 말할 필요도 없다. 법적 책임은 국법행위로서 성립되고 효력을 발한 이후가 아니면 묻을 수 없기 때문이다. 헌법상 명시적인 근거를 찾을 수 없었던 노무현대통령의 재신임 국민투표발언과 관련된 사건의 경우가 이에 해당한다.

(2) 기타의 職務行爲의 成立과 效力發生時期

헌법재판소가 판단한 것과 같이 광의의 직무행위에는 앞에서 지적한 협의의 직무행위를 제외한 기타의 직무행위가 포함되고 있다. 즉 헌법과 법령에 명시적으로 근거를 두고 있는 행위를 포함하여 대통령의 지위에서 국정수행과 관련하여 행하는 모든 행위가 대통령의 직무행위에 포함되기 때문이다. 따라서 기타의 직무행위란 광의의 직무행위 가운데서 협의의 직무행위인 국법상의 행위를 제외한 직무행위를 의미한다. 즉 헌법재판소가 제시한 예에 따르면 대통령의 기타의 직무행위에는 각종 단체·산업현장 등 방문행위, 준공식·공식만찬 등 각종 행사에 참석하는 행위, 대통령이 국민의 이해를 구하고 국가정책을 효율적으로 수행하기 위하여 방송에 출연하여 정부의 정책을 설명하는 행위, 기자회견에 응하는 행위 등이 이에 속한다.

그런데 협의의 직무행위와 달리 기타의 직무행위의 경우 그에 대한 법적 성격이 전혀 달라짐을 알 수 있다. 상기한 대통령의 기타의 직무행위를 살펴보면 대부분 사실행위와 즉석연설로서의 의사표시로 구성되고 있기 때문이다. 특히 여기서는 사실행위의 경우 문제가 될 여지가 거의 없으나, 대통령의 지위에서 국정수행의 일환으로 일정한 장소에서 발언을 하는 경우, 그 발언에 대한 법적 성격이 문제로 된다. 즉 협의의 직무행위의 경우 대통령의 최초의 의사표시와 직무행위의 성립까지의 시간적 여유가 있는 반면에 법적 효력은 즉시로 인정되는 것이지만, 기타의 직무행위는 최초의 의사표시와 함께 즉시로 성립됨과 동시에 법적 효력도 인정되어야 한다고 보기 때문에 차이가 있음을 알 수 있다. 노무현대통령에 대한 탄핵사건 등에서 제기된 대부분의 발언이 이에 해당한다.

(3) 大統領의 私的 行爲와 法的 效力

대통령과 같은 공인에게 있어서 과연 사적 영역이 존재하는가에 대하여 의문을 제기하는 사람도 있다. 아무리 사적인 모임에서 나온 발언이라고 하더라도 이미 외부로 알려진 이상 공적인 의미를 갖는다고 보기 때문이라는 것이다. 따라서 이러한 태도에 따르면 비록 가족모임 내지 부부간의 대화를 통하여 밝혀진 대통령의 심중이라 하더라도 외부로 밝혀지면 공적 발언과 같은 의미를 갖는다고 한다.

그러나 국민에 대하여 무한책임을 지는 대통령이라 하더라도 사적 발언의 존재 자체를 부인할 수 없다. 특히 우리나라를 비롯한 동양사회의 최고지도자의 경우와 서유럽의 최고지도자 사이에 사적 영역에 대한 인식의 차이가 있을 수 있지만, 사적 영역을 전혀 인정하지 않으려는 태도 자체는 인정하기 어렵다. 헌법 제17조의 사생활의 비밀과 자유가 비록 대통령의 경우 인정될 여지가 매우 좁다고 해석되더라도, 인간의 사적 영역을 전혀 인정하지 않는 것은 바람직하지 않다. 만약 사적 영역 자체가 인정될 수 없다고 인식하는 경우 대통령은 자신에 대해서 가해지는 심리적 압박 때문에 질식할 수도 있기 때문이다. 따라서 대통령의 사적 행위는 인정될 뿐만 아니라 가능한 존중되어야 한다.

이에 대하여 대통령의 선거중립의무 준수요청사건에서 헌법재판소는 지금까지 거론되던 대통령의 사적 영역을 넓게 인정하였다고 할 수 있다. 과거 대통령이 가까운 친지를 불러 담화를 하는 경우까지도 대통령의 여론탐색행위로 보아 단순한 대통령의 사적 행위로 평가하기 어렵다는 주장이 설득력 있게 주장된바 있으나, 헌법재판소는 참정포럼과 원광대 박사학위 수여식에서 행한 정치적 발언까지도 사실상 사적 행위로 판단했기 때문이다.[336] 그러나 소수의견의 주장과 같이 공·사의 영역 구분이 힘든 대통령의 지위의 특성에 비추어 강연의 대상이 특정단체의 회원들에 국한된 행사라 하더라도 언론을 통하여 모든 국민들에게 보도되고 공개되는 것을 고려한다면 현직 대통령의 발언으로 이해될 것이라는 점이 이미 예정되어 있기 때문에 대통령 개인의 사적인 발언이라거나 대통령으로서의 직무영역과 무관하다고 볼 수 없는 부분이 있다.[337]

결국 대통령의 사생활 영역, 즉 부부간의 대화는 물론이고 가족모임에서 나눈 발언은 당연히 사적 행위로 평가받아야 마땅하다. 또한 여론청취를 위하여 친지를 청와대로 불러 자신의 입장을 밝히고 견해를 묻는 등의 대화과정에서 나온 발언 등은 비록 그것이 외부로 알려진 경우라도 사적 행위로 받아들여져야 한다. 그러나 대통령 개인의 지지모임이라 하더라도 대통령이 외부의 공개석상에서 발언한 것이라면 이미 사적 영역을 벗어나 공적 행위로 평가되어야 한다고 본다. 따라서 대통령의 발언 가운데는 사적 행위로 평가되어야 할 부분이 있는 것은 분명하지만, 그 사적 행위의 범위에 대해서는 헌법재판소의 다수의견보다는 좁게 이해되어야 할 것으로 본다.

---

336) 헌재결 2008. 1. 17, 2007헌마700, 헌재공보 제136호, 9/35면.

337) 헌재결 2008. 1. 17, 2007헌마700, 헌재공보 제136호, 23/35면.

3. 大統領의 國法上 行爲의 類型에 따른 責任

대통령의 국법상 행위에 대한 책임은 헌법 제65조 제1항에 따른 '탄핵책임'과 제84조의 '형사상의 특권'으로 요약된다. 그리고 헌법이 명시적으로 규정한 그 책임의 경우도 매우 제한적인 것이기 때문에 대부분의 국법상의 행위에 대해서 대통령이 구체적으로 어떤 책임을 질 것인가의 문제가 제기된다. 예컨대 '형사상의 특권'은 재직중에만 인정되는 것이어서 재직후에 책임을 묻을 수 있기 때문에 문제가 없지만, '탄핵책임'의 사유가 되는 '헌법과 법률을 위배'한 경우가 어떤 것인가를 제시하기는 쉽지 않다.[338] 뿐만 아니라 대통령의 국법상 행위에 대하여 문제점이 발견되는 경우에도 정상적인 국가기능이 작동되는 한 타국가기관의 견제와 통제를 받아 시정되는 것으로 그칠 뿐 법적 책임을 져야 할 문제는 발생하지 않는다고 보는 점에서 문제점이 제기된다. 따라서 여기서는 우리 헌법이 대통령제 정부형태를 채택한 결과 정치적 책임을 고려하고 있지 않기 때문에 대통령이 직무행위와 관련하여 법적 책임을 질 수 있는가를 살펴보기로 한다. 또한 재직중의 대통령을 전제하기 때문에 형사책임의 경우는 배제되고 주로 탄핵책임을 대상으로 논의한다.

(1) 大統領의 國法上 行爲인 狹義의 職務行爲와 法的 責任

우리 헌법재판소가 결정한 것처럼 탄핵사유를 중대한 헌법과 법률위배의 경우로 볼 경우, 대통령의 국법상 행위 가운데서 협의의 직무행위는 그 직무행위의 성립 자체로서 헌법과 법률을 위배한 것으로 판단하기 어렵다. 대부분의 대통령의 협의의 직무행위는 성립과 동시에 최종적 국가의사로 결정되어 효력을 발하는 것이 아니고 다른 헌법기관의 견제와 통제를 받은 이후에야 비로소 최종적 국가의사로 되는 경우가 많기 때문이다. 예컨대 대통령의 협의의 직무행의의 내용이 입법에 관한 것일 경우가 대표적인 것인데, 그 경우 대통령의 직무행위는 국회에서의 입법과정에서 위헌성이 걸러질 것이고 법률에 대한 위헌성의 책임은 오히려 국회가 지게 된다. 특히 그 법률이 헌법재판소에 의한

338) 미국의 경우 대통령에 대한 형사상의 특권이 없음과 동시에 연방헌법 제2조 제4절에서 반역죄, 수뢰죄 및 기타 중대한 범죄와 비리(경죄)를 탄핵사유로 하고 있다.

위헌결정을 받은 경우에도 대통령의 책임은 인정될 여지가 없다. 대통령의 직무행위 가운데서 국회의 동의와 승인을 받아야 하는 모든 협의의 직무행위가 이에 속한다고 할 수 있다. 따라서 다른 헌법기관의 견제와 통제를 받아 최종적 국가의사로 결정되는 대통령의 직무행위는 그 형식과 절차를 거치는 한 대통령에 대하여 법적 책임을 물을 수 없다.

그런데 대통령의 협의의 직무행위 가운데서도 일반적 정책집행에 관한 경우 달리 평가되어야 한다. 먼저 앞에서 살펴본 절차와 형식을 갖추지 못한 상태로 대통령의 직무행위가 성립된 경우라면, 그 대통령의 직무행위는 법적 효력을 인정받지 못하는 것으로서 무효로 처리되어야 한다.[339] 따라서 이 경우 대통령에 대하여 무효인 법률행위를 행했다는 것을 이유로 별도로 법적 책임을 지우기는 어렵다. 한편 대통령의 직무행위가 유효한 성립 및 효력절차를 거쳐 행해졌지만 그 직무행위의 내용에 문제가 있다면, 이 경우 대통령의 직무행위는 사법부와 헌법재판소에 의한 통제의 대상이 될 뿐 별도의 책임이 발생하지 않는다. 만약 법원이나 헌법재판소에 의하여 대통령의 직무행위가 위헌 내지 위법한 것으로 판단되는 경우에도 그 직무행위가 취소되거나 무효로 될 뿐 대통령에 대한 법적 책임으로 전환되지 않는다.[340]

결국 이것은 대통령의 국법상 행위 가운데서 협의의 직무행위에 대해서는 '탄핵책임'을 포함하여 법적 책임을 묻을 수 없는 본질적 한계가 있음을 의미한다. 대통령의 국법상 행위가 위헌 · 위법한 행위로 나아가지 않도록 권력분립원리와 헌법재판제도가 도입되어 운영되고 있다는 자체가 그것을 증명한다. 즉 대통령의 국법상 행위가 위헌임에도 불구하고 국회나 법원 및 헌법재판소에 의하여 통제되지 않은 경우 그 국법행위에 대하여 대통령에 대해서만 법적 책임을 묻는다는 것은 있을 수 없기 때문이다. 역으로 이것은 사실상 대통령으로 하여금 대부분의 국법상 행위에 대하여 법적 관점에서 '무책임의 지위'에 있게 된다는 것을 의미한다. 위헌적 입법정책 내지 정책집행을 추진했더라

339) 허영, 한국헌법론, 박영사, 2008, 969면. 이와 반대로 부서가 없는 대통령의 국법행위는 유효요건을 갖추지 못한 것이 아니라 적법요건을 갖추지 못한 것이기 때문에 당연히 무효가 되는 것이 아니고 위법행위가 되는 것에 지나지 않기 때문에 탄핵소추의 대상이 된다고 하는 견해가 있다. 권영성, 헌법학원론, 2007, 1005면.

340) 권영성, 헌법학원론, 2007, 1007면.

도 타헌법기관에 의해 그것이 입증되어 무효화되면 그뿐이지 대통령이 법적으로 책임질 이유는 없다는 것이다. 따라서 우리 헌법상 대통령의 국법상 행위가 정상적으로 이루어지는 경우 대통령에 대한 법적 책임은 발생하지 않는다는 것을 의미한다. 즉 권력분립원리 및 헌법재판제도 등의 국가의 구성원리에 따를 경우 대통령의 협의의 직무행위에 대하여 법적 책임을 추궁한다는 것은 사실상 의미가 없음을 의미한다.

다만 대통령제 정부형태와 관련된 국가의사결정시스템이 위와 같다고 하더라도 대통령의 경우 완전히 무책임의 지위에 있다고 할 수 없다. 대통령의 협의의 직무행위에 대한 위헌성과 위법성이 다른 헌법기관에 의하여 제기되어 무효화된 정책을 대통령이 고집하고 집행을 강행하는 것까지 허용되는 것은 아니기 때문이다. 대통령이 권한을 남용 내지 악용하여 헌법침해 내지 법률위반의 문제가 발생한다는 논리의 대부분은 이에 해당한다고 볼 수 있다. 따라서 대통령의 직무행위에 대한 다른 헌법기관의 판단을 존중하지 않고 그에 반하는 행위를 하는 경우는 법적 책임을 면할 수 없는 헌법과 법률에 위배되는 행위가 된다고 보아야 한다. 노무현대통령이 선거관리위원회의 경고를 무시하고 현행 선거법을 폄하하는 발언을 한 것, 국무총리서리임명이 위헌적인 것으로 평가된 오늘날 국무총리서리임명을 강행하는 경우 등 극히 예외적인 경우가 법치국가의 정신에 반하는 것이자 헌법을 수호할 의무를 위반한 대통령의 직무행위라고 보아야 한다.

(2) 大統領의 國法上 行爲인 기타의 職務行爲와 法的 責任

대통령의 국법상 행위 가운데서 기타의 직무행위의 경우 협의의 직무행위와 그 책임에 대한 평가가 달라질 수 있다. 협의의 직무행위와 달리 기타의 직무행위의 경우 그에 대한 법적 성격이 전혀 다르기 때문이다. 기타의 직무행위의 경우에도 대부분 대통령의 지위에서 국정수행의 일환으로 일정한 장소에서 행하는 발언이고, 대통령의 지위에서 행한 발언은 국가기관의 의사표시로서 일정한 법적 효력이 인정되어야 한다고 보기 때문이다. 특히 협의의 직무행위의 경우 대통령의 최초의 의사표시와 직무행위의 성립까지의 시간적 여유가 있는 반면에 법적 효력은 즉시로 인정되는 것이지만, 기타의 직무행위는 최초의 의사표시와 함께 즉시로 성립됨과 동시에 법적 효력도 인정되어야 한다고 보기 때문에 차이가 있음을 알 수 있다. 따라서 대통령의 기타의 직무행위와 관련된 발언이 헌법과 법률에 위배되는 경우 법적 책임이 어떻게 인정되어야 할 것인가의 문제가 제기된다. 즉 협의의 직무행위로 구체화하기 전단계에서 앞으로의 정책방향을 제시하는 준비행위와 구체적인 정책방향과 관계없이 대통령으로서 정치적 전망 내지 미래의 정책방향을 제시하는 발언의 경우 그 법적 책임이 어떠한가의 문제가 제기된다. 이에 대해서는 다음의 헌법재판소의 결정에 대한 평석을 통하여 의미를 살펴보기로 한다.

IV. 大統領의 國法上 行爲의 類型과 責任에 대한 憲裁決定의 評釋

1. 大統領의 國法上의 行爲의 類型에 따른 性格上의 차이를 인정

(1) 大統領의 國法上 行爲와 私的 行爲를 구별

무엇보다도 헌법재판소는 대통령의 선거중립의무 준수요청사건을 통하여 대통령의 국법상의 행위와 사적 행위가 존재함을 인정한 점에서 큰 의미를 찾을 수 있다. 즉 대통령의 행위를 공적 행위와 사적 행위를 구별하기 어렵다는 점을 인정하면서도 헌법소원의 청구인적격을 인정함으로써 사적 영역이 있음을 밝혔다. 특히 지금까지 일반적으로 대통령의 발언을 중심으로 하여 공적 영역에 속한 발언으로 인식하던 분야에 대하여 정당인으로서의 대통령의 지위를 감안하여 사적 영역을 폭넓게 인정한 점에서 진전된 경향을 보이고 있다. 그리고 비록 탄핵사건 이후 대통령의 공직선거법상의 선거중립의무규정에 대하여 헌법재판소가 이 사건에서도 계속하여 합헌의견을 내고 있지만, 대통령이 사적인 성격의 자리에서 정당인으로서의 정치적 의견을 표시하는 것이 인정된 이상 앞으로 대통령의 선거중립의무규정은 실효성이 없어질 가능성이 크다. 이미 필자도 탄핵심판사건에 대한 논문에서 밝혔지만,[341] 소수의견에서는 대통령은 공직선거법 제9조 제1항의 수범자가 아니라는 주장이 제기되고 있는 것이 그것이다.[342] 따라서 대통령의 발언 때문에 제기되는 대통령의 책임은 그만큼 줄어들 것이라고 본다.

(2) 狹義의 職務行爲와 기타의 職務行爲를 구별

헌법재판소는 탄핵심판사건을 통하여 대통령의 모든 국법상 행위 가운데서 협의의 직무행위와 기타의 직무행위를 사실상 구별하였다. 헌법 제82조가 요구하는 협의의 직무행위 외에도 그 협의의 직무행위에 부수되는 기타의 직무행위가 있음을 지적했다. 예컨대 대통령의 기타의 직무행위에는 각종 단체·산업현장 등 방문행위, 준공식·공식만찬 등 각종 행사에 참석하는 행위, 대통령이 국민의 이해를 구하고 국가정책을 효율적으로 수행하기 위하여 방송에 출현하여 정부의 정책을 설명하는 행위, 기자회견에 응하는 행위 등이 이에 속한다.

(3) 國法上 行爲의 類型에 따른 成立時期의 차이점 제시

헌법재판소는 기타의 직무행위에 대해서는 대통령의 발언과 동시에 성립되기 때문에 의문을 제기하고 있지 않으나, 재신임 국민투표사건에서는 협의의 직무행위의 경우 성립시기가 문제가 됨을 지적하고 있다. 즉 대통령의 국법상 행위의 성립시기 내지 공권력행사의 유무에 대하여 다수의견과 소수의견이 분명하게 엇갈리고 있음을 알 수 있다. 다수의견은 대통령의 재신임 국민투표실시에 관한 발언은 정치적 제안을 하거나 미확정 사항에 대한 일종의 준비행위에 불과하여 언제든지 그 계획이 변경되고 폐기될 수 있는 것이기 때문에 이 정도의 발언만으로는 국민투표의 실시에 관하여 법적인 구속력이 있는 결정이나 조치를 취한 것이라고 할 수 없다고 보았다. 반면에 소수의견은 피청구인의 공표행위에 대하여 전체로서 하나의 공권력 행사에 해당하는 일련의 포괄적 절차에 해당하며, 국민투표실시라는 커다란 공적 절차의 도입부를 구성하

341) 이승우, "노무현대통령에 대한 탄핵소추의결과 쟁점분석", 24면 이하.

342) 헌재결 2008. 1. 17, 2007헌마700, 헌재공보 제136호, 24/35.

는 준비절차이고, 이 준비절차가 없이는 국민투표라는 하나의 절차가 시작될 수 없는 것이므로, 이 사건에서처럼 국민투표실시에 대한 진지성이 인정되는 한도 내에서 헌법소원의 대상이 되는 공권력의 행사에 해당한다고 보았다.

결국 헌법재판소의 다수의견과 소수의견은 대통령의 국법상의 행위 가운데서 이 사건은 협의의 직무행위와 관련된 사건임을 인정하면서 이러한 직무행위는 유효하게 성립되기 위하여 헌법이 예정하고 있는 공식적 절차와 형식이 있음을 전제하고 있다. 또한 이 사건에서의 대통령의 발언은 협의의 직무행위에 속하는 국법행위가 진행되는 과정에서 공식적 절차에 들어가기 전단계의 준비절차에 해당함에 대하여 이론이 없다. 다만 그 공식적 절차를 위한 준비단계에 있는 대통령의 의사결정과정에 대하여 법적 책임을 물을 수 있는가를 놓고 다수의견과 소수의견의 대립이 있었다. 그리고 탄핵사건에서는 이 문제가 소수의견과 같이 헌법위반으로 결론이 내려졌으나, 그 헌법위반은 대통령에 대한 탄핵책임을 묻을 정도로 중대한 헌법위반이 아니란 결론이 내려졌다.

2. 狹義의 職務行爲에 있어서 非公式的 準備行爲의 重要性에 대한 評價

헌법재판소의 다수의견과 같이 대통령의 협의의 직무행위의 경우 국무회의의 심의를 거쳐 부서가 있는 문서로 행해질 때 국법행위가 성립된다고 하는 원칙에 대해서는 이론이 있을 수 없다. 그러나 소수의견이 지적한 것과 같이 어차피 대통령의 협의의 직무행위의 경우 상당한 준비기간을 거쳐 국법행위가 이루어질 수밖에 없고, 그 준비행위가 공식적 협의의 직무행위와 불가결하게 연계되어 하나의 실체를 이루는 것을 고려한다면, 그 준비행위에 대하여 법적 효력을 인정하지 않는 것은 문제가 있다고 본다. 2007년 초에 노무현대통령이 제기한 One-Point 개헌주장에 따라 여러 행정부처가 많은 예산을 허비하면서 개헌의 필요성을 알리며 여론을 유도하려 하였던 것을 고려하면 더욱 그렇다. 개헌의 경우 대통령에 의한 공식적 발의가 있어야 공식적 국법행위가 됨에 비추어, 공식적 발의가 있기 이전의 사전준비행위에 따른 여론탐색과정에서 국론분열은 물론이고 국가적 손실이 매우 크게 나타났던 것을 고려하지 않을 수 없다. 따라서 대통령의 직무행위는 비록 협의의 직무행위라 하더라도 추진여부에 대한 공식적 의사표시가 있는 한 국법행위로 성립된 것으로 평가할 필요가 있다.

그런데 여기서 주목해야 할 사항은 이 사건의 사전준비행위가 단순히 가능성을 타진하는 것에 불과한 것인가 아니면 국민투표실시를 위한 명백한 의사표시인가의 여부가 문제로 된다. 만약 헌법상 주어진 권한행사와 관련하여 대통령이 그 권한행사의 해당여부에 대한 가능성을 내부적으로 타진하고 있는 것이 언론에 포착된 것이라면 대통령의 직무행위가 성립되는 것이 아니라고 할 수 있다. 그러나 대통령의 명백한 의사표시가 있고 국민들이 그것을 신뢰할 수밖에 없는 것이라면 사정은 달라진다. 법치주의원리의 핵심내용의 하나인 신뢰보호의 원칙에 비추어 국민들은 대통령의 명백한 의사표시에 근거하여 법적 대응을 하는 것이 당연하기 때문이다.

결국 대통령의 협의의 직무행위의 경우 사전준비절차 없이 행해질 수 있는 국법행위는 하나도 없다. 재신임 국민투표의 경우도 예외는 아니다. 특히 헌법개정의 방법과 절차의 문제에 있어서도 헌법개정의 내용에 대한 논의와 의견수렴이 이 비공식적 사전준비절차에서만 이루어지고, 헌법개정이 공식절차로 넘어가면 찬반 여부를 제외한 실질적인 내용심사가 불가능하다는 점을 주목해야 한다.[343] 따라서 헌법상의 명문규정이 있는가의 여부를 떠나 대통령의 협의의 직무행위에 필수적으로 전제되는 사전준비행위에 대해서도 법적 효력을 인정할 필요가 있다. 그것은 다음과 같은 2가지 이유에서도 찾을 수 있는데, 헌법재판소는 이 문제점을 고려하지 않았다.

(1) 大統領은 有權的 憲法解釋權限을 가진 점을 고려하지 않은 문제점

대통령을 정점으로 하는 행정부는 헌법해석에 관한 권한을 가지고 있다는 점에서도 이 사건에서의 대통령의 발언은 법적 효력을 가져야 한다. 재신임 국민투표사건에서 다수의견은 '제가 결정할 수 있는 일은 아닙니다만'이라고

343) 이승우, 헌법학, 두남, 2009, 70면.

한 발언 부분이나 '법리상 논쟁이 없는 것은 아니지만 정치적 합의가 이루어지면'이라고 한 대통령의 발언을 전제로 단순한 준비행위에 불과하다고 판단하며 법적 효력을 부인하고 있다. 그러나 대통령을 정점으로 하는 행정부는 최종적인 유권해석기관이 아닐 뿐 헌법에 대한 유권해석과 함께 헌법을 집행할 권한을 가지고 있는 헌법기관이라는 점을 헌법재판소의 다수의견은 물론이고 소수의견도 간과하고 있다. 대통령은 타헌법기관의 권고안을 바탕으로 헌법을 해석하고 집행하는 기관이 아니다. 최종적 헌법해석기관인 헌법재판소의 경우도 소송제기를 전제로 소극적으로 헌법해석을 하는 것이지 헌법해석에 대한 자문과 권고를 하는 기관이 아니다. 따라서 헌법규범을 해석하고 집행하는 대통령의 입장에서 재신임 국민투표의 가능성에 대한 판단을 타헌법기관의 책임으로 떠넘기며 국정을 운영할 수 없다는 점에서 대통령의 발언은 구속력 있는 유효한 사전준비행위로 평가하였어야 한다.

(2) 大統領의 違憲的 事前準備行爲의 再發可能性에 따른 現在關聯性의 문제점

재신임 국민투표사건에서 핵심쟁점이 대통령의 협의의 직무행위와 관련하여 비공식적 사전준비행위에 대하여 법적 효력을 인정할 것인가의 문제라고 본다면, 그리고 비공식적 사전준비행위로 그치고 공식적 직무행위로 넘어가지 않았지만 추후에 또다시 제기될 수 있는 문제라면, 헌법재판소의 각하결정은 달라졌어야 한다. 소수의견이 주장하는 것처럼 "신임국민투표의 실시여부가 불확실한 상태에서 청구인의 기본권이 현재 침해되고 있지 않으므로 청구인들의 심판청구가 부적법하다고 주장하지만, 기본권침해 자체는 비록 장래에 발생하더라도 그 침해의 발생이 현재 확실히 예측된다면 기본권구제의 실효성을 위하여 침해의 현재성을 인정할 수 있다는 것이 헌법재판소의 확립된 판례인바(헌재결 1992. 10. 1, 92헌마62등, 4, 659; 1996. 8. 29, 95헌마108, 8-2, 167, 175), 위에서 본 바와 같이 신임국민투표 실시를 향한 피청구인의 의지가 객관적으로 표출되었고, 이로써 국민투표가 실시되어 청구인들의 국민투표권이 침해될 개연성이 대단히 농후하게 되었다 할 것이므로 기본권침해의 '현재관련성'을 인정할 수 있다"는 주장을 인정하지 않을 수 없다.[344] 더군다나 헌법적 쟁점이 '피청구인이 자신에 대한 국민의 신임여부를 국민투표에 붙이는 행위가 위헌인지'의 여부이고, 또한 '피청구인이 국민에게 그 신임을 묻는 신임투표를 실시할 헌법상 권한을 가지는가'의 문제이기 때문에 객관소송으로서의 측면이 강하게 내포된 사건이어서 더욱 그렇다. 즉 헌법기관의 특정한 권한의 존부에 대한 의심이 가는 문제였기 때문에 헌법재판소는 본안판단을 했어야 한다. 이점이 탄핵사건에서 명백히 위헌이란 평가가 이루어지게 되었다는 것은 시사하는 바가 크다.

3. 기타의 職務行爲에 대한 類型과 責任에 대한 評價의 問題點

결국 탄핵사건에서 대통령의 발언과 관련된 많은 탄핵사유가 제기되었지만, 헌법재판소는 선거가 임박한 시점에 기자회견을 통하여 특정정당을 지지하는 발언을 한 것이 공직선거법 제9조의 공무원의 중립의무를 위반한 것이고, 그리고 중앙선관위의 선거법위반 결정에 대한 발언 및 재신임 국민투표발언이 대통령의 헌법수호의무를 위반했다는 것으로 요약된다. 또한 헌법재판소는 탄핵사건을 통하여 대통령의 기타의 직무행위는 2가지로 구별되는데, 대통령의 발언 가운데는 헌법이나 법률에 위반되어 법적 책임을 져야 하는 경우도 있지만, 발언의 내용이 헌법상 보장되는 정치적 의견표명에 그치는 경우는 법적 책임이 뒤따르지 않는다는 판단을 하고 있다. 여기서는 다음의 2가지 관점에서의 문제점을 지적할 수 있다.

(1) 기타의 職務行爲를 2가지 類型으로 區分하는 基準의 問題點

헌법재판소는 탄핵사건에서 대통령의 기타의 직무행위에 해당하는 발언들을 2가지로 구분하면서도 어떤 기준에 의해 법적 책임 유무가 결정될 것인지를 분명하게 제시하지 않고 있다. 즉 헌법과 법률에 위반되는 행위에 대해서는 법적 책임이 뒤따르지만 헌법상 보장되는 정치적 의견표명은 법적 책임이 뒤따르지 않는 것으로 평가하면서도 그 구별기준에 대한 명백한 근거제시가 없다. 더군다나 헌법재판소가 "정치활동과 정당활동을 할 수 있는 대통령에게

---

344) 헌재결 2003. 11. 27, 2003헌마694등 병합, 헌재판 15-2(하), 350(360).

헌법적으로 허용되는 '정치적 의견표명'과 허용되지 않는 '선거에서의 중립의무 위반행위' 사이의 경계가 불분명하며, 종래 '어떠한 경우에 선거에서 대통령에게 허용되는 정치적 활동의 한계를 넘은 것인지'에 관한 명확한 법적 해명이 이루어지지 않은 점 등을 감안한다면, 자유민주적 기본질서를 구성하는 '의회제'나 '선거제도'에 대한 적극적인 위반행위에 해당한다고 할 수 없다"고 판단한 점에서도 구별기준이 모호해지고 있다.[345]

물론 대통령의 발언이 공직선거법 제60조의 공무원의 선거운동금지의 위반 여부를 판단하면서, 그 구별기준은 특히 선거운동과 관련하여 "구체적 행위의 태양, 즉 발언의 시기, 내용, 장소, 상황 등을 종합적으로 고려하여야 하며, 무엇보다도 '기자회견 등의 기회를 이용하여 선거운동을 하고자 하는 상당한 정도의 목적의지가 인정될 수 있는지'의 여부를 개별적으로 판단해야 한다. 여기서 발언의 능동성 및 계획성은 '목적의지'를 인식하는 중요한 기준으로 작용한다"고 하였지만,[346] 이것으로서 대통령의 발언에 대한 헌법과 법률의 위반 여부를 평가할 수 있는 일반기준이 된다고 볼 수 없는 점에서 문제는 남는다. 뿐만 아니라 '선거에서의 중립의무'의 위반 여부에 대한 최종적 판단에서 헌법재판소가 "위반행위가 국가조직을 이용하여 관권개입을 시도하는 등 적극적·능동적·계획적으로 이루어진 것이 아니라, 기자회견에서 기자들의 질문에 응하여 자신의 정치적 소신이나 정책구상을 밝히는 과정에서 답변의 형식으로 소극적·수동적·부수적으로 이루어진 점"을 살펴볼 때,[347] 대통령의 발언은 "헌법질서 내지 자유민주적 기본질서에 역행하고자 하는 적극적인 의사를 가지고 있다거나 법치국가원리를 근본적으로 문제 삼는 중대한 위반행위라 할 수 없다"고 판단한 것을 보면 더욱 그렇다.[348]

생각건대 기타의 직무행위에 해당하는 대통령의 발언은 공직선거법 제9조의 정치적 중립성에 관한 문제로 그치지 않는다. 예컨대 대통령의 취임사를 비롯하여 연두회견 등을 보면 전반적인 국정운영의 방향은 물론이고 때에 따

345) 헌재결 2004. 5. 14, 2004헌나1, 헌재판 16-1, 609(657).
346) 헌재결 2004. 5. 14, 2004헌나1, 헌재판 16-1, 609(642).
347) 헌재결 2004. 5. 14, 2004헌나1, 헌재판 16-1, 609(657).
348) 헌재결 2004. 5. 14, 2004헌나1, 헌재판 16-1, 609(658).

라서는 구체적 정책방향까지 약속하는 중요한 발언이 행해진다. 그리고 이러한 국정운영의 방향과 관련된 것은 구체적 정책으로 입안되거나 법령집행과정에서 실천될 것이기 때문에 협의의 직무행위로 구체화될 것이다. 그러나 대통령의 그 발언이 실천에 옮겨지지 않는 경우에 그 발언에 대하여 법적 구속력이 있는 발언으로 보아야 하는지는 의문이다. 그 발언은 대통령의 의사표시 가운데서 가장 중요한 것으로 평가되지만 법적 구속력 있는 효과의사로 평가되기 어렵다는 것이다. 만약 반대의 해석이 가능하다면 정치적 중립성과 관련된 단순한 정치적 의견표명이 아닌 한,[349] 대통령의 모든 발언은 법적 효력이 인정되어야 할 것이기 때문에 완전히 국가의사로 확정된 것이 아니면 입도 뻥긋할 수 없게 될 것이다. 따라서 공직선거법상의 정치적 중립의무와 관련된 발언은 물론이고 대통령의 기타의 직무행위에 대하여 법적 책임을 요구하는 것은 무리가 있다. 이것은 헌법재판소의 견해와 달리 단순한 정치적 의견표명은 물론이고 국정운영의 방향과 정책의 전환에 이르기까지 모든 대통령의 발언은 법적 책임을 지울 수 없는 것임을 의미한다.

결국 우리 헌법질서 내에서 국민주권원리는 물론이고 국가의 구성원리, 즉 권력분립원리 및 헌법재판제도에 따를 경우, 대통령의 협의의 직무행위에 대한 법적 책임을 추궁한다는 것은 사실상 어렵다는 것을 알았음은 물론이고 기타의 직무행위는 더더욱 그렇다는 것을 알 수 있다. 즉 기타의 직무행위의 경우 법적 효력이 인정되어야 함은 분명한데, 대통령에 대하여 어떤 책임을 물을 수 있을 것인지 판단하기 어렵다. 특히 이것은 기타의 직무행위의 경우 대통령에 대한 법적 책임은 의미가 없기 때문에 정치적 책임추궁의 방법으로 제도 자체가 선회되어야 함을 의미한다. 즉 대통령의 기타의 직무행위와 관련하여 책임징치를 구현함에 있어서 현재의 탄핵제도를 통해서는 해결하기 어렵기 때문에 탄핵사유를 보다 구체화하고 폭넓게 인정하지 않으면 실효성이 없음을 알 수 있다. 또한 책임정치를 구현하기 위하여 정치적 책임추궁의 방법을 강구할 수 있으나, 대통령제 정부형태가 가지는 제도의 본질에 비추어 정치적 책임추궁의 방법이 도입되기 어려운 문제점이 있음을 지적하지 않을 수 없다.

349) 공직선거법 제9조의 위헌성과 그 한정의 필요성에 대해서는 다음 논문을 참조바람. 이승우, "대통령 탄핵소추에 관한 토론", 인권과 정의(2004. 5), 24면 이하.

만약 대통령제 정부형태의 본질상 대통령에 대하여 정치적 책임을 물을 수 없는 것이라면, 그리고 탄핵제도를 개선하여 무책임한 대통령을 견제하도록 하지 못한다면, 우리는 무책임한 발언과 정책을 남발하는 대통령을 임기동안 그대로 보고 있어야 할 것이다.[350)]

(2) 大統領의 義務違反을 法的 責任으로 간주하는 問題點

헌법재판소의 견해처럼 기타의 직무행위와 관련하여 대통령의 선거중립의무위반의 경우와 같이 대통령의 의무위반을 인정하는 경우에도 처벌규정이 없는 의무위반의 경우 어떤 책임을 져야 하는 것인가의 문제가 제기된다. 즉 정치적 책임을 져야 한다는 것은 말할 필요도 없지만, 일반국민의 경우 처벌을 받지 않음에도 불구하고 대통령에 대해서만 법적 책임을 지울 수 있는지가 문제로 된다. 특히 헌법위반의 경우 매우 포괄적인 헌법해석을 전제하는 것이기 때문에 항상 논란을 통하여 정리되는 점에서 헌법해석과 관련된 대통령의 발언에 대해서 곧바로 법적 책임을 물을 수 있는지 의문이다.

V. 結論

대통령의 모든 국법상 행위는 아주 특별한 경우를 제외하고 법적 책임을 물을 수 없는 것으로 평가된다. 대통령의 국법상 직무행위가 탄핵심판의 사유에 해당하는 헌법과 법률에 위배되기 위해서는 탄핵심판사건에서 보여준 것과 달리 사소한 발언에 해당하는 기타의 직무행위에 의하지 않고서는 성립되기 어렵기 때문이다. 이것은 헌법재판소의 견해처럼 중대한 헌법과 법률의 위배가 있는 경우에 한하여 탄핵심판의 대상이 될 수 있다고 보는 한 탄핵심판제도는 무의미한 것임을 알 수 있기 때문이다. 따라서 노무현대통령 이후의 어느 대통령이든 무책임한 발언이 더욱 많아질 것으로 예상된다. 앞에서 살펴본 3가

350) 노무현대통령이 탄핵심판의 결과 자신의 발언이 문제가 되지 않음을 인식하고 원포인트 개헌주장에 이르기까지 기타의 직무행위와 관련된 발언을 남용하였음을 주목할 필요가 있다.

지 헌법재판소의 결정을 통하여 대통령은 정치적인 관점을 제외하고 법적 관점에서 사실상 무책임의 지위에 있다는 것을 확실하게 알게 되었기 때문이다.

지금까지 대통령제 정부형태는 가장 정치적인 헌법기관인 국회와 독립하여 주어진 임기동안 안정적인 국정운영을 목표로 하는 것이었고, 또한 정치적 책임을 피하는 대신 법적 책임을 지게 하는 책임정치구현의 방법으로 인식되었다. 그러나 대통령제 정부형태는 제도의 본질이 사실상 법적 책임을 물을 수 없는 제도임이 앞의 지적에서 밝혀졌고, 따라서 권위주의통치로 나아가지 않는 한 '대통령 무책임제'로 나아갈 수밖에 없는 것이 대통령제 정부형태이었음이 위 헌법재판소의 결정들을 통하여 드러나고 있다. 특히 책임정치의 문제가 임기를 마친 대통령에 대하여 선거를 통하여 신임과 책임을 묻는 것으로 만족할 수 없다는 국민적 공감대가 형성되어 가고 있는 점에서 의문이 제기된다. 대통령의 임기가 끝나지 않은 상태에서도 중대한 정책실패와 같은 실정을 통하여 대통령이 신임을 잃으면 책임을 질 것을 요구하고 있는 것이 오늘의 현실이다. 물론 이를 위하여 대통령을 대신하여 국무총리를 비롯한 국무위원들이 책임을 지도록 그들에 대한 해임제도가 마련되어 있지만, 과거와 달리 최고국정책임자의 직접적 책임을 요구하는 방향으로 국민의 의식이 바뀌고 있다. 따라서 권위주의통치를 종식시킨 공헌에도 불구하고 노무현대통령에 의하여 야기된 '대통령 무책임제'현상이라는 새로운 현상을 직시하고 그에 대한 대비책을 만들어나가야 할 때이다. 과거와 같은 권위주의통치로 되돌아갈 가능성이 희박해진 오늘날 이명박대통령의 경우도 이러한 현상과 무관할 수 없을 것이기 때문이다.

결국 현재와 같이 민주화된 자유민주주의국가에 있어서 가장 중요한 국가통치의 가치는 책임정치의 실현이라고 본다. 그런데 대통령제 정부형태는 정치적 책임이 아닌 법적 책임을 강조하며 나타난 정부형태임에도 불구하고 미국과 같이 중대한 범죄행위를 전제로 탄핵책임을 지우는 경우가 아닌 한 법적 책임을 질 수 없음이 밝혀졌다. 더군다나 중대한 정책실패로 인하여 국가가 위기에 봉착해 있음에도 불구하고 탄핵의 대상이 될 수 없다는 취지에서 대통령의 임기를 보장해주어야 하는 것은 책임정치의 구현과 거리가 멀다. 따라서 오늘날의 시각에서 책임정치의 구현이 무엇보다도 중요한 가치로 부각되고 있다면, 그리고 대통령제 정부형태가 책임정치의 구현에 문제점이 있음에도 불구하고 제도의 본질상 정치적 책임추궁의 방법을 도입하기가 어렵다고 본다면, 우리는 정부형태 자체의 전환, 즉 의원내각제 정부형태로의 전환까지도 고려할 때임을 인식해야 한다. 우리 헌정사의 발전된 모습에 비추어 실효성이 적은 법적 책임을 묻는 것보다 주어진 임기와 관계없이 정치적 책임을 묻는 것이 이미 국민의 정서에 맞는 책임정치의 구현방법이라고 보기 때문이다.

제 5 장

責任政治의 實現을 위한 政府形態로서의 議員內閣制

I. 序論

현행 헌법이 효력을 발한 이후 우리 헌정사는 두 가지 민주화의 꽃을 활짝 피우고 있다. 하나는 평화적인 수평적 정권교체의 정착이고, 다른 하나는 권위주의통치의 종식이다. 먼저 평화적 정권교체의 정착을 살펴볼 때, 1997년 대통령선거를 통한 우리 헌정사 최초의 여야간의 수평적 정권교체에 이어, 2007년의 여야간의 수평적 정권교체가 다시 이루어짐으로 인하여 보수정권-진보정권-보수정권으로의 평화적 정권교체가 정착되었다. 이에 대하여 우리 국민은 자부심을 가져야 하고, 헌정사적 의미를 되새기며 그 가치를 간직해야 한다.

그런데 여기서 살펴보려고 하는 것은 후자에 관한 것이다. 즉 노무현정권에서 시작된 권위주의통치의 종식이 민주화의 대명사로서 인식되면서도 우리 헌정사에 중대한 후유증을 남기고 있는 점이다. 즉 권위주의통치의 종식은 그 자체로 그치지 않고 대통령에 대한 권위를 무너뜨리면서 책임정치가 실종되게 하는 상황에 이르렀고, 재신임국민투표사태 및 최초의 대통령에 대한 탄핵사태를 거치면서 그 현상이 가속되고 있다. 그리고 그 책임정치의 실종현상은 노무현정권에 그치지 않고 출범한지 4개월이 안되는 이명박정권에서도 나타나고 있다. 즉 정권출범 초기부터 '고소영내각' 내지 '강부자내각' 등으로 상징되는 비난을 받더니, 한미간의 쇠고기수입협상에서 검역주권을 양보한 것 등으로 인한 촛불시위사태를 맞이하여 정권이 정당성의 위기를 맞고 있다. 이미 노무현정권에서 무너지기 시작한 대통령의 권위는 이명박대통령에 이르러 참담하게 되었고, 남은 임기 대부분인 4년 8개월을 극심한 '신뢰의 위기' 내지 '정당성의 위기'로 인하여 식물대통령으로 버텨야 하지 않을까 우려하는 목소리가 벌써부터 나오고 있다. 그야말로 권위주의통치의 종식이 책임정치의 실종이라는 후유증으로 계속 나타나고 있는 것이다.

아무튼 권위주의통치의 종식과 함께 초래되기 시작한 책임정치의 실종은 우리 국가의 장래에 대하여 심각한 우려를 낳게 한다. 국민의 절대적 신임을 바탕으로 강력한 리더십을 발휘하여 국가의 발전과 성장을 주도하도록 책임정치를 요구하고 있는 대통령제 하에서, 국가의 최고지도자인 대통령이 국민의 신임을 잃음으로 인하여 국가발전을 위한 개혁과 비전을 제시하지 못하고 있으며, 시대의 요청에 따른 개혁조치는 고사하고 현실에 안주하는 안일한 국정운영으로 귀결될 것으로 예상되기 때문이다. 발전과 성장을 전제하지 않은 국가나 사회는 그 자체가 퇴보를 의미하는 점에서 심각한 문제가 아닐 수 없다.

따라서 국민의 절대적 신임을 바탕으로 하는 책임정치의 구현이야말로 현재 대한민국이 당면한 가장 중요한 문제라고 판단하여 책임정치의 실현을 위한 다방면의 문제를 고찰하고자 한다. 특히 책임정치의 본질을 먼저 살펴보고, 현재 시행되고 있는 책임정치를 위한 실현형태를 다각도로 검토한 후, 책임정치의 실현에 가장 중요한 정부형태의 문제를 책임정치의 관점에서 살펴보려고 한다. 그리고 책임정치의 실현에 가장 적합한 정부형태는 의원내각제라고 보고, 의원내각제로의 전환이 이루어질 경우에 대비하여 여러 우려되는 사항을 현재의 시점에서 평가하여 결론으로 삼고자 한다.

II. 責任政治의 本質

책임정치의 본질은 국민주권이념을 실현하기 위한 민주주의원리와 관련된다. 그리고 책임정치의 본질은 민주주의원리의 실현형태 가운데서도 직접민주주의가 아닌 대의민주주의를 전제하는 것으로서 대의제원리의 본질에서 그 의미가 찾아져야 한다. 만약 국민주권이념을 실현하기 위한 실현형태로 직접민주주의를 택하고 있다면, 그것은 국민의 자기지배를 의미하기 때문에 책임정치라는 용어 자체가 불필요하다. 책임정치는 주권자인 국민을 대신하여 국가권력을 담당하고 있는 통치권자가 주권자인 국민의 신임을 계속적으로 받을 수 있는가를 평가하는 문제이기 때문이다. 즉 책임정치의 본질은 국가권력의 담당자, 그 중에서도 집행권을 담당하는 집행부가 헌법이나 법률에 위반되는 행위를 하거나 실정을 한 경우에 책임을 지고 그 직에서 사임하게 하는 정치방식과 관련된다.[351] 따라서 책임정치의 본질을 보다 자세하게 이해하기 위해서는 대의제원리를 비롯한 다음과 같은 제도와의 관계를 통하여 살펴보는 것이 중요하다.

1. 責任政治와 代議制原理의 關係

책임정치는 국민주권이념의 실현원리인 민주주의원리의 구체적 실현형태로서의 대의제원리를 실현하는 과정에서 논의되는 문제이다.[352] 특히 대의제원리가 주권자인 국민의 '국가기관 구성권'과 대의기관의 '국가정책 결정권'을 분리하는 것을 전제로 하고, 또한 대의기관이 '국가정책 결정권'을 행사하는 과정에서 국민과의 관계에서 '명령적 위임관계'가 아니라 '자유위임관계'를 바탕으로 기능하며, 이 경우 책임정치는 자유위임관계를 바탕으로 하는 대의기관의 국가정책 결정권이 국민의 신임을 바탕으로 행사되어야 한다는 것을 의미한다. 즉 대의제원리는 대의기관으로 하여금 자유위임관계에 따라 국민의 '추정적 의사'를 바탕으로 국가의사를 결정하고 임기 내에 책임정치를 구현하게 하되, 국민의 신임을 받지 못하면 주기적으로 돌아오는 다음의 선거에서 심판을 받아 책임을 지는 것을 본질로 한다. 따라서 대의제원리는 대의기관의

351) 권영성교수는 책임정치의 본질과 관련하여 '책임정치의 원리'로 설명하면서, 그 자체가 현대민주국가의 통치구조를 지배하는 구성원리의 하나라고 보고 있다. 그러나 그 설명내용에 따르면 대의제도에 바탕을 둔 대의기관의 주권자인 국민에 대한 책임의 문제로 보고 있기 때문에 여기서의 설명과 차이가 없다. 권영성, 헌법학원론, 법문사, 2007, 744면 이하.

352) 허영교수는 대의제도의 여러 기능 가운데서 가장 먼저 책임정치실현기능을 내세우면서 상호관계를 강조하고 있다. 허영, 헌법이론과 헌법, 박영사, 2008, 887면.

국민에 대한 '신임'과 '책임'을 그 이념적 기초로 하는 점에서 책임정치의 본질과의 관계를 엿볼 수 있다.[353)]

2. 責任政治와 制限政治 및 公開政治의 關係

책임정치란 주권자인 국민에 대한 신임과 책임을 그 이념적 기초로 하기 때문에 무제한적이고 절대적인 국가통치를 배격한다. 국가통치에 대하여 제한적이고 한시적인 성질의 것으로 파악하면서 일정한 임기동안 국민의 신임을 토대로 책임지고 제한정치 및 공개정치를 실현하여 다시금 국민의 신임을 받도록 하는 것이 책임정치이다.[354)] 즉 책임정치는 대의기관이 국가의사를 결정하는 과정에서 '국민의 추정적 의사'를 전제하면서도 그것을 일방적으로 고집하고 강제하는 것이 아니라는 점에서 제한정치를 전제하는 것이며, 또한 여론을 수렴하고 회의공개의 원칙을 지키면서 국민과의 대화를 통하여 국가의사를 결정하는 것이라는 점에서 공개정치를 전제한다. 따라서 책임정치는 국가통치에 있어서 국민의 자발적 복종을 가능하게 하는 정당성의 원천이기도 하다.[355)]

3. 責任政治의 本質을 변화시키는 不信任政局의 日常化

책임정치의 본질은 전통적으로 대의제원리를 바탕으로 대의기관으로 하여금 주기적 선거에서 심판을 받는 것을 전제로 발전하였다. 즉 일정한 임기를 가진 대의기관으로 하여금 주어진 임기동안 자유위임관계를 토대로 자유로운 국가의사의 결정과 집행의 책임을 부여하면서 그 정책시행의 결과에 대하여 임기말에 국민의 심판 또는 재신임을 받도록 하는 것이 책임정치의 본질이었다.

그런데 '제왕적 대통령제'라는 권위주의통치의 제거작업의 결과 나타난 권위주의통치의 종식은 새로운 문제인 불신임정국의 일상화를 초래하였다. 탈권위주의에 그치지 않고 대통령의 권위상실과 함께 불신임정국의 출현을 가져왔

353) 허영, 헌법이론과 헌법, 2008, 863면.

354) 허영, 헌법이론과 헌법, 2008, 890면.

355) 이승우, 현대입헌국가에서 국가권력의 정당성에 관한 연구, 연세대 박사학위논문, 1988. 8, 81면 이하.

다.[356] 대통령의 권위가 무너져 국가권력의 정당성의 위기가 나타나기 시작했고, 이 불신임정국이라는 현상이 대통령제가 가지는 제도적 결함과 더불어 증폭되고 있다.

결국 오늘날 책임정치는 불신임정국이 일상화된 것을 고려할 때, 주기적인 선거를 통한 심판만으로 만족할 수 없게 되었다. 국정운영과 관련된 과학 및 문화발전의 속도가 대단히 빨라지고 있기 때문에 중대한 국정운영의 실패에 대한 책임추궁을 주기적으로 도래하는 선거 때까지 기다릴 여유가 없게 되었다. 특히 무능함과 편협함 때문에 불신임을 받고 있는 대통령을 임기가 끝날 때까지 존속시키는 것은 국정의 마비 또는 국가발전의 퇴행을 가져올 것이 자명해지고 있다. 탄핵심판 이후의 노무현대통령의 경우도 총선에서 과반의석을 확보하였음에도 불구하고 과감한 개혁을 시도하지 못했을 정도로 국민의 신뢰를 회복하지 못하고 국정의 마비현상이 나타났으며, 이명박대통령의 경우도 취임초기에 자신에 대한 국민의 신뢰가 무너진 것을 고려하여 개혁정책을 포기하고 현실에 안주하는 경향을 이미 보였다. 따라서 오늘날 책임정치의 문제는 주기적 선거를 통한 심판의 경우를 포함하여 임기중이라도 중대한 불신임을 받게 된 집행권의 최고책임자인 대통령에 대하여 수시로 책임추궁을 하여 책임정치가 실현되도록 하여야 한다는 관점으로 인식이 강하게 바뀌고 있다.

III. 責任政治의 實現形態

책임정치의 실현형태는 헌법마다 차이가 있다. 특히 각 국가의 정치전통에 따라 다양한 책임정치의 실현형태가 나타나고 있다. 가장 중요한 책임정치의 실현형태는 정부형태와 관련된 것이기 때문에 그에 따라 구체적인 문제를 살펴보아야 한다. 우리 헌법은 대통령제를 토대로 하기 때문에 대통령의 책임정치를 담보하기 위하여 어떤 실현형태가 채택되고 있는가를 중심으로 살펴보기로 한다.

356) 이승우, "헌법개정의 필요성과 그에 따른 헌법개정의 방향", 공법학연구(제8권 제1호, 2007. 2), 32면 이하.

1. 法的 責任과 政治的 責任

(1) 법적 책임

1) 형사책임

대통령에 대한 법적 책임과 관련하여 가장 보편적으로 적용되는 책임형태가 형사책임이고, 형사책임은 모든 국민에게 평등하게 적용되는 점에서 가장 일반적인 책임이다. 따라서 대통령의 경우도 일반국민과 마찬가지로 평등한 형사책임의 대상이 되어야 한다.

그런데 우리 헌법은 대통령의 형사책임에 대하여 다음과 같은 예외를 허용하고 있다. 즉 헌법 제84조에서 "대통령은 내란 또는 외환의 죄를 범한 경우를 제외하고는 재직중 형사상의 소추를 받지 아니한다"고 규정하여, 대통령에 대하여 재직중의 '형사상의 특권'을 부여하고 있다.[357] 이에 대하여 대통령의 형사상의 특권은 재직중의 특권에 불과하기 때문에 퇴직후에는 형사책임을 져야 한다는 점과, 대통령 재직중에 형사소추할 수 없는 범죄의 공소시효는 그 대통령의 재직기간 동안은 정지되며,[358] 내란죄 및 외환죄의 경우에도 「헌정질서파괴범죄의 공소시효 등에 관한 특례법」에 따라 공소시효가 배제되기 때문에 형사책임을 면할 수 없다는 점을 전제한다.[359]

결국 책임정치와 관련하여 현행헌법규정을 평가할 때, 대통령의 재직중 형사책임의 문제는 헌법규정을 그대로 존중하는 한 인정될 수 없다고 보아야 한다. 그리고 이것은 대통령에 대하여 형사책임을 전제로 책임정치를 실현하도록 기대할 수 없다는 것을 의미하기도 한다.[360]

---

357) 대통령과 달리 대의기관인 국회의원의 형사책임은 차이가 있다. 헌법 제44조의 불체포특권 자체는 불소추특권을 의미하는 것이 아니기 때문에 형사책임의 면제와 관계가 없다. 김철수, 헌법학개론, 박영사, 2007, 1300면; 권영성, 헌법학원론, 2008, 934면; 허영, 한국헌법론, 박영사, 2008, 930면. 이에 비하여 헌법 제45조의 국회의원의 발언과 표결에 대한 면책특권은 임기중은 물론이고 임기후에도 국회 외에서 책임을 지지 않는 것이기 때문에 형사책임으로부터 완전히 면제되는 것을 의미한다.

358) 헌재결 1995. 1. 20, 94헌마246.

359) 헌재결 1996. 2. 16, 96헌가2등 병합.

360) 대통령과 달리 국회의원의 경우 면책특권을 통하여 형사책임이 면제됨으로 인하여 책임정치에 기여할 수 있음을 알 수 있다.

2) 민사책임과 징계책임

우리 헌법은 대통령의 민사책임과 징계책임에 대해서는 명시규정을 두고 있지 않다. 따라서 재직중의 경우는 물론이고 퇴직후에도 민사책임을 면할 수 없다. 또한 대통령은 최고국정책임자이기 때문에 징계처분을 내릴 징계권자일 뿐 징계책임자가 아니기 때문에 징계책임을 지지 않는다.[361)]

3) 탄핵책임

우리 헌법상 대의기관인 국회의원으로 구성된 국회는 탄핵소추의결기관임에 비하여 대통령은 탄핵소추의 대상이 되고 있다. 헌법 제65조는 대통령을 비롯한 고위공직자를 탄핵대상으로 하고 있으며, 이들이 '헌법이나 법률을 위배한 때'에 국회로 하여금 탄핵소추를 의결할 수 있도록 하고 있기 때문이다.

그런데 탄핵책임의 경우 그 책임의 법적 성질을 법적 책임으로 규정할 것인가 아니면 정치적 책임으로 규정할 것인가의 문제가 제기되나, 우리 헌법은 '헌법과 법률을 위배한 때'라고 탄핵사유를 밝혀 탄핵책임이 법적 책임임을 지적하고 있다. 그리고 탄핵심판제도는 대통령과 그의 지지를 받는 고위공직자 및 철저한 신분보장이 이루어지고 있는 법관과 같은 사람에 대하여 정치적 책임추궁의 방법이 없고 법적 책임추궁이 어려운 경우를 전제한다. 또한 탄핵심판제도는 법적 책임을 묻는 것임에도 불구하고 일반형사재판절차를 통하여 그 책임을 묻기에 적합하지 않은 특별한 형사소추절차와 형사재판절차를 의미하며,[362)] 탄핵결정의 효과와 관련하여 탄핵대상자를 파면함에 그친다는 점에서는 법적 책임을 전제로 하는 징계처분적 효력을 갖는다고 할 수 있다.[363)]

그러나 책임정치의 관점에서 대통령은 마땅히 법적 책임으로서의 탄핵책임을 져야 하지만, 탄핵사유가 갖추어지고 있는가에 대한 판단이 그리 쉬운 것

---

361) 우리 헌법은 국회의원의 경우 민사책임에 관한 규정은 두고 있지 않기 때문에 일반 국민과 같이 당연히 민사책임을 진다. 다만 헌법 제64조 제2항에서 "국회는 의원의 자격을 심사하며, 의원을 징계할 수 있다"고 규정하여, 국회의원이 징계책임이 있음을 규정하고 있다. 따라서 국회의원은 발언과 표결에 대하여 국회 외에서 형사책임은 면제되지만 국회 내에서의 징계책임은 면제되지 않는다. 김철수, 헌법학개론, 1306면; 권영성, 헌법학원론, 933면; 허영, 한국헌법론, 932면.

362) 이승우 외 2인, 탄핵심판제도에 관한 연구, 6면 이하.

363) 권영성, 헌법학원론, 902면.

이 아니다. 헌법 제82조가 규정하고 있는 대통령의 국법상 행위의 경우를 포함하여 대통령의 모든 행위 가운데서 헌법 제84조가 규정한 것처럼 형사책임의 경우를 제외한 '헌법과 법률을 위배한' 행위를 찾아낸다고 하는 것은 쉬운 일이 아니기 때문이다. 탄핵심판제도의 본질에 비추어 볼 때, 헌법 제84조가 없더라도 대통령의 행위가 형사책임의 대상이 되어 일반형사사법절차를 통해서 형사책임을 묻기 어렵다는 것이다. 즉 미국과 같이(미국연방헌법 제2조 제4절) 탄핵심판절차를 통하여 대통령에 대한 형사책임을 묻는 것이 탄핵제도라고 보지 않는 한, 우리 헌법상 대통령에 대한 탄핵사유가 갖추어지기 어렵다는 것을 의미한다. 특히 우리 헌법재판소의 견해와 같이 대통령의 탄핵심판에서는 다른 공직자와 달리 국민으로부터 선거를 통하여 직접 민주적 정당성을 부여받는 대의기관이기 때문에 대통령에게 부여한 국민의 신임을 임기중 다시 박탈해야 할 정도로 대통령이 법위반행위를 통하여 국민의 신임을 져버린 경우에 한하여 탄핵사유가 존재하는 것으로 보는 한,[364] 대통령이 탄핵결정의 대상이 될 가능성은 희박하다. 또한 대통령의 국법상 행위의 유형에 따른 책임의 존재 여부를 살펴보더라도, 극단적인 경우가 아니면 '헌법과 법률을 위배한' 대통령의 국법상 행위는 찾을 수 없다.[365] 따라서 법적 책임을 대통령에게 지움으로 인하여 책임정치를 실현하고자 했던 탄핵심판제도는 사실상 실효성이 크지 않음이 드러났다.

(2) 정치적 책임

책임정치의 실현과 관련하여 법적 책임의 경우 객관적 규범인 헌법과 법률을 위배한 경우라고 하였기 때문에 표면적으로 책임의 범위와 한계가 명백한 것처럼 보인다. 그러나 정치적 책임은 처음부터 책임을 져야할 요건과 한계를

364) 헌법 제84조의 대통령의 형사상의 특권에 관한 규정과 헌법 제65조의 탄핵심판규정을 고려하여 규범조화적 해석이 요구된다는 주장을 받아들여(이승우 외 2인, 탄핵심판제도에 관한 연구, 155면 이하), 우리 헌법재판소는 법위반의 중대성을 고려하여 규범조화적 해석을 시도한 것으로 판단한다. 헌재결 1994. 5. 14, 2004헌나1, 헌재판, 16-1, 609(657).

365) 이승우, "대통령의 국법상 행위의 유형과 책임에 관한 연구", 헌법학연구(제14권 제2호, 2008. 6), 446면 이하.

객관적으로 분명하게 제시할 수 없는 것으로서 그때그때 변화하는 국민의 민주적 정당성의 크기에 의존하는 것이다. 특히 민주적 정당성의 문제는 국정운영의 합법성과 관계없이 국민의 신임을 토대로 여론의 변화와 함께하는 것이다. 즉 합법적 정책결정과 집행에도 불구하고 정책실패는 발생할 수 있고, 오늘날과 같이 세계경제가 연계되어 있는 상황에서 대외적 요인으로 인하여 경제불황이 초래된 경우에도 민주적 정당성을 상실하면서 책임정치의 시각에서 정권퇴진이 요구될 수 있다. 따라서 책임정치의 실현과 관련된 정치적 책임의 경우 그 요건과 한계가 불분명하기 때문에 남용될 여지가 많으나, 한편으로 국민의 신임을 즉시 반영할 수 있는 장점이 있다.

아무튼 정치적 책임은 정부의 책임과 정부구성원의 책임으로 구별된다. 정부의 책임은 정권퇴진과 관련된 것으로서 의원내각제 정부형태의 내각불신임제도와 의회해산제도가 이에 해당하며, 대통령제에서는 국민소환제도 내지 재신임국민투표제도를 통하여 책임정치가 실현될 수 있다. 한편 정부구성원의 책임은 국무총리와 국무위원의 해임건의권 내지 해임의결권이 이에 해당한다. 이에 대해서는 단원을 바꾸어 살펴보기로 한다.

(3) 소결

책임정치의 실현과 관련하여 법적 책임의 경우 책임의 범위와 한계가 분명한 것처럼 보이지만 실제로 그러하지 못하고, 정치적 책임의 경우 책임을 져야할 요건과 한계를 객관적으로 분명하게 제시될 수 없지만 실효성이 있는 것으로 평가된다. 또한 법적 책임의 경우 대의기관에 대한 책임유무를 판단한 결과 헌법과 법률을 위배한 것이 아니라는 판단이 내려지더라도 국민의 신임이 회복될 수 없는 상황이 발생하는 점에서 문제점이 있다. 따라서 대부분의 국가는 대의기관에 대한 정치적 책임을 묻는 방법을 선호하고 있다. 정치적 책임추궁의 방법은 법적 책임유무와 관계없이 재신임을 받던가 아니면 책임을 물어 물러나게 하든가 분명하게 해결되기 때문이다. 대통령제를 택하고 있는 우리나라에서 노무현대통령의 경우 재신임국민투표의 방법으로 전체국민의 의사를 묻는 방법을 찾으려고 했던 것도 이와 무관하지 않다. 법적 책임의 존재 여부에 관계없이 대통령의 신임과 책임을 분명하게 제시해주는 정치적 책임의 문제야말로 책임정치를 실현하는 가장 확실한 방법이 되기 때문이다. 이것은 책임정치의 문제에 있어서 법적 책임에서 정치적 책임으로 그 비중이 옮아가고 있음을 의미한다.

2. 政府의 責任과 政府構成員의 責任

(1) 정부의 책임

책임정치의 실현형태로서의 정부의 책임은 집행부를 담당하는 최고국정책임자인 대통령 또는 내각수상이 국정운영의 실패에 대한 책임을 지고 물러나거나 국민의 재신임을 묻는 것을 말한다. 대표적인 것은 의원내각제 정부형태에 있어서 내각수상이 불신임을 받는 경우 의회를 해산하고 총선거를 실시하여 국민의 심판을 받는 경우이다. 이에 대해서는 다음의 정부형태와 관련하여 자세히 살펴볼 것이기 때문에 여기서는 생략하기로 한다.

다만 우리 헌법은 대통령제를 채택하면서 정부의 책임제도에 대하여 규정하고 있지 않고, 대통령이 정치적 관점에서 불신임을 받는 경우 사임을 제외하고 정치적 책임을 묻는 방법이 적극적으로 개발되어 있지 않다. 그리하여 대통령제에는 불신임제도가 없어 임기동안 국정을 안정적으로 수행할 수 있는 것이 제도적 핵심이라고 보는 견해도 있고,[366] 불신임제도는 의원내각제에 특유한 것이므로 대통령제와 무관한 것처럼 보기도 한다.[367]

그러나 제도도입에 따른 혼란이 발생할 우려가 크다는 점을 논외로 한다면, 책임정치의 관점에서 국민의 직접적 신임을 전제로 선출된 대통령에 대하여도 국민이 신임을 철회할 수 있어야 한다는 주장이 설득력을 얻어가고 있다. 즉 국민소환제도 내지 재신임국민투표제도를 통하여 임기가 보장된 대통령의 무책임성을 시정할 수 있어야 한다는 것이 그것이다.[368] 그리고 헌법재판소는 재신임국민투표실시에 대한 노무현대통령의 시도에 대하여 "국민투표부의권

366) 권영성, "재신임 국민투표는 이중 위헌행위", 중앙일보 2003. 10. 14, 30면.

367) 허영, "재신임국민투표의 헌법적 검토", 고시계(제49권 제11호, 2003. 11), 120면.

368) 동지, 김선택, "재신임국민투표의 법률적 무의미성과 정치적 유의미성", 공법연구(제32집 제3호, 2004. 2), 36면; 김민전, "8년 중임제 대통령제를 지지하며", 국회 미래한국헌법연구회 창립기념자료(2008. 7. 16), 38면.

을 위헌적으로 행사하는 경우에 해당하는 것으로, 국민투표제도를 자신의 정치적 입지를 강화하기 위한 정치적 도구로 남용해서는 안 된다는 헌법적 의무를 위반한 것이다"고 하였고, "국민투표의 본질상 '대표자에 대한 신임'은 국민투표의 대상이 될 수 없으며, 우리 헌법에서 대표자의 선출과 그에 대한 신임은 단지 선거의 형태로만 이루어져야 한다"고 하였으나,[369] 만약 특정한 국가정책이나 법안을 그 대상으로 하면서 대통령의 신임을 결부시켜 책임정치를 실현하려고 하는 경우 그것을 막을 방법은 없다. 따라서 책임정치를 실현하기 위한 불신임제도는 의원내각제에 고유한 것이기 때문에 대통령제를 유지하는 한 불신임제도를 채택할 수 없다는 논리는 더 이상 인정될 수 없고, 대통령제에서도 국민소환제도나 재신임국민투표제도를 명시적으로 규정하고 있으면 책임정치를 구현하는데 도움이 될 것이라고 본다.

(2) 정부구성원의 책임

1) 정부구성원의 법적 책임으로서의 징계책임 · 탄핵책임 · 형사책임

현행 헌법에 의하면 정부구성원은 대통령을 보필하는 보좌기관으로서 대통령에 대하여 징계책임을 진다. 즉 정부구성원의 위법 · 부당한 행위에 대하여 행정부 내부의 질서유지를 위하여 가해지는 책임이 징계책임이다. 또한 책임의 효과면에서 차이가 없지만 정부구성원의 위법 · 부당한 행위에 대하여 국회가 탄핵소추의결을 하는 경우 헌법재판소의 결정에 따라 탄핵책임을 져야 한다. 그리고 정부구성원의 비위행위가 범죄행위에 해당하는 경우 징계책임과는 별도로 형사책임을 진다. 따라서 정부구성원의 경우 법적인 관점에서 다양한 형태의 책임을 지도록 되어 있다.

2) 국무총리 · 국무위원의 정치적 책임으로서의 해임건의권

정부구성원 가운데서 국무총리와 국무위원의 경우 국회에 대하여 정치적 책임을 진다. 헌법 제63조의 규정에 따라 국회가 국무총리 또는 국무위원에 대하여 해임을 건의할 수 있도록 하고 있는 것이 그것이다.

---

369) 헌재결 2004. 5. 14, 2004헌나1, 헌재판 16-1, 609(613, 648이하).

그런데 해임건의권 또는 해임의결권은 의원내각제 정부형태에서 국회에 대하여 정치적 책임을 지는 내각에 대하여 내각총사퇴 또는 내각구성원을 해임시키기 위하여 도입된 것임에도 불구하고 우리 헌법은 변형된 대통령제라고 지칭되듯이 이 제도를 도입하고 있다. 그리고 해임건의권 또는 해임의결권은 대통령이 갖는 국무총리 및 국무위원임명권에 대한 통제장치로서의 의미도 있지만,[370] 대통령제에서 대통령에 대하여 직접 책임을 추궁하는 것이 허용되지 않는 대신에 집행에 관하여 대통령을 보좌하는 국무총리와 국무위원으로 하여금 대통령을 대신하여 정치적 책임을 추궁하게 하는 간접적 견제장치라고 할 수 있다.[371]

결국 해임건의권 또는 해임의결권제도는 정부구성원에 대한 정치적 책임을 묻기 위한 제도이지만, 특히 대통령제를 토대로 하면서 이 제도를 채택한 경우는 대통령을 대신한 정부구성원에 대한 정치적 책임추궁의 방법으로 이해하지 않을 수 없다. 대통령제에 있어서 모든 국정운영의 최고책임자는 대통령이고, 그 국정운영의 결과에 대해서 대통령이 최종적으로 책임을 져야할 책임자이기 때문이다. 국회의 해임건의권의 행사에 대하여 대통령이 기속될 필요가 없다고 보는 경우에도,[372] 즉 국회의 해임건의권의 행사가 부당하다고 판단하는 경우에도, 현실적인 정치상황을 고려할 때 대통령은 해임건의를 거부하려면 적지 않은 정치적 부담을 떠안아야 하기 때문이다.

(3) 소결

우리 헌법은 정부형태에 있어서 대통령제를 택하면서 정부의 책임을 묻는 제도를 명시적으로 채택하고 있지 않고 정부구성원에 대한 해임건의권만을 채택하고 있다. 특히 미국의 대통령제에서도 찾아볼 수 없는 국무총리제를 채택하면서 국무총리와 국무위원에 대한 해임건의권을 국회에 부여하고 있다. 이것은 집행기능을 이원화하고 대통령과 국회 사이에 정치적 완충지대 내지 방

370) 김철수, 헌법학개론, 1343면; 허영, 한국헌법론, 913면.

371) 권영성, 헌법학원론, 914면 이하.

372) 권영성, 헌법학원론, 916면; 정종섭, 헌법학원론, 박영사, 2007, 940면. 반대 : 김철수, 헌법학개론, 1344면; 성낙인, 헌법학, 법문사, 2008, 939면.

탄벽을 두어 대통령으로 하여금 정치적 책임으로부터 초연하게 하여 대통령의 지위를 성역화하려는 의도에서 만들어진 것이라고 할 수 있다.[373] 따라서 우리의 정부형태는 국무총리와 국무위원에 대한 해임건의권을 통하여 의원내각제의 내각불신임제도와 같이 운영해왔으나, 최종책임자인 대통령은 무책임의 지위에 둠으로 인하여 책임정치의 관점에서 '대통령 무책임제'제로 운영되고 있음을 알 수 있다.

3. 기타의 責任政治의 實現形態

책임정치와 관련하여 우리 헌법 제82조가 채택하고 있는 대통령의 국법상 행위에 대한 문서주의와 부서제도는 중요한 의미를 가진다. 또한 헌법 제61조의 국정감사 및 국정조사제도의 경우와 제62조의 국무총리·국무위원 또는 정부위원의 국회출석요구 및 질문권의 경우도 책임정치의 실현에 기여한다. 특히 문서주의와 부서제도는 "책임소재가 확인되지도 않고 또 그 절차적 정당성의 요건도 갖추지 않은 국정행위가 효력을 발생한다는 것은 우리 헌법이 추구하는 통치구조의 기본이념과 조화될 수 없다"고 보는 점에서 의미가 크다.[374]

(1) 문서주의

우리 헌법 제82조가 대통령의 국법상 행위에 대하여 반드시 문서로써 하도록 한 것은 책임정치의 실현을 위하여 중요한 의미를 가진다. 이 문서주의에 대하여 첫째, 대통령의 권한행사의 내용을 명확히 함으로써 국민에게 예측가능성과 법적 안정성을 보장하기 위한 것이고, 둘째, 직무행위에 대한 증거를 남겨 책임지는 국정행위를 유도하기 위한 것이며, 셋째, 권한행사에 있어서 즉흥성을 배제하고 신중한 국정행위가 이루어지도록 하기 위함에 있다고 주장되고 있지만,[375] 가장 중요한 것은 그것이 책임정치의 실현을 위하여 불가결의 형식요건이라는 점에서 의미를 찾아야 한다. 그 이유는 문서주의를 따르지 않

373) 허영, 한국헌법론, 934면.

374) 허영, 한국헌법론, 969면; 김철수, 헌법학개론, 1466면.

375) 권영성, 헌법학원론, 1003면 참조.

은 대통령의 국법상의 행위는 원칙적으로 무효가 됨을 의미하기 때문에 문서주의에 따르지 않은 모든 국법상 행위에 대하여 대통령이 책임을 져야 한다는 것을 의미하고, 또한 문서주의를 따라 집행된 국정행위에 대하여 정책실패로 인하여 대통령이 책임을 져야 할 경우 그 책임의 근거가 된다는 것을 의미한다. 따라서 문서주의는 책임정치의 실현을 위한 중요한 형식요건이 된다.

(2) 副署制度

부서제도는 대통령이 문서주의에 입각하여 행한 국법상의 행위에 대해서도 국무총리와 관계국무위원의 署名인 副署가 있어야 한다는 것이다. 대통령제 정부형태에 있어서 부서제도가 가지는 의의와 기능은 대통령의 국정행위가 절차적으로 정당하게 이루어질 수 있도록 기관내통제기능을 갖는다는 취지도 있지만, 무엇보다도 임기동안 정치적 책임을 지지 않는 대통령에 대신하여 보좌기관으로서 국무총리와 관계국무위원으로 하여금 정치적 책임을 지게 하겠다는 취지에서 채택된 것이다. 즉 부서제도는 대통령의 국정행위에 대하여 대통령과 함께 공동으로 책임을 진다는 의미에서 책임소재를 확인하는 기능이 있고, 그에 따라 대통령과 국무총리 및 국무위원에 대하여 국회가 탄핵책임을 묻기 위해 탄핵소추의결을 하는 경우는 물론이고 해임건의를 하는 경우 그 근거가 된다.[376]

(3) 국정감사 및 국정조사권과 국회출석요구 및 질문권

국회가 가지고 있는 국정감사 및 조사권과 국무총리와 국무위원 등에 대한 국회출석요구 및 질문권은 대정부 국정통제제도이지만, 그것은 동시에 책임정치를 실현하게 하는 수단이 된다. 국정감사 및 조사권의 시행을 통하여 국정운영에 대한 종합적 평가를 한 다음 그것을 토대로 국정운영에 대한 책임을 추궁할 수 있기 때문이며, 국무총리와 국무위원에 대한 출석요구 및 질문권을 통하여 국정운영에 대한 문제점을 파악하고 시정을 요구하거나 궁극적으로 그들에 대한 탄핵소추의결은 물론이고 해임건의권을 행사하는 등 책임을 묻게

376) 권영성, 헌법학원론, 1004면; 김철수, 헌법학개론, 2007, 1464면 이하; 허영, 한국헌법론, 2007, 968면.

되기 때문이다. 따라서 국회가 대통령의 국법상의 행위에 대하여 단순히 동의 또는 승인하는 국정통제의 경우를 제외하고 다른 모든 국정통제제도는 책임정치의 실현과 직접적으로 연관된다.

VI. 政府形態와 責任政治의 實現

1. 大統領制

(1) 책임정치의 관점에서의 대통령제의 본질

대통령제는 직접선거를 통하여 국민으로부터 민주적 정당성을 획득한 대통령으로 하여금 집행부를 맡아 주어진 임기동안 책임정치를 실현하도록 요구하는 정부형태이다. 그리고 대통령의 국정운영에 대해서는 임기가 만료됨과 동시에 실시되는 주기적 선거를 통하여 국민에 대해서만 정치적 책임을 질 뿐 다른 대의기관인 국회에 대하여 정치적 책임을 지지 않는 정부형태이다. 특히 정부구성원의 경우도 대통령에 대한 보좌책임만 질 뿐 국회에 대하여 정치적 책임을 지지 않는 것이 원칙이다. 따라서 대통령과 국회가 다같이 민주적 정당성에 바탕을 두고 각자 국민으로부터 선출되지만 집행기능과 입법기능을 상호독립적으로 행사하고, 그 결과에 관하여 국민에 대해서만 별도로 정치적 책임을 지는 정부형태가 대통령제이다.

그런데 미국에서 이러한 대통령제가 창안된 것은 유럽의 전통적 군주주권에 바탕을 둔 전제군주제 내지 제한군주제를 벗어나 국민으로부터 그 권한을 부여받고 잘못된 권한행사에 대해서는 국민에 대하여 책임지는 정부형태를 구상한 결과이다. 또한 그것은 유럽의 전통적 군주가 '법적으로 무책임한 군주'였던 것임에 반하여 '책임지는 대통령'을 군주 대신에 두고자 하면서, 그 대통령은 의회에 대해서는 법적 책임을 그리고 국민에 대해서는 정치적 책임을 지면서 책임정치를 구현하도록 모색된 정부형태이다. 특히 미국의 대통령제는 몽테스키외의 권력분립원리를 받아들여 천부적인 인간의 자유와 권리를 보장하는데 필요한 '제한된 정부'를 만들고자 한 결과물이고, 그 제한된 정부를 통하

여 결국 책임정치를 기대한 결과라고 할 수 있다.[377]

결국 책임정치의 관점에서 대통령제를 평가할 때, 대통령제는 의회에 대하여 법적 책임을 질 뿐 정치적 책임을 지는 경우는 한정되어 있음을 알 수 있다. 상기한 것처럼 대통령이 국민에 대하여 정치적 책임을 지는 것으로 지적되고 있으나, 그 정치적 책임이란 대통령이 재선을 위하여 준비하는 경우에 한정된 것임을 알 수 있다. 만약 재선이 제도적으로 인정되지 않은 단임제의 경우나 재선이 인정된 경우라도 대통령 스스로 재선을 준비하지 않는다면, 대통령은 탄핵책임을 제외하면 아무런 정치적 책임을 지지 않고 국정을 운영할 수 있는 것이 대통령제이다.[378] 국민소환제도 내지 재신임국민투표제도와 같은 직접민주주의제도를 배제하면서, 대통령제가 주어진 임기동안 아무런 제한 없이 소신껏 국정운영을 할 수 있도록 임기가 보장되어 있는 정부형태라고 보는 이유가 여기에 있다.

그러나 그것은 긍정적 측면에서 주장되는 것일 뿐 반대의 시각에서 보면 대통령제는 정치적 책임을 지지 않는 무책임제로 운영될 수 있음을 의미한다. 대통령은 주어진 임기동안 탄핵책임을 제외한 어떠한 정치적 책임도 지지 않기 때문에 무책임한 정책과 발언을 쏟아내도 문제될 것이 없다는 것을 의미한다. 즉 '정치적 편향성' 또는 '정치적 무능력'으로 인하여 국가를 위기에 몰아넣어 파국에 이른 경우에도 법적 책임인 탄핵책임이 아닌 어떠한 정치적 책임도 질 필요가 없다는 것을 의미한다. 따라서 대통령제 정부형태는 정치적 책임을 고려하지 않고 법적 책임으로서의 탄핵책임제도만 고려하고 있기 때문에 책임정치를 구현하는데 한계가 있음을 알 수 있다. 즉 권력분립원리의 시각에서 국회가 탄핵책임을 물을 수 있는 정도의 여소야대가 이루어진 경우가 아니면, 다시 말해서 국회가 여소야대로 구성되고 탄핵소추의결의 요건이 단순다수결로 되어 있지 않는 한, 대통령제는 불신임정국이 계속됨에도 불구하고 책임정치가 담보될 수 없는 정부형태임을 알 수 있다.[379]

377) 허영, 한국헌법론, 696면.

378) 이러한 미국식 대통령제에 대한 미국 헌정 200주년 기념 헌법제도위원회의 연구결과에 따르면 많은 문제점이 지적되고 있다. 이에 대한 개략적 소개로는, 서주실, "대통령제 정부형태에 대한 재검토", 고시계(1999. 9), 7면 이하 참조.

379) 이승우, "불신임정국과 정부형태에 관한 연구", 인권과 정의(2005. 9), 124면 이하.

(2) 책임정치의 관점에서의 대통령제의 문제점과 보완책

1) 불신임을 받는 대통령에 대한 임기보장의 문제

대통령제 정부형태 하에서 무엇보다도 중요한 것은 국민의 절대적 지지를 받아 민주적 정당성을 확보한 대통령이 선출되는 것이다. 대통령선거제도에 있어서 상대다수선거제도보다 절대다수선거제도를 바라는 이유가 여기에 있다. 대통령제는 임기중 정치적 책임을 묻는 방법이 개발되어 있지 않기 때문에 불신임을 받아 정당성의 위기가 발생하지 않도록 하는 것이 무엇보다도 중요하다.

그런데 과거 군사독재시절은 물론이고 3김정치가 유지되던 시절에는 정당성 위기가 발생하면 권위주의통치로 인하여, 즉 '힘에 의한 통치' 또는 '카리스마적 통치'를 통하여 위기를 극복하며 임기를 마칠 수 있었다. 그러나 노무현정권에 이어서 이명박정권의 경우 권위주의통치가 종식되고 불신임정국이 일상화되면서 나타난 정당성의 위기에 대하여 그 극복 방법이 문제로 되고 있다. 정권이 출범한지 3개월이 되기도 전에 정당성의 위기를 맞았고, 대통령의 권위와 신뢰가 도덕성과 더불어 무너져 과연 국민의 신뢰를 회복하여 남은 임기를 제대로 이끌어 갈 수 있을지가 문제로 되었다. 특히 현 이명박대통령의 경우 정치적 과오가 심각하여 정치가 표류중이고, 탄핵사유에 해당하는 하자도 없기 때문에 탄핵책임을 물을 수도 없으며, 더군다나 대통령이 사임할 의사도 없다고 보이기 때문에 더욱 그렇다. 과거 같으면 정권초기이기 때문에 6개월 이상의 밀월관계를 인정해 주었지만, 국내외적인 정치·경제·사회·문화 환경이 급변하고 있는 상황에서, 우리 국민의 정치의식은 매우 변덕스러울 뿐만 아니라 비민주적 특질을 가진 '인내 결핍형 주권욕'으로 변화했기 때문이다.[380] 즉 어느 정권이든지 급변하는 정치환경에 맞게 국민의 주권욕을 채워주지 못한다면 잠시도 존립할 수 없는 상황으로 변화했고, 그 경우 국정운영을 책임지고 있는 대통령이 어떤 형태로든 책임을 져야 한다는 것으로 발전하고 있다.[381]

---

380) 김창혁, "국민성과 지역성, 그리고 의원내각제", 국회미래한국헌법연구회 창립기념자료(2008. 7. 16), 66면.

381) 2008년 9월 1일 일본 후쿠다수상은 사임을 발표했다. 특별한 과오는 없으나 지지율이

결국 선거에서 절대적 신임을 받은 경우라도 그 신임은 오래갈 수 없다는 것이 다시금 증명되고 있다. 대통령제 정부형태에서는 대통령의 임기가 보장되는 것이기 때문에 어떤 과오가 있더라도 남은 임기를 보장해야 한다는 것은 이제 무책임한 것일 뿐만 아니라[382] 국가적 재앙을 초래할 수 있다는 점에서 재인식이 요구되고 있다. 급변하는 정치환경 속에서 불신임을 받고 있는 대통령의 임기를 보장한다는 것은 책임정치의 시각에서 용납될 수 없다고 보는 것이다. 특히 대통령제는 대통령이 국회와 같이 별도의 민주적 정당성을 가지는 대의기관이기 때문에 국회에 대하여 책임을 지지 않을 뿐이라고 보아야지, 임기가 끝나지 않은 대통령은 무조건 국민으로부터 불신임을 받을 수 없다는 것을 의미하는 것은 아니라고 보아야 한다.[383] 불신임정국의 일상화를 겪으면서 우리국민의 정치의식은 과거와 달리 책임정치의 중요성을 인식하기 시작했고, 어느 정권이든지 정당성의 위기가 발생하면 남은 임기에 관계없이 곧바로 국민의 재신임을 받도록 책임정치를 요구하고 있는 것이다.[384] 따라서 대통령제를 유지하려면 국민소환제도나 재신임국민투표제도와 같은 책임정치를 실현하기 위한 제도의 도입이 필수적임을 우리 국민의식이 보여주고 있다.

2) 5년 단임제로 인한 조기 레임덕현상과 책임정치의 실종

대통령제는 최소한 대통령 중임제를 토대로 운영될 경우에만 책임정치가 구현될 수 있다. 대통령제는 민주적 정당성의 원리에 입각하여 선거를 통하여 신임을 얻은 대통령에게 주어진 임기동안의 국정운영을 맡기고 그 결과에 대

30% 이내로 낮아졌다는 것과 연립 여당인 공명당 마저 대테러대책특별법의 연장 등에 대하여 자신을 지지하지 않는다는 이유에서이다. 조선일보, 2008. 9. 2. 우리 대통령제 하의 책임정치와 비교되는 부분이다.

382) 김선택, “재신임국민투표의 법률적 무의미성과 정치적 유의미성”, 37면과 38면 각주 참고.

383) 따라서 불신임제도가 의원내각제에 특유한 것으로 보고 대통령제와 무관한 것처럼 논의하는 견해(허영, “재신임국민투표의 헌법적 검토”, 고시계, 2003. 11, 121면)는 오류라고 본다. 동지, 김선택, “재신임국민투표의 법률적 무의미성과 정치적 유의미성”, 36면.

384) 김창혁 동아일보 논설위원은 이 현상의 시발점이 1987년 대선 당시 노태우후보가 제시한 중간평가공약에서 비롯된 것으로 평가한다. 김창혁, “국민성과 지역성, 그리고 의원내각제”, 66면.

하여 국민의 심판을 받는 것을 전제로 한 정부형태이다. 그리고 여기서 주어진 임기동안의 국정운영에 대한 심판이야말로 책임정치의 근간이기 때문에, 대통령제는 국민에 의하여 직선된 대통령에 대하여 국민의 선거를 통한 심판의 기회를 가지는 것이 대통령직선제에 내포된 대의민주정치의 본질적 요청이다.[385]

그런데 현행헌법과 같이 대통령 5년 단임제는 선거를 통하여 대통령에 대한 신임만 부여할 뿐 심판이 전제되어 있지 않다는 점에서 문제가 제기된다. 즉 단임제는 국민의 심판을 통한 계속 집권에 대한 의지와 책임감을 가질 수 없게 하기 때문에 책임정치를 담보할 수 없게 된다. 대통령 단임제는 재신임이 문제될 필요가 없기 때문에 아무런 책임감도 느끼지 않고 국정을 농락할 수도 있고, 다른 한편으로 차기 대권후보자들에 의하여 휘둘리는 레임덕현상이 임기시작과 함께 나타난다. 따라서 단임제는 우리 헌정사에서 문제가 되었던 장기집권의 폐해를 줄이기 위하여 도입된 것으로서 나름대로 기여를 하였으나, 정권교체가 정상적으로 이루어지고 있는 현재의 시점에서는, 특히 불신임정국이 일상화된 현재의 상황에서는 조기 레임덕현상을 초래하여 대통령의 책임정치를 가로막는 장애물이 되고 있다.

그리고 대통령 중임제로 개헌을 할 경우 조기 레임덕현상이 나타나지 않을 것으로 보는 주장들이 많다. 물론 그 경우 대통령은 재선을 고려하여 책임정치를 실현할 것이기 때문에 적어도 제1기에는 책임정치가 실현되고 권력누수현상도 나타나지 않을 수 있다. 그러나 대통령이 재선되고 나면 단임제의 경우와 같이 권력누수현상은 곧바로 나타나며, 대통령은 책임정치와 무관하게 역사에 남을 치적 쌓기에 골몰하게 된다. 따라서 레임덕현상과 연관된 책임정치의 실종현상은 중임제의 경우 일시적으로 잠복할 수 있으나 대통령제를 택하고 있는 한 불가피하게 나타난다고 보아야 한다.[386] 또한 현재와 같은 불신임정국이 일상화된 상황에서는 제1기의 대통령이라고 해서 레임덕현상이 나타나지 않으리란 보장이 없다.

---

385) 허영, 한국헌법론, 635면.

386) 신우철, "정부형태, 과연 바꾸어야 하는가?", 헌법학연구(제8권 제4호), 466면 이하.

3) 차등임기제도와 분할정부의 폐해

현행헌법이 적용된 이후 자주 분할정부현상(여소야대현상)이 나타나고 있다.[387] 이것은 대통령을 중심으로 하는 행정부권력과 국회의 다수당을 중심으로 하는 의회권력이 서로 다른 정당에 의하여 장악되는 것을 의미한다. 그리고 이 현상이 자주 나타나게 된 것은 현행헌법이 대통령제를 택하면서도 대통령과 국회의 임기를 달리하는 차등임기제가 결정적 영향을 미치고 있다고 할 수 있다.

물론 차등임기제는 대통령제에서 직선되는 대통령과 국회의 임기를 달리함으로써 권력분립적 효과를 기대하기 위하여 만들어진 것이다. 차등임기제는 대통령과 국회의 임기를 달리하는데 그치지 않고, 대법원장을 비롯한 대법관과 헌법재판소재판관, 그리고 그 밖의 헌법기관의 장에 대한 임기를 각기 달리하는 것을 포함하는 것이지만, 가장 중요한 것은 대통령과 국회의 임기를 다르게 규정하여 대통령을 중심으로 하는 정부여당에 대하여 중간평가를 받게 하는 것이다. 비록 처음에는 대통령과 국회의원선거가 동시에 치러지더라도, 차후에는 대통령과 국회의 임기가 다르기 때문에 선거주기가 달라져 대통령의 임기중에 적어도 1번 이상의 국회의원선거를 치러야 하고, 이 중간선거를 통하여 대통령이 속한 정부와 여당에 대한 심판이 이루어지게 된다. 따라서 차등임기제 자체로서는 그동안 권력분립원리의 시각에서 대통령에 대한 신임을 확인하거나 책임을 묻는 중요한 권력통제수단의 하나로 긍정적으로 인식되었다.

그런데 차등임기제는 불신임정국이 일상화되면서 대통령에 대한 불신임을 표출하는 제도가 되고 있다. 즉 대통령 취임 후에 치러지는 국회의원선거는 대통령에 대한 심판과 함께 책임을 묻는 형태로 운영되고 있고, 대통령에 대한 불신임이 심한 경우 국회의원선거에서 국회의 구도가 여소야대의 형태로 짜여지고 있다. 그리고 여소야대현상은 긍정적인 측면에서는 국회가 행정부를 견제하여 독선적 국정운영을 막는 측면이 있지만, 행정부의 시각에서는 시급

---

387) 여기서 분할정부가 항상 여소야대현상을 가리키는 것은 아니다. 행태론적인 관점에서가 아니라 계량적 관점에서 볼 경우에 분할정부는 여소야대현상으로 평가된다. 분할정부에 대한 자세한 연구는, 강승식, "분할정부에 대한 기본적 이해", 공법학연구(제7권 제4호), 213면 이하 참조.

하고 중대한 국회의 입법조치가 다수야당의 반대로 정체되고 좌절됨으로 인하여 비효율의 극치로 평가되기도 한다. 또한 국회와 행정부 상호간의 견제와 균형을 위한 여러 헌법규정이 있지만, 여소야대국회에서 여야간에 극단적 대립이 이루어진 경우에는 갈등해소책이 없는 것이 현실이다. 국무총리와 국무위원에 대한 해임건의권이 행정부와 국회의 갈등해소책으로 규정된 것으로 볼 수 있으나, 그 자체로서 대통령을 구속하지 않을 뿐만 아니라 대통령 자신에 대한 책임을 요구하는 경우가 많아지고 있기 때문에 한계가 있을 수밖에 없다.

결국 차등임기제와 관련되어 나타나는 분할정부현상은 책임정치의 관점에서 장점과 단점을 동시에 표출시키고 있다. 대통령제에서 국회의원선거(물론 지방자치선거도 포함된다)라는 중간선거를 통하여 재신임과 책임을 묻는 점에서는 장점으로 볼 수 있지만, 여소야대현상으로 나타난 불신임에 대하여 책임을 묻는 방법이 없다는 점에서 단점으로 부각된다. 특히 여소야대현상을 슬기롭게 극복하지 못하는 경우 국정의 마비가 초래될 수 있다는 점에서 심각한 제도적 결함으로 등장한다. 즉 현직 대통령은 집권전략 때문에 무조건적 협력의 자세를 보일 수 없는 다수야당의 입장을 고려하면서도 다수야당의 협력을 이끌어내어야 하는 과제를 안게 되는 것이다. 따라서 타협과 협상의 정치문화가 확립되지 못한 현실에서 대통령제에서 여소야대라는 분할정부현상이 자주 나타나는 것은 책임정치의 실현에 도움이 되지 않는다고 본다. 그리고 차등임기제를 포기하고 대통령과 국회의 임기를 일치시킨다고 여소야대현상이 사라지는 것은 아니며, 임기를 일치시킨 이후 나타난 여소야대현상은 책임정치의 실현을 더욱 어렵게 할 것이다.[388]

4) 정당국가현상을 무시하는 대권·당권분리주장과 대통령제의 임기말현상

정당국가현상이 당연한 것으로 평가되는 오늘날, 대통령제는 대통령이 집권여당과 더불어 국민에 대하여 책임정치를 구현하는 것이 핵심이다. 대통령은 단독으로 국민에 대하여 책임을 지는 것이 아니라 대통령 자신을 후보자로 내

388) 2007년 초 노무현대통령이 원 포인트 개헌을 주장한 이유의 하나로 차등임기제로 인한 여소야대현상을 지적한 바 있으나, 대통령과 국회의원 선거가 동시에 이루어져 여소야대현상이 나타나면 대통령은 임기 내내 국정운영의 어려움을 겪게 된다는 점을 간과한 주장이었다.

세운 정치세력과 함께 공동의 책임을 지는 것이 오늘날의 정당국가이다. 따라서 대통령제에서는 대통령을 대표로 하는 정당정치를 통한 책임정치가 그 핵심이다.

그런데 노태우정권 이후 대통령선거의 중립적 선거관리를 위한다는 명분으로 대통령의 집권당으로부터의 탈당이 사실상 강요되고 있다. 또한 대권·당권 분리주장이 받아들여져 대통령에 당선되더라도 집권당에 대한 대통령의 지배권이 현저하게 줄어들었다. 선거가 대통령을 비롯한 집권당에 대한 심판을 하거나 재신임을 부여하는 것임에도 불구하고, 대통령선거에서의 유·불리에 얽매여 여당마저도 정당을 매개로 한 책임정치를 포기하고 있는 것이다. 대통령은 소속정당과 함께 마지막까지 책임정치를 구현해야 한다는 것이 대통령제의 본질임에도 불구하고, 국정의 최고책임자를 임기가 끝나기도 전에 책임정치로부터 벗어나게 하는 것이다.

그리고 대통령선거를 앞두고 대통령의 탈당을 요구하는 것은 책임정치의 시각에서 보다 심각한 문제점을 노출시키고 있다. 집권당을 탈당하더라도 현직 대통령은 국정운영을 포기할 수 없기 때문에 정상적인 국정운영을 바라는 반면에, 새로운 대통령후보자를 내세운 집권당은 모든 국정운영의 방향을 재집권이라는 목표에 맞추기를 바라는 점에서 상충이 발생한다. 특히 대통령이 정치적으로 시급하지 않으면서도 역사에 남을 치적을 쌓기에 골몰하는 경우, 모든 국정운영의 우선순위를 대선전략차원에서 접근하는 집권당과 불가피하게 마찰을 일으키지 않을 수 없다. 이것은 국민의 시각에서 바라볼 때 정치적 혼란을 의미할 뿐만 아니라 책임정치를 외면하는 것이 된다는 점에서 문제점이 있다.

결국 단임제 여부와 관계없이 대통령제에서는 이러한 '임기말현상'이 불가피하게 나타난다. 역사와의 대화를 강조하며 이상적인 정치를 하려는 현직 대통령에 비하여, 현실에 맞는 책임정치를 구현하여 재집권을 달성하려는 대통령후보자와 집권당의 입장은 다르기 때문이다. 특히 이 문제는 대통령 단임제가 장기적 국가프로젝트를 기획하고 추진할 수 없게 하여 문제라는 노무현대통령의 주장과 관련된다.[389] 왜냐하면 국정운영의 일관성과 예측가능성이 담보되어야 시장과 사회는 미래를 예측하고 투자를 과감하게 할 수 있기 때문이다. 따라서 이 '대통령제의 임기말현상'은 국가전체에 큰 부담을 주는 점에서 재고되어야 하지만, 대통령제가 유지되는 한 피할 수 없는 문제이다.

2. 議員內閣制

(1) 책임정치의 관점에서의 의원내각제의 본질

의원내각제는 국민의 직접선거에 의하여 민주적 정당성을 부여받은 의회에서 선출되고 의회에 대하여 정치적 책임을 지는 내각을 중심으로 국정이 운영되는 정부형태를 말한다. 그리고 내각은 의회와의 관계에서 조직·활동·기능상으로 의회에 의존하는 '의존성의 원리'가 지배하며, 내각의 국정운영은 의회의 신임을 전제로 할 뿐만 아니라 의회에 대하여 정치적 책임을 지는 관계에 있으므로 의회주의에 토대를 두고 있다. 따라서 의원내각제는 입법부와 집행부의 상호관계가 '의존성의 원리'에 의하여 규율되도록 마련된 권력분립원리의 실현형태에 해당한다.[390]

그런데 의원내각제에서는 내각의 수상과 각료들이 직접 국민들로부터 선거되는 것이 아니기 때문에 국민에 대하여 직접 책임을 지지 않고 오로지 자신을 선출한 의회에 대하여 정치적 책임을 지는 관계에 있다. 즉 의회에서 선출된 내각수상의 정책지침에 따라 그에 의하여 인선된 각료들이 구체적인 집행업무를 담당하며, 그 내각수상과 각료들의 국정운영에 대하여 오로지 의회에 대해서만 정치적 책임을 지는 것이 의원내각제이다. 그러나 집행부를 구성하는 내각이 의회다수당 내지 다수세력의 정책집행기구로서의 성격을 가지기 때문에, 의원내각제에서는 내각이 의회의 신임에 의존하기는 하지만, 내각수상에 의하여 임기만료와 관계없이 의회가 해산될 수도 있고, 의회해산과 동시에 총선거를 통하여 국민의 신임을 묻게 되는 점에서는 궁극적으로 국민에 대하여 책임을 지는 정부형태이다.

---

389) 황태연, "유럽의 분권형대통령제와 4년 중임 분권형대통령제 개헌방안", 국회 미래한국헌법연구회 창립기념 세미나자료(2008. 7. 16), 182면.

390) 허영, 한국헌법론, 700면.

결국 과거와 마찬가지로 현대에 있어서도 국정운영의 핵심이 집행권에 있음을 전제로 책임정치를 논의하게 된다. 즉 집행부의 권력남용 또는 정책적 과오에 대한 책임을 지고 물러나게 하는 것이 책임정치의 본질이다. 이러한 관점에서 평가할 때, 의원내각제는 집행권을 담당하는 내각으로 하여금 의회에 대하여 수시로 정치적 책임을 지게 하되, 만약 내각이 의회의 불신임을 받으면 의회를 해산함과 동시에 국민의 심판을 받게 하는 정부형태인 점에서 책임정치를 실현하기에 가장 적합한 정부형태임을 알 수 있다. 특히 의원내각제는 대통령제에서 자주 나타나고 있는 분할정부현상, 즉 입법부와 집행부를 장악한 정치세력이 다름으로 인하여 국론이 분열되고 국정운영의 난맥상에 대한 책임공방이 나타날 수 없다는 점에서 장점을 가지고 있다. 만약 입법부와 집행부의 의견대립이 발생할 경우 즉시 내각불신임과 의회해산으로 갈등을 해소하고 국민에게 책임을 묻을 수 있기 때문이다. 따라서 정부형태의 관점에서 의원내각제는 가장 확실한 책임정치의 실현형태임을 알 수 있다.

(2) 책임정치의 관점에서의 의원내각제의 문제점과 보완책

1) 군소정당의 난립으로 인한 정국불안정의 문제

의원내각제 정부형태의 모국이고 안정된 양당체제를 유지한 영국과 달리, 의원내각제를 도입한 프랑스와 독일의 경우 초기에 많은 우여곡절을 겪었다. 의원내각제를 통한 책임정치를 실현하고자 했던 이들 국가에서 가장 문제가 되었던 것은 군소정당의 난립으로 인한 정국불안정이었다. 특히 프랑스 제3공화국과 제4공화국의 의원내각제는 의회 내에 군소정당이 난립하여 안정다수세력이 확보되지 않아 언제나 연립내각을 구성하지 않을 수 없었고, 이 연립내각은 중요정책을 둘러싸고 대립하여 쉽게 붕괴되는 경우가 많았다.[391] 독일의 바이마르공화국에서도 철저한 비례대표선거제도에 의해서 군소정당이 난립하고 의회 내의 안정다수세력의 형성이 어려워 연립내각의 구성이 불가피했지만 정당간의 극한적인 의견대립으로 의회 내의 다수세력의 지지를 받은 연립내각의 출현조차 되지 못했다는 경험을 가지고 있다.[392] 그리고 이러한 경험을 바

391) 제3공화국의 경우 65년간 100개가 넘는 내각교체가 있었고, 제4공화국의 경우 13년간 25개의 내각교체가 있었다. 허영, 헌법이론과 헌법, 박영사, 2008, 991-995면.

탕으로 의원내각제는 군소정당의 난립으로 인한 정국불안정으로 책임정치를 구현할 수 없다는 평가를 받았다.

그러나 그러한 경험을 토대로 현재의 프랑스와 독일은 의회에서의 안정된 다수세력을 확보하기 위한 합리적 선거제도를 마련하여 이를 극복하고 있다. 프랑스는 제5공화국헌법을 통하여 집행부를 2원적으로 구성함과 동시에 의원내각제의 원리에 따라 의회가 수상을 선출하되, 의회의 선거제도에 있어서 비례대표선거제도를 포기하고 절대다수대표선거제도를 채택함으로써 군소정당의 의회진출을 완전히 봉쇄하여 문제점을 해결했다. 독일의 경우는 비례대표선거제도를 유지하면서도 저지조항을 두어 군소정당의 의회진출을 막고 안정된 소수정당체제로 발전시켰다. 이것은 군소정당의 난립보다 소수의 대정당제도가 정착할 수 있는 합리적인 선거제도를 마련하는 것이 의원내각제가 성공하기 위한 전제조건이라는 사실을 인식했기 때문이다. 따라서 의원내각제의 경우 군소정당의 난립으로 인한 정국불안정이라는 우려는 합리적인 선거제도를 통하여 얼마든지 해결될 수 있는 것임이 밝혀졌다.

2) 다수당에 의한 권력독점과 횡포의 문제

대통령제에서 문제점으로 지적되는 대통령 소속정당의 권력독점(all or nothing)이 의원내각제에서도 나타난다고 지적된다. 의회의 다수당이 단독으로 집권하는 경우 대통령제의 경우와 같이 다수의 횡포로 나타날 수 있다는 것이다.[393] 물론 이러한 현상이 의원내각제에서 나타날 수 있다는 점을 부인하기 어렵다. 특히 의원내각제에서 내각수상이 강력한 리더쉽을 발휘하는 경우 대통령보다도 더 막강한 권력을 행사하게 된다는 점도 알 수 있다.

그러나 대통령제에 있어서의 권력독점과 의원내각제에 있어서의 권력독점은 성격이 완전히 다르다. 즉 대통령제에 있어서의 권력독점은 오로지 대통령 자신에게 집중되어 있음에 비하여, 의원내각제에 있어서의 권력독점은 내각수

---

392) 바이마르공화국이 유지되던 14년간 21개의 내각교체가 있었다. 허영, 헌법이론과 헌법, 1007면.

393) 내각과 의회가 결탁하여 국회의 태만과 내각의 무능과 부패를 은폐하여 책임정치를 저해할 수 있음에 대하여는, 김구현, 우리나라 제6공화국 헌법상 정부형태에 관한 연구, 서울대 석사학위논문, 1989, 32면.

상을 중심으로 하는 내각에 부여되어 있다는 점에서 다르다. 만약 대통령이나 내각수상의 권력독점에 대항하는 각료가 있을 경우, 대통령제에서는 해임된 각료는 대통령에 대하여 별다른 타격을 입힐 수 없으나, 의원내각제에서는 정권의 존립에 영향을 미칠 수 있는 힘이 발휘된다. 특히 의원내각제의 각료가 상당수의 국회의원의 지지를 받고 있는 사람일 경우 야당과 연합하여 내각수상을 불신임시킬 수도 있다. 이것은 의원내각제에 있어서의 권력독점은 내각수상이 내각구성원 모두의 협력을 토대로 하는 것으로서 매우 유연성이 있는 권력독점을 의미한다. 즉 의원내각제에 있어서의 권력독점에 따른 횡포란 오래 지속될 수 없고 또한 한순간에 무너질 수 있는 한시적인 것이다.[394] 따라서 의원내각제에 있어서의 권력독점의 문제는 합리성을 바탕으로 하지 않는 한 성립될 수 없는 것이기 때문에 책임정치의 시각에서 위협이 되는 문제라고 할 수 없다.

3) 의회가 정권획득을 위한 정쟁의 장소로 전락한다는 문제

의원내각제의 단점으로 의회가 정권획득을 위한 정쟁의 장소로 전락한다는 지적이 있다.[395] 의회가 임기동안 입법활동 등 주어진 기능을 수행하여 책임정치를 실현하기보다는 집권당의 실정과 과오를 찾아 정권퇴진을 추진하는 기관으로 전락한다는 것이다.

그런데 의회의 본질적 기능 자체가 정부여당과 야당이 정책경쟁을 통하여 국가의사를 결정하는 대의기관으로서의 성격을 가지고 있기 때문에 어느 정부형태를 불문하고 의회는 당연히 정쟁의 장소가 되어야 한다. 만약 정부여당에 반대하는 야당이 없는 의회라면 이미 그 기능은 상실된 것이다. 대통령제에서도 의회의 야당은 정부여당의 정책에 반대함은 물론이고 대통령의 퇴임요구 내지 탄핵소추까지도 주도할 수 있는 정쟁의 장소이다. 특히 여소야대현상이 나타난 의회의 경우 정부여당의 합리적 국정운영까지도 야당의 반대로 무산되거나 연기되는 일이 얼마든지 발생할 수 있다. 따라서 의원내각제가 되면 의

394) 의원내각제에서 권력집중이 완화된다는 점을 부인하는 주장으로는, 김병록, "정부형태 바꾸어야하는가?", 공법연구(제27집 제3호), 268면; 오호택, "권력구조변경을 위한 헌법개정", 안암법학(제7호, 1998), 10면.

395) 권영성, 헌법학원론, 756면; 김철수, 헌법학개론, 1227면.

회가 정쟁의 장소가 될 것이라고 보는 것은 당연한 사실을 인정하지 않고 회피하려는 것으로 볼 수 있다.

다만 의회가 정쟁의 장소로 전락한다는 주장 속에는 대통령제에서는 불신임제도가 없음에 비하여 의원내각제에서는 불신임제도가 있다는 것이고, 그 불신임제도를 통하여 정권교체를 시도할 수 있다는 점을 강조한 것이라고 할 수 있다. 의회의 임기가 많이 남아있음에도 불구하고 불신임정국을 이유로 야당이 내각을 불신임하고 총사퇴시켜 총선거를 통하여 집권을 도모하는 일이 자주 발생할 수 있다는 것을 의미한다.

그러나 의원내각제는 단독내각이든 연립내각이든 내각이 깨어지는 경우가 아니면 불신임사태가 발생할 수 없다. 아무리 국민의 여론이 불신임에 가깝더라도 다수여당의 지지를 받고 있는 내각이 정치적 이해관계에 있어서 일치하는 한 흔들릴 수 없다. 오히려 내각의 정치적 이해관계에 따라 정해진 의회의 임기가 끝나지 않았음에도 불구하고 총선시기를 앞당기는 일이 발생하고 있는 것이 오늘의 현실이다.[396] 따라서 의원내각제가 실시되면 의회가 정권획득을 위한 정쟁의 장소가 될 것이라는 우려는 그야말로 기우에 불과하며, 오히려 정부여당과 야당의 대립과 갈등이 심각할 경우 총선거를 통해 국민의 심판을 쉽게 받게 하는 점에서 책임정치에 도움이 된다.

4) 내각이 의회의 신임여부에 의존하므로 강력한 리더쉽을 발휘하기 어렵다는 문제

의원내각제에서 내각수상이 강력한 리더쉽을 발휘하는 경우 대통령보다도 더 막강한 권력을 행사하게 되어 권력독점으로 인한 횡포가 우려되는 반면에, 내각수상의 리더쉽이 약하여 의회의 신임이 흔들리는 경우 원활한 국정운영이 이루어질 수 없다는 비판이 있다. 파벌정치가 횡행하는 일본의 의원내각제에서 자주 볼 수 있는 현상을 지적한 주장이다.[397]

---

396) 허영, 한국헌법론, 664면; 이준일, 헌법학강의, 홍문사, 2007, 890면; 성낙인, 헌법학, 806면.

397) 의원내각제를 택한 일본은 여당 내에 다양한 파벌이 존재하고, 파벌의 역학관계에 따라 수상이 결정됨으로 인하여 내각과 여당이 이원화되어 있다. 따라서 내각과 여당 사이에 정책에 대한 의견불일치가 존재하여 수상을 중심으로 하는 내각이 본래적

물론 국민으로부터 절대적인 신임을 받지 못한 대통령은 물론이고 의회로부터 절대적인 신임을 받지 못하는 내각수상이 강력한 리더쉽을 발휘할 수 없는 것은 부인할 수 없다. 그것은 정부형태와 관계없이 모든 통치권자는 민주적 정당성을 바탕으로 국가권력을 위임받은 것이기 때문에 신임도에 따라 그 권위에 있어서 강약이 있을 수 있다는 것을 의미한다. 다만 대통령제와 달리 의원내각제의 경우 임기가 주어져 있지만 언제든지 신임을 잃으면 의회가 신임을 철회할 수 있다는 점이 강조되고 있는 주장이라고 할 수 있다.

그러나 이 주장은 오히려 의원내각제의 장점으로 평가할 수도 있다. 집행권을 행사하는 내각이 의회의 신임을 잃지 않기 위해 보다 더 열심히 책임정치를 구현하기 위하여 노력할 것이기 때문이며, 내각의 진퇴를 전제로 책임정치를 할 수밖에 없기 때문에 오히려 이것은 의원내각제의 약점으로 평가될 성질의 것이 아니라 장점으로 평가되어야 할 사항이다.

5) 금권정치 또는 지역패권주의가 판칠 것이라는 우려의 문제

과거 의원내각제를 주장하는 개헌론이 나올 때마다 그에 대한 반론으로 금권정치로 흐를 것이라는 우려와 지역패권주의가 등장할 것이라는 주장이 나왔다. 이탈리아의 의원내각제가 금권정치로 인하여 부정부패가 끊이지 않고 있다는 것이 그 실례였으며, 의원내각제로 나아가면 한국의 정치권은 재벌의 포로가 될 것이라고 우려했던 것이 그것이다. 또한 의원내각제가 되면 한국적 정치상황에서 지역에 연고를 둔 정권출현이 불가결하고, 그 철옹성과 같은 지역연고에 뿌리를 둔 정부는 지역패권주의로 나아갈 가능성이 크다는 우려가 있었다.

그러나 우리 국민의 의식은 많이 달라지고 있다. 민주화와 더불어 금권선거의 위험은 많이 사라지고 있으며, 특히 금권선거를 막기 위한 공직선거법의 내용은 그 우려를 불식시키기에 부족하지 않게 되었다. 또한 재벌의 경우도 불법선거자금을 과거와 같이 마음대로 조성하고 뿌릴 수 없도록 기업회계의

기능을 발휘하지 못하는 경우가 자주 발생한다. 동지, 이성환, "일본의 의원내각제와 수상의 리더쉽 -일본형 대통령제의 모색-", 일본어문학(일본어문학회: 제26권, 2004), 452면 이하.

투명성이 요구되고 있다. 그리고 지역연고주의에 바탕을 둔 지역패권주의는 '제왕적 대통령제'에서 나오는 것이지 권력분산을 전제로 하는 의원내각제에서는 발붙이기 어렵다.[398] 오히려 지역연고주의를 주장하는 정치세력이 절대다수를 차지하지 않는 한 의원내각제에서는 지역패권주의가 발을 붙일 수 없다.[399] 따라서 과거 의원내각제를 반대하기 위한 명분으로 내세웠던 금권정치 또는 지역패권주의에 대한 우려는 오늘날 타당성이 거의 없는 것으로 평가된다.

3. 二元政府制

(1) 책임정치의 관점에서의 이원정부제의 본질

이원정부제는 분권형대통령제라고도 하며,[400] 대통령제의 요소와 의원내각제의 요소를 혼합한 절충형정부형태의 하나이다.[401] 이원정부제는 대체로 집행부가 대통령과 내각이라는 두 집행기관으로 구성되고 대통령과 내각이 각기 집행에 관한 실질적 권한을 나누어 가지는 정부형태를 말한다.[402] 즉 집행부의 구성이 국민으로부터 직접 선출된 대통령과 의회의 신임을 받은 내각으로 이원적으로 구성되고, 정치적 집행기능에 관한 권한은 대통령이 맡고 협의의 집행기능에 해당하는 일반행정은 내각이 맡는 정부형태이다. 따라서 이원정부제는 전국민적 정당성에 독립적 기반을 둔 초당적 실권을 가진 대통령으로서의 '국가수반'과 의회의 신임여부에 종속된 당파적 실권총리가 '정부수반'이 되며, 외정과 내정의 분리 및 비상국정과 평시국정의 분리를 토대로, 전자에 해당하는 정치적 집행기능은 대통령이 맡고 후자에 해당하는 협의의 집행기능

398) 황태연, "유럽의 분권형대통령제와 4년 중임 분권형대통령제 개헌방안", 188면; 김욱, 김대중의 끝나지 않은 이야기, 인물과 사상사, 2005, 293면 이하.

399) 정종섭교수가 권력분점을 장점으로 내세우며 의원내각제를 주장하는 이유이기도 하다.

400) 황태연, "유럽의 분권형대통령제와 4년 중임 분권형대통령제 개헌방안", 160면 이하.

401) 절충형정부형태는 대통령제중심의 절충형과 의원내각제중심의 절충형으로 크게 나뉘며, 구별기준은 i) 국민의 직접적인 민주적 정당성에 그 존립의 기초를 두는 국가원수가 존재하는지의 여부, ii) 집행권의 실질적인 담당자가 누구인지의 여부, iii) 조직·활동·기능적인 면에서 입법기관과 집행기관 사이에 독립성과 의존성의 어느 쪽이 더 강조되고 있는지의 여부 등이 고려된다. 허영, 헌법이론과 헌법, 1027면.

402) 권영성, 헌법학원론, 765면; 전학선, "이원정부제의 도입가능성에 관한 연구", 국회미래한국헌법연구회 창립기념 세미나자료(2008. 7. 16), 70면 이하.

은 내각수상이 맡아 분권적으로 공존·협력하는 정부형태를 말한다.[403)]

그런데 이러한 이원정부제는 역사적으로 1848년 2월혁명 직후 프랑스 제2공화국에서 처음 선보였다. 이후 이 제도는 70년 이상이나 잊혀졌다가 1919년 바이마르공화국과 핀란드에서 부활했다. 이어 1929년 오스트리아, 1931년 스페인, 그리고 1937년 아일랜드가 이 제도를 도입했으나, 제2차 세계대전 이전에 도입된 이 이원정부제는 핀란드와 아일랜드 외의 나라에서는 나찌즘과 파시즘에 의하여 다 파괴되었다.[404)] 그러나 제2차 세계대전이 끝나고 1948년 이탈리아, 1958년 프랑스, 1975년 포르투갈과 그리스가 이원정부제를 안정적 정부형태로 정착시켰고, 그리하여 이원정부제는 50년 이상의 장기간의 정치실험을 통하여 검증된 새로운 유형의 정부형태로 평가받아야 하는 것으로 본다.[405)] 1990년대에 개혁·개방이 이루어진 동유럽국가인 폴란드, 헝가리, 체코, 슬로바키아, 루마니아, 불가리아 등도 이원정부제를 택하고 있는 것은 우연이 아니라고 보는 것이다.

그러면 이원정부제의 경우 책임정치의 관점에서 어떤 장점이 있는가를 살펴보아야 한다. 이원정부제에서 대통령은 국민으로부터 직접선거되기 때문에 국민에 대해서만 정치적 책임을 질 뿐 의회에 대하여 정치적 책임을 지지 않는다. 또한 대통령이 국민에 대하여 지는 책임은 주기적인 선거를 통한 신임여부의 책임이기 때문에 대통령제에 있어서와 같이 책임의 의미가 크지 않다. 반면에 수상을 중심으로 하는 내각은 의회에 대하여 정치적 책임을 지며, 의회가 내각을 불신임하는 경우 대통령이 의회해산권을 행사하게 하여 책임정치가 실현될 수 있다. 특히 정치적 책임의 문제는 초당파적인 대통령의 권한에 속한 것이라기보다는 내각의 권한에 속하는 당파적 집행기능과 관련된 것이 대부분인 점에서 책임정치가 실현될 수 있다는 것이다. 따라서 이원정부제는 초당파적 위치에서 국민통합과 위기관리를 책임지는 대통령이 존재하여 국가권력의 권위파탄을 방지할 수 있음과 동시에 당파적 관점에서 논의되는 불신

403) 황태연, "유럽의 분권형대통령제와 4년 중임 분권형대통령제 개헌방안", 163면.

404) 황태연, "유럽의 분권형대통령제와 4년 중임 분권형대통령제 개헌방안", 165면.

405) Jürgen Hartmann, Westliche Regierungssysteme, 2000, 황태연, "유럽의 분권형대통령제와 4년 중임 분권형대통령제 개헌방안", 166면 이하 재인용.

임사태에 대하여 의원내각제와 유사한 고도의 책임정치의 효과를 거둘 수 있는 점에서 장점이 있다고 한다.[406]

(2) 책임정치의 관점에서의 이원정부제의 문제점과 보완책

1) 집행권의 이원화에 따른 갈등의 문제

이원정부제를 대표했던 바이마르공화국의 정부형태에 대한 평가에서 나타나듯이 집행권의 이원화가 조화롭게 유지되기가 쉽지 않다는 점에서 문제점이 지적된다. 특히 대통령의 자유로운 수상임명권은 대통령으로 하여금 통치의 주도권을 가지게 함은 물론이고 국가긴급권과 더불어 대통령독재를 가속화하였다고 평가하면서, 이념적으로 서로 조화될 수 없는 대통령제와 의원내각제의 요소를 함께 수용하는 경우 그 결함들만이 나타나게 되어 실패로 끝날 수밖에 없다는 것이다.[407] 또한 이원정부제는 집행권을 명확하게 이원화하기가 어려워 그 모호성으로 말미암아 대통령과 총리가 갈등을 일으킬 수밖에 없고, 아울러 그것은 정책에 대한 책임소재를 불분명하게 하여 갈등의 원인이 된다고 한다.[408] 그리고 이원정부제는 집행권의 이원화에 따른 갈등을 피할 수 없는 것이기 때문에 제도 자체에 모순을 내포한 것이라고 보는 것이 전통적 인식이었다.[409]

그러나 바이마르공화국의 이원정부제가 실패한 이유에 대하여 제도 탓으로 돌리는 것은 단견이었다는 평가가 이루어지고 있다. 그것은 당시의 힌덴부르크 대통령이 총선에서 이미 제1당으로 급부상한 나치당의 히틀러를 기피하여 3차례나 다른 인물을 총리로 임명하려고 노력했던 사실을 간과한 주장이고, 당시 독일사회가 제왕적 카리스마에 대한 향수가 강했고 또한 파멸적인 세계대공황의 여파로 나치즘의 출몰을 막을 수 없었다는 역사인식을 간과한 주장이라고 보기 시작한 것이다.[410] 그리고 22개의 유럽국가 가운데서 7개의 입헌

---

406) 황태연, "유럽의 분권형대통령제와 4년 중임 분권형대통령제 개헌방안", 170면 이하.

407) 허영, 헌법이론과 헌법, 1007면 이하.

408) 박찬욱, "정부형태와 개헌과제", 28면.

409) 보다 자세한 내용은, 강현철, "이원정부제에 관한 비교법적 연구", 외법논집(제26집, 2007. 5), 16면 이하.

군주국가의 경우가 의원내각제를 택하고 있는 반면에,[411] 13개 공화국이 이원정부제를 택하고 있으며,[412] 독일과 스위스에서 예외적으로 공화국인 의원내각제와 집정부제를 택하고 있는 것을 보더라도,[413] 이원정부제는 유럽에서 안정적 정부형태로 정착했다는 것이다. 따라서 책임정치의 관점에서 대통령제가 더 이상 우리 현실에 맞는 정부형태가 아니라고 인식하는 사람들 가운데서 새로운 정부형태로 이원정부제를 주장하는 사람이 늘고 있다.[414]

2) 동거정부의 문제

과거 이원정부제에 대한 전통적인 문제점으로 지적된 앞의 내용에 비하여 그것이 보다 구체적으로 현실화된 것이 이원정부제에 있어서의 동거정부의 문제이다. 동거정부가 나타나면 권력투쟁과 권한분쟁으로 대통령과 내각 사이에 불화와 정치적 갈등이 만성화하게 되며, 정쟁이 빈발하여 정국의 불안정이 초래될 가능성이 농후하다고 지적한 것이 그것이다. 특히 정치적·경제적 난국을 타개할 필요성이 있다든가 분단국가에 있어서 국론통일이 불가피한 국가적 상황에서는 이원정부제는 결코 바람직한 정부형태가 아니라고 한다.[415]

물론 프랑스에서 처음 동거정부가 나타났을 때, 특히 좌우대립이 심각한 프랑스였기 때문에 많은 국가들이 걱정스런 눈으로 바라보았다. 그러나 프랑스의 경우 수준 높은 정치전통과 정치문화를 바탕으로 동거정부를 안정적으로 이끌었고, 그 후로는 동거정부의 출현을 당연한 것으로 여길 뿐만 아니라 정치적으로도 긍정적으로 바라보게 되었다. 그 이유는 동거정부가 요구되면 '거국내각' 또는 '대연정'과 같은 형태로 내각의 구성이 강요되어 운영될 수밖에

410) Klaus von Beyme, Die Parlamentarische Demokratie, 1999, 황태연, "유럽의 분권형대통령제와 4년 중임 분권형대통령제 개헌방안", 166면 재인용.

411) 영국, 노르웨이, 스웨덴, 덴마크, 네덜란드, 벨기에, 스페인이 이에 해당한다.

412) 프랑스, 오스트리아, 이탈리아, 핀란드, 포르투갈, 아일랜드, 그리스, 폴란드, 헝가리, 체코, 슬로바키아, 루마니아, 불가리아 등이 이에 속한다.

413) 황태연, "유럽의 분권형대통령제와 4년 중임 분권형대통령제 개헌방안", 169면.

414) 황태연, "유럽의 분권형대통령제와 4년 중임 분권형대통령제 개헌방안", 155면 이하; 조홍식, "유연한 균형과 견제의 정치제도 -임상 정치학적 제언-", 국회 미래한국헌법연구회 창립기념 세미나자료(2008. 7. 16), 97면 이하.

415) 권영성, 헌법학원론, 768면.

없고, 이 경우는 의원내각제에 가까운 형태로 운영되게 된다는 것이며, 그렇지만 수상의 지위가 강화되는 것일 뿐 대통령의 존재를 무시할 수 없는 관계로 대통령의 고유권한은 그대로 행사되기 때문이라는 것이다. 그리고 이 동거정부는 프랑스에서 처음 나타난 것이 아니라 핀란드와 오스트리아에서는 이미 오래전에 경험한 것이라는 것이다.[416] 따라서 동거정부가 나타나는 경우 오히려 의회에 대하여 정치적 책임을 지지 않는 대통령으로 하여금 의회와 협력하여 집행권을 행사하도록 함으로써 책임정치에 기여하는 결과를 가져올 수 있다고 주장한다.

4. 小結

책임정치의 실현과 관련하여 정부형태를 살펴본 결과, 대통령제는 전통적으로 탄핵책임을 제외하고 정치적 책임을 지우기 어렵기 때문에 문제가 있음을 알 수 있었다. 특히 민주화와 더불어 불신임정국이 일상화된 것으로 보는 한, 그 불신임을 해결하기 위한 장치를 마련하지 않으면 무책임하고 무기력한 정부형태로 전락할 것임을 알 수 있었다.[417] 반면에 의원내각제는 제도의 본질 자체가 책임정치의 실현에 초점이 맞추어져 있기 때문에 책임정치의 실현에 가장 적합한 정부형태임을 알 수 있었다.[418] 그리고 이원정부제의 경우 과거의 실패경험 때문에 제대로 평가되지 못했다가 최근에 국정운영의 안정성과 합리성이 인정되고 있는 점에서 재발견되고 있는 것을 알 수 있지만, 새로운 정부형태로 정착되는 과정에 있기 때문에 선뜻 채택되기 어려운 문제점이 있다.

416) 황태연, "유럽의 분권형대통령제와 4년 중임 분권형대통령제 개헌방안", 172면 이하.

417) 대통령제의 무책임성과 경직성으로 평가되는 부분이 그것이다. 서주실, "대통령제 정부형태에 대한 재검토", 9면 이하.

418) 김도협, "의원내각제, 그 예단적 효과에 관한 소고", 헌법학연구(제11권 제1호, 2005. 3), 457면; 이관희, 한국민주헌법론II, 박영사, 2004, 113면; 장용근, "바람직한 정부형태개정방향에 관한 연구", 세계헌법연구(제14권 제1호), 280면; 허경, "내각제 개헌의 당위성", 공법연구(제27집 제3호, 1999), 23면.

V. 結論으로서의 議員內閣制로의 政府形態 변경에 따른 憂慮와 對應

책임정치를 실현하기 위한 여러 제도를 찾아보고 분석한 결과, 책임정치의 본질이 법적 책임보다는 정치적 책임으로 전환되고 있고, 정부구성원에 대한 책임보다는 정부의 책임이 가장 중요하고 필요하다는 점을 살펴보았다. 그리하여 정부형태의 관점에서 책임정치를 실현하기에 가장 적합한 것이 무엇인가를 찾은 결과 의원내각제가 그에 해당함을 알았다. 물론 이원정부제가 우리의 정치상황 가운데서 우리 국민의 강력한 주권욕을 만족시키는 면이 있는 것은 사실이나, 동거정부가 나타날 경우 우리의 정치의식이 그 상황을 극복할 수 있을 것인가에 대한 자신이 없다. 따라서 우리 국민의 의식수준이나 정치상황이 더 이상 대통령제로는 정치 내지 국가통치를 안정적으로 운영할 수 없다고 판단했기 때문에 확실하게 책임정치를 실현할 수 있는 의원내각제로의 전환을 개헌내용으로 주장하지 않을 수 없다. 다만 의원내각제 정부형태로 전환하는 것에 대한 다음과 같은 우려가 있기 때문에 그에 대한 평가를 통하여 결론으로 삼고자 한다.

1. 政治傳統의 變化가 초래할 混亂을 감당할 수 있을까?

정부형태는 국가구조에 대한 권력분립원리의 조직적·구조적 실현형태이다. 그리고 이 정부형태에 따라 한 국가의 실질적인 표현형태, 즉 국가운영의 모습이 적나라하게 드러나는 점에서 국가구조에 있어서 정부형태는 가장 중심적인 좌표를 차지한다.[419] 따라서 대통령제를 60여년 실현해온 마당에, 정부형태의 변경은 국가구조 전체를 변화시키는 것이기 때문에 의원내각제로의 전환은 많은 혼란을 야기할 것이라고 짐작할 수 있다.

그러나 현행의 대통령제에 따른 폐해와 문제점을 고려한다면 정부형태의 전환으로 인한 혼란과 갈등은 충분히 감내할 가치가 있다. 즉 현재 우리의 대통령제는 특정지역을 배경으로 등장한 대통령의 권력독점을 토대로 한 지역패권

419) 허영, 한국헌법론, 692면.

주의로 나아가고 있고, 사소한 당파적 정쟁거리에도 모조리 대통령의 책임으로 돌려져 대통령이 철저하게 동네북으로 전락하였으며, 불신임정국의 일상화에도 불구하고 과거와 같은 권위주의통치로 되돌아 갈 수 없기 때문에 어느 정도의 혼란과 갈등을 감수하고서라도 정치환경의 전환이 요구되고 있는 것이다. 뿐만 아니라 우리 국민의 의식수준은 대통령마다 자기정당을 만드는 것을 보아왔고(이 현상보다 정당정치가 나빠질 수는 없다고 본다), 그것이 문제가 있다고 보아 중간선거에서는 물론이고 보궐선거나 지방자치선거를 통하여 심판을 내릴 줄 알게 되었으며, 대통령에 대한 탄핵소추가 이루어진 것을 보면서도 흔들림 없이 헌법재판소의 판단을 지켜볼 정도로 민주의식이 높아졌다고 보기 때문이다.[420] 따라서 우리의 정치현실에서 한계를 보이고 있는 대통령제를 바꾸지 않고 오히려 현실에 안주하는 모습을 보이는 것이 국가발전을 저해하고 비효율을 조장하는 것이라고 본다. 변화는 발전의 모태이기 때문이다.

2. 韓國的 政黨政治의 問題點이 議員內閣制를 실현할 수 있나?

의원내각제에 있어서 튼튼한 이념정당의 존재와 정당간의 타협문화가 필수적임에도 불구하고 이러한 전제가 갖추어지지 않은 상황에서 성공할 수 있을 것인가에 대한 의문이 제기되고 있다. 특히 한국의 정치상황이 정당정치의 중요성은 인식하고 있으나, 이념정당을 바탕으로 하는 정당의 정체성이 갖추어지지 않은 결과 정당의 이합집산과 명멸이 빈번하게 이루어지고 있는 점을 특히 우려하고 있다.[421]

그러나 그러한 우려에도 불구하고 우리 정치상황은 이미 이념정당으로서의 변모가 나타나기 시작했다. 물론 우리의 정당들이 이념보다는 특정지역을 토대로 하여 이합집산을 하여왔지만, 1992년 이후 전통야당에 뿌리를 둔 진보성향의 통합민주당과 민주자유당에 뿌리를 둔 보수성향의 한나라당처럼 이념정

420) 물론 10년 전쯤의 논문이지만 의원내각제의 성공조건이라는 것을 전제로 우리 정치인과 국민의 의식수준이 그에 못미치기 때문에 반대하는 견해로는, 김병록, "정부형태 바꾸어야하는가?", 269-277면 참조.

421) 박찬욱, "정부형태와 개헌과제", 국회 미래한국헌법연구회 창립기념 발표자료(2008. 7. 16), 27면.

당으로서의 면모를 갖추어 가고 있다. 특히 민주노동당과 같은 극좌 진보성향의 정당도 활동을 시작한지 오래되었다. 따라서 아직 특정지역을 토대로 한 것이긴 하지만 이념정당으로서의 모습이 보이고 있는 점에서 의미를 찾아야 한다.

그리고 현재로서 중요한 것은 국회의원 공천권과 관련하여 불만을 품은 사람들이 철새처럼 다른 정당으로 옮기거나 급조된 정당을 만드는 등의 문제에 관한 평가이다. 이 문제는 대통령제이기 때문에 쉽게 나타났지만, 의원내각제로 전환되면 그 현상은 곧 사라질 것으로 본다. 대통령제에서는 국회의원의 당적변경이 정부구성에 영향을 미치지 않기 때문에 철새정치인이 나타날 수 있으나, 의원내각제에서는 국회의원의 당적변경은 집권여부를 결정짓는 중요한 변수가 되기 때문에 그 현상이 나타나기 어렵다. 또한 의원내각제에서는 집권을 위하여 철저하게 민주적 절차를 거쳐 후보자가 결정되어야 하며, 당선 가능한 사람을 다른 이유로 배제하여 다른 정당이나 무소속으로 출마하게 하는 것은 정치적 자살행위에 해당한다. 뿐만 아니라 의원내각제에서는 집권한 후에도 소속 국회의원에 대하여 소홀히 할 수 없다. 만약 소홀히 하는 경우 국회의원의 당적이탈로 나타날 것이고, 국회의원의 당적이탈은 정권교체를 의미하게 된다. 따라서 의원내각제가 되면 현재보다 정당의 이합집산과 명멸이 많아지기보다는 오히려 줄어들 수밖에 없기 때문에 우려할 사항이 아니다.

3. 6월抗爭으로 표출된 直接選擧에 대한 民意를 國民이 포기할까?

우리 국민은 1987년 6월항쟁을 통하여 대통령직선제를 쟁취하였고, 그에 따라 민주화를 심화시킨 결과 2번의 평화적 정권교체를 경험하였다. 즉 대통령직선제는 단순히 국가의 최고지도자를 국민의 손으로 직접 선출하는 것에 그치는 것이 아니라 그것이 가지는 중요성을 이미 인식하고 있다. 특히 정권교체에 따라 국가의 근본정책이 많이 바뀔 수 있고, 그에 따라 국민 개개인의 이해관계가 달라지는 것을 체험하고 있다. 따라서 의원내각제로 바뀌어 국정의 최고책임자인 내각수상을 국민이 직접 뽑지 않게 되는 것을 우리 국민이 용인

할까를 우려하는 견해가 있다.[422)]

생각건대 대통령선거와 국회의원선거가 나뉘어 실시되는 것에 익숙한 우리 국민의 시각에서 하루아침에 국회에서 선출된 내각수상에 대하여 대통령에 부여했던 신임이 생길 것이라고 보지 않는다. 그러나 총선결과에 따라 다수당의 당수가 내각수상이 된다는 것이 전제된 선거에서는 이미 내각수상에 내정된 후보자와 그의 소속정당에 대한 신임투표가 된다. 특히 개개 국회의원에 대한 선거의 경우도 인물중심의 선거가 아니라 이미 정당의 지도자나 정당의 정강 정책에 대한 일종의 국민투표로서의 성격을 부인할 수 없게 되었다.[423)] 우리 선거풍토에서 지역별로 특정정당에 대한 쏠림현상이 나타나는 것도 이와 무관하지 않다. 더군다나 의원내각제의 경우 '그림자내각'을 항상 예비하고 있기 때문에 총선결과에 따라 누가 내각수상이 될 것인가에 대해서 이미 국민이 알고 선거에 임한다. 만약 양당체제가 아닌 다당체제로 되어 있는 경우에는 이미 제3당 이하의 정당들은 어느 대정당과 연합하여 집권할 것인가를 선거전에 결정짓는다. 따라서 의원내각제로 바뀌는 경우에도 사실상 국민이 직접 내각수상을 뽑는 것과 다를 바 없기 때문에 그 우려는 설득력이 없다.[424)]

4. 南北統一에 대비한 政府形態로서 적합할까?

현재와 같이 남북이 대치하고 있는 상황에서는 물론이고 남북이 통일을 이룩한 이후에도 수많은 국가과제를 효율적으로 집행하기 위해서는 구심력이 큰 대통령제 정부형태가 바람직하다는 주장이 있다.[425)]

그러나 남북통일이 이루어질 경우를 고려한다면 의원내각제가 훨씬 유용한

---

422) 박찬욱, "정부형태와 개헌과제", 25면. 같은 맥락에서 정부선택의 인지가능성을 문제로 제기하기도 한다. 권영설, "통일지향적 정부형태로서의 대통령제", 공법연구(제27집 제3호, 1999), 33면; 송기춘, "정부형태와 국가경쟁력", 세계헌법연구(제11권 제1호), 64면.

423) 허영, 한국헌법론, 660면 이하.

424) 본인의 주장과 달리 이를 부정적으로 보는 경향도 있다. 김민전, "8년 중임제 대통령제를 지지하며", 34면.

425) 변해철, "남북한 통합과 통치구조문제", 공법연구(제21집, 1993), 83면 이하; 김병록, 국가형태분류이론에 관한 고찰, 연세대 박사학위논문, 1997. 2, 303면 이하.

정부형태가 된다고 본다. 남북통일이 이루어지는 경우 가장 중요하고 시급한 문제는 북한주민을 우리 정치질서로 끌어 들이는 것에서 출발해야 하고, 그 경우 독일에서와 같이 북한지역을 대표하는 정당의 출현도 무시할 수 없으며, 북한주민이 중앙정치에서 보다 활발하게 참여할 수 있는 기회를 부여하기 위해서는 권력분점을 전제로 하는 의원내각제가 바람직하다고 보기 때문이다.[426] 북한주민들은 대통령제의 집권당을 통하여 정치에 참여하는 것보다 그들을 대표할 수 있는 정당을 통하여 연립정권의 형태로 의원내각제의 내각에 참여하는 것이 훨씬 만족스러울 것이기 때문이다. 특히 현재 남한지역에 현존하는 지역연고주의에 따른 지역정당체제를 부인할 수 없는 상황에서 북한주민을 끌어들여 건설적으로 승화시킬 수 있는 정부형태는 의원내각제 뿐이라고 할 수 있다. 따라서 당장 남북통일이 이루어질 가능성이 없더라도 남북통일을 대비하는 차원에서의 정부형태라면 의원내각제가 보다 적합한 것이라고 본다. 권력분점을 토대로 타협을 통한 참여의 정치를 가능하게 하고, 또한 통합의 정치를 제대로 실현하지 못할 경우 수시로 정치적 책임을 묻을 수 있는 방법이 의원내각제에 본질적으로 내포되어 있기 때문이다.

426) 이승우, “남북통일에 대비한 헌법적 대응”, 연세법학연구(제4집, 1997. 9), 60면 이하.

제 4 편

韓國憲政史의 展望

2011년 1월 현재 대한민국은 권위주의통치가 사라지고 민주화가 이루어졌으며 세계적으로도 완전한 민주주의국가로 인정받고 있다.[427] 우리 헌정사에서 괄목할만한 진전이요 자랑거리가 아닐 수 없다. 그러나 이미 대한민국의 경제력은 세계 10위 이내에 자리 잡았지만, 이렇게 '민주주의 지수'에서 20위에 머무르고 있는 것은 특히 우리 정치수준에 있어서 툭하면 날치기통과와 몸싸움을 하는 그야말로 3류정치가 실현되고 있기 때문임을 주목해야 한다. 그리고 그러한 정치문화가 아직도 3류수준에 머무르고 있는 것은 여야간의 타협의 정치가 실현되지 못하고 있는 점에 그 근본적 원인이 있지만, 헌법규범을 토대로 하는 정치제도에도 문제가 있을 수 있다는 점을 고려해야 한다. 즉 국민들의 의식수준은 높아져 책임정치를 요구하고 있음에도 불구하고 현행헌법의 규정 때문에 책임정치의 구현보다는 국정안정이라는 요구에 부응하여 운영될 수밖에 없는 현실에 기인한다는 것이다. 물론 대통령제 정부형태를 전제하면서도 책임정치를 실현할 수 있는 대통령에 대한 불신임국민투표제도와 같은 장치를 할 수도 있지만, 현행헌법은 그와 같은 직접민주주의방식의 위험성을 고려하여 채택하고 있지 않기 때문에 책임정치의 실현에 한계를 보이고 있는 것이다. 앞에서 살펴본 노무현대통령이 집권하는 동안에 집중적으로 표출된 21세기의 헌정사에 대한 도전은 우리 국민의 민주화수준에 헌법규범이 따라가지 못한 괴리현상 때문이었다고 할 수 있는 것이다. 따라서 우리의 정치문화를 3류수준에서 끌어올려 선진국과 대등한 민주주의국가로 만들어야 할 과제가 우리에게 부여되어 있음을 전제로 우리 헌정사에 대한 전망을 한다면, 그것은 헌법개정의 필요성과 방향 및 전망으로부터 시작해야 할 것으로 본다.

427) 2010년말 영국의 시사주간지 이코노미스트가 발표한 "2010년 민주주의 지수"에서 한국은 아시아 1위이며 세계 20위로 자리매김했다. 조선일보. 2011. 1. 1.

제 1 장

憲法改正의 必要性

I. 최근 憲法改正에 대한 論議의 概觀

재신임국민투표발언으로 촉발된 불신임정국과 탄핵정국을 가까스로 넘긴 노무현대통령은 정국의 어려움을 전제로 야당과의 연합정부(연정)의 구성에 관하여 여권관계자에게 거론했다는 보도가 2005년 7월 4일 나왔다. 그리고 5일에는 청와대 홈페이지를 통해 1988년 이후 자주 발생하고 있는 여소야대현상은 국정이 원활하게 돌아가지 않게 하고 있다고 하면서, 비정상적 정치를 바로 잡을 여러 대안을 정치권은 물론이고 학계와 언론계가 논의해 줄 것을 요청하면서 헌법개정의 필요성을 암시하였다. 정권출범 초기에도 그랬지만 2005년 상반기에 치러진 보궐선거에서 여당이 참패하여 여소야대현상이 발생한 것과 대권·당권분리 주장에 따라 여당총재직을 맡지 않은 상태에서 여당에 대한 장악력이 약화된 것에 대한 대응책이라고 한다.

물론 그동안 정치권은 정파적 이해와 관련하여 4년임기의 대통령 중임제, 의원내각제, 또는 이원정부제 등의 개헌론을 주장하여 왔다. 특히 노무현대통령도 권력구조 개편을 위한 청사진으로 대선공약에서 2006년 초에 시작하여 2006년 말쯤에 개헌을 마무리 짓고 현재의 대통령의 임기가 끝나는 2007년 말 새 헌법에 따라 새로운 정부구성을 하자고 한 바 있기 때문에, 그것은 대선공약을 6개월 정도 앞당겨 발표한 것이라고 할 수 있고, 다른 한편으로 국민들로부터 불신임을 받고 있는 현재의 정치 및 경제적 상황을 돌파하기 위한 전략일 수도 있다. 그리고 2007년 초에는 구체적으로 소위 one point개헌을 공식화하고 1개월 남짓 여론수렴과정을 거쳤지만 정치권은 물론이고 국민들의 시선이 부정적이고 냉냉함을 인식하고 스스로 철회하기에 이르렀다.

한편 보수세력으로의 정권이 바뀐 2008년 이후 이명박정권도 시기의 문제일 뿐 헌법개정에 대하여 긍정적 신호를 계속 보였다. 촛불시위정국을 어렵게 넘긴 이후, 2008년 7월부터 국회에서의 미래한국헌법연구회의 활동을 통하여 헌법개정의 문제를 공식적으로 다루게 하였고, 2010년 이재오특임장관을 임명하면서 사실상 헌법개정의 추진이 특임장관의 주요 과제임을 숨기지 않았다. 특히 2010년 예산국회를 강행처리한 이후 여당은 연말연시를 개헌정국으로 이끌겠다는 청사진을 제시하기도 했다.

그런데 필자의 시각에서 평가할 때 헌법개정의 필요성이 상당한 정도로 축적되었다고 생각한다. 특히 현행헌법의 규범적 효력으로서는 해결하기 어려운 일들이 헌정의 실제에서 자주 발생하고 있기 때문에 현직이었던 노무현대통령으로부터 그러한 주장이 제기되고 있다고 평가하는 것이다. 지금까지 현행헌법은 순수한 미국식 대통령제와 의원내각제적 요소를 가미하여 '제왕적 대통령제'라는 권위주의통치를 뒷받침하는 역할을 충실히 하였지만, 노무현대통령에 의하여 탈권위주의가 실현되고 민주화가 보다 높은 단계로 상승한 결과, 그 혼합형 정부형태가 다음과 같은 여러 문제점을 내포한 것으로 볼 수 있다는 것이다

따라서 현재의 개헌논의가 정치권을 중심으로 이루어지고 있기 때문에 의심의 눈초리로 보고 있는 것이 사실이지만, 헌법학자의 시각에서 평가할 때 국민들이 인식하는 것보다 훨씬 심각한 제도적 문제점이 있음을 밝혀 개헌논의의 본격적 시동을 촉발시키고자 한다. 특히 우리 헌정사의 여러 도전을 고려할 때 개헌의 필요성이 충분히 축적되었다고 판단하여 개헌론을 제시하고자 한다. 다만 개헌논의를 위해서는 현행 헌법이 효력을 발하기 이전과 이후의 헌정상황을 비교 · 검토하여야 하고, 그것을 토대로 개헌논의의 진정성을 토대로 구체적으로 드러난 개헌논의의 필요성을 살펴보려고 한다.

II. 改憲論議가 이루어진 憲政狀況

1. 1987년 現行憲法 이전의 憲政狀況

1987년 현행헌법으로의 변개가 있기 이전의 우리 헌정상황은 '제왕적 대통령제'로 표방되는 권위주의통치의 전형을 이루었다. 즉 이승만정권은 물론이고 박정희정권 및 전두환정권 모두 권위주의통치를 행했다고 하는데 대하여 이론이 없다. 그 이유는 그들이 정권을 장악하기 위해 쿠데타 등으로 불법하게 정권을 탈취했음은 물론이고, 부정선거를 통해 민주적 정당성을 훼손하였으며, 정권타도를 외치는 야당과 재야세력에 대해 무자비한 탄압을 자행함으로써 절차적 정당성과 목적적 정당성을 무시했기 때문이다. 특히 이승만정권과 박정희정권에서 영구집권 내지 장기집권을 위한 헌법변개를 시도한 것은 독재정치 내지 권위주의통치의 절정을 이루는 것이었다고 할 수 있고, 전두환정권에서도 의원내각제개헌론을 통하여 장기집권의 음모가 사실상 대두되었지만 이를 간파한 국민들이 '6월항쟁'으로 맞서 좌절시키고 1987년 헌법을 쟁취한 것임을 주목해야 한다.

2. 1987년 이후 現行憲法의 評價와 최근까지의 運營實態

1987년 이후의 현행헌법은 6월민주항쟁의 결과 얻어진 것이었을 뿐만 아니라 최초의 여야합의로 얻어진 매우 민주적인 헌법이라는 점에서 큰 의미를 가진다. 1987년 이전의 헌법 자체가 권위주의통치를 위한 수단적 의미를 가지는 장식적 내지 명목적 헌법이었음에 반하여 현행헌법은 규범적 헌법으로 평가되기에 부족함이 없었다. 즉 지금까지 권위주의통치를 가능하게 했던 제도적 문제점을 해결하기 위하여 대통령의 권한을 축소시키는 등 많은 문제점이 해소되었다. 그러나 아무리 문제점을 보완했다 하더라도 대통령제 정부형태가 유지되는 한 대통령에게 주어지는 권한집중은 피할 수 없는 것이기 때문에 권위주의통치가 하루아침에 극복되는 것은 아니었다. 각종 권력기관에 대하여 임명권과 지휘감독권을 가지는 대통령이 마음먹기에 따라서는 이들 기관을 이용하여 얼마든지 독재정치를 할 수 있는 것이기 때문이다.

아무튼 1987년 이후의 헌정상황도 이전의 정권들에 비하여 강도는 약해졌지만 권위주의통치를 벗어나지 못했다. 특히 군사통치의 연장선상에 있던 노태우정권은 물론이고 문민통치를 강조한 김영삼정권과 김대중정권 모두 민주적 정당성이 취약했기 때문에 권력기관에 의존하지 않을 수 없었다. 절대다수 국민의 지지를 받지 못한 상태로 출발했기 때문에 국민의 절대적 신뢰를 바탕으로 정치를 할 수 없었고, 엄청난 불법대선자금이라는 원죄와 관련된 부패스캔들 때문에 끊임없이 시달려야 했으며, 국회구성에 있어서 여소야대현상이 나타남으로 인하여 능률적인 국정운영을 불가능하게 하였다. 결국 소위 後3김시대로 일컬어지는 이 시기는 위와 같은 이유들 때문에 국가통치에 대한 정당성의 위기를 맞이하게 되었고, 그 정당성의 위기를 권위주의통치에 의존하지 않을 수 없었다. 예컨대 의원내각제 밀약을 바탕으로 하는 3당합당과 DJP연합, 여소야대현상을 타개하기 위한 권력기관을 동원한 인위적 정계개편 등의 방법을 통하여 그야말로 정권유지에 급급한 상황이 계속되었고, 그것은 결국 정당성의 위기를 3김만이 가지고 있던 카리스마적 정당성으로 겨우 겨우 연장시켜 나가는 방식인 권위주의통치로 일관한 것이라고 평가된다.

3. 現行憲法과 노무현政權의 權威主義統治의 除去作業

노무현정권에 들어서 우리 헌정에 큰 변화가 이루어졌다. 정권출범부터 '제왕적 대통령제'를 타파하겠다는 의미에서 탈권위주의를 선언하였고, 그 일환으로 국무총리에게 실권을 부여하는 '책임총리제' 내지 '분권형 대통령제'로 국정을 운영하겠다고 하였으며, 대통령의 의중에 따라 움직이던 각 권력기관을 본연의 위치로 돌려보내는 등 권력을 휘두르지 않겠다는 것을 행동으로 보이기 시작했다. 그 결과 각 권력기관들이 정권안보의 차원에서 권력을 휘두르지 않고 본연의 위치에서 기능을 발휘하기 시작한 것은 좋은 징조로 보인다. 또한 그 때문에 '제왕적 대통령제'라는 현상이 사라지고 탈권위주의가 정착되고 있다.

그러나 그것은 또 다른 정치현상의 출발을 의미하는 것이 되었다. 탈권위주의에 바탕을 둔 노무현대통령의 말과 정책 그 자체가 보혁갈등을 조장하여 국정을 극심한 혼란에 빠뜨렸을 뿐만 아니라 그것이 정권초기의 측근비리와 겹쳐 대통령에 대한 존경심과 권위를 부인하는 현상으로 발전하면서 불신임정국이 초래되기 시작한 것이다. 즉 대통령 주변의 도덕적 우월성을 무기로 보수세력을 몰아세우던 것이 자초됨과 동시에 불신임이 고조되자 재신임정국을 연출하였고, 그 재신임정국이 4.15총선과 맞물려 결국 탄핵정국으로 발전하게 되었다. 탄핵정국이 마무리된 이후에도 노무현정권에 대한 불신임은 줄어들기는 커녕 광범위하게 퍼졌다. 그리하여 2005년 7월 5일 노무현대통령은 국민에게 드리는 서신을 통해 "여소야대국회로는 국정이 원활하게 돌아가지 않는다"고 하면서 "지역주의 결과로서 우리 정치는 가치지향이 없는 정당구조 위에 서 있다"고 하는 등의 현행헌법에 따른 헌정을 평가하면서 정치질서의 근본적 재편을 논의하자고 하였고, 그 이전까지 대통령 권력의 절반을 내놓는 등 야당인 한나라당과의 연정을 할 수도 있다고 하였다.

4. 不信任政局의 日常化

결국 後3김시대를 벗어나 노무현정권에 들어서면서 우리 헌정은 크게 변하고 있다. 대통령 스스로 권위주의통치를 벗어던져야 한다고 주장하여 탈권위주의를 정착시킨 것은 큰 업적으로 평가될만 하지만, 그 탈권위주의의 정착은 또 다른 현상인 불신임정국을 야기하였다. 물론 당시로서 그 불신임정국이 노무현대통령 개인에 대한 불신임에서 비롯된 것이 많다는 점을 인정한다면 문제점이 없는 것으로 평가할 수도 있다. 그러나 노무현대통령에 의하여 권위주의적 통치가 무너진 상황에서 과거의 권위주의통치로 회귀할 가능성이 적다는 점과 민주화된 국민들의 의식도 그것을 묵과할 것으로 보이지 않기 때문에 탈권위주의에 따른 불신임정국은 앞으로 계속될 것으로 보인다는 점에서 관심을 가져야 한다. 또한 당시의 노무현정권에 대한 불신은 대통령직에 대한 권위마저도 사라지게 하였고, 우리나라의 정치지형이 여대야소를 장기적으로 보장하지 않는 상황으로 발전하였기 때문에, 대통령의 임기중에 여소야대현상에 따른 분할정부가 출현하여 정국이 냉각되는 등의 현상이 속출하였으며 앞으로도 계속될 것으로 보인다.[428] 이것은 결국 탈권위주의가 불신임정국을 일상적인 것으로 만들었음을 의미한다. 그리고 이 불신임정국은 헌법개정의 필요성을 인정하는 가장 중요한 요인이 되고 있다.

III. 憲法改正의 前提條件과 改憲論議의 眞情性

헌법개정을 논의하기 위해서는 일부 정당의 정략적인 주장이 아니라 헌법개정을 위한 실제적인 요건이 갖추어져 있는가를 살펴보아야 한다. 즉 헌법이론적인 관점에서의 헌법개정의 전제조건이 갖추어졌는가를 살펴보는 것과 그것을 뒷받침할 실제 헌정상황이 이루어지고 있는가를 찾아보아야 한다. 따라서 이 문제는 개헌논의의 전제조건으로서 개헌논의의 진정성과 필요성의 시각에서 평가가 필요함을 알 수 있다.

1. 지금까지 改憲論議의 背景

지금까지 헌정사에서 헌법개정이 이루어진 배경은 영구집권 내지 장기집권을 위한 토대를 마련하고 권위주의통치를 강화하기 위하여 시도되었음은 의심의 여지가 없다. 또한 그것은 좁은 의미의 헌법개정이 아니라 헌법제정에 준하는 헌법개혁·헌법제거 등의 방법으로 헌법변개를 시킨 경우도 있기 때문에 그러한 판단은 당연한 것으로 평가된다.[429] 뿐만 아니라 1987년 현행헌법이 효력을 발한 이후의 개헌논의도 정치세력 상호간에 집권가능성이 어떠하냐에 따라 정부형태를 중심으로 이루어진 점에서 개헌논의의 전제가 갖추어지지 않은 것을 알 수 있다. 즉 현행 대통령제에 따라 집권가능성이 큰 경우 개헌주장을 하지 않다가도 집권가능성이 멀어진 정치세력의 경우 의원내각제 내지 이

428) 여소야대현상에 따른 분할정부현상은 단순히 대통령의 임기와 국회의원의 임기가 다름으로 인하여 나타나는 것으로 평가할 수 없다. 오히려 민주화된 우리 정치상황에서 국민들이 그때그때의 정권의 과오에 따라 의사를 표출하고 있는 것에 기인한다고 본다.

429) 헌법제정·헌법개정·헌법변개 등에 관한 개념의 구별 등은 다음 논문을 참조바람. 이승우, "한국헌정 50년을 어떻게 시대구분하고 평가할 것인가?", 공법연구(제27집 제1호, 1998), 특히 54면 참조.

원정부제로의 개헌을 들고 나왔다. 물론 일부 정치세력의 경우(2006년 해체되기 까지의 자민련) 우리나라가 정부형태를 의원내각제로 바꾸어야 안정적 국정운영을 기할 수 있다는 주장을 일관되게 하고 있었지만, 그 논거는 국민들로부터 설득력을 얻어내지 못했다. 또한 최근에 현재의 5년 단임의 대통령제가 문제점이 많기 때문에 4년 중임의 대통령제로 개정하는 것을 골자로 한 개헌론이 여야를 막론하고 주장되고 있고, 그것이 현재로서 많은 여론의 지지를 받고 있는 것으로 평가되고 있으나, 그것만으로 개헌의 전제조건이 갖추어진 것이라고 보기 어렵다. 결국 노무현정권 이전의 개헌논의의 배경은 다음에서 살펴보듯이 헌법이론적인 관점에서 볼 때 개헌의 전제조건이 갖추어지지 않은 개헌주장 및 개헌논의였기 때문에 추진의 동력이 약했다는 것을 알 수 있다.

2. 憲法理論上 改憲論議의 前提條件

무엇보다도 헌법이론적인 관점에서 개헌논의는 정치생활을 규율해야 할 헌법규범이 정치생활을 주도하고 생활규범으로 기능하지 못한 경우에 논의되어야 한다. 즉 헌법규범과 헌법현실 사이에 괴리가 생겨 헌법규범이 규범적 효력을 실제에 있어서 발휘하지 못하게 되면 그 헌법규범은 죽은 헌법규범이 되고, 이렇게 사문화된 헌법규범이 나타나면 입헌주의를 위협하는 세력이 등장하기 때문에 헌법규범과 헌법현실을 일치시키는 작업이 필요하며, 이렇게 헌법규범과 헌법현실 사이의 갭을 좁혀 헌법규범을 살아있는 헌법으로 만드는 작업이 헌법개정이다. 특히 헌법규범은 장기적인 안목에서 한 나라의 백년대계를 내다본 청사진이고 또한 미래의 정치발전을 고려하여 헌법규범의 현실적응력과 현실의 헌법적응력을 높이기 위해 소위 상반구조적 입법기술을 동원하여 제정되지만, 그것이 미래의 정치발전을 모두 예견하고 규범화될 수 없는 것이기 때문에 헌법개정은 불가피하게 요구됨을 알 수 있다. 따라서 개헌논의는 헌법규범과 헌법현실 사이에 갭이 생겨 헌법의 생활규범으로서의 기능이 상실되고 살아있는 헌법이 되지 못할 때 자연발생적으로 이루어져야 하는 것이다.

물론 헌법규범과 헌법현실 사이에 괴리가 발생했다고 해서 곧바로 헌법개정이 추진되어야 하는 것은 아니다. 헌법규범과 헌법현실 사이의 완전한 일치 자체가 이상일 뿐이기도 하고, 헌법규범과 헌법현실 사이의 갭은 언제든지 있을 수 있으며, 그 불일치를 헌법해석을 통해 해결하고 있는 것이 현실이고 또한 그것이 헌법학의 중심과제로 되어 있기 때문이다. 특히 헌법규범과 헌법현실 사이에 상당한 괴리가 발생한 경우에도 헌법변질이론을 통해 해결을 시도하고 있는 것이 그 좋은 예다. 따라서 헌법개정은 헌법규범과 헌법현실 사이에 갭이 생긴 경우 가운데서도 헌법변질이론을 통하여 해결할 수 없는 한계에 도달한 경우 불가피하게 이루어져야 하는 해결책으로 평가해야 한다.[430]

3. 1987년 現行憲法 이후의 改憲論議의 眞情性

(1) 盧武鉉政權 이전의 改憲論議의 眞情性

현행헌법은 여야합의로 헌법변개가 이루어졌음에도 불구하고 그 후 개헌논의는 끊임없이 제기되었다. 특히 현행헌법을 토대로 치러진 첫 국회의원선거에서 최초의 여소야대국회가 구성되었고, 당시 위기의식을 느낀 노태우정권은 국정운영의 한계를 느끼고 의원내각제로의 개헌을 약속하며 3당합당(민정당+통일민주당+신민주공화당)을 추진하여 성공시켰다. 즉 우선은 여대야소로 바꾸어 국정운영의 원활을 기하고, 자신의 임기중 의원내각제 정부형태로 헌법개정을 하여 계속적으로 집권을 유지하자는 전략이었다. 특히 호남에 기반을 두고 있는 평화민주당을 고립시킴으로써 영구집권까지도 가능할 것으로 평가한 밀약이었다. 그러나 김영삼 민자당대표가 그 밀약을 깨고 대선후보가 된 이후 의원내각제로의 개헌주장은 새로이 집결한 자민련을 중심으로 한 정치세력에 불과하게 되었다.

한편 헌법학계를 중심으로 현행 대통령제 정부형태의 제도적 문제점이 지적된 것을 바탕으로 대통령 중임제 내지 이원정부제 개헌론이 끊임없이 제기되었다. 즉 상대다수선거제도의 문제점, 5년 단임제의 문제점, 그리고 부통령제 경시의 문제점 등이 제시되고,[431] 이 문제점을 개선하기 위하여 개헌이 필요

---

430) 허영, 한국헌법론, 2005, 50면 이하.

431) 허영, 한국헌법론, 2005, 634면 이하.

하다는 주장이 정치적 변혁이 요구될 때마다 정치권에서 흘러나왔다. 그러나 이 제도적 문제점도 우리의 국정운영을 저해할 정도로 심각한 문제점을 노출하지 않았기 때문에, 즉 헌법이론에서 논의되는 헌법규범과 헌법현실 사이의 괴리가 커서 국정운영의 걸림돌이 될 정도로 심각하지 않았기 때문에 헌법개정이 심각하게 제기되지 않았고, 일반 국민들의 시각에서도 개헌논의는 인위적인 정계개편을 원하는 정치권의 바람에 불과하다는 판단에서 대부분 무시하는 경향을 보였다.

결국 노무현정권이 들어서기 이전의 개헌논의는 진정성이 없었다고 평가할 수 있다. 즉 헌법이론적인 측면에서도 헌법규범과 헌법현실 사이에 심각한 괴리도 나타나지 않았고, 현실정치에서도 개헌을 추진할 동력이 없어 사실상 추진되지 않았다고 평가할 수 있다.

(2) 盧武鉉政權 이후의 改憲論議의 眞情性

노무현정권이 들어서면서 개헌논의의 성격이 많이 달라지고 있다. 노무현대통령은 국민들로부터 절대적 신임을 얻지 못한 상태에서 정권을 잡기도 하였지만 스스로 권위를 떨어뜨리는 발언을 자주 하여 국민들로부터 신뢰감을 상실하게 되었다. 그리고 그 불신임을 극복하기 위하여 재신임 국민투표를 바랐지만, 현행헌법상 대통령이 불신임을 받으면 스스로 사퇴하는 방법 이외에 국민의 신임을 묻는 방법이 없다는 점에서 그 재신임국민투표발언은 오히려 국정을 혼란에 빠뜨리게 하였다. 또한 그 재신임 국민투표발언은 과거 권위주의 통치시대에는 상상할 수도 없는 탄핵사태로 발전하여 불신임정국이 최고조에 달하게 되었다. 그야말로 노무현정권의 '정당성의 위기'를 맞이하게 되었다.

아무튼 노무현대통령에 의하여 자초된 '재신임국민투표정국'과 '탄핵정국'은 '불신임정국'의 전형을 이루었다. 그리고 이 불신임정국은 국가권력의 정당성의 위기로 평가되기에 충분했지만, 성숙된 국민의식과 공직자들의 민주의식은 이 정당성의 위기로 인하여 나타날 수도 있었던 국정마비와 같은 극단적 현상을 막아 주었다. 다만 노무현대통령에 의하여 초래된 불신임정국은 우리 헌정사에 중대한 교훈을 주었고, 특히 개헌논의와 관련하여 대통령에 대한 불신임 사태가 발생했을 경우 어떤 대비책이 헌법에 있는가를 생각하게 하는 교훈을 주었다. 그리고 우리 헌법은 극단적이고 법적 책임추궁의 방법인 탄핵의 경우를 제외하고 불신임정국이 초래되었을 경우에 그 해소방법을 규정하고 있지 않다는 점에서 헌법규범과 헌법현실의 괴리가 드러나게 되었다. 즉 대통령에 대한 불신임이 크게 문제가 되는 경우에도 자진 사퇴를 하지 않는 한 5년 임기를 보장해 주어야 한다는 지금의 헌법규정으로는 불신임정국을 타개하기 어렵다는 것을 일깨워 주었다. 뿐만 아니라 자주 출현하고 있는 여소야대현상에 따른 분할정부 하에서 대통령의 능률적인 국정운영이 기대될 수 없다는 시각에서 국가구조 내지 통치구조의 문제점이 지적되고 있다. 또한 여소야대정국에서 국무위원해임건의권이 남용되는 것에 대한 문제점도 지적되고 있다.

결국 현직 대통령으로부터 국정운영의 어려움이 토로되고 있는 현실에서 개헌논의의 진정성은 분명히 있다고 판단된다. 특히 우리 헌정에 있어서 가장 중요한 문제가 '탈권위주의'와 함께 나타난 '불신임정국의 일상화'에 있다고 본다면, 그 불신임정국의 일상화를 인정하고 그것을 타개하기 위한 헌법적 방안이 강구되어야 한다는 점에서 개헌논의의 진정성이 인정된다고 본다.

Ⅳ. 憲法改正의 必要性

헌법개정에 관한 논의가 단순히 집권연장 또는 집권가능성 때문에 제기되는 것이 아니라 헌법을 직접 실현하고 집행하는 대통령 스스로에 의해서 국정운영의 결과 제기된 것이라면 개헌논의의 진정성을 인정하고 개헌을 준비해야 한다. 즉 대통령 스스로 어려움을 토로하면서 개헌논의가 정치권과 학계에서 이루어지길 바라는 메시지를 직접 전달한 이상 그 필요성을 보다 구체적으로 살펴보고 올바른 평가를 해야 할 때이다. 즉 개헌논의가 정치권의 여러 세력이 각자의 실익 여부에 따라 주장된 것인가 아니면 헌정운영의 결과 나타난 헌법규범과 헌법현실 사이의 갭을 전제로 헌법규범의 규범적 효력을 높이기 위한 불가피한 주장인가를 평가한 다음, 후자의 경우라면 학계는 물론이고 항상 집권가능성만을 고려하는 정치권의 경우에도 적극적으로 검토해야 한다. 다시 말해서 앞에서 주장된 문제점들이 과연 개헌을 필요로 할 만큼 중요한 문제인가를 검토함으로써 개헌의 필요성을 구체적으로 찾아보아야 한다.

결국 현재의 우리나라 헌정상황을 고려할 때, 이제 권위주의통치가 막을 내렸을 뿐만 아니라 민주화된 우리 정치가 과거로 회귀할 가능성은 없어졌다. 또한 과도기적 현상이었다고 판단하지만 후3김시대와 같이 카리스마적 정당성을 발휘할 인물의 등장도 기대할 수 없다. 이것은 우리 헌정상황에서 가장 주목해야 할 문제가 노무현정권에 국한된 것이 아니라 이명박정권의 초기에도 나타났듯이 앞으로 계속적으로 나타날 것으로 예상되는 불신임정국을 어떻게 해소할 것인가에 맞추어져야 함을 의미한다. 즉 불신임정국의 초래가 헌법개정의 필요성을 충족시키고 있다는 점을 전제하면서 구체적으로 노무현정권에 의하여 촉발된 불신임정국은 어떤 점에서 헌법개정을 요구하고 있는가를 살펴볼 필요가 있다.

1. 民主的 正當性이 脆弱한 大統領選擧制度의 問題點

앞의 불신임정국과 정부형태에 관한 연구에서 지적한 것처럼 현행 대통령제 정부형태 하에서 가장 근본적이고 중요한 문제점의 하나는 대통령의 선거방식이 상대다수대표선거제도를 택하고 있어 민주적 정당성이 취약한 대통령이 국정을 맡는다는 점이다. 즉 현행헌법상의 대통령선거제도는 과거 제4공화국헌법이나 제5공화국헌법에 있어서와 같이 간접선거가 아니라 국민에 의한 직접선거인 점에서 민주적 정당성을 확보하고 있는 것으로 보이지만, 그 선거방법이 상대다수선거제도인 점에서 민주적 정당성의 크기에 있어서 문제점이 나타난다. 예컨대 1987년 12월 제13대 대통령선거 이후의 대통령선거에서 나타난 바와 같이 선거권자 과반수에 미치지 못하는 소수의 득표만으로 대통령에 당선되는 사태가 계속 발생하고 있다.432) 다시 말해서 이것은 당선된 대통령이 최다득표를 하였다는 것으로 그치지 않고 반대로 과반수 이상의 국민의 지지를 받지 못한 대통령이라는 꼬리표를 달게 되었다. 특히 제13대 노태우대통령이 득표한 득표율은 선거권자 전체의 32%에 해당하는데, 단독출마의 경우를

432) 제13대 노태우대통령 37%, 제14대 김영삼대통령 42%, 제15대 김대중대통령 40.3%, 제16대 노무현대통령 47.8%라는 유효투표율에 그쳤다.

대비하여 마련된 헌법 제67조 제3항이 규정하고 있는 선거권자 총수의 1/3 이상을 요구하고 있는 규정에도 미치지 못한 것이었기 때문에 민주적 정당성이 매우 낮은 위기상황이었다고 할 수 있다.

아무튼 현행헌법이 효력을 발한 이후 우리 헌정사에서 직선대통령제 정부형태를 택하고 있음에도 불구하고 민주적 정당성이 약함으로 인하여 문제점이 계속하여 발생하였다. 이미 지적했듯이 노태우정권은 집권초기부터 물태우정권이란 평가를 받았고, 임기중에 치루어진 총선에서는 사실상 최초의 여소야대정국이 이루어져 국정운영의 어려움을 겪었으며, 그리하여 결국 3당합당을 통해 그 위기를 극복하려 하였다. 김영삼대통령과 김대중대통령은 득표율에 있어서는 40% 이상을 득표하여 집권초기에는 높은 지지율을 보였으나, 임기중에 있었던 국회의원선거와 지방자치선거에서 과반수를 획득하지 못하고 여소야대현상이 나타남으로 인하여 중반 이후 급속히 레임덕현상이 나타났었다는 점에 대하여 의문이 없다.[433] 또한 노무현대통령은 이전의 대통령에 비해 대통령선거에서 비교적 높은 지지율을 보였지만, 자신이 주도한 정치권 물갈이를 위한 분당사태를 시도한 결과 정치권은 물론이고 다수국민으로부터 외면을 받아 집권초기부터 재신임을 받아야겠다고 말할 정도로 민주적 정당성에 대한 위기를 느끼지 않을 수 없었다.

결국 최근의 우리 헌정사를 평가할 때, 대통령제 정부형태가 안정적으로 운영되기 위해서는 대통령에 대한 민주적 정당성이 확실하게 요구된다는 것을 알 수 있다. 과거 권위주의통치시대에는 공포정치로 정권의 지지가 강요되면서 정권이 뒷받침될 수 있었지만, 오늘날과 같이 민주화된 상황에서는 자발적이고 적극적인 과반수 이상의 국민의 지지를 받지 않으면 안정적인 국정운영을 이끌어나갈 수 없다는 것을 알게 되었다. 따라서 우리 정치풍토에서 현행 대통령선거제도와 같은 상대다수대표제로서는 다수국민의 신임을 받는 대통령의 출현을 기대할 수 없다는 점에서 헌법개정의 필요성을 지적하지 않을 수 없다. 즉 대통령선거제도에 있어서 이 상대다수대표제도는 불신임정국을 초래하는 근본적 이유가 되고 있기 때문에, 대통령제 정부형태를 유지하는 경우에

433) 김영삼정권은 초기에 거대여당의 도움을 받고 있었던 반면에 김대중정권은 소수여당의 지지를 받는 차이가 있었지만 결과는 동일하게 나타났다.

는 민주적 정당성이 확실하게 확보되는 절대다수대표제도로 선거제도를 개정해야 한다고 본다.

2. 5년 單任制로 인한 레임덕現象의 早期 招來

현행헌법 제70조는 대통령의 임기를 5년 단임으로 정하고 있다. 이것은 이승만정권과 박정희정권이 헌법개정을 통한 장기집권 내지 종신집권을 감행해 온 것에 대한 반성의 결과라는 점에 대해서는 의심의 여지가 없다. 즉 제5공화국헌법에서 7년 단임으로 규정했던 것을 1987년 헌법변개에서 5년 단임으로 바꾼 후 2011년 현재 5번째 대통령을 맞고 있다.

그런데 대통령제 정부형태에 있어서의 단임제는 대통령에 대한 국민의 심판을 처음부터 제도적으로 막고 있는 점에서 문제점이 제기된다. 이미 지적했듯이 대통령제 정부형태에서의 대통령선거는 지금까지의 대통령에 대한 심판과 앞으로 대통령직을 맡을 사람에 대한 민주적 정당성의 부여라는 2가지 기능을 가지고 있다고 하였다. 그리고 단임제는 전자인 계속집권에 대한 심판기능을 완전히 도외시하고 후자와 같이 주어진 임기동안의 국정운영을 위한 신임부여 기능에 국한된다는 점을 지적했다. 이렇게 단임제는 국민의 심판을 전제하지 않기 때문에 대통령으로 하여금 책임감을 가질 수 없게 할 뿐만 아니라 아무런 통제도 받음이 없이 국정을 임기동안 농락할 수도 있게 된다. 또한 단임제는 대통령이 취임하자마자 차기 대권후보자들을 중심으로 하는 세력에 의하여 휘둘리는 레임덕현상을 임기시작과 함께 맞게 된다. 따라서 장기집권이나 독재체제로 변질되는 것을 막기 위한 제도적 장치를 갖춘다면 대통령제 정부형태에서는 대통령의 중임을 허용하는 것이 제도적으로 맞고 또한 레임덕현상을 줄일 수 있는 방법이 된다는 점에 대해서도 이미 지적했다.

또한 현행헌법이 대통령제를 채택하면서도 5년 단임제를 택한 이후 실제로 심각한 문제점이 드러났다. 과거 우리 헌정사에서 이승만정권과 박정희정권, 그리고 전두환정권의 경우 누구도 그 철권통치에 도전하기 어려웠기 때문에 여야관계에 있어서 표면적이지만 안정적 국정운영이 이루어지면서 레임덕현상은 크게 나타나지 않았었는데, 1987년 현행헌법으로의 개정이 이루어진 이후의 헌정은 5년 임기동안의 안정적인 국정운영이라는 대통령제 정부형태의 장점이 흔들리기 시작했다. 노태우정권은 5년의 임기동안 대선공약으로 5년의 임기 내에 재신임을 묻겠다고 공약한 것 때문에 계속 시달리다가 결국 3당합당으로 그 위기를 겨우 모면하였다. 그렇지만 3당합당 이후 곧이어 논란이 된 차기 대선후보의 문제가 제기되면서 급격히 레임덕현상이 나타났음은 물론이다. 이후 김영삼정권과 김대중정권의 경우에도 새로운 정권이 공약한 개혁조치는 2년이 계속되지 못하고 실종되고 말았다. 그것은 단임제 대통령제가 가지는 피할 수 없는 현상으로서 차기 대통령후보가 누구냐를 놓고 정치권이 이합집산을 하면서 권력이동이 이루어졌기 때문이다. 따라서 대통령임기의 5년 단임제는 조기에 나타나는 레임덕현상 때문에 안정적이고 일관된 국정수행의 가장 큰 장애물임이 밝혀지고 있는 점에서 헌법개정의 필요성이 제기되고 있다.

결국 이러한 헌정사의 현실을 감안하여 대통령제 정부형태를 4년 임기의 중임제로 바꾸자는 개헌론이 심심찮게 제기되었다. 미국의 경우와 같이 그러한 개헌이 이루어진 경우에 단임제 때문에 임기 중반에 이르기도 전에 찾아오는 레임덕현상을 어느 정도 연장시켜 안정적인 국정운영의 기간(최장 6년으로)을 늘릴 수 있을 것이라는 것이다. 즉 새로운 대통령이 취임한 경우 적어도 제1차 임기 4년 동안에는 권력누수현상이 나타날 수 없을 것이라는 기대 때문이다. 그러나 이것이 완전한 해결책이 될 수 없는 것은 단순한 레임덕현상이 아니라 대통령에 대한 불신임이 촉발된 경우 국정의 혼란을 해결할 방법이 그 4년 임기의 중임제에도 탄핵심판제도를 제외하면 없다는 점에서 문제점은 여전히 남는다. 따라서 대통령 5년 임기의 단임제는 조기 레임덕현상을 유발하여 책임정치를 구현할 수 없음이 드러났기 때문에 헌법개정의 필요성이 인정되고, 또한 대통령에 대한 불신임이 크게 문제가 되어 불신임정국이 초래되는 경우에도 자진 사퇴를 하지 않는 한 5년 임기를 보장해 주어야 하기 때문에 정국불안의 요인이 되고 있는 점에서 헌법개정이 요구되고 있다.

3. 分割政府(與小野大現象)의 出現과 國政麻痺現象

건국헌법에 따라 정부구성이 되었을 당시를 제외하고, 현행헌법이 적용되어 대통령선거가 있고난 다음의 총선거에서 우리 헌정사 최초의 여소야대현상이 나타났으며, 이후 매 정권마다 여소야대현상이 나타났다. 그것은 현행헌법이 대통령제 정부형태를 택함과 동시에 특히 대통령과 국회의 임기를 달리하고 선거주기를 일치시키지 않음으로써 나타나는 현상이다. 그리고 대통령제 정부형태에 있어서 이러한 분할정부현상이 출현되는 것은 권력분립원리에 비추어 당연한 것이라 지적할 수 있다. 다만 우리 헌정사를 돌이켜 볼 때, 권위주의통치가 이루어지던 시대에는 국회의 견제와 균형이라는 권력분립원리는 이론적인 것이었을 뿐 현실은 전혀 실현되지 못했다. 조금이라도 총선에서 불리하다고 판단하면 대통령은 무소불위의 권력을 이용하여 부정선거를 자행함은 물론이고 선거후 인위적인 정계개편을 자행했기 때문에 여소야대현상은 나타날 여지가 전혀 없었다. 그러나 1987년 6월항쟁 이후 국민의 정치의식은 급격히 높아져 과거와 같은 권위주의통치를 용납하지 않게 되었고, 특히 성숙한 민주의식과 더불어 군사통치를 벗어나고자 했던 우리 국민들은 최초의 여소야대현상을 연출하였다고 볼 수 있다.

아무튼 우리 헌정사에서 여소야대현상은 새로운 정국운영의 틀을 요구하였다. 즉 야당을 하나의 장식품으로 생각하던 여야관계가 진정한 협상의 대상으로 평가되게 되었다. 대통령을 정점으로 하는 행정조직에 의하여 일사분란하게 운영되던 정국운영이 야당이 반대하는 경우 정체됨과 동시에 상당기간을 두고 협상을 통해 해결해야만 하게 되었다. 극단적인 경우 시급하고 중대한 입법조치도 야당이 반대하는 경우 취해질 수 없게 되었다. 과거의 관점에서 보면 비효율의 극치라고 할 수 있다. 그러나 권력분립원리에 따를 경우 당연한 견제와 균형의 문제이기 때문에 비효율의 관점에서만 평가할 사항이 아니다. 특히 노무현대통령이 국정이 원활하게 돌아가지 않는 매우 비정상적인 상황이라고 평가한 것은 당연한 권력분립적 효과를 간과하고 책임을 회피하려는 판단임을 주목해야 한다. 즉 노대통령은 스스로 탈권위주의를 선언하였으면서도 권위주의시절의 일사분란하게 운영되던 국정운영에 대해 향수를 느끼고 있었다고 본다.

그리고 권력분립원리의 실현형태로서의 대통령제 정부형태에서는 여소야대현상에 따른 갈등해소의 방법에 한계가 있다. 대통령제의 모국인 미국에서와 같이 대통령이 여야국회의원들을 상대로 활발한 정책협조를 요구할 수 있는 분위기가 정착되지 않은 상태에서 정부여당과 다수야당이 첨예하게 대립하는 것은 심각한 문제가 있을 수 있다. 즉 권력분립원리의 측면에서도 국회와 행정부가 대립하는 경우 갈등해소책으로 여러 가지 상호견제장치가 있으나,[434] 극한대립이 이루어지는 경우는 갈등해소책이 없어 능동적이고 적극적인 정책추진이 이루어질 수 없는 상황이다. 즉 누구의 주장이 옳고 그른지에 대한 평가가 궁극적으로 국민에게 주어져 있지만, 차기 선거가 있기까지 주어진 임기동안 누구도 자신의 주장을 관철시킬 수 없는 답보상태에 놓이게 된다. 그 점에서 국정의 마비가 일부 있게 된다는 점도 부인할 수 없다. 과거 국무총리서리임명에 다수야당이 반대하여 그 처리가 장기간 미뤄지면서 국회가 공전되고 정상적인 정부구성이 이루어지지 않은 경우, 국회의 국무위원해임건의에 대하여 건의사항에 불과하기 때문에 정치공세라고 판단되는 경우 해임하지 않아도 되는 것이 아닌가 등의 문제로 대립이 있었던 것이 그것이다. 이 모든 경우에 시간이 해결해줄 수 있는 문제이나, 그것이 시급을 요하는 문제인 경우 국가 전체적으로 큰 장애요인이 발생한 것이라고 볼 수 있다.

결국 현행헌법은 대통령의 임기와 국회의원의 임기를 달리하고 있다. 그런데 이 차등임기제는 계속적이고 주기적으로 국민의 신임을 묻는 점에서는 장점을 가지지만, 대통령을 지지하는 정당과 국회의 다수당이 다를 경우 분할정부가 이루어지는 가능성을 내포하고 있다. 그리고 분할정부는 성숙한 타협의 정치가 이루어지지 않는 경우 국정마비를 일으켜 불신임정국을 유발할 가능성이 크다. 지금까지의 분할정부의 상황을 고려할 때, 그 해결책이 헌법개정을 통하여 시급히 요구되었음을 지난 헌정사가 보여주고 있다.

4. 不信任을 받고 있는 大統領의 任期保障의 問題

탈권위주의로 인하여 불신임정국이 계속됨에도 불구하고 대통령의 임기를 보장하여야 하는가의 문제가 제기되고 있다. 대통령제 정부형태는 국민의 신임을 바탕으로 주어진 임기동안 안정적인 국정운영을 맡긴 것인데, 불신임정

434) 허영, 한국헌법론, 2005, 631면.

국과 관련하여 정상적인 국정수행이 어려울 정도로 무기력해진 대통령을 임기가 남아있다고 해서 계속 집권을 인정해야 할 것인가의 문제가 발생한다. 특히 무능과 무기력함이 입증된 대통령이 국가의 장래는 고려하지 않고 임기만 채우겠다고 하는 경우 심각한 정국혼란을 피할 수 없을 것이기 때문이다. 즉 이미 다수 국민들로부터 불신임을 받고 있는 대통령에 대해 다수야당은 물론이고 국민들이 사임을 요구함에도 불구하고 거부하는 경우 심각한 국정마비가 초래될 것이기 때문이다. 더군다나 대통령이 불신임을 받고 있음에도 불구하고 그것을 견해차이 또는 일부 국민들이나 다수야당의 일방적 평가에 불과한 것으로 돌리는 경우 사태의 심각성은 더욱 커진다. 김영삼정권 말기 1년여는 이미 권력누수현상과 더불어 불신임이 심한 상태였고, 경제위기가 경고되고 있었음에도 불구하고 적극적 대처를 하기는커녕 무시함으로써 IMF위기를 초래한 것으로 조사되고 있는 것이 그 예에 해당함은 전술했다.

그런데 대통령에 대한 불신임제도가 없는 상태에서 위와 같은 불신임사태가 발생할 경우 임기보장을 한다는 것은 심각한 정국불안을 초래한다. 노무현대통령은 취임초기부터 레임덕현상이 있었다고 자인하고,[435] 그러한 불신임상태를 스스로 인정하면서 재신임을 물을 수 있는 방법을 찾았다는 점에서 그나마 다행스런 경우였다. 물론 불신임국민투표사건과 탄핵사건을 거친 이후에 노무현대통령은 국정운영에 있어서 하나도 후퇴시킨 것이 없다는 그야말로 소가웃을 자평을 했지만,[436] 국민들은 민주당으로부터 탈당할 때부터 재신임정국 및 탄핵정국으로 이어지는 정국상황에 대하여 극도의 불안감에 시달렸음은 물론이고 보다 적극적인 국정운영이 한동안 마비되었었음을 부인하지 않는다.

결국 위와 같은 헌정사의 경험은 과거와 같이 권위주의통치로 회귀하지 않는 한 어떤 형태이든 대통령과 같은 국정의 최고책임자가 재신임을 받을 수 있는 제도가 필요함을 알 수 있다. 대통령제 정부형태의 경우 국가의 운명을 좌우하는 대통령의 직무를 무기력한 상태로 방치하는 것은 오늘날과 같이 빠르게 발전하는 국제환경을 고려할 때 용납될 수 없기 때문이다. 물론 그 경우 탄핵심판과 같은 마지막 방법이 있긴 하지만, 탄핵심판제도가 직무집행과 관

435) 내일신문, 2005. 7. 14.

436) 조선일보, 2005. 7. 15.

련하여 헌법이나 법률을 위배한 것이 명백하고 중대한 경우에 한하여 법적 책임을 묻는 제도이고,[437] 그리고 국회에서 2/3이상이라는 다수가 찬성해야 하는 극히 예외적인 경우에만 대통령에 대한 탄핵소추의결이 가능하다는 점에서, 탄핵심판제도를 통한 불신임정국의 돌파는 한계가 있을 수밖에 없기 때문이다. 따라서 집권자인 대통령의 정치적 과오가 심각하여 정치가 표류중일 때, 그렇지만 탄핵사유에 해당하는 하자도 없고 그 집권자가 사임할 의사도 없는 경우, 무작정 남은 임기를 채우라고 요구하는 것은 무책임한 것이기 때문에 임기중이라 하더라도 국민의사에 따라 집권자를 교체할 필요성이 대두된다. 즉 대통령제의 장점으로 지적되기도 하는 주어진 임기동안의 안정적 국정운영이라는 가치에도 불구하고, 불신임정국을 초래하여 문제가 되고 있는 대통령에 대한 정치적 책임추궁의 방법이 모색되어야 한다는 점에서 헌법개정의 필요성이 제기되고 있다.

5. 國務委員解任建議權의 濫用과 問題點

여소야대현상에 따른 분할정부 하에서 불신임정국이 조성되면서 국무위원해임건의권이 남용되는 문제점이 발생하였다. 다수야당이 국무위원의 임명과정에서 발목을 잡는 것으로 그치지 않고, 임명된 이후에도 사소한 잘못을 전제로 국정운영의 주도권을 잡기 위해 국무위원해임건의권을 남용하여 행사하는 경우가 발생하였다. 따라서 불신임정국과 함께 국무위원해임건의권이 남용되는 경우 현행헌법상 국회에 대한 견제수단이 대통령에게 없다는 점에서 문제점이 지적되고 있고, 결국 그 해결방법으로 헌법개정이 요구되고 있다.

6. 政黨政治現象에 따른 大統領制의 任期末現象과 責任政治의 具現問題

대통령제 정부형태는 단임제이건 중임제이건 레임덕현상이 불가피하게 나

437) 이승우, "대통령노무현에 대한 탄핵심판결정의 평석", 헌법판례연구(제6집, 2004), 286면 참조.

타난다는 문제점에 대해서는 이미 지적되었다. 그것은 임기제가 가지고 있는 불가결한 현상의 하나라고 할 수 있는 문제이다. 그리고 대통령의 임기제는 다른 한편으로 정당국가현상과 관련하여 중대한 문제점을 노출시키고 있다. 노태우정권 이후 야당의 주장으로 차기대선의 중립적 선거관리를 위한다는 명분으로 대통령이 집권당을 탈당하는 것이 관례화된 것이 그것이다.[438)]

그런데 국정운영의 최고책임자라고 할 수 있는 대통령이 정당에 속하지 않는다는 것은 책임정치의 측면에서 심각한 문제점이라고 할 수 있다. 오늘날 정부형태가 어떠한가를 불문하고, 정당국가현상에서 바라볼 때, 모든 현대국가는 정당을 매개로 한 책임정치를 요구받고 있기 때문이다. 특히 오늘날 정당의 기능과 과제가 점점 커지고 있음은 물론이고 대통령선거가 단순한 인물선거로 그치는 것이 아니라 정당에 대한 국민투표로서의 의미를 가지는 것이라고 본다면 더욱 문제점이 드러난다. 즉 대통령은 소속정당과 함께 마지막까지 책임정치를 구현해야 할 사명을 가지고 있다고 보는 것이 대통령제 정부형태의 본질이라는 점에서 더욱 그렇다.

한편 대통령제 정부형태에서는 대통령이 임기말에 이르면 소속정당의 국정운영전략과 마찰을 일으키고 있는 것도 정당국가현상의 측면에서 문제점으로 지적된다. 대통령은 임기를 마치기 전에 정치적으로 시급하지 않은 국정과제이면서도 역사에 남길 치적을 쌓기에 몰두하려고 하는 반면에, 집권당은 차기 대통령선거전략 차원에서 모든 국정운영을 접근하려고 하기 때문에 마찰을 일으키고 있다. 특히 대통령이 역사와의 대화를 강조하며 이상적인 정치를 하려고 함에 비하여 집권당은 국정운영전반에 대하여 현실에 맞는 책임정치를 추구하여 재집권을 달성하여야 하기 때문에 정치적 불협화음이 불가결하게 나타나고, 이것은 국민의 시각에서 정치적 혼란으로 비추어질 수 있기 때문에 책임지는 안정적 국정운영이라는 이념에 반하게 된다.

결국 대통령제의 경우 앞에서의 지적처럼 대통령이 소속정당을 탈당하느냐에 관계없이 대통령제가 임기제를 바탕으로 하고 있기 때문에 대통령제는 불가결하게 임기말현상을 맞지 않을 수 없다. 즉 대통령과 집권당 사이에 불가

438) 조선일보. 2011. 1. 13. “이명박대통령, 5번째 탈당 대통령 되나”라는 칼럼에서도 이를 지적하고 있다.

결하게 나타나는 국정운영전략을 둘러싼 마찰과 혼란을 '임기말현상'이라고 한다면, 그것이 결국 국가 전체에 큰 부담으로 작용한다는 점을 고려할 시점에 이르렀다. 특히 정책의 일관성의 입장에서 문제가 제기되기 때문에 시장과 사회는 미래를 예측하고 투자를 과감하게 하지 못한다는 점을 주목해야 한다. 따라서 우리 정치권은 대권·당권분리 현상이 나타난 이후 대통령의 임기말이 되면 불신임정국은 극에 달하면서 책임정치가 실종되고 있기 때문에 이것을 시정하기 위하여 헌법개정의 필요성이 제기되고 있다.

6. 南北統一에 대비한 憲法規定의 問題點

앞에서 탈권위주의시대를 맞아 불신임정국의 일상화가 초래되면서 헌법개정의 필요성이 제기되었음을 전제로 살펴보았다. 그런데 여기서는 2010년에 발생한 남북긴장관계를 토대로 남북통일에 대비한 헌법개정의 필요성을 살펴보려고 한다. 현행헌법은 평화통일조항을 통하여 남북통일의 사명을 우리가 가지고 있다는 것을 선언하고 있는 것을 제외하고 통일에 대비한 구체적 규정이 없기 때문이다. 즉 우리 헌법은 남북통일의 당위성과 평화적 통일이라는 방향에 대해서만 규정하고 있을 뿐 실제로 통일이 이루어지는 과정에서 발생할 수 있는 여러 헌법적 문제점에 대한 해결책을 규정하고 있지 않다. 예컨대 통일의 방법과 절차에 관한 규정이 없고, 가장 문제가 될 내용인 통일이 추진되는 경우 발생하는 법질서의 혼란을 해결할 경과규정이 없다.[439]

결국 급변사태를 통한 통일 가능성 등이 예상되는 시점에서 남북통일에 대비하여 헌법상 대비책을 마련하여 두지 않으면 엄청난 혼란이 있을 것으로 예상된다. 따라서 합의에 의한 통일을 염두에 두고 관련규정을 미리 헌법에 규정해 둠으로써 혼란을 최소화하는 것이 요구되고 있기 때문에 헌법개정의 필요성이 있는 것이며, 이것은 급변사태 등에 대비하는 것이기도 하다는 점에서 주목해야 한다.

439) 이승우, "남북통일에 대비한 헌법개정의 필요성과 방향", 공법연구(제39집 제2호, 2010. 12), 231면 이하 참조.

제 2 장

憲法改正의 方向

우리 헌정사에서 노무현정권에 의하여 촉발된 불신임정국은 이제 일상화되어 가고 있다고 평가되어야 한다. 특히 대통령이 권력기관을 장악하고 정권의 입맛에 맞는 형태로 운영하지 못하게 된 이상 불신임정국의 일상화는 피할 수 없다는 것이다. 그리고 불신임정국을 해소하기 위한 제도의 마련이 헌법개정의 방향이 되어야 한다는 것을 알 수 있다. 헌법개정의 방향은 헌법개정의 필요성을 전제로 논의되어야 한다고 보기 때문이다. 즉 노무현정권에 의하여 정착되기 시작한 탈권위주의가 불신임정국을 일상화시켰다고 볼 때, 또한 그 불신임정국을 해소시킬 방법이 현행헌법에 규정되어 있지 않기 때문에 헌법규범과 헌법현실 사이의 갭이 발생하고 있고, 이것이 방치되는 경우 입헌주의를 파괴하려는 세력이 나타날 수 있다고 할 때, 앞으로 개헌논의의 핵심은 일상화된 불신임정국을 해소하기 위한 방법을 모색하는데 중점이 두어져야 한다. 그리고 일상화된 불신임정국을 해소하는 방법은 정부형태와 밀접하게 관련됨을 주목해야 하고, 지금까지 정부형태로 소개되어 있는 3가지의 정부형태 가운데서 불신임정국을 해소하는데 어느 정부형태가 가장 적합한지를 살펴보아야 하며, 마지막으로 우리 정치현실을 고려하여 그에 합당한 정부형태를 선택하여 헌법개정의 방향을 찾아야 한다. 헌법개정을 논의하면서 헌법의 목적에 해당하는 기본권보장의 문제가 핵심이 되어야 한다는 주장이 당연한 것이지만, 대부분의 헌법개정의 필요성이 불신임정국과 관련되고 또한 정부형태의 문제로 귀결되고 있음을 알 수 있기 때문이다.

I. 憲法改正의 必要性에 따른 憲法改正의 方向

1. 民主的 正當性이 확고한 政府構成과 再信任制度의 導入

우리 정부형태가 대통령제로 되어 있고, 대통령선거제도가 상대다수대표제도로 되어 있음으로 인하여 민주적 정당성이 취약한 정부구성이 됨으로 인하여 정당성의 위기를 맞을 가능성이 크다는 점에서 문제점이 제기되었다. 따라서 대통령선거제도를 절대다수선거제도로 바꾸는 헌법개정을 하는 경우 문제점이 해결될 것처럼 인식할 수도 있다.

그러나 아무리 정권출범에 있어서 높은 지지율을 보였다 하더라도 국정운영상 잘못이 있으면 신임을 잃을 수 있다. 즉 절대다수대표선거제로 대통령을 선출한다 하더라도 대통령에 대한 심임은 언제든지 바뀌는 것이기 때문에 대통령제의 경우 민주적 정당성의 측면에서 한계가 있음을 알 수 있다. 과거와 같이 독재정권에 대하여 인내하며 살아가던 시대와 달리 민주화된 오늘날 임기중이라도 국민의 신임을 잃으면 언제든지 심판을 받는 것을 바라는 상황이 되었다고 보는 것이다. 특히 오늘날과 같이 급격한 국제정세 및 과학기술문명의 변화가 이루어지고 있는 현실에서 심각한 불신임상태에 있는 대통령을 임기동안 그 자리를 보장하는 것보다도 그 대통령에 대해 국민투표 등의 방법을 통해 국민의 심판을 받는 것을 국민이 원하고 있는 것으로 평가된다. 노무현 대통령에 대한 불신임은 야당의 정치공세 때문이 아니라 지지계층이었던 사람들이 그의 언행이나 정책에 등을 돌린 때문이라고 보는 것이다.

결국 현재의 우리 정치의식은 민주적 정당성에 위기가 발생하면 곧바로 국민의 심판을 받아야 한다는 경향으로 발전하고 있다. 그리고 그 민주적 정당성의 위기를 극복하기 위한 재신임제도가 없기 때문에 헌법개정을 하는 경우 반드시 정권에 대해 책임을 물을 수 있는 제도의 도입이 요구되고 있다. 즉 현행헌법과 같이 대통령제를 전제하는 경우 대통령에 대한 재신임을 물을 수 있는 재신임국민투표제도나 국민소환제도의 도입이 요구된다. 다만 대통령제 정부형태를 전제하면서 그러한 직접민주주의제도를 도입하는 것은 정치적으로 악용될 여지가 많기 때문에 신중해야 한다. 정치적으로 책임지고 물러나야 할 상황에서 전혀 무관계한 구실로 재신임을 묻고 계속하여 정권을 유지하려는 정권이 나타날 것이기 때문이다. 따라서 우리 헌정사에서 나타난 것과 같은 불신임정국을 고려한 것이라면, 헌법상 주어진 임기와 관계없이 수시로 국민의 심판을 받는 정부형태인 의원내각제로의 헌법개정을 하는 것이 책임정치를 구현하는 가장 적합한 방법임을 알 수 있다.

2. 레임덕現象을 줄이거나 막는 方法의 導入

민주화와 더불어 나타난 탈권위주의에 따른 불신임정국은 레임덕현상을 가져오기 때문에 문제임이 드러났다. 물론 과장된 주장으로 대통령 단임제의 경우 정권의 출범과 동시에 레임덕현상이 나타나기 시작한다는 말도 있지만, 현행헌법이 운용된 1987년 이후 레임덕현상을 초래하지 않고 국정운영이 이루어진 것은 불과 2년 정도에 불과하다는 것이 정설이다. 이것은 다시 말해서 현행 대통령제의 경우 집권후반기에 이르면 레임덕현상 때문에 과감한 국정운영이 이루어질 수 없다는 것을 의미하고, 또한 일관된 정책수립과 집행에 따른 안정적인 국정운영이 어렵다는 것을 의미한다.

그런데 레임덕현상을 극복하기 위하여 대통령중임제가 거론되고 있다. 그리고 헌법개정을 하는 경우에도 대통령중임제로의 개헌을 주장하는 국민이 다수인 것으로 집계되고 있다. 그러나 대통령중임제로 바뀌는 경우 대통령은 재선 가능성이 크기 때문에 제1차 재임기간에는 레임덕현상이 나타나지 않을 가능성이 크지만, 재선이 확정되는 순간 단임제의 경우와 같이 레임덕현상은 나타난다. 그리고 레임덕현상이 얼마나 빨리 시작되느냐의 문제만 남는다. 따라서 레임덕현상을 고려하는 경우 대통령제는 불신임정국을 극복하고 책임정치를 구현하기 위한 헌법개정의 대안이 되지 못한다.

결국 불신임정국을 극복하고 책임정치를 실현하기 위한 헌법개정의 대안으로는 정부형태에 있어서 획기적 발상의 전환이 요구된다. 노무현정권에 의하여 선언된 탈권위주의로 인하여 이제 어느 대통령도 권력기관들을 마음대로 휘두를 수 없는 상황에 이르렀고, 모든 권력기관들이 본래의 기능을 담당하도록 돌려놓아진 이상 더 이상 '제왕적 대통령제'로 운영되기 어려운 상황으로 발전하였다. 오히려 사소한 대통령의 실정에도 재신임과 탄핵책임을 요구할 정도로 우리 사회가 민주화된 것이다. 즉 주어진 임기동안 안정적인 국정운영을 사실상 기대하기 어렵다고 판단되는 경우 주어진 임기에 관계없이 수시로 국정의 책임자에 대해 책임을 묻는 정부형태를 요구하고 있는 것이다. 이것은 우리 사회가 세계의 발전추세에 맞추어 한시도 국정공백상태를 방치할 수 없다는 국민적 정서를 읽을 수 있게 하는 것이며, 레임덕현상이 없을 뿐만 아니라 국민에게 수시로 책임을 질 수 있는 정부형태를 요구하고 있는 점에서 헌법규범과 헌법현실에 괴리가 발생한 것으로 보아야 한다. 따라서 5년 단임제 때문에 집권초기부터 나타날 수 있는 레임덕현상과 불신임정국을 동시에 해결할 수 있는 것은 대통령 중임제를 통해서도 해결할 수 없기 때문에 의원내각제 정부형태로의 개헌을 통하여 해결할 수밖에 없다는 점을 주목해야 한다.

3. 分割政府의 出現을 막고 國政運營의 效率性을 위한 政府形態의 導入

대통령제 정부형태는 여소야대현상에 따른 분할정부가 구성되는 경우 아주 성숙된 타협문화가 형성되어 있지 않는 한 대립과 갈등이 극한으로 치달을 가능성이 크다. 그리고 이 분할정부의 출현이 불신임정국현상을 낳는다고 할 수 있다. 그리하여 대통령중임제와 함께 대통령과 국회의원의 임기를 일치시켜 분할정부의 출현을 원천적으로 막자는 주장이 나오고 있다.

그러나 대통령과 국회의원의 임기를 일치시키는 것은 분할정부를 막을 수도 있으나 더 큰 문제를 낳을 수도 있다. 과거의 권위주의통치 시절에는 대통령과 국회권력이 일치하는 것이 너무나 당연한 것이었기 때문에 분할정부라는 현상 자체를 생각할 수 없었고, 혹시 선거주기가 다르더라도 분할정부가 생겨날 가능성이 없었다. 그러나 지금과 같이 탈권위주의시대에 불신임정국이 일상화될 정도로 민주화된 오늘날, 대통령과 국회가 같은 정당에 의하여 지배되는 것은 그래도 문제가 적지만, 임기가 일치하는 대통령과 국회가 다른 정당에 의하여 지배되는 경우 국정운영은 문제가 심각하게 된다. 4년 임기 내내 대통령과 국회가 대립할 수밖에 없기 때문이다. 아직 이러한 현상은 없었지만, 만약 이러한 현상이 나타날 경우 국정운영은 4년 내내 마찰을 빚으며 대립할 수밖에 없을 것이기 때문에 국정마비에 이를 가능성이 크다. 따라서 현재와 미래의 상황을 고려하여 분할정부의 문제를 해결하기 위한 방법으로 대통령과 국회의 임기를 일치시키는 것만으로 해결할 수 없음을 알 수 있다.

결국 대통령제 정부형태를 채택하는 한 분할정부는 불가결하게 나타날 것이라는 것을 전제하며 헌법개정을 논의해야 한다. 대통령과 국회의 임기를 일치시키는 것과 관계없이 분할정부는 나타나며, 오히려 임기를 일치시켰을 경우에 나타나는 분할정부의 폐해는 더욱 심각할 것이라는 점을 인식해야 한다. 따라서 분할정부의 출현을 원천적으로 막기 위해서는 의원내각제로의 헌법개정이 핵심임을 알 수 있다. 의원내각제 정부형태는 국회의 다수파가 행정부를 구성하기 때문에 분할정부가 생겨날 가능성이 없기 때문이다. 그리고 의원내각제의 경우 대체로 소수야당에 대한 보호수단을 최대한 고려하며 다수여당에 대한 견제를 요구하고 있는 점에서 책임정치를 구현하는 정부형태임을 알 수 있다.

4. 政黨政治現象에 따른 責任政治의 具現問題

오늘날 정부형태가 어떠한가를 불문하고 정당국가를 지향할 수밖에 없다는 것은 의심의 여지가 없다. 즉 정당국가현상에서 바라볼 때, 모든 국가는 정당을 매개로 한 책임정치를 요구받고 있다. 특히 정당의 기능과 과제가 점점 커지고 있는 오늘날 대통령제 정부형태의 국가에서는 대통령선거가 정당에 대한 국민투표로서의 의미를 가지는 것이라고 보는 것이 일반적인 경향이다. 따라서 대통령은 소속정당과 함께 마지막까지 책임정치를 구현해야 할 사명을 가지고 있다고 보는 것이 대통령제의 본질이기 때문에, 앞에서 지적한 것처럼 임기말현상이 나타나지 않도록 헌법개정이 필요함을 알 수 있다.

물론 대통령제의 임기말현상은 정당국가가 지향하는 책임정치를 저해하는 것이기 때문에 시정되어야 할 문제점으로 평가된다. 그러나 대통령제를 토대로 하는 경우 임기말현상을 막을 방법이 있는지가 의심스럽다. 임기말현상은 야당의 요구에 응하는 현상이라기보다는 대통령과 집권당이 재집권의 가능성과 필요성에 따라 제기되는 문제이기 때문에 일단 문제가 제기되면 피할 수 없는 것으로 보인다. 또한 일단 제기되면 대통령과 집권당의 이해관계가 상충되기 때문에 국정과제의 일관성 있는 수행에 혼란이 불가피하게 발생하게 된다는 점도 부인할 수 없다. 그렇지만 대통령제를 전제하는 경우 임기말현상을 막기 위한 명분이 주어진다 하더라도 헌법이나 법률로 대통령의 탈당을 막는 제도를 도입한다는 것은 불가능한 것으로 보인다. 대통령의 경우도 정당가입의 자유와 함께 정당탈당의 자유가 있다고 보아야 하기 때문이다. 또한 임기말현상에서 문제가 되는 내용은 대통령과 집권당의 관계에 대한 매우 주관적인 것이기 때문에 제도화하여 막는다는 것이 어렵기도 하다.

결국 대통령제 정부형태에서는 임기말현상이 불가피함을 인식해야 한다. 또한 그것을 시정해야 할 문제점이라고 본다 하더라도 대통령제 정부형태에서는 해결책을 찾을 수 없다는 점을 인식해야 한다. 그리고 그것은 대통령제가 아닌 의원내각제 정부형태에서 해결책이 찾아짐을 주목해야 한다. 왜냐하면 의원내각제에서는 이러한 임기말현상이 나타날 수 없기 때문이다. 우선 대부분의 의원내각제 국가에서 정하고 있는 것처럼 내각수상의 임기가 없기 때문에 여기서는 임기말현상이 나타날 수 없다. 즉 소속정당의 강령에서 당수 또는 집권시의 수상의 임기를 어떻게 정하느냐에 따라 정당 내부적으로 제한이 있을 수 있으나,[440] 헌법과 법률에서 집권여당의 수상에 대하여 임기를 정하고 있지 않다. 의원내각제는 오히려 수상을 정점으로 하는 집권여당이 계속하여 집권할 수 있도록 책임정치를 요구하는 정부형태에 해당한다. 따라서 국회의 임기말이 다가오더라도 오히려 수상과 집권당은 합심하여 책임정치를 하고 총선을 대비할 것이기 때문에, 의원내각제는 국회의 임기말이라고 해서 국정운영전략에 있어서 혼란이 있을 수 없게 된다. 즉 의원내각제야말로 정당국가현상에 가장 충실한 정부형태라고 할 수 있으며, 또한 대통령제의 임기말현상과 같은 정치적 혼란을 방지하여 책임정치를 구현하는 국정운영시스템이라고 할 수 있다.

---

440) 일본의 경우가 이에 해당한다.

5. 南北統一에 대비한 憲法改正의 方向

남북통일에 대비한 헌법개정의 필요성은 우리가 예상하는 것보다 중대하고 심각하다. 그것은 2010년의 천안함사건과 연평도포격사건을 통하여 북한정권의 불안정성이 확인되고 있기 때문이다. 북한정권의 불안정성은 평화적인 통일보다는 급변사태와 같은 통일의 가능성을 암시하는 것이고, 급격한 남북통일은 엄청난 혼란과 부담을 우리 국민들에게 주는 것이기 때문에 철저한 대비가 요구된다.

무엇보다도 남북통일에 대비한 헌법개정의 경우 현행헌법이 명하고 있는 헌법개정의 한계를 인식하는 것이 필요하다. 즉 우리 헌법은 전문과 제69조에서 평화적 통일의 사명을 명하고 있고, 제4조는 자유민주적 기본질서에 입각한 평화적 통일을 지향하도록 하였으며, 헌법 제23조와 제119조를 토대로 자본주의시장경제질서를 원칙으로 통일할 것을 명하고 있다. 따라서 이러한 헌법개정의 한계 내에서 헌법개정이 추진되어야 할 것이다. 그리고 예상되는 통일방식은 '합의에 의한 평화적 통일'과 '급변사태에 따른 급진적 통일'이라는 2가지 방식이 있을 수 있는데, 헌법개정을 시도하는 경우 합의에 의한 평화적 통일에 맞추어 헌법개정을 시도해야 한다. 그 이유는 북한정권을 자극하지 않으면서 평화적 통일을 이룩하기 위한 때문이기도 하지만, 그 경우 급변사태에 따른 통일이 이루어지는 경우에도 적용가능하다는 장점이 있음을 전제해야 한다.[441)]

결국 남북통일에 대비하여 헌법개정을 하는 경우 다음과 같은 내용의 헌법개정이 이루어질 것을 필자는 요구한다. 헌법총론부분에서는 북한지역을 우리 헌법질서로 가입하는데 어려움이 없도록 연방국가로의 변경을 고려해야 하고, 가입조항을 신설하며, 우리 헌법이 북한지역에로 효력이 확대되는 경우에 대비하여 경과규정이 미리 마련되어야 한다. 기본권부분은 사회적 기본권의 확대를 고려하되 문제가 있을 경우 사회국가조항을 통하여 해결해야 하며, 재산권규정과 관련하여 북한지역의 재산권을 사유화하되 북한주민에게 평등하게 분배될 것임을 밝혀야 한다. 국가구조부분에 대해서는 북한지역주민의 활발한 정치참여를 위한 취지에서 정부형태를 의원내각제로 변경하고, 국회를 양원제

441) 이승우, "남북통일에 대비한 헌법개정의 필요성과 방향", 236-238면.

로 하며, 합리적인 지방자치단체를 구성하여 참여의 폭을 넓혀야 한다.[442]

II. 상기한 憲法改正의 必要性 이외의 憲法改正의 內容

헌법개정이 본격적으로 논의되는 경우 앞에서 살펴본 '불신임정국'의 타개를 위한 정부형태의 문제가 핵심이 되어야 한다는 점에 대해서는 의심의 여지가 없다. 다만 현행헌법이 여야간의 합의를 전제로 만들어진 것이지만 충분한 시간을 가지고 연구하고 논의한 것이 아니었기 때문에 운용과정에서 많은 부분에 대한 결함이 발견되었다. 그리하여 한국헌법학회는 2005년 11월부터 '헌법개정연구위원회'를 구성하여 분야별 연구를 시작하였고, 2006년 11월 최종보고서를 발간하였다.[443] 또한 그 연구작업에 참여한 연구자들에 의하여 분야별로 헌법 전반에 대한 종합적 심층연구를 한 결과를 토대로 헌법학연구 제12권 제4호(2006. 11.)를 출간하였다. 따라서 헌법개정 논의가 본격적으로 이루어지는 경우에 이 분야별 연구가 많은 참고가 될 것으로 보인다. 다만 그 각각에 대한 견해는 학자마다 다를 것이기 때문에 앞으로 계속적인 비판과 평가가 이루어질 것이다.

한편 국회 미래한국헌법연구회의 경우도 헌법학자들은 물론이고 정치학자와 경제학자 등의 참여하에 많은 세미나를 통하여 헌법개정과 관련된 내용을 연구하였다. 그리고 그 연구결과를 집대성하여 「국민과 함께 하는 개헌이야기」라는 책자로 제1권과 제2권이 발간되었다.[444] 다만 헌법개정의 필요성과 방향 등에 대해서도 연구주제에 포함시켜 연구하였으나, 필자가 여기서 제기한 문제점들은 논의되지 않았거나 간단히 정리하고 있다.[445] 그것은 우리 헌정사에

---

442) 이승우, "남북통일에 대비한 헌법개정의 필요성과 방향", 238-248면.

443) 최종보고서에 대한 총평은 권영설교수와 양건교수가 하였다. 특히 양건교수는 총론에 해당하는 헌법개정의 필요성에 대한 연구가 빠졌음을 지적하였고, 헌법개정에 대한 분야별 연구는 논리필연적으로 20년의 헌정운영에 대한 평가를 전제로 하는 헌법개정의 필요성에 대한 심층적 연구가 결여될 수밖에 없다고 지적했다. 그리고 20년의 헌정운영에 대한 평가를 전제하는 경우 권력구조가 핵심일 수밖에 없기 때문에 그에 대한 평가가 선행되었어야 한다고 지적하였다.

444) 국회미래한국헌법연구회, 국민과 함께 하는 개헌이야기, 2010. 9.

대한 연구방법론의 부재와 헌정사에 대한 연구가 결여된 때문이라고 생각한다. 따라서 국회에서 본격적으로 헌법개정특별위원회가 구성되어 헌법개정을 논의하게 되는 경우 여기서 제시한 헌법개정의 필요성과 방향을 전제하며 구체적 내용을 새로이 음미해야 할 것으로 보인다.

III. 結論

건국헌법 이후로 많은 권위주의적 통치자들로부터 벗어나 민주화된 모습을 바라며 많은 국민들의 희생이 있었다. 그것은 특히 '제왕적 대통령제'의 폐단을 어떻게 하면 불식시켜 국민의 자유와 권리를 회복시킬 것인가의 문제로 모아져왔다. 다행히 노무현정권에 이르러 노대통령 스스로 특권을 포기하고 모든 권력기관을 제자리로 돌려놓음으로써 탈권위주의가 현실화되기 시작한 느낌이고, 이제야 진정한 선진국으로 발돋움할 수 있는 계기가 이루어진 것이 아닌가 생각하게 한다.

그런데 노무현대통령의 탈권위주의적 조치는 새로운 문제를 유발하였다. 그것은 신임을 잃어 권위가 무너진 대통령에 대한 불신임의 방법을 요구하게 한 것이 그것이다. 그리고 불신임정국이 발생했을 때에 대비하여 해결책을 찾아보았으나, 현행 대통령제 정부형태에서는 대통령에 대한 불신임제도가 없기 때문에 불신임에 따른 정국불안을 해소하기 어렵다는 것을 알게 되었다. 또한 대통령제를 유지하면서 대통령에 대한 불신임제도를 도입하는 경우 문제가 있다는 점도 살펴보았다. 따라서 이것은 앞에서 살펴본 것처럼 의원내각제 정부

445) 신평, "헌법개정의 필요성과 그 바람직한 방향", 국민과 함께하는 개헌이야기, 2010. 9, 5면 이하. 여기서는 국제관계에 있어서 가파른 세계화, 국내적으로의 민주화, 남북관계에 있어서의 교류의 증가와 현저한 긴장완화를 근거로 헌법개정의 필요성을 제시하고 있으나, 그렇게 일반적이고 추상적인 내용을 제시하는 것으로 헌법규범과 헌법현실의 괴리가 나타났다고 볼 수 있는지가 의문이다. 임혁백, "개헌의 필요성과 실현가능성", 국민과 함께 하는 개헌이야기, 2010. 9, 25면 이하. 여기서는 효율성·안정성·책임성을 갖추지 못하고 있는 5년 단임 대통령제의 문제점에서 헌법개정의 필요성을 이끌어 내고 있으며, 그 내용의 자세한 설명은 없지만 대부분은 필자의 견해와 같다.

형태로의 변경을 통해서만 해결될 수 있는 문제임을 알 수 있었다. 그리고 제한된 범위 내에서이기는 하지만 이원정부제를 택하는 경우에도 어느 정도 해결될 수 있는 가능성이 있다고 본다.

결론적으로 정부형태 변경에 따른 혼란은 어느 정도 예상할 수 있다. 다만 우리 국민의식수준은 이를 감수할 수 있는 정도에 이르렀다는 점에서 해결책으로 제시되었다. 또한 앞으로 예상되는 대통령에 대한 불신임에 따른 정치적 비용은 물론이고 대통령제의 운영상의 모든 폐단이 해소되는 것을 감안하면 충분한 가치가 있다고 판단하였다. 특히 남북통일에 대비한 정부형태의 면에서도 의원내각제가 바람직하다고 보는데, 그 이유는 앞에서도 지적했듯이 북한지역을 대표하는 정당의 출현을 용이하게 하고 또한 그들이 중앙정치에 참여할 수 있는 기회가 많이 부여될 수 있다고 보기 때문이다.

제 3 장

憲法改正의 展望

2011년 1월 현재 이명박정부는 이재오 특임장관과 안상수 한나라당대표를 통하여 헌법개정의 불씨를 살리기 위해 노력하는 분위기가 감지되고 있다. 특히 안상수대표는 1월 중순 국회 내에 헌법개정특별위원회를 공식으로 구성하자는 주장을 하였다. 그리고 한나라당 내부에서 헌법개정의 시도에 대한 의원총회가 연기된 것을 보고, 이명박대통령은 1월 25일의 당정모임에서 '개헌논의 당에서 제대로 해달라'라고 주문한 것으로 발표되었다. 이것은 어찌 보면 그동안 국회 미래한국헌법연구회를 중심으로 논의한 헌법개정의 문제를 공식기구화하여 결론을 내자는 것이다. 그리고 헌법개정의 문제에 대해서는 원론적으로 여야가 모두 찬성하고 있다는 점을 염두에 두고 있는 주장이라고 할 수 있다.

그러나 이명박정부의 주장대로 헌법개정이 쉽게 추진될 것으로 보이지 않는다. 이명박정부의 입장에서는 2010년 8.8개각에서 국무총리내정자가 국회인준을 받지 못한 상황에 이어 2011년 1월의 부분개각에서 감사원장내정자가 다시 사퇴하게 되는 상황을 맞아 개헌정국을 통하여 정국돌파를 원하지만, 각 정치세력은 반대하는 분위기가 역력하기 때문이다. 특히 이명박정부는 집권4년차를 맞이하여 권력누수현상을 막기 위하여 개헌정국으로의 전환을 바라지만 여당 내의 친박계는 물론이고 야당의 시각에서도 그에 동조할 분위기가 전혀 아니다. 노무현정부 이전의 개헌논의와 마찬가지로 헌법개정의 문제가 그 필요성 유무에 대한 판단의 문제가 아니라 정파적 이해관계의 문제로 되돌아가고 있다.

결국 국회 내에 헌법개정특별위원회를 구성하는 문제 자체가 여야간에 합의되기도 어렵지만, 합의가 된다 하더라도 헌법개정의 내용, 즉 가장 민감한 문제인 정부형태의 문제에 있어서는 쉽게 합의되기 어렵다고 본다. 그 이유는 정부형태의 문제는 각 정치세력의 집권가능성과 관련되기 때문에 더욱 그렇다고 생각한다. 따라서 노무현정부에 있어서와 같은 극단적 불신임사태가 발생하지 않는 한 헌법개정의 동력이 살아나기 어려운 것으로 보인다.

참고문헌

■ 논문

강승식, “분할정부에 대한 기본적 이해”, 공법학연구 제7권 제4호, 2006.

강현철, “이원정부제에 관한 비교법적 연구”, 외법논집 제26집, 2007. 5.

국순옥, “공화국의 정치적 상품화와 순차결정의 과학적 기준”, 한국공법학회 세미나자료, 1993. 2. 20.

권영설, “한국헌법 50년의 발자취”, 헌법학연구 제4집 제1호, 1998. 6.

권영설, “통일지향적 정부형태로서의 대통령제”, 공법연구 제27집 제3호, 1999.

권영성, “헌법 50년의 평가와 정보화시대의 헌법적 과제”, 한국공법학회 세미나자료, 1998. 6. 26.

권영성, “재신임 국민투표는 이중 위헌행위”, 중앙일보, 2003. 10. 14.

김도협, “의원내각제, 그 예단적 효과에 관한 소고”, 헌법학연구 제11권 제1호, 2005. 3.

김병록, “정부형태 바꾸어야 하는가?”, 공법연구 제27집 제3호.

김선택, “재신임국민투표의 법률적 무의미성과 정치적 유의미성”, 한국공법학회 세미나자료, 2003. 11. 29.

김민진, “8년 중임제 대통령제를 지지하며”, 국회 미래한국헌법연구회 창립기념 세미나자료, 2008. 7. 16.

김일영, “서문”, 한국정치와 헌정사, 한울 아카데미, 2001.

김창록, “일본제국주의의 헌법사상과 식민지 조선”, 법사학연구 제14호, 1993. 12.

김창혁, “국민성과 지역성, 그리고 의원내각제”, 국회 미래한국헌법연구회 창립기념 세미나자료, 2008. 7. 16.

문광삼, “정부형태의 변천: 그 헌법사적 고찰”, 헌법학연구 제4집 제1호, 1998. 6.

박명림, “탄핵소추, 헌법 그리고 한국 민주주의”, 한국헌법판례연구학회 월례발표자료, 2004. 4. 17.

박찬욱, “정부형태와 개헌과제”, 국회 미래한국헌법연구회 창립기념 세미나자료, 2008. 7. 16.

방승주, “참여와 민주적 정당성”, 공법연구 제32집 제2호, 2003.

변해철, “남북한 통합과 통치구조문제”, 공법연구 제21집, 1993.

서원우, “행정법 50년의 평가와 정보화시대의 행정법적 과제”, 한국공법학회 세미나자료, 1998. 6. 26.
서주실, “대통령제 정부형태에 대한 재검토”, 고시계, 1999. 9.
서희경, “대한민국 건국헌법의 기초와 수정-정부형태에 관한 논의를 중심으로-”, 공법연구 제31집 제4호, 2003. 6.
서희경, “시민사회의 헌법구상과 건국헌법에의 영향”, 동양정치사상 제6권 제2호, 2007.
성낙인, “한국헌법사에 있어서 공화국의 순차(서수)” 고시연구, 1998. 11.
성낙인, “프랑스 제5공화국헌법과 유신헌법상 대통령의 국가긴급권에 관한 비교연구”, 공법연구 제28집 제4-2호, 2000. 6.
송기춘, “정부형태와 국가경쟁력”, 세계헌법연구 제11권 제1호.
신우철, “해방기 헌법초안의 헌법사적 기원: 임시정부 헌법문서의 영향력 분석을 통한 ‘유진오 결정론’ 비판”, 공법연구 제36집 제4호, 2008. 6.
신우철, “정부형태, 과연 바꾸어야 하는가?”, 헌법학연구 제8권 제4호.
신 평, “헌법개정의 필요성과 그 바람직한 방향”, 국민과 함께하는 개헌이야기, 국회미래한국헌법연구회 편, 2010. 9.
안경환, “미국헌법이 한국헌법에 미친 영향”, 미국학 제16권, 1993. 12.
안경환, “평등권 50년: 자유에서 평등의 논쟁으로”, 헌법학연구 제4집 제1호, 1998. 6.
양 건, “제4공화국 및 제5공화국 헌법사의 개관”, 공법연구 제17집, 1989.
양 건, “기본권 일반이론 50년: 회고와 전망”, 헌법학연구 제4집 제1호, 1998. 6.
오호택, “권력구조변경을 위한 헌법개정”, 안암법학 제7호, 1998.
유진오, “대한민국헌법 제안이유 설명”, 헌법의 기초이론, 일조각, 1950.
이경주, “미군정기 과도입법의원과 조선임시약헌”, 법사학연구 제23호, 2001. 4.
이경주, “건국헌법의 제정과정-미군정사료 등을 중심으로-”, 헌법학연구 제4집 제3호, 1999.
이경주, “미군정사료와 헌정사”, 공법연구 제31집 제4호, 2003. 6.
이계수, “참여민주주의의 공법적 결산”, 한국공법학회 세미나자료, 2006. 10. 14.
이명재, “헌법제정권력론에 대한 비판적 고찰”, 공법연구 제27집 제1호, 1998. 9.
이병훈, “한국의 의회민주주의: 그 희망과 좌절”, 헌법학연구 제4집 제1호, 1998. 6.
이상돈, “미국의 헌법제도가 우리나라의 헌법발전에 미친 영향”, 공법연구 제14집, 1986.
이성환, “일본의 의원내각제와 수상의 리더십-일본형 대통령제의 모색-”, 일본어문학 제26권, 2004.
이승우, “약사법에 대한 헌법재판소 결정의 평석”, 사법행정, 1993. 9.
이승우, “노동관계법 및 안기부법 날치기통과의 위헌성”, 법학논총(경원대) 제4집, 1997.
이승우, “남북통일에 대비한 헌법적 대응”, 연세법학연구 제4집, 1997. 9.
이승우, “한국헌정 50주년을 어떻게 시대구분하고 평가할 것인가?”, 공법연구 제27집 제1호, 1998.

이승우, "시민단체의 낙천낙선운동과 헌법상의 문제점", 법학과 행정학의 현대적 과제(이방기교수 정년기념논문집), 2000.
이승우, "노무현대통령에 대한 탄핵소추의결과 쟁점분석", 인권과 정의, 2004. 5.
이승우, "노무현대통령에 대한 탄핵심판결정의 평석", 헌법판례연구 제6권, 2004.
이승우, "불신임정국과 정부형태에 관한 연구", 인권과 정의, 2005. 9.
이승우, "국가권력 내지 통치구조의 정당화원리", 공법연구 제35집 제1호, 2006.
이승우, "헌법제정권력이론에 관한 연구", 사회과학연구(경원대) 제12집, 2006.
이승우, "건국헌법 이전의 한국헌정사", 헌법학연구 제13권 제2호, 2007.
이승우, "헌법개정의 필요성과 그에 따른 헌법개정의 방향", 공법학연구 제8권 제1호, 2007.
이승우, "대통령의 국법상 행위의 유형과 책임에 관한 연구", 헌법학연구 제14권 제2호, 2008. 6.
이승우, "남북통일에 대비한 헌법개정의 필요성과 방향", 공법연구 제39집 제2호, 2010. 12.
이영록, "'헌법 및 정부조직법 기초위원회'의 정치적·사상적 역학관계에 관한 분석", 헌법학연구 제7권 제4호, 2001. 12.
이영록, "제헌국회의 '헌법 및 정부조직법 기초위원회'에 관한 사실적 연구", 법사학연구 제25호, 2002. 4.
이영록, "권승렬안에 관한 연구", 법과 사회 제24호, 2003.
이영록, "제헌과정에서의 권력구조 논의에 나타난 대립의 전개과정과 결과에 관한 연구", 법사학연구 제28호, 2003. 10.
이영록, "한국헌법의 역사적 이념적 기초와 헌법개혁", 헌법학연구 제12권 제3호, 2006. 9.
임혁백, "개헌의 필요성과 실현가능성", 국민과 함께하는 개헌이야기, 국회 미래한국헌법연구회 편, 2010. 9.
장명봉, "북한헌법 50년: 변화와 지속", 헌법학연구 제4집 제1호, 1998. 6.
장용근, "바람직한 정부형태개정방향에 관한 연구", 세계헌법연구 제14권 제1호.
전광석, "해방후 3년간의 헌법구상", 헌법판례연구 제5권, 2003.
전광석, "제헌의회의 헌법구상", 법학연구(연세대 법학연구소) 제15권 제4호, 2005. 12.
전광석, "유진오와 대한민국 헌법", 고려법학 제48호, 2007. 4.
전학선, "이원정부제의 도입가능성에 관한 연구", 국회 미래한국헌법연구회 창립기념 세미나자료, 2008. 7. 16.
정극원, "헌법의 정당성", 공법학연구 제7권 제4호, 2006.
정상우, "대한민국임시정부 헌법과 1948년헌법", 법과 사회 제32집, 2007.
정재황, "헌법재판·헌법판례연구의 방법론과 과제", 헌법학연구 제4집 제1호, 1998. 6.
정종섭, "한국 법원제도의 변천과 과제", 헌법학연구 제4집 제1호, 1998. 6.
정종섭, "1948년 국회의 법적 성격에 관한 연구", 법학(서울대) 제45권 제2호, 2004. 6.
조홍식, "유연한 균형과 견제의 정치제도-임상 정치학적 제언-", 국회 미래한국헌법연구회창립기념 세미나자료, 2008. 7. 16.

최경옥, "제헌국회의 성립사-미군정 법령과 관련하여-", 공법연구 제31집 제5호, 2003. 6.
한병호, "사회적 기본권 50년", 헌법학연구 제4집 제1호, 1998. 6.
한태연, "제헌헌법의 신화: 이상과 타협과 착각의 심포니", 동아법학 제6권, 1988. 6.
한태연, "한국헌법사 서설", 한국헌법사(상), 정신문화연구원, 1989.
허 경, "내각제 개헌의 당위성", 공법연구 제27집 제3호, 1999.
허 영, "통치구조의 근본이념과 기본원리", 고시연구, 1985. 3.
허 영, "헌정사의 시대구분", 자치행정, 1993. 1.
허 영, "재신임국민투표의 헌법적 검토", 고시계, 2003. 11.
홍기태, "해방후의 헌법구상과 1948년 헌법성립에 관한 연구", 법과 사회 창간호, 1989. 8.
황도수, "헌법의 위상", 시민과 변호사, 1998. 7.
황승흠, "제헌헌법상의 근로자의 이익균점권의 헌법화과정에 관한 연구", 공법연구 제31집 제2호, 2002. 12.
황태연, "유럽의 분권형대통령제와 4년 중임 분권형대통령제 개헌방안", 국회 미래한국헌법연구회 창립기념 세미나자료, 2008. 7. 16.
내일신문, 2004. 4. 28; 2005. 7. 14.
조선일보, 2005. 7. 15; 2007. 4. 11; 2008. 9. 2; 2011. 1. 1; 2011. 1. 13.
중앙일보, 2002. 9. 24.

■ 단행본

권영성, 헌법학원론, 법문사, 1998.
김구현, 우리나라 제6공화국 헌법상 정부형태에 관한 연구, 서울대 석사학위논문, 1989.
김병록, 국가형태분류이론에 관한 고찰, 연세대학교 박사학위논문, 1997. 2.
김수용, 해방후 헌법논의와 1948년 헌법제정에 관한 연구, 서울대 대학원 박사학위논문, 2007. 2
김영명, 한국 현대 정치사, 을유문화사, 1999.
김영수, 대한민국 임시정부헌법론, 삼영사, 1980.
김 욱, 김대중의 끝나지 않는 이야기, 인물과 사상사, 2005.
김철수, 한국헌법사, 대학출판사, 1988.
김철수, 헌법학개론, 박영사, 1998.
문홍주, 한국헌법, 해암사, 1987.
박일경, 헌법, 박영사, 1972.
브루스 커밍스 외, 분단전후의 현대사, 일월서각, 1998.
서희경, 대한민국 건국기의 정부형태와 정부운영에 관한 논쟁 연구: 제헌국회의 특별회기를 중심으로, 서울대 대학원 박사학위논문, 2001. 2
성낙인, 헌법학, 법문사, 2009.
송남헌, 해방3년사I, 까치, 1985.
송남헌, 해방3년사II, 까치, 1985.

송남헌, 한국현대정치사, 성문각, 1986.
신용옥, 대한민국 헌법상 경제질서의 기원과 전개(1945-54년): 헌법 제·개정 과정과 국가 자본운영을 중심으로, 고려대 대학원 박사학위논문, 2007.
양 건, 헌법연구, 법문사, 1995.
유진오, 헌법해의, 일조각, 1959.
윤세창, 신헌법, 일조각, 1983.
이관희, 한국민주헌법론II, 박영사, 2004.
이승우, 현대입헌국가에서 국가권력의 정당성에 관한 연구, 연세대학교 박사학위논문, 1988.
이승우 외 2인, 탄핵심판제도에 관한 연구, 헌법재판소, 2001. 12.
이승우, 헌법학, 두남, 2009.
이승우, 국가론, 두남, 2010.
이영록, 유진오 헌법사상의 형성과 전개, 서울대 대학원 박사학위논문, 2000. 8.
이준일, 헌법학강의, 홍문사, 2007.
정상우, 미군정기 중간파의 헌정구상에 관한 연구, 서울대 대학원 박사학위논문, 2007. 2.
정종섭, 헌법소송법, 박영사, 2002.
천관우, 대한민국 건국사, 지식산업사, 2007.
한태연, 헌법학, 법문사, 1983.
한태연 외 4인, 한국헌법사(상), 정신문화연구원, 1989.
한태연 외 3인, 한국헌법사(하), 정신문화연구원, 1992.
허 영, 한국헌법론, 박영사, 2006.
허 영, 헌법이론과 헌법, 박영사, 2008.
홍기태, 해방후의 헌법구상과 1948년 헌법성립에 관한 연구, 서울대 대학원 석사학위논문, 1986.
국회도서관 입법조사국, 주요각국의 탄핵제도, 입법참고자료 제56호, 1966.
한국정치외교사학회 편, 한국정치와 헌정사, 한울 아카데미, 2001.
한국헌법연구회, 헌법개정안해설: 그 특징과 내용, 1972.
헌법재판소, 헌법재판실무제요, 1998.

■ 외국문헌

Badura, P., Art. “Verfassung”, in: EvSt 1.
Habermas, J., Legitimationsprobleme im Spätkapitalismus, Suhrkamp Verlag, 1979.
Hasebe, Yasuo, “On the Dispensability of the Concept of Constituent Power”, in: Globalization and Constitutionalism, Korean Assocition of IACL, 2009.
Heidorn, J., Legitimität und Regierbarkeit, Duncker & Humbolt, 1982.
Hesse, K., Grundzüge des Verfassungsrechts der Bundesrepublik Deutschland, C.F.Müller Juristischer Verlag, 1982.

Kielmansegg, P. G., "Legitimität als analystische Kategorie", in: Politische Vierteljahresschrift, 12/1971.

Merquior, J. G., Rousseau and Weber, Routledge & Kegan Paul, 1980.

Schmitt, C., Verfassungslehre, 6. Aufl., Duncker & Humblot, 1983.

Steininger, R., "Thesen Zur formalen Legitimität", in: Politische Vierteljahresschrift, 3/1980.

Sternberger, D., "Legitimacy", in: International Encyclopedia of the Social Sciences, Vol.9., Macmillan and Free Press, 1974.

Würtenberger, T., "Legitimationsmuster von Herrschaft im Laufe der Geschichte", in: JuS, 5/1986.

Zippelius, R., Allgemeine Staatslehre, 6. Aufl., C.H.Becksche Verlagsbuchhandlung, 1978.

A. Cox, 양승두·최양수 역, 미국의 법원과 정치, 학연사, 1983.

M. Kriele, 국순옥 역, 민주적 헌정국가의 역사적 전개, 종로서적, 1983.

R. Zippelius, 김형배 역, 법학입문, 삼영사, 1980.

찾아보기

(ㅊ)

❑ 저자약력

❙ 이승우

연세대학교 법과대학 법학과 졸업
연세대학교 대학원 법학과 졸업(법학박사)
경원내학교 법정대학 법학과 교수취임(1984)
독일 Bonn대학교 법과대학 공법연구소 연구교수(1991. 8-1992.6)
미국 Berkeley대학교 Law School 연구교수(1995.9-1996.8)
경원대학교 법정대학장 및 행정대학원원장 역임
현재 경원대학교 법과대학 법학과 교수

➜ 저서

행정절차법의 비교법적 연구, 연세대 대학원 석사학위논문, 1978. 2.
현대입헌국가에서 국가권력의 정당성에 관한 연구, 연세대 대학원 박사학위논문, 1988. 8.
문제중심 헌법학(4인 공저), 법문사, 1992.
헌법재판대상으로서의 통일관련 헌법적 문제(3인 공저), 헌법재판소, 1997. 12.
탄핵심판제도에 관한 연구(3인 공저), 헌법재판소, 2001. 12.
국가와 헌법(Josef Isensee 저, 이승우 역), 세창출판사, 2001. 12.
직업선택의 자유와 면허제도, 세창출판사, 2002. 3.
헌법총론, 도서출판 두남, 2007. 8.
기본권론, 도서출판 두남, 2007. 12.
국가구조론, 도서출판 두남, 2008. 8.
헌법학, 도서출판 두남, 2009. 2.
국가론, 도서출판 두남, 2010. 2.

인 지

헌정사의 연구방법론

초 판 1쇄 인쇄 —— 2011년 5월 25일
초 판 1쇄 발행 —— 2011년 5월 30일
지은이 —— 이 승 우
펴낸이 —— 전 두 표
펴낸데 —— 도서출판 **두남**
서울시 강동구 성내1동 455-12 두남빌딩
신 고 : 제25100-1988-9호
(구 제2-624호, 1988. 7. 21)
TEL : 02) 478-2065, 2066, 2067, 2311
FAX : 02) 478-2068
E-mail : dunam1@unitel.co.kr
http://www.dunam.co.kr

정가 23,000원

ISBN 978-89-6414-227-1 93330